이제도 일하시는 하나님

GOD'S FAITHFULNESS
Stories from the China Inland Mission and OMF International

www. omf.org

CIM/OMF의 150주년 기념집

이제도 일하시는 하나님

God's

Stories from China Inland Mission and OMF International

Faithfulness

로즈 도셋 | 채드 베리 ● 지음

임재원 ● 옮김

RODEMBOOKS omf

목차

감사의 말

이 책은 150년의 이야기를 엮어 만든 것으로, 수많은 사람들의 시간과 노력이 투입된 복합 프로젝트이다. 이 책에 도움을 주신 모든 분들의 이름을 모두 말하는 것은 불가능할 것이다. 참고 문헌 목록 출처-다수의 저자가 저술한 도서와 논문-를 비롯하여 많은 수의 개인 서신과 대화도 포함되었다.

IHQ 미디어 팀의 샬럿 W.가 중요한 기획 업무를 해주었고 사전 조사와 집필 작업도 함께했다. 동시에 OMF 미국 지부의 채드 베리 또한 사전 조사와 집필 작업을 함께 진행했다.

2013년 8월 포트폴리오를 건네받은 로즈메리 도셋은 다음 8개월 동안 쉼없이 서른다섯 개가 넘는 이야기의 뼈대를 추리는 작업에 임했다. 그녀는 또한 역사에 관련된 부분을 집필했는데, 그중 일부는 데이비드 헌틀리의 작업에 근거를 둔 것이다. 우리는 로즈메리가 이 과제를 맡아서 유능한 실력으로 완수해준 데 대해 깊은 감사를 전하고 싶다.

주요 편집 작업과 표지 디자인은 홍보 부장 그웬 한나가 이끌고 채드 베리, 메건 새리언, 미셸 맥코클이 함께하는 미국 팀에서 담당했다.

무엇보다도 우리는 신실하신 하나님의 공로를 인정하며 감사를 드린다. 하나님의 지도 아래에서 비로소 이 책이 완성될 수 있었다. 이것은 하나님의 은혜와 하나님의 권능, 감동하심을 증거하는 이야기들이다. 이 책은 각기 다른 지체가 각기 다른 시간에 각기 다른 기능을 가지고 한 그리스도의 몸으로 일을 해낸 훌륭한 실례이다.

　우리는 하나님께서 이 이야기들을 사용하셔서 여러분에게 감화·감동을 주실 것을, 그래서 그의 미쁘심을 일깨워주는 영원하고 강력한 지표가 되기를 기도한다. 모든 영광을 하나님께 드리며!

글레니스 굴스톤
2015 OMF 프로젝트 코디네이터

머리말

성경 안에는 활기찬 기쁨과 깊은 고통, 놀라운 성공과 후회로 가득한 실패, 믿을 수 없는 기적과 감당할 수 없는 재앙에 관한 엄청나게 많은 이야기가 모두 모여 있다. 하지만 그중 가장 위대한 이야기는 사람에 관한 것이 아니라 하나님에 관한 것이다. 그의 백성들이 길을 잃고 헤맬 때 그가 보여주신 극단의 인내와 그의 백성들이 가난할 때

그가 보여주신 풍성한 공급, 그의 백성들이 아파할 때 그가 보여주신 감싸 안음과 보호에 대한 것이다.

성경은 우리에게 하나님의 이야기를 다음 세대에게 전하라고 말씀하신다.

"하나님이여 나를 어려서부터 교훈하셨으므로 내가 지금까지 주의 기이한 일들을 전하였나이다 하나님이여 내가 늙어 백발이 될 때에도 나를 버리지 마시며 내가 주의 힘을 후대에 전하고 주의 능력을 장래의 모든 사람에게 전하기까지 나를 버리지 마소서."(시편 71:17-18)

모세는 하나님의 백성들에게 하나님의 신실하심을 기억하라고 가르친다.

"옛날을 기억하라 역대의 연대를 생각하라 네 아버지에게 물으라 그가 네게

9

설명할 것이요 네 어른들에게 물으라 그들이 네게 말하리로다." (신명기 32:7)

성경은 하나님의 사랑과 능력으로 만지심과 새롭게 하심을 입은 사람들의 삶의 이야기를 기록하고 있다. 때로 그 방법은 너무나 부드럽다. 시몬의 장모를 고치심(마가복음 1:30)과 제자들과의 조반(요한복음 21:12), 그리고 큰 풍랑이 몰아치는 별도 보이지 않는 밤에 보여주신 희망(사도행전 27:19 이하)이 그러했다. 이러한 이야기들은 엄청난 규모가 아니지만 엄청나게 많은 사람들에게 영향을 준다. 각 이야기에는 부드러운 아버지로서의 하나님의 핵심 성품이 반영되어 있다. 그분은 또한 여호와이시며 영원한 통치자이자 창조자이신 하나님이시고, 전 우주의 주인이시다.

이 책은 실존 인물들에 관한 실제 이야기들을 엮은 것이다. 여기에 기록된 모든 경험담은 각 OMF 선교사—나나 여러분과 같은 보통 사람—의 삶 속에서 하나님의 능력으로 이루어진 일들이다. 자신의 딸이 태국을 섬기러 가자 화를 냈던 아버지의 변화된 삶에 관한 이야기를 읽어보라. 무법 지대의 반군 지도자에게 두려움 없이 진리를 전한 젊은 캐나다인 선교사의 용기, 매춘부들을 전도했던 네덜란드인 자매의 연민, 매춘굴이었던 곳에 가정을 꾸린 가족의 애정 어린 간증, 방콕의 어두운 모퉁이에서 전도한 이야기, 인도양 쓰나미 이후 실종된 소중한 이들을 절박하게 찾아 나선 이들과 함께한 그리스도인들의 여정에 이르기까지, 이 모든 이야기에서 우리는 그리스도 안에 있는 빛과 희망을 엿볼 수 있다. 내게 그랬던 것처럼 여러분에게도 이 이야기들이 감동과 감화로 다가가기를 바란다.

패트릭 펑 국제 OMF 총재

들어가면서

2015년 OMF는 150년간 이어져온 역사를 기념한다. 이 행사는 1865년에 심은 자그마한 믿음의 씨앗으로부터 시작된 선교회의 발자취를 따라가 보는 좋은 기회가 될 것이다. 이는 또한 지금 하나님께서 하시는 일을 이해하고 앞으로 성령의 바람이 불어갈 곳을 통찰하는 노력의 일환이다.

OMF는 중국 내지 선교회(CIM; China Inland Mission)로 출발했다. 1951년이 되자 최소한 한동안은 중국에서의 사역이 더 이상 불가능하다는 것이 명백해졌다. 선교회의 명칭을 변경하는 것은 자연스러운 일이었고, 선교회는 중국 내지 선교회의 해외 선교회(OMF; Overseas Missionary Fellowship)가 되었다. 이후 선교회가 더 이상 중국에 머물지 않고 동아시아 전역의 미전도 종족을 향한 사역을 펼치게 되면서 이 명칭에서 '중국 내지 선교회' 부분을 삭제했다. 그 이후 다시 바뀐 명칭인 '국제 OMF(OMF International)'를 지금까지 사용하고 있다.

1865년 이후 세계에는 이러한 명칭의 변화보다 훨씬 더 거대한 변화가 있어왔다. 당시의 이동 수단은 배였고, 대륙의 거대한 내륙 지방은 미개척지이거나 심하게 비위생적이어서 거주할 수 없는 지역이었다. 많은 언어가 문자 형태를 갖추지 못한 상태였으며, 지구 상의 수많은 땅들이 예수 그리스도의 복음을 전혀 접해보지 않은 상태였다. 요즘같이 비행기를 타고 지구를 여행하는 데 하루 남짓이면 충분한 즉각적인 의사소통의 시대에는, 그리고 지금과 같은 세계 교회의 시대에는 한 세기하고도 50년 전의 삶이 어떠했는지 이해하기가 어려울 것이다. 세상은 이렇게 많이 변했지만 우리가 사랑하고 섬기는 하나님은 변하시지 않았다. "우리 주 예수 그리스도께서는 어제나 오늘이나 영원토록 동일하시다."(히브리서 13:8)

성령의 감동으로 되어 우리에게 주어진 성경 말씀은 영원불변한 것이다. 삼위일체 하나님의 본성과 특성은 온전히 신뢰할 수 있으며, 그는 신실하신 분이다. 그리스도인 한 명의 믿음의 씨앗은 작을 수 있지만 그의 믿음의 씨앗이 뿌리내린 존재는 우주의 주인이신 우리 주 여호와이시다.

이 책이 기리고자 하는 것은 하나님께서 그의 백성 중 한 무리에게 150년 세월에 걸쳐서 보여주신 신실함이다. 이 이야기의 한 부분을 차지하고 있는 남녀노소의 무리는 우리와 같은 연약한 인간들이며, 그중 많은 이들은 그 이름조차 기억되지 않는 사람들이다. 하지만 그들의 이름은 천국에 꼼꼼히 기록되어 있을 것이다. 그들은 연약했지만 세대에 세대를 거쳐 소망을 하나 품었는데, 그것은 바로 복음이 동아시아에 뿌리를 내리는 것과 동아시아인들이 오직 유일하시고 진리가 되시는 하나님께로 와서 살아 있는 믿음을 가지게 되는 것을 직접 보고 하나님께 영광을 돌리는 것이었다. 복음을 가지고 온 자와 복음을 받아들이는 자 모두 훨씬 더 광대한 이야기의 일부가 되며, 이 이야기는 역사의 여명에 맞닿아 있다. 창조하신 때부터 현재에 이르기까지 우리는 하나님께서 그의 자녀에게 보여주신 은혜와 신실하심을 목격하고 있다.

하나님께서 OMF를 통해 하신 일은 살아 계신 하나님께서 당신의 세계에 행하신 일을 드러내는 하나의 작은 증거이다. 작지만 결코 무의미하지 않다.

하나님께서는 스스로는 약하나 하나님의 목적을 성취하기 위해 하나님께 의지하는 자들을 기뻐 축복하신다. 동아시아 전역에 걸친 교회의 성장은 복음의 씨앗을 심고 거두어들이시는 미쁘신 하나님의 장엄한 증거이다. 이 복음의 씨앗은 눈물과 고난 속에 심어지는 경우가 많았고 열매를 맺는 데 수십 년이 걸리는 경우도 있었으며 아직 풍작을 보지 못한 경우도 있다. 많은 사랑을 받는 이 찬송이 우리의 기도를 반영하고 있다. "지나간 모든 것으로 그를 찬양하며 앞으로 올 모든 것으로 그를 신뢰하네."

-이 책을 읽기-

독자들은 아마도 이 책 속의 많은 이야기들을 곧바로 읽고 싶을 수도 있고 아니면 OMF가 어떻게 존재하게 되었는지, 그리고 지금까지의 많은 변화 속에서 하나님께서 선교 사역을 어떻게 이끄셨는지를 설명하는 간단한 역사를 먼저 읽고 싶을 수도 있겠다. 역사 부분에서는 뒤따르는 이야기의 배경이 되는 역사를 압축적으로 제시했다. 그저 간단한 밑그림만 제시한 것은 불가피한 일이었다. 간결함을 유지하기 위해 이야기의 많은 중요한 부분들을 생략했다. 이 책의 주된 목표는 체계적인 역사를 알리는 것이 아니라 각 개인의 특별한 이야기와 사건, 경험을 전달하는 것이다. 더 많은 이야기를 담을 수도 있었겠지만 적게 추려서 선별했다. 모든 이야기가 공통적으로 담고 있는 내용은 하나님께서 하나님의 백성 중 한 무리에게 보여주신 신실하심에 대한 증거이다. 그 신실하심이란 비극과 성공, 슬픔과 기쁨, 엄청난 규모의 공급하심뿐 아니라 작지만 소중한 방식의 공급하심 속에서 경험한 것이다. 이는 기도의 응답에 관한 이야기이며, 인간의 약함과 하나님의 강함에 관한 이야기이다. 이 이야기들은 다른 문화권에서 예수님에 관한 이야기를 알리는 데 어려움을 겪는 보통의 남녀와, 더듬거리는 말과 결점투성이인 삶을 사용하셔서 사람들을 믿음으로 이끄시는 하나님의 은혜를 보여준다. 이 이야기들은 하나님을 사랑하고 동아시아의 사람들을 사랑하는 것이 성령님의 생명을 만들어내는 손길 속에서 무엇을 성취할 수 있는지 보여준다. 이 이야기들은 타락한 세상을 향한 사랑으로 우리 가운데 사셨고 죽으셨으며 또한 살아나신 구세주에 관한 복음이 영원함을 보여준다. 이 이야기들은 모두 실존 인물들이 직접 겪은 실화이다. 일부의 이야기들은 과거의 것이며 서신과 일기 등의 문서로 기록된 것이다. 이들은 수십 년에 걸쳐 많은 나라들의 다양한 사역과 섬김 속에서 기록되었다. 우리는 이 책이 하나님께 영광을 돌릴 수 있도록 기도한다. 이 책은 그러한 기도로 쓰여졌으며 우리는 신실하신 하나님을 찬양한다. 이 책이 더욱 많은 이들에게 영감을 주어 더 많은 이들이 동아시아 교회의 지속적인 성장을 목도하는 위대한 모험에 참여하게 되기를 바란다. 동아시아 지역의 교회들이 성장해온 것은 수적 차원에서나 외연 확장의 차원에서도 그러하지만 신앙의 깊이나 주 예수 그리스도를 닮아간다는 측면에서 더욱 그러하다. 하나님께서 약속하신 대로 장차 그날이 되면 하늘 보좌 앞에 모인 모든 민족과 방언들, 나라들 가운데 예배자들이 있을 것이며, 그중에 수많은 동아시아인들의 얼굴이 섞여 있을 것이다. 이 얼마나 멋진 상상인가!

> "능히 너희를 보호하사 거침이 없게 하시고 너희로 그 영광 앞에 흠이 없이 기쁨으로 서게 하실 이 곧 우리 구주 홀로 하나이신 하나님께 우리 주 예수 그리스도로 말미암아 영광과 위엄과 권력과 권세가 영원 전부터 이제와 영원토록 있을지어다 아멘."(유다서 1:24-25)

150년의 역사를 거쳐

I. 중국 내지 선교회의 시작

1832년 5월 영국 북부의 요크셔에서 한 남자 아이가 태어났다. 그의 부모님은 그에게 제임스 허드슨 테일러라는 이름을 붙여주었다. 그는 아이였을 때 순전한 기독교 신앙 속으로 들어왔고, 이후로는 활기 넘치는 감리교단 안에서 양육되었다. 열일곱 살이 되었을 때 그는 그리스도 안에서 회심을 경험했다.

당시 감리교는 복음 전파의 강력한 동력원이었다. 특히 가난한 이들에게는 더욱 그러했다. 또한 감리교는 신도들을 제자로 훈련하는 견고한 전통을 가지고 있었다. 게다가 이 교단은 사회 문제에 대해 많은 관심을 가지고 있었고, 문맹 퇴치를 위한 교육, 병자들을 위한 간단한 의료 행위, 취약 계층에 대한 지원과 알코올 중독의 굴레를 벗어나도록 하는 각종 도움 등 오늘날 전체론적 선교 혹은 통합적 선교라고 알려진 분야에 있어 지치지 않는 열정을 가지고 있었다. 산업 혁명은 19세기 영국의 지형과 삶의 양식 모두를 바꾸어놓았다. 허드슨 테일러는 집을 둘러싸고 있던 제분소가 뿜어내는 에너지에 둘러싸여 성장했으며, 이 제분소들이 교역하는 더 넓은 세상에 대한 관심은 커져갔다.

아직 어린 아이였지만 중국은 그에게 매력적으로 다가왔다. 항구 몇 개를

10대의 제임스 허드슨 테일러

거치면 도착하는, 거의 알려진 바가 없는 중화제국이라는 거대한 대륙 말이다. 그 대륙 안에 들어가면 무엇이 있을까? 거기 있는 사람들 중에 주 예수 그리스도에 대해 들어본 이가 과연 있을까?

흥미는 점차 신념이 되었다. 런던에서 단기간 의료 연수를 받은 후 1853년 허드슨 테일러는 중국으로 가는 배에 올랐다. 겨우 스물한 살 때였다. 초반에 중국 선교회(the China Evangelisation Society)에서 얻은 경험은 실망스러웠다. 중국 내지에 대한 관심은 거의 없었고 내륙 지방에 대한 정보도 거의 없다시피 했다. 선교회는 곧 문을 닫았고 허드슨 테일러에 대한 재정 지원이 끊겼다.

중국에서의 첫 재직 기간에 허드슨 테일러는 중국 항구에 사는 대부분의 서구인들이 살아가는 방식이 복음을 전파하는 데 방해가 되고 있다는 생각을 점점 더 굳히게 되었다. 이 시기 그는 여러 교훈도 얻었는데, 이는 이후 그의 사역에서 값진 가치를 드러내게 된다. 그는 중국 내지 지역을 포함하여 독자적인 여행을 여러 번 했다. 중국어를 유창하게 구사하게 되었으며 중국 문화의 복합적인 면을 이해하기 시작했다. 그는 자신의 의료 지식이 가능성의 문을 열었음을 알게 되었다. 1858년 그는 마리아 다이어를 만나 결혼했다.

1860년 테일러 부부는 건강 문제로 인해 잠시 영국으로 돌아올 수밖에 없었다. 하지만 중국 내지의 부름은 잠잠해지지 않았다. 기도하며 기다리는 동안, 그리고 허드슨 테일러가 의료 교육을 좀 더 받는 동안, 그들은 하나님께서 새로운 사역을 시작하도록 부르신다는 확신을 갖게 되었다. 그것은 곧 믿음 속에서 특별한 목표를 가지고 중국 내지에 가는 것이었다. 그들은 다른 저명한 기독교 단체의 재정을 유용하기를 원하지 않았다.

감히 조지 뮐러의 선례를 따를 것인가? 1836년 뮐러는 브리스톨에 고아원을 세웠는데, 정기적인 지원이 없는 상태에서 수백 명의 아이들을 한꺼번에 먹이고 재우고 돌보는 데 소요되는 상당한 양의 매일의 필요를 주님께서 공급해주실 것으로 믿었다. 테일러 부부는 주님께서 개인으로든 가족으로든 그들에게 공급하시는 것을 이미 경험했다. 허드슨 테일러가 중국 내지에서 사역을 시작한다면 하나님께서 이 엄청나게 커져버린 무리를 위해서도 같은 일을 해주실까? 그와 같은 사람이 그러한 모험을 시작하겠다고 생각하는 것은 주제넘은 일일까?

그는 자신과 마리아가 수행해야 하는 신앙 훈련 중 하나님의 신실함에 매달리는 훈련이 가장 중요하고 크다는 것을 확신하게 되었다. 성경은 "너희를 부르시는 이는 미쁘시니 그가 또한 이루시리라."(데살로니가전서 5:24)고 가르치신다. 그들은 중국으로의 부르심을, 그리고 중국 사람들을 향한 하나님의 마음을 확신했다. 이제 그들은 서로에게 말했다. 하나님께서 이루실 것이라고.

제임스 허드슨 테일러와
마리아 허드슨 테일러

마침내 1865년 6월 25일 주일 아침이 되었다. 허드슨 테일러는 영국 브라이튼의 해변을 여기저기 거닐며 생각에 잠겨 있었다. 마음속에 있는 마지막 장애물을 넘었을 때 그는 기도했다. 하나님께서 "24명의 유능한 일꾼"

을 보내주실 것을 구했다. 중국 내지의 각 성에 두 명 씩, 그리고 몽골에 두 명이었다. 하나님께서 개입하신다면 그의 기도에 응답해주실 것이었다. 재정을 위한 어떠한 요구 없이도 그들의 필요를 채워주시고 성령께서 그들을 이끄시는 곳으로 데려가실 것이었다. 누구든 이 새로운 모험에 함께하기를 원하는 이에게 요구되는 것은 하나님의 신실하심을 신뢰하는 마음과 기도로 하나님께 의지하고자 하는 헌신이었다. 이렇게 중국 내지 선교회가 탄생했다. 그때 허드슨 테일러의 나이 겨우 서른세 살이었다.

2. 중국 시절

한 명 또 한 명 주님께서는 초창기 그룹을 모으셨고 점차 다른 이들도 합류했다. 하나님에 대한 신뢰가 온전히 시험을 받았던 때였다. 초기의 일꾼들 중 일부는 자신이 개척자로서의 소임을 다해낼 수 없을 것이라 생각했다. 중국식으로 입고 먹는 생활에 적응해서 살아가는 것이 도저히 가능하지 않다고 여

테일러 가족

긴 것이다. 병으로 쓰러진 이도 있었고 단순히 허드슨 테일러의 감독을 받는 것이 마음에 들지 않는 이도 있었다. 자신이 적당한 거리를 두고 사랑해온 중국이나 자신의 동료를 친밀한 관계로 가까이 두고 사랑하기가 쉽지 않다는 것을 알게 된 이도 있었다. 그들 모두를 불안하게 하는 현실이 있었으니, 완전히 생경한 종교적 · 문화적 환경에 둘러싸여 살아가는 것과 외지인, 즉 적개심이나 의구심

의 대상이 되는 것이 당연한 존재로 살아가는 것, 조금이라도 언어를 배우지 않으면 의사소통을 할 수 없다는 것이었다. 더불어 이 죄 많고 타락한 세상에 산다는 것 자체가 그러했다. 처음 몇 년 동안의 상황은 특히 어려웠다. 허드슨 테일러에게는 사랑하는 마리아를 잃은 슬픔이 더해졌다. 몇 년 지나지 않아 네 명의 아이들도 차례로 세상을 떠났다. 하지만 여전히 그는 동료 일꾼들에게 계속해서 권고했다. "하나님을 신뢰하세요!"

상황은 서서히 진전되었다. 허드슨 테일러는 초창기 중국에서 보낸 시간과

CIM 본부, 상하이 우송로, 1891-1931

지금은 없어진 중국 선교회 시절을 통해 소중한 교훈을 몇 가지 얻었다. 그가 결심한 것은 당시 활동했던 다른 선교 단체와 달리 성장 일로에 있는 선교회의 중심이 유럽 등 수천 마일 떨어진 곳이 아니라 중국에 있어야 한다는 것이었다. 규칙과 실무에 관한 의사 결정은 최대한 실행 가능하고 최대한 신속하게 이루어져야 했다. 물론 이것을 결정하는 사람들은 사역의 전후 상황을 가장 잘 파악하고 있는 이들이어야 했다. CIM이 성장하면서

CIM 본부, 상하이 신자로, 1931-1951

가장 영향력 있는 협의회는 모두 중국에 근거를 두게 되었지만, 동시에 세계 전역에서 늘어나고 있던 현지 사무소들과도 좋은 관계를 유지했다. 중국에

본부가 있던 거의 모든 기간 동안 CIM 본부는 상하이에 있었다. 이는 상하이가 해안에 가까이 위치한 번화한 항구이기도 했지만 대부분의 선교사들이 출입국하기에 이상적인 곳이기도 하고 중국 전역을 아우르는 소통의 중심지였기 때문이다.

CIM이 성장하면서 상황은 허드슨 테일러가 맨 처음 생각한 것과는 사뭇 다르게 전개되었는데, 국제적인 성장과 더불어 점점 더 많은 나라에 파송 본부를 갖게 된 것이다. 이 파송국들의 임무는 중국에서 보낸 정확한 최신 정보에 기초하여 중보기도자들을 독려하는 것이었다. 이렇게 해서 정보 제공을 목적으로 하는 잡

《차이나스 밀리언즈(China's Millions)》 (1875년)

지와 책자를 만들어내는 것이 그들의 중요한 역할이 되었다. 이 파송국 본부들은 또한 CIM 정신에 부합하는 지원자를 가려내는 일도 했으며, 기부금으로 들어온 모든 재정을 사려 깊게 책정하고 정확하게 승인하여 중국으로 송금하는 업무도 충실히 수행했다.

《차이나스 밀리언즈(China's Millions)》 1권 1호(1875년)

CIM은 시작부터 초교파 단체였다. 허드슨 테일러는 주님과 복음을 사랑하고 주님의 부름을 받은 자라면 어느 교파라도

모두 가입 자격을 주어야 한다고 주장했다. 이와 같은 입장은 대부분의 기독교 단체가 맹렬히도 종파주의적이었던 당시로서는 급진적인 것이었다. 허드슨 테일러가 지원자들에 대해 정규 교육을 이수했는지에 대해서는 크게 신경 쓰지 않으면서 영적인 그릇의 크기에 대해서는 훨씬 더 많이 신경을 쓴 것 또한 급진적인 행보였다.

그리스도계로 사람들을 나아오게 하는 데 열정적인 지원자인지, 하나님께서 말씀 속에서 맺으신 언약을 지키시리라는 것을 믿는 지원자인지, 기도로써 희생적인 삶을 살아갈 준비가 되어 있는 지원자인지가 중요했던 것이다. 그래서 목수와 가정부, 상점 점원이 교사와 의사, 교수들과 어깨를 나란히 했다. 각자가 부르심을 받은 소명 안에서 하나님 앞에 평등한 것이다.

당시의 역사적 상황을 볼 때 아마도 이보다 훨씬 더 급진적이었던 부분은 기혼, 미혼을 막론하고 여성을 자신의 의지를 가진 선교사로 받아들였다는 것이다. 수 년에 걸쳐 미혼 여성들은 자신이 놀라운 개척자이자 팀 구성원임을 증명해냈다.

허드슨 테일러는 일단 교회를 개척한 후에는 토착화해야 한다는 데 확고한 신념이 있었다. 말하자면 다른 어느 곳의 교파에도 얽매여서는 안 된다는 것이었다. 외국의 자금에 기대는 것도 금지였다. 현지의 한 그룹이 확고하게 세워졌을 때 적당한 교회 건물을 짓거나 매입하는 데 지원이 이루어질 수는 있지만 (많은 경우 매우 단순한) 그 지역의 건축 양식을 반영하는 것이어야 했고, 해당 건물을 유지·보수하는 것은 현지 신도들의 책임이었다. 선교사들은 언어를 가르쳐주는 교사와 집을 봐주는 가정부에게 합당한 보수를 지불해야 하지만 목회자의 월급은 예외였다. 현지 교회들이 목회자에게 안수했기 때문에 그의 월급을 지불하는 것은 지역 신도들의 몫이었다. 이런 방법으로 하면 교회들은 자립하여 선교회나 여타 외부 단체의 지배를 받지 않게 된다. 초창기에는 목회자를 직접 고용했는데, 이 방법은 문제를 야기하며 선교사와의 관계를 어렵게 만든다는 것을 알게 되었다. 이 원칙이 탄력적으로 적용된 유일한 경우는 이후 영국 성공회가 중국 내지 활동을 시작했을 때 CIM 인사 일부가 이 교파와 협력하여 일하는 것을 허용한 때였다.

CIM은 90년이 넘게 중국에서 활동했는데, 기근과 전쟁, 질병의 세월을 지나는 동안 중국인들에게 그들을 죽기까지 사랑하신 구세주에 대해 이야기하는 데에 수많은 남녀가 자신의 삶을 바쳤다. 점점 더 많은 중국 교회가 성장하고 성숙하면서 현지 전도사들과 목회자, 권사들이 배출되었는데, 이들은 모두 복음을 전하는 데 열의가 있었으며 CIM 선교사들과 연대하여 활동했다.

그들 중 많은 수는 수백 마일을 걸어서 각 도시와 마을, 가정을 차례로 방문하거나 금방 부서질 것 같은 보트를 타고 강을 따라 여행했다. 그 외에는 미전도 지역에 도달할 수 있는 방법이 없었다. 그때 당시는 엔진이 달린 탈것은 고사하고 자전거조차 보급되기 한참 전이었으며, 그들의 여정은 결코 녹록하지 않았다.

CIM은 1,000여 개의 독립 개척 교회와 이제 막 초기 단계에 접어든 소규모 신도 모임들과 손잡고 학교와 신학 대학, 병원과 의원, 아편 중독자들을 갱생시키는 보호 시설 운영을 시작했다. CIM 일꾼들은 고아와 버려진 아기들을 돌보았다. 그들은 학대받는 여성들과 거부당하는 한센병 환자들, 버림받은 사람들에게 사랑을 전했다. 그들은 중국이라는 거대한 나라의 구석구석에 있는 모든 어둠의 세력에게 도전했다. 그들은 자신의 아이들과 배우자, 동료들을 매장해버리는 경우가 많았다. 오늘날에는 간단히 치료되는 많은 질병들이 당시에는 현대 의학 지식의 영역을 벗어나 있었기 때문이었다. 1900년 의화단 사건이 일어났을 때 순교를 맞은 이들도 있었다. 이때는 많은 중국인 교인들도 목숨을 잃었다. 하지만 여전히 해를 거듭하여 섬기는 많은 이들이 있었다. 이들은 신실하신 하나님께서 언젠가는 이 모든 것의 열매를 거두시는 날이 있으리라고 믿었다. 자신이 그것을 살아서 볼 수 있든 아니든 말이다.

넓은 세상에서 벌어지는 일들이 중국 내지에 미치는 영향도 점점 커져갔다. 그중에는 두 번의 세계 대전과 러시아 혁명이 있었다. 내부적으로는 1912년 중국의 마지막 제국 왕조가 붕괴하고 국민당과 중국 공산 세력 간의 내전이 일어나 중국이라는 광대한 영토의 지배권을 두고 군벌들의 각축전이 벌어졌다. 종국적으로는 중국 대부분의 지역이 일본에게 점령당하고야 말았다. 일본의 팽창주의는 수십 년간 이어져오고 있었는데, 중국 영토의 일부를 야금야금 먹어치우다가 1937년부터 원자폭탄으로 일본의 대동아공영의 꿈이 산산조각 난 1945년까지 중국이 당한 고난은 엄청났다.

제2차 세계 대전 당시 많은 CIM 선교사들은 선교사 자녀들을 위한 CIM 치푸 학교의 120명의 아이들, 그리고 30명의 교사들과 함께 수년간 전쟁 포로 수용소에 억류되었다. 학교가 넘어가기 전에 가족들에게 돌려보내진 아이들도 200명이 넘었다. 일부의 가족은 자신이 살던 지역이 점령당하기 전에 중국을 떠나 고향으로 향했다. 전쟁이 진행되면서 다른 포로 수용소에 보내진 이들도 있었으며, 중국 외부의 많은 나라들이 거기에 휘말려갔다. 주변의 중국인 지인들을 격려하고 복음을 전하고 섬기는 일을 계속하면서 가능한 한 오래도록 자신의 자리를 지켰던 선교사들도 많았다.

아서 매튜즈와 루퍼트 클라크

당시는 중국인들과 신자들, 비신자들 모두에게 어려운 시기였다. 또한 중국인 신도들이 고난에 직면하여 주님을 향한 신실함과 오래 참음을 많이 보여준 시기이기도 하다. 아마도 그들이 이때 이웃에게 보여준 동정심 덕분에 1945년 이후 CIM의 중국 사역 마지막 시기에 있었던 교회의 놀라운 성장이 가능했을 것이다.

1949년 10월 1일 마오쩌둥은 중화 인민 공화국의 개국을 선언했다. 중국 내전에서 공산 세력이 승리한 것이다. 공산주의가 세력을 장악하자 외국인 선교사들이 중국 교회를 섬길 수 있는 최선의 방법은 떠나는 것임이 명확해졌다. 선교사들은 떠나야 했지만 하나님은 떠나시지 않았다.

무거운 마음과 미래에 대한 많은 질문들을 짊어진 채 CIM 선교사들은 서서히 중국을 떠났다. 1951년 폐쇄 조치 전에 대부분이 떠났다. 마지막으로 수감되었다가 떠난 이들은 의사였던 루퍼트 클라크와 아서 매튜즈였다. 이들은 1953년 7월에 떠났다. "내키지 않던 중국 탈출"은 이렇게 끝났다.

3. 새로운 시작: 새로워진 비전

탈출이 있기 몇 년 전부터 논의되던 문제가 하나 있었는데, 중국 밖으로 나가서 접경 국가로 이주한 대규모 중국인 공동체에 손을 내밀어 다가가는 것이었다. 중국 국경을 넘어 태국과 라오스, 미얀마에 흩어진 부족 집단들도 여럿 있었다. CIM 원로 지도자들이 앞으로의 향방에 대한 지혜를 구하는 기도를 하기 위해 모였을 때, 다른 지역으로 재배치되기를 원하는 CIM 선교사들은 그렇게 배치하는 것으로 의견이 모아졌다. 이러한 가능성은 싱가포르에 있는 중국 기독교인 지도자들에 의해 승인을 받았다. 이들은 말라야(Malaya, 지금의 말레이시아)에 있는 중국인들에게 CIM의 도움의 손길을 내어주기를 간절히 원했던 이들이었다. 그곳에 있는 대부분의 중국인들은 복음에 대해 들어본 적이 없는 이들이었다. 과연 그들에게 CIM이 도움이 될 수 있을 것인가?

여러 국가에서 사전 조사가 이루어졌고 초청장이 뒤따랐다. 어떤 곳에서는 교인이 아닌 이들이 초청장을 발행하는 경우도 있었다. 사전 조사 결과가 보여준 것은 복음을 들고 (처음에는 CIM을 향한 주님의 뜻이 있는 곳으로 생각되었던) 중국인들에게만 갈 것이 아니라 동아시아 전역에 걸쳐 있는 다른 민족 그룹에게도 갈 필요가 있다는 것이다. 당시에는 대부분의 지역이 가난했으며 또 제2차 세계 대전을 거치면서 엄청난 고통을 당한 상태였다.

또한 많은 국가들이 이데올로기적으로 공산주의에 넘어가기 쉬운 상태였다. 여러 나라에서 교회는 상당히 작거나 사실상 존재하지 않았다. 복음이 들어갈 기회는 아마도 매우 단기간일 것이었다. 하나님은 사역의 심장과 비전을

본머스에서 열린 CIM 원로 지도자들의 모임

확장하고 계신 것처럼 보였다. 가까운 미래에 중국이 외국인에게 문을 닫아건다 해도 그와 똑같이 복음을 필요로 하는 다른 이들이 있는 것이다. 그 요구를 못 본 체한다면 불순종의 결과를 낳을 것이었다.

1952년 동아시아의 정치적 지형은 다음에 올 수십 년 동안 변하게 될 형국과는 매우 달랐다. 먼저, 내전의 극심한 고통 중에 있는 나라가 여럿이었다. 일부는 예전 제국주의 세력으로부터 최근 독립했거나 이제 막 독립하려는 참이었다. 일부는 군부의 지배하에 있기도 했고, 대부분이 극심하게 불안정한 시기가 길어지면서 고통을 받고 있었다. 일부 국가에서는 전쟁 피해를 입은 지역의 재건을 돕는 해외 원조 손길을 환영했다. 대부분의 나라에서는 명확한 기독교 활동을 위한 입국이 여전히 가능했지만 주로 교육이나 의료적인 도움만 받아들이는 곳도 있었다.

그 차이가 어떠했든 제국주의 이후의, 이제 식민지에서 벗어난 세상을 맞은 모든 나라에서는 외국인의 입국 허용을 위해 정부의 허가가 꼭 필요했고, 일부의 경우 그 허가에는 상당한 제약이 따랐으며, 또한 그 허가는 언제라도 취소될 수 있었다. 때로는, 예를 들어 인도네시아에서는, 현재 활동 중이며 잘 알려진 지역 교파가 입국 비자를 승인해주어야만 했다. 또다시 새로운 교파가 나타나지 않을 것임을 보증하기 위해서 말이다.

CIM이 OMF라는 새로운 이름을 갖게 된 후 다시 한 번 하나님의 온전한 통치를 바라보는 도전을 받게 되었다. 이는 더 많은 사역을 위한 문이 열려 있는 곳을 찾기 위한 것이었다. 초기 사역 중 일부는 말라야(Malaya, 지금의 말레이시아)에서 이루어졌다. 그곳에서는 정부가 많은 중국인들을 새로운 주거지에 정착시키고 있었는데, 그들이 공산주의 게릴라들의 영향을 받거나 동맹

이 되는 것을 막기 위해서였다. 중국어를 구사하는 선교사들은 영향력이 특별히 크다고 여겨져서 특히 환영받았으며, 150여 명의 OMF-CIM 회원이 그곳에서 섬기고 있었다. 몇 년 후, 말라야에 정치적인 변화가 있고 나서는 비자를 받을 수 있는 외국인의 수가 확연히 줄어들었다. 여전히 발행되는 초청장은 신학 교육 분야와 같은 특별한 전문가들을 위한 것뿐이었다.

전직 CIM 인사들 중에는 중국인들이 많은 곳을 찾아서 대만(당시에는 포모사라고 불렀다.), 홍콩, 그리고 싱가포르 등지로 방향을 튼 이들도 있었다. 또한 중국인들이 소수 집단을 이루고 있었던 필리핀, 인도네시아, 베트남, 라오스, 태국으로 간 이들도 있었다. 태국 북부 지역에서는 정치적 국경을 가로질러 흩어져 있던 소수 부족들을 섬기는 일이 지속적으로 이루어지고 있었다. (리수족과 카렌족 등을 예로 들 수 있겠다.) CIM 회원들은 이미 중국 내 소수 부족들 사이에서 일해본 경험을 가지고 있었다.

해외에 흩어진 중국인 화교들과 소수 민족들 가운데 일하는 것과 더불어, 많은 다른 국가 및 민족들과 함께 일할 기회도 있었다. 단 한 번 찾아올까 말까 한 기회였다. OMF는 다른 선교 단체들과 경쟁하지 않는 것이 원칙이었고, 그래서 일부러 다른 단체가 일하지 않는 지역으로 갔다. 국내의 교회가 이미 자리 잡고 있는 곳에서는 예배가 가장 잘 받아들여질 수 있는 곳이 어딘지에 대해 현지 지도자들의 의견을 듣는 것이 중요했다.(그건 지금도 그렇다.) 예를 들어 태국에서 우리는 중부 태국으로 곧바로 들어갔는데, 당시 그곳에는 교인이 거의 한 명도 없는 것으로 알려져 있었기 때문이다. 게다가 당시에는 주변 수 마일까지 정부의 의료 지원이 전혀 이루어지지 않았다. 그래서 마노롬에 처음에는 진료소를, 다음에는 병원을 세웠다. 마노롬과 태국 남부 지역 전역에 계속해서 소규모의 병원을 지었는데, 그곳은 한센병이 창궐하여 두려움에 떠는 지역이었다. 국제 OMF의 의료진은 재건 수술을 포함해 효과적인 치료법을 개발했다. 많은 한센병 환자들이 성공적인 치료를 받았고, 그중에는 치료 후 자신의 공동체로 복귀했을 뿐 아니라 복음을 받아들여 수많은 농촌 교회들에서 중추적인 역할을 한 이들도 있었다.

일본은 OMF가 중국에서 철수하고 난 뒤에 들어가서 섬긴 또 하나의 나라이다. 또한 일본은 사람들이 주 예수 그리스도 앞에 믿음으로 나아오는 모습을 보기가 가장 어려운 나라들 중 하나이기도 했다. 일본어는 외국인이 대화를 잘 할 수 있을 만큼 충분히 배우기가 상당히 어려운 언어이다.

이것이 바로 장기간의 사역이 필수적인 이유이다. 복음을 전하는 자의 사역이 시간 낭비가 되게 하지 않기 위해서는 수년간의 훈련된 기도와 하나님에 대한 신뢰가 필요하다. 일본인에게는 복음을 처음 듣는 시점에서 제자가 되는 시점까지 나아가는 것이 수 년이 걸리는 일일 수 있다. 대부분의 교회들은 여전히 작은 규모이며, 많은 도시들은 여전히 신자가 없는 것으로 알려져 있다. 왜 그렇게 힘든 것일까? 하나님은 이렇게 우리의 신앙을 연단하시지만 그는 여전히 미쁘시며, 우리는 그를 신뢰한다.

반면 캄보디아의 상황은 아주 달랐다. 그곳에서의 선교의 기회는 폴 포트와 크메르 루주의 통치 아래 끔찍한 학살이 일어나기 전 아주 잠깐뿐이었다. 당시 대부분의 교인들이 죽거나 나라를 떠났다. OMF 사람들은 특히 태국에 있는 난민 수용소에서 정신적 충격을 받은 생존자들에게 사역을 펼쳤다. 캄보디아에 재입국하는 것이 가능해지자 교육 재건과 의료 서비스를 돕고 고아들 및 충격적인 경험으로 인한 깊은 상처를 안고 살아가는 이들을 돌보는 프로그램을 개발하는 등 많은 선교사들은 다양한 유형의 컴패션 사역을 수립할 수 있었다. 그리스도의 이름으로 주어지는 깊은 사랑은 강력했으며 교회는 빠르게 성장했다. 어떤 곳에서는 교회가 빠르게 성장하지만 다른 곳에서는 왜 그러한 성장이 일어나지 않는 것일까? 이 또한 조금 다른 방식이긴 하지만 우리의 믿음을 연단하시는 방법이며, 우리는 또다시 미쁘신 하나님을 바라보게 된다.

동아시아에서 복음을 전파하는 수단으로는 문서 사역과 라디오 사역 둘 다 중요하게 사용되었다. OMF 선교사들은 FEBC(극동방송국; Far East Broadcasting Company)에 파견 근무를 나갔는데, 여러 아시아 언어로 프로그램을 만드는 것을 돕기 위해서였다. 이 방송들을 통해 실제로 사람이 들어가 복음을 전파할 수 없는 곳에 있는 이들도 전도할 수 있었다. 문서 사역은 많은 경우 복음의 내용을 담은 간단한 소책자를 준비하는 것으로 시작되었다. 많은 나라에서 문서 작업은 전방위적인 전도와 교육 자료, 현지 작가들의 책을 출판하고 성경의 새로운 번역본를 인쇄하는 등 단계적으로 발전해왔다. 오늘날 신기술은 새롭고 흥미로운 가능성을 제시한다.

오늘날 많은 OMF 선교사들은 현지 아시아인 지도자들과 함께 혹은 그들의 주도하에서 사역한다. CIM의 초창기 시절부터 그러한 인적 구성은 의도된 것이었다. 선교회는 주님의 종이며 주님께서 우리를 그들에게로 보내셨으니 이제 우리는 그들의 종인 것이다. OMF 활동가들이 노력해서 일군 수많은 개척 교회와 학생 사역은 이제 현지의 동아시아 기독교인 지도자들의 손에 맡겨졌다. 선교사들은 또한 교회를 섬기고 지역 지도자들을 훈련하는 것을 돕기 위해 많은 성경 학교와 신학교를 세웠는데, 그중 많은 수가 이제는 현지의 지도 체제하에 있다. 아직도 학생 사역 팀이나 성경 학교 혹은 신학교에 외국인들이 함께 하는 것을 환영하는 나라들도 있다. 물론 여전히 교회 개척이 가장 급선무인 지역들도 있다.

수 년에 걸쳐 정치적·종교적 격변이 동아시아 전역을 휩쓰는 동안, 예전에는 선교사의 존재에 대해 개방적이던 나라가 더 이상 그렇지 않게 되는 경우도 있었다. 이런 상황이라 해도 외국인들이 제공하는 많은 종류의 전문적인 봉사에 대해서는 열려 있는 경우가 많다. 이러한 전문적인 봉사를 진정성을 가지고 행하는 것, 그리고 가능한 한 높은 수준에 도달하는 것이 중요하다. 하지만 이러한 역할을 하는 그리스도인들에게는 자신과 함께 일하는 이들이나 자신이 가르치는 이들을 위해 기도해주거나 비공식적으로 자신의 신앙을 나눌 수 있는 기회 또한 많다.

이제 CIM이 중국을 떠난 지 60년이 넘었다. 중국 정부는 현재 중국에 수백만 명의 기독교 신도가 있음을 스스로 인정한다. 이러한 성장은 오직 하나님만이 만드실 수 있는 기적이다. 복음이 뿌리를 내린 것은 중국만이 아니다. 이제는 동아시아 전역에 탄탄하게 자리 잡은 교회들과 성숙한 교회들이 있다. 이것은 복음이 하나님의 은혜 속에서 뿌리를 내렸기 때문이다.

1965년 이전 아시아의 그리스도인들은 OMF 가입이 허락되기를 열망하고 요구했다. 세계 선교는 더 이상 (그 이전에도 결코 그렇게 간주되어서는 안 되었던 것과 마찬가지로) "서방에서 나머지 지역으로" 진행되는 것으로 생각되지 않았다. 그보다는 여러 민족의 다양성을 가진 전 지구적 교회의 책무로 생각되는 경우가 더욱 많아졌다. 선교는 세계 교회의 그저 특정한 한 부분인 것이 아니라 교회의 본질상 가장 중요한 것이며 모든 곳에 있는 교회가 가진 소명이다. 그리하여 매우 기쁘게도, 동아시아의 많은 지역에서 일어난 교회의 성장 속에서 하나님의 선하심을 목도하면서, OMF는 점점 더 많은 아시아의 형제자매들을 회원으로 맞이하게 되었다. 오늘날 아시아 지역 혹은 아시아인 공동체 출신의 회원들 중 3분의 1 이상이 아시아가 아닌 타 지역에 정착해 있는 상태이다.

동아시아 여러 지역에 흩어져 있는 중국인 화교들에게 다가가자는 결정이 처음 내려진 것은 1951년이었다. 그때 이후로 많은 동아시아 국가에서 지구상의 다른 지역으로 이주하는 경우가 급속도로 많아졌다. 다른 나라로 이주한 동아시아인들은 "디아스포라(the diaspora; 흩어진 사람들)"로 알려졌다.

이 중에는 장기간 다른 나라에 정착한 사람들도 있고 경제적인 이유로 이주한 이들이나 난민들도 있다. 학업이나 직업을 위해 해외에 일시적으로 머무르는 경우도 있다. 디아스포라들을 훈련하기 위해 더 많은 OMF 일꾼들이 다른 교회 혹은 기관들과 협력하고 있다. 가장 최근에는 아프리카 교회의 지도자들이 자국에 들어와 살고 있는 많은 동아시아 이주민 노동자들에게 다가가기 위해 도움을 요청한 적도 있다. 동아시아인들은 더 이상 동아시아에만 머무르지 않는다.

4. 미래를 바라보기

어떤 나라에는, 그리고 어떤 민족 그룹에는 아직 수백만 명의 사람들이 기독교의 복음을 한 번도 접해보지 못한 상태로 남아 있다. OMF의 목표는 동아시아의 모든 민족 그룹 속에서 교회 운동이 일어나는 것을 보는 것이다. 각 교회들은 자신을 둘러싸고 있는 이들에게, 그리고 그 너머에 있는 이들에게 복음을 전하는 데 헌신해야 한다. 사실 이것은 동아시아의 대부분 지역에서 점점 더 어려운 일이 되고 있다. 하지만 이것은 분명 건강하고 신실하며 순종하는 그리스도인 공동체의 소명이다.

동아시아에서 교회 개척은 왜 점점 더 어려운 일이 되고 있는가? 아시아 자체의 몇 가지 주요 요인을 들 수 있겠다.

그중 첫 번째는 인구의 폭발적인 증가이다. 전 세계 7억이 넘는 인구 중 거의 3분의 1이 동아시아에 살고 있다. 인구 증가와 인구 통계 자료를 보면 때로 동아시아에 사는 수억 명의 사람들 사이에서 사역을 펼치는 것은 아주 특수한 도전 과제라는 것을 알 수 있다. 일본의 경우 출산율이 급락하면서 고령 인구가 증가하게 된 반면, 태국이나 필리핀과 같은 나라에서는 인구의 대부분이 어린이와 청년인 것이다.

두 번째는 빠른 도시화이다. 1952년에 동아시아의 대부분은 여전히 도시가 아닌 시골, 그러니까 산업화되지 않은 농업 지역이었다. 이런 맥락에서 초창기 OMF-CIM 선교사들 중 많은 수가 작은 도시와 마을에 배치되었는데, 많은 사람들이 그곳에 살았기 때문이다. 현재 상황은 이와 상당히 다르다.

세계 대도시의 30%가 동아시아에 있다. 동아시아의 도시들은 경이로운 속도로 성장하고 있으며, 이는 시골 지역으로부터 사람들이 쏟아져 들어오고 있음을 의미한다. 시골 지역은 점점 더 빈곤해지고 주변화되고 있다. 이러한 이동 현상은 교회에게 도전인 동시에 기회가 되고 있다.

도시 인구는 이례적으로 복잡화되고 있는데, 많은 다양한 문화와 언어, 배경을 가진 사람들이 모두 섞여서 살고 있다. 지저분하고 가난한 사람들이 추접스러운 부자들과 함께 살아가고 글을 읽을 줄 모르는 사람들이 급성장하는 고학력 인구와 함께 살아가는 것이다. 중국에서는 2018년이 되면 인구의 60%가, 2035년에는 인구의 70%가 도시에 살 것이라고 예상된다.

또 하나의 요인은 동아시아의 다른 종교들과 철학 사조의 기세이다. 특히 불교와 이슬람교는 아시아에서 새롭게 힘을 얻고 있는 것으로 보인다. 오래되고 익숙한 사회 양식이 발전의 속도와 더 넓은 세계와의 관계로 인해 도전받고 있는 한편, 이러한 대격변 속에서 역사 깊은 종교에 보다 근본적으로 심취하여 마음의 안정을 추구하는 경향도 있다. 때로는 국가 정체성이 특정 종교와 밀접한 관계가 있기도 하다. 그래서 한 사람의 충정을 바꾸어 그리스도를 따르는 자가 되도록 하는 것에는 큰 희생이 따를 수 있다.

치러야 할 대가는 크지만 불가능하지는 않다. 우리가 섬기는 하나님께서 최종적인 권위를 가지시고 이 세상을 통치하시기 때문이다. 이제부터 살펴볼 이야기에서 독자들이 거듭해서 보게 될 것은 바로 이 은혜와 사랑의 하나님께서 사람들의 삶에 강력하게 개입하시는 방식이다.

지금 당장 우리가 보는 것은 주님이 동아시아에서 행하시는 일, 그 위대하신 전체 이야기 중에서 아주 작은 일부에 불과하다. 완결된 이야기는 하나님만이 아시며 그는 미쁘신 분이다. 그는 과거에 그렇게 하신 것처럼 미래를 써나가실 것이다.

우리는 당신을 이 위대한 믿음의 모험에 초대한다. 오직 유일하시고 살아계신 하나님과 함께 손잡고 우리와 함께 가보자.

"예수께서 나아와 말씀하여 이르시되 하늘과 땅의 모든 권세를 내게 주셨으니 그러므로 너희는 가서 모든 민족을 제자로 삼아 아버지와 아들과 성령의 이름으로 세례를 베풀고 내가 너희에게 분부한 모든 것을 가르쳐 지키게 하라 볼지어다 내가 세상 끝날까지 너희와 항상 함께 있으리라 하시니라."

(마태복음 28:18-20)

"이 일 후에 내가 보니 각 나라와 족속과 백성과 방언에서 아무도 능히 셀 수 없는 큰 무리가 나와 흰 옷을 입고 손에 종려 가지를 들고 보좌 앞과 어린 양 앞에 서서 큰 소리로 외쳐 이르되 '구원하심이 보좌에 앉으신 우리 하나님과 어린 양에게 있도다.'"

(요한계시록 7:9-10)

약한 자를 강하게 하시는 하나님의 미쁘심

사도 바울에게는 그를 괴롭히는 되풀이되는 문제가 있었는데, 그는 주님께서 그것을 떠나게 해주시길 바랐다. 우리는 그 문제가 무엇이었는지 알지 못한다. 우리가 아는 것은 바울이 사역하는 데 있어 그 문제가 방해가 된다고 생각했다는 것뿐이다. 그런데 주님께서는 그에게 이러한 사랑의 말씀을 해주셨다. "내 은혜가 네게 족하도다 이는 내 능력이 약한 데서 온전하여짐이라." (고린도후서 12:9) 우리의 인간적인 연약함은 하나님의 영광의 힘을 여실히 드러낸다. 그리고 하나님의 은혜를 더 깊이 경험할 수 있도록 우리를 인도한다.

바울은 계속해서 이렇게 말한다. "그러므로 도리어 크게 기뻐함으로 나의 여러 약한 것들에 대하여 자랑하리니 이는 그리스도의 능력이 내게 머물게 하려 함이라 그러므로 내가 그리스도를 위하여 약한 것들과 능욕과 궁핍과 박해와 곤고를 기뻐하노니 이는 내가 약한 그 때에 강함이라." (고린도후서 12:9-10)

그리스도께서는 박해하는 자들의 손에 십자가에 못 박히셨다. 이것은 겉으로 보기에는 약해 보이는 일이었지만 그 드러내는 바는 전혀 다르다. 즉 약함이 아니라 부활의 승리로 확증된 "구원을 주시는 하나님의 능력"을 보여주시는 것이다. 선교사는 영웅이 아니다. 그들은 가장 평범한 사람들이다. 그들 대부분은 힘들게 새로운 언어를 익히고, 낯선 문화를 이해하려고 하며, 그 속에서 살아가려고 애쓰는 사람들이다. 적어도 가끔은 두려움과 낙심, 분노와 향수병을 겪는 이들이 대부분이다. 마음 깊은 곳에서 신앙에 도전을 받는 이들도 있고, 그냥 다 관두고 싶어 하는 이들도 있다. 눈물과 기쁨이 공존하지만 어떤 때는 기쁨이 턱없이 부족해 보이기도 한다. 그러나 "내 은혜가 네게 족하도다."라는 하나님의 약속은 여전히 건재하다. 우리는 종종 가장 힘든 때에 더욱 깊고 넓고 높은 은혜를 발견한다. 아주 신선한 방식으로 말이다.

5. 순례자의 삶

오랫동안 계속해서 새로운 곳으로 이주하는 생활을 하면 이주하는 것이 점점 더 쉬워질 것이라고 생각할 수도 있다. 안타깝지만 메리 윌랜더에게는 그렇지 못했다. 메리는 1946년 1월 중국에 처음 와서 중국 내지 선교에 합류했고, 1952년에는 말레이시아(당시에는 말라야)에서 새로운 시작을 함께했다. 그녀가 수년간의 과정을 거치면서 깨달은 것은 주님께서 자신을 계속해서 새로운 곳으로 움직이신다는 것이었다. 또한 그녀는 자신이 어느 곳에 가든 하나님의 강력한 임재가 함께하신다는 것을 알았다.

1950년대 초, 중국 기독교인들은 CIM 지도자들에게 예전에 중국에서 사역한 선교사들 중 말라야에서 섬길 이들을 초빙해줄 것을 요청했다. 이것은 CIM을 중국이 아닌 지역에 재배치하기 위한 "마게도냐로 부르심"이 되었다. 같은 시기 영국 참모 총장은 질문을 던졌다. "중국에 있던 선교사들은 모두 어디에 있는가? 여기에 우리가 정글에서 데리고 온 100만 명의 중국인들이 있다. 누가 와서 이들과 함께 정착지의 새로운 마을에서 살 것인가?" 재정착 작업이 대부분 완료된 후 말라야에 작별을 고할 때가 되었을 때, 그는 선언했다. "문제는 결코 끝나지 않았다. 사실 이제 겨우 시작일 뿐이다. 우리는 지금 인간적인 문제에 직면해 있고, 그 인간적인 문제는 머리가 아니라 가슴에서 도출된 방법으로만 해결할 수 있다."

메리 월랜더

CIM-OMF는 부르심에 답했으며 1952년 처음으로 말라야에 일꾼들을 보낸 바 있었다. 그곳에서 몇 년을 보낸 지금 말라야 지역 의회는 이제 새로운 모험을 생각하고 있었다. 주님께서 말라야의 울루 얌 지역 주변에 사는 5,000명 규모의 강력한 호키엔 공동체 가운데 일을 시작하도록 인도하신다는 것을 믿었다.

그런데 누구를 보낼 수 있을 것인가? 의회는 그 나라의 경험이 있는 사람을 원했다. 말라야의 복잡다단한 문화와 언어를 이해하고 가능하다면 이미 호키엔 방언을 좀 익혔으며 현명하지만 열정적인 개척자이자 전도사인 사람을 원한 것이다. "메리를 보냅시다." 그들은 말했다. "그런데 누구를 그녀와 함께 보낼지는 아직 모르겠네요."

메리는 주님께서 자신이 동의하는 것을 원하신다는 느낌을 받았다. 하지만 사실 새로운 곳으로 이주한다는 것이 쉬운 일은 아니었다. 이미 많이 해보았지만 언제나 두려운 일인 것이다. 그녀는 기도의 동역자들에게 편지를 썼다.

"완전히 낯선 마을로 이주하는 것이 어떤 것인지 상상할 수 있겠어요? 그건 호기심 어린 구경꾼들이 나의 일거수일투족을 쳐다보고 있는 집에 사는 거예요. 뭘 사러 거리에 나가도 아이들이 따라오고, 가게 앞을 지나가면 어른들이 수군거리고, 온 마을의 가십거리가 되며, 절대 혼자 있도록 내버려두는 법이 없죠. 하지만 절대로 짜증을 내는 기미도 보여서는 안 돼요. 주님을 증거하는 말은 한 마디 꺼내보기도 전에 내 나이와 흰 머리, 식습관, 가족력 등에 대해 중국말로 물어보는 끝없는 질문에 지치지 않고 대답해주어야 하죠.

어디서 시작해야 할까요? 집집마다 돌아다니는 것? 제가 감히 거리에 홀로 서서 사람들을 모을 수 있을까요? 그 사람들은 제가 쉽게 감당할 수도 없고 곧 나를 압도해버릴 텐데 말이죠. 요즘 제 생각과 기도는 이런 질문들로 가득 차 있어요. 제가 아는 것이라고는 단 한 가지, 이 사람들 모두에게는 구세주가 필요하며 내가 그들에게 주님을 소개할 수 있다는 것뿐이에요."

마을 사람들은 그녀가 예수님에 관해 이야기했을 때 기꺼이 들으려고 하는 듯 보였다. 그들은 성경 또한 받아들였다. 그녀는 성경을 받아든 이들이 자기 혼자 읽은 것이 아니라 이웃들에게도 성경을 전해주었다는 것을 알게 되었다.

호기심은 점차 관심이 되었고, 몇몇 소중한 영혼 속에서는 이 관심이 신앙으로 변화했다. 이렇게 되자 그녀가 외국인으로서 매일 직면해야 했던 어려움이 말끔히 사라졌을 뿐 아니라 그녀의 희생은 너무나 값진 것이 되었다.

메리는 자신이 원했던 것과 전혀 다른 환경에 처한 것이 처음은 아니었지만, 주님께서 자신의 삶을 덮으신 사랑의 손길을 거두지 않으셨다는 것을 알고 있었고, 그래서 자신은 주님을 신뢰할 수 있다는 것을 잘 알고 있었다.

그녀는 사랑의 가정에서 성장했지만, 그녀는 어릴 때 심한 반항아였다. 학교에서 두 번이나 퇴학당하는 바람에 어머니께서는 시름이 깊으셨다. 메리는 학교를 싫어했고 권력을 가진 이나 이래라저래라 하는 사람이 있으면 그 누구라도 격분했다. 규율 같은 건 무조건 깨뜨려야 했던 것이다. 어느 날 밤 메리의 어머니께서 완전히 절망하셔서는 그녀에게 이렇게 말했다. "예수님께서 내일 다시 오신다면 너는 천국에 가지 못할 거야!" 이 말은 다른 이에게는 최고의 용어 선택이 아니었을 수 있지만 메리에게는 딱 필요한 말이었다.

하루는 그녀가 꿈을 꾸었는데, 예수님께서 재림하셔서는 자신을 남겨두고 부모님만 데려가는 꿈이었다. 그녀는 주님께 용서를 구했고, 그날로부터 주님를 신뢰했으며, 주님께서 자신의 통제되지 않는 나쁜 성질을 자기 절제와 기쁨으로 변화시키고 계심을 알게 되었다.

메리는 간호사 교육을 받았고 그 일을 사랑했지만 주님께서 자신이 중국으로 가기를 원하신다는 확신을 갖게 되었다. 그녀가 중국에 간 지 얼마 지나지 않아 알게 된 것은 그곳에는 (대개는 좋은 이유에서) 수많은 규율이 있으며 자신에게 이래라저래라 하는 수많은 사람이 있다는 것이었다. 주님께서 반항아였던 그녀를 길들이신 것이 얼마나 지혜로운 일인가! 중국에 있는 동안 그녀는 란저우의 보든 기념 병원(Borden Memorial Hospital)에서 봉사했다.

보든 기념 병원

그녀는 수백 마일을 여행하고 많은 모험을 했는데, 그중에는 상당히 무시무시한 여정도 있었다. 한번은 부풀린 동물 가죽을 엮어 만든 허술한 뗏목을 타고 황허 강(Yellow River)을 일주했다. 그 뗏목은 분명 울퉁불퉁한 바위를 돌아 굽이치는 급류를 따라 항해할 수 있을 정도로 튼튼한 상태가 아니었다. 영하 20도의 날씨에 낡아빠진 러시아 트럭을 며칠씩이나 타야 했을 때도 있었다. 그 트럭에 실린 거대한 소금 덩어리 위에 앉아서 말이다.

중국을 떠날 때가 되자 메리는 슬펐다. 고향에 돌아가 그곳에서 간호사로서 남은 생애를 보낼까 생각도 했다. 하지만 말라야로 일꾼을 보내달라는 요청이 있자 그녀는 주님께서 자신에게 다시 한 번 있는 곳을 떠나 완전히 다른 나라와 문화로 향할 것을 명하신다는 것을 알았다. 당시 말라야는 공산주의자들의 폭동으로 고통받고 있었는데, 이것이 바로 메리가 두 번째로 걱정하고 있던 것이었다. 하지만 주님께서 부르시자 그녀의 유일한 선택은 순종과 신뢰였고, 그녀는 그곳으로 떠났다.

먼저 싱가포르에 도착하자 습한 열기가 강하게 덮쳐왔다. "주님, 이런 기후에서 살아야만 하는 건가요?" 그녀는 기도했다. "제가 해낼 수 있을 것 같지 않습니다." 아니나 다를까, 그녀가 해결해야 할 첫 번째 과제는 "이런 날씨에서 사는 것"이었다. 싱가포르와 쿠알라룸푸르를 오가는 열차가 중간쯤에서 멈춘 곳은 중국인 정착민들이 고무 수액을 채취해서 살아가는 마을이었다. 정글을 개간한 지역으로 비콕이라고 부르기도 하는 곳이었다. 넓은 폭으로 높이 쳐진 철조망으로 둘러싸여서 살아가는 사람들이 3,000명 정도 있었는데 그중 많은 수가 공산주의자들에게 동조하는 사람들이었다. 이 지역 바깥에 있는 200여 명쯤 되는 테러리스트 중에 친구과 친지가 있는 이들이었다. "말라야의 비상 사태는 정점을 찍고 있었고 전쟁을 목전에 두고 있었다." 메리는 상세히 기술했다. "경찰 순찰대와 테러리스트 사이의 전투는 매일 있는 일이었다. 나는 동료와 함께 상가 중심부의 방 하나짜리 집에 살고 있었다. 우리는 언제나 대중 앞에 공개되어 있었다. 창문을 닫으면 완전히 컴컴해졌고 한낮의 기온은 대부분 섭씨 40도를 넘었다. 우리가 사는 오두막 바로 옆에 우리가 일하는 정부 진료소가 있었다."

그곳에서 주님을 증거하는 이로 살아가기란 결코 쉽지 않았다. 하지만 점차 소수의 사람들이 신앙을 갖게 되었고 그 수는 조금씩 더해갔다. 마침내 교회가 세워졌고 지도자들이 임명되었다. 몇 년 후 메리는 간호사가 심각하게 부족한 북부로 가달라는 요청을 받았다. 이 이동은 또 다른 변화를 예고했지만 이동 후 그녀는 물 만난 물고기 같았다. 1주일에 열 군데의 진료소에 가야 했고 매 진료가 끝나면 30분씩 성경을 가르쳤다. 메리는 깊은 행복과 충만을 느꼈다. 1년 후 그녀는 폐렴에 걸렸고, 요양을 위해 산간 마을의 의사에게 보내졌다. 안타까운 일이었지만 주님께서는 그녀에게 회복하고 나면 말라야 남부로 다시 돌아가야 한다고 말씀하셨다. 도대체 어떻게 또 다른 새로운 곳에서 처음부터 다시 시작할 수 있단 말인가? 하지만 다시 한 번, 그것은 하나님의 부르심에 순종함으로 응답할지 여부를 묻는 문제였다.

다음 몇 년 동안에 걸쳐 말라야는 신생 독립 국가가 되었다. 메리는 변화하는 상황과 필요에 맞추어 여러 곳을 옮겨 다녀야 했다.새롭게 적응하는 일은 언제나 결코 쉽지 않았다. 하지만 그녀는 주님께서 자신을 사랑으로 보내시는 그곳에 있고자 하는 열망을 언제나 결코 버리지 않았다. "내가 오래전에 배운 것이 있다." 그녀는 이렇게 기록했다. "주님의 온전한 사랑이 아닌 다른 것으

조호르바루에서 메리와 교회 사람들

로 인한 섬김은 열매 없는 고역일 뿐이라는 것이다." 그 모든 이주 과정을 거쳐 그녀는 말라야를 떠나는 때까지 자신의 가장 주된 업무가 될 사역을 발견했다. 바로 문서 사역이었다. 말라야에서 맨 처음 CIM-OMF 업무를 시작했을 때는 전도용 소책자와 팸플릿, 말씀을 담은 책 및 성경책을 제작하는 것이 급선무였다.

중국어의 방언들은 구어 형태로는 서로 달랐지만 문서로는 같은 형태를 사용하고 있었다. 방언을 사용할 수도 이해할 수도 없어 곤란을 겪고 있었던 초창기 중국에서 건너온 CIM 활동가들에게 문서는 축복이었다.

메리는 종종 학교를 방문해서 서가를 만들었다. 1968년 그녀의 보고서에 따르면 학교 108군데를 방문했으며 그중 한 곳은 학생 수가 2,000명이었다.

그녀는 그해 66,000명의 학생들이 도서 전시회와 서가에 방문했으며 복음서와 서적을 사는 데 16,000 말레이시아 링깃(5,033 US 달러)을 썼다고 회상한다. 1969년 메리는 학생 수가 3,000명인 학교에서 책을 전시했다. 오전 8시부터 오후 6시까지 44개 학급이 하나씩 순서대로 책을 보러 왔고, 그 중에 한 소년이 타밀어로 된 복음서를 사 갔다. 그는 자신이 살고 있는 마을 사람들에게 그 책을 팔고 싶다고 말했다. 이런 식으로 해서 선교사나 지역의 교인들이 가기가 힘든 곳에 젊은이들이 들어가는 경우도 있었다.

***

조호르바루에서 보낸 마지막 3년 동안 메리는 동남아시아 10개 국가에 있는 기독교인 작가들의 통신 강좌를 맡아서 이끌어달라는 요청을 받았다. 그것은 보람이 있는 사역이었으며, 그 결과는 널리 영향을 미쳤다.

그녀가 은퇴하고 말레이시아(1963년 말라야에서 이름이 바뀌었다)를 떠나기 전에 각 강좌는 지역의 문서 사역 속에 자리를 잡았다. 메리는 자신의 최종 강좌를 쿠알라룸푸르의 잡지사 아시안 비콘(Asian Beacon)에 넘겼다.

이제는 메리가 아니라 도서들이 새로운 곳으로 나아갈 차례가 되었다. 성령님께서 길들이신 반항아는 문서가 여정을 이어가리라 믿었다. 하나님께 영광이 있을지어다.

6. 어린아이들을 용납하여 나에게 오게 하라

예수님께서는 아이들을 사랑하셨다. 아이들은 그의 사역에 있어 짜증 나는 방해꾼이 아니었다. 그의 제자들은 여러 번 그렇게 여겼지만 말이다. 아이들은 그에게 소중한 존재였다. 예수님은 이렇게 말씀하셨다. "어린아이들을 용납하고 내게 오는 것을 금하지 말라 천국이 이런 사람의 것이니라."(마태복음 19:14) 다음에 이어질 두 이야기는 일꾼들을 통해 보여주신 태국 어린이들을 향한 하나님의 사랑에 관해 말해준다. 그레이스 해리스는 1946년 중국 내지 선교에 참여했고 1952년 태국에서 사역이 시작되자 곧 그곳으로 건너갔다. 스위스 사람 어윈 그뢰블리는 1985년 방콕에 도착해 곧바로 거리의 아이들을 돕기 시작했다.

그레이스 해리스는 선교 이야기와 선교사들에게 둘러싸여 자랐다. 그녀의 부모님은 선교사로 일본에서 사역하셨다. 겨우 일곱 살이었던 그녀는 스스로 주 예수를 영접하고, 자신의 장난기를 용서해달라고, 그리고 살아가는 동안 언제나 예수님을 사랑할 수 있도록 도와달라고 간구했다.

아마도 그레이스는 아이였을 때의 이 경험으로 인해 어린아이들도 구세주를 진실로 진정하게 믿을 수 있다는 깊은 확신을 갖게 되었을 것이다. 어떻게 시작되었든 간에, 그녀는 자신의 남은 생애의 대부분을 아이들에게 둘러싸여서 주님에 대해 이야기해주면서 살기로 되어 있었던 것이다.

그녀는 아이들에 대한 어리석은 감상 같은 건 가지고 있지 않았다. 그녀가 아는 것은 그들이 아무리 어리다 해도 구세주가 필요하다는 것이었다. 하지만 그녀는 아이들을 사랑했으며, 아이들이 자신을 향한 하나님의 사랑을 알게 되기를 열망했다. 그러자 결국에는 아이들도 그녀에게 사랑을 되돌려주었다.

그레이스는 1946년에 중국에 처음 왔는데, 곧 아이들을 향한 사랑으로 인해 잘 알려지게 되었다. 중국에서 더 이상 일하기가 불가능해졌을 때 그녀는 이끄시는 곳이면 어디든지 가서 섬기겠다고 겸허히 말했다. 그녀는 태국의 새로운 팀에 합류했고 새로운 언어를 익히는 어려운 일부터 시작했다.

그레이스는 이렇게 회상한다. "이번에는 언어 학교도 없었고 그 언어를 알고 있는 동료도 없었기 때문에 우리는 우리가 할 수 있는 만큼 최선을 다해 익혀야 했어요. 나는 언어를 잘하는 사람이 아니라서 힘들었어요. 5년 동안 힘들게 중국어를 배웠는데 또 다른 언어를 다시 시작해야 한다고 생각하니 두려웠죠. 나는 나의 약함을 아주 잘 알고 있지만 하나님께서는 신실하셔서 나를 도와줄 태국인 친구를 세워주셨어요."

"우리와 처음 사귄 친구들은 바로 아이들이었어요." 그녀는 이렇게 말한다. "아이들은 어디에서나 우리를 따라왔어요. 그 애들은 외국인을 본 적이 없었거든요. 관광객들이 몰려 오기 한참 전이었으니까 요. 어떤 아이들은 우리 가 더듬거리는 태국어로 겨우 하나님의 사랑에 대 해 말했을 때 이미 거기 에 응답했을 정도로 마음 이 열려 있었어요. 그 중

그레이스 해리스의 3명의 태국 아이들

에는 태국 교회의 지도자가 된 아이들도 있죠."

그레이스는 동료 한 명과 함께 방콕의 태국어 선생님이 번역해준 찬송가 몇 구절과 공들여서 외운 성경 이야기를 가지고 그늘이 있는 나무 아래에 서서 가르치기 시작했다. 호기심에 가득 찬 아이들은 자석처럼 그들에게 빠져들었 다. 흥미를 더하기 위해 그레이스는 피아노, 아코디언도 가져왔다. 아이들은 바쁘게 움직이는 그녀의 손가락을 보며 매료되었다. 그레이스는 한 마을 한 마을 빠짐없이 방문했다. 걸어서 가거나 자전거 혹은 보트를 타고 갔다. 그녀 가 가는 곳에서는 어디서나 아이들이 모여들었다.

태국 중부에서 가장 먼저 신앙을 고백한 이들 중 하나가 이 아이들 중에 있 었다. 그레이스는 이 첫 신도에 대해 이렇게 말한다. "그녀는 처음으로 복음 을 들은 다음 날 수줍은 표정으로 나에게 편지를 한 통 건넸어요. 그 편지에는 예수님을 믿고 싶다고 쓰여 있었죠." 몇 년 후 그 소녀가 어른이 되어서는 독 실한 불교 환경에서 일하면서 거기에 휩쓸려간 것으로 보이지만, 당시로서는 그 소녀가 큰 격려가 되었다. 태국인들이 이해할 수 있는 방식으로 복음을 전

달할 수 있을 것인가를 두고 고민하던 이들에게는 말이다.

　오래 지나지 않아 아이들의 부모들이 수업 시간에 나타나 기웃거리기 시작했다. 아이들이 무엇 때문에 그렇게 신나하는지 알아내려고 온 것이다. 그레이스는 그들을 가르칠 기회 또한 얻게 되었다. 그녀는 엄청난 사랑을 받게 되었다. 그레이스가 어떤 마을의 이웃으로부터 받은 호의에 대해 나중에 한 동료가 남긴 기록이 있다. 그 이웃 사람 중에는 태국인 경찰서장이 있었는데, 그의 아내 또한 매우 친절했다고 한다. 그 부부는 그레이스를 위험으로부터 보호하는 것이 자신들의 책임이라고 생각했다. 시골에 사는 태국인 친구가 그레이스를 찾아오기라도 하면 근처 숲에 경찰관이 잠복하여 그 찾아온 사람이 술에 취하지는 않았는지 아니면 그레이스에게서 뭔가를 훔치지는 않았는지 확인했다. 그레이스는 경찰서장의 아내에게서 태국어 수업을 받았고, 그들은 『구원의 길(The Way of Salvation)』이라는 책을 가지고 함께 공부하기도 했다. 여러 달이 지나고 경찰 서장의 아내는 이제 불교와 기독교의 차이점을 이해하게 되었다고 느꼈다. 그녀는 이렇게 말했다. "기독교인들은 죄의 사함을 받지만 불교에서는 그런 법이 없어요."

　그레이스는 곧 주일 학교를 세웠을 뿐 아니라 학교 방학 기간에 어린이들을 위한 동아리 모임을 만들었다. 이 모임에 오는 아이들의 수가 점점 늘어났다. 나중에는 파야오 신학교(Phayao Bible College) 학생들의 도움으로 어린이 캠프가 생겼는데, 이는 학교 선교를 위한 디딤돌이 되었다. 이 기간 동안 그레이스의 가장 큰 기쁨은 어린이들과 젊은이들이 신앙으로 돌아오는 것을 보는 일이었다. 이런 일은 길고 긴 기간에 걸쳐 신실하게 가르친 후에 보게 되는 경우가 많았다. 태국을 지배하는 불교적 세계관을 깨는 것은 어려운 일이었다.

아이들이 그들의 부모나 그들이 속한 공동체와 다른 길을 걷도록 하는 일 또한 어려웠다. 그럼에도 불구하고, 하나님의 은혜의 이끄심으로 인해 많은 아이들이 구원자 하나님을 믿게 되었고, 그들 중 많은 수가 기독교 가정을 세웠으며, 자신의 자녀들이 주님을 알고 사랑하도록 양육하고 있다.

그레이스는 태국에서 거의 35년간 사역했다. 그동안 그녀는 많은 곳에 거주했다. 어디든 그녀가 이주한 곳에서 처음으로 드린 기도는 그 지역의 아이들을 만날 수 있도록 해달라는 것이었다. 세상은 아이들을 어른들보다 덜 중요한 존재로 볼 수도 있었겠지만 그레이스는 달랐다. 그녀는 아이들을 위한 그 사랑을 많은 젊은 선교사들에게 전해주었다. 그들은 사역 초기의 언어 공부를 마치고 나서나 결혼하기 위해 기다리는 동안 그녀와 함께 살았던 이들이다. 그녀는 새로운 삶에 적응하기 위해 애쓰는 많은 젊은 여성들을 독려했으며 그들에게 영감을 주었다. 그녀는 연약함이야말로 하나님의 강함을 드러내는 방법이 될 수 있음을 그들이 배울 수 있도록 도왔다.

그레이스가 가르치는 것에는 자전거 타기처럼 매우 실용적인 것이 포함되기도 했다. 물론 자전거 타기는 매우 중요한 이동 기술이다. 미국에서 온 새로운 선교사가 있었는데, 전에 자전거를 타본 적도 없는 사람이었다. 그녀는 그레이스가 계속해서 끈기 있게 가르쳤지만 전혀 요령을 익히지 못했다. 그녀가 할 수 있었던 최선은 최고 속력으로 길을 내려가면서 고래고래 소리를 지르는 것이었다. "조심해요! 비키세요!"라고 말이다.

태국 사람들뿐 아니라 동료들도 그레이스를 크게 사랑했다. 그녀가 보여준 모범으로 인해 사람들은 더 이상 아이들에게 복음을 가지고 가는 것의 중요성에 대해 의문을 제기하지 않았다. 그레이스가 퇴임하고 태국을 떠난 1986년보다 한 해 앞서, 스위스 사람 어윈 그뢰블리가 도착했다. 그도 곧 아이들을 위한 새로운 종류의 사역을 시작했다.

**

어윈은 태국에 도착했을 때 나이가 거의 마흔아홉 살이었지만 복음을 전하겠다는 에너지와 열정으로 가득 차 있었다. 방콕 외곽에 있는 학생 호스텔을 맡아서 돌보는 일을 하던 미국 사람 빌 메리와 스위스 사람 프랑수아 메리 관리인 부부는 빌의 아버지께서 돌아가시는 바람에 급하게 미국으로 돌아가야 했는데, 그때 그들이 어윈에게 도움을 요청했다. 어윈은 아직 언어 훈련 첫 해도 마치지 못한 상태였지만, 당시 미혼이었고, 그래서 태국으로 이주할 수 있었다. 호스텔은 OMF가 교회를 시작한 곳인 후아 마크에 있었다. 교회는 주로 학생들로 구성되었는데, 근처에 학생 수가 5,000명 정도인 대학이 있었다. 어윈은 어떻게 해서든 학생들과 일하고 싶어 했으며, 모든 것이 이상적으로 딱 들어맞았다.

그는 지역 대학으로 옮겨서 자신의 태국어 수업을 계속했다. 게다가 호스텔에 있는 기독 학생들 중 일부의 도움을 받아 근처 쇼핑몰에 책 판매대를 세웠다. 그들은 수백 권의 성경과 책, CD와 카세트테이프를 팔았고, 사람들에게 주님에 대해 이야기하는 데 많은 시간을 보냈다.

어느 주일 아침 후아 마크 교회에 한 학생이 나타났다. 그는 가톨릭 신자이자 근처 대학에 다니는 학생이었는데, 거리의 아이들을 네 명 데리고 나타난 것이었다. 아이들은 일곱 살 정도밖에 되지 않았는데 집도 없고 살 곳도 없어서 음식과 돈을 구걸하면서 겨우 목숨을 부지하고 있었다. "제발 이 아이들을 도와주셔야 해요!" 그 가톨릭 신자인 학생이 어윈에게 말했다.

어윈은 그 아이들을 먹이고 호스텔에서 씻을 수 있도록 했다. 아이들은 계속해서 왔고 도움을 구했다. 그는 어떻게 할지 갈피를 잡지 못했다. 그가 가진 것은 예수님에 관한 이야기와 하늘에 계신 아버지의 사랑뿐이었다. 어윈은 학생들의 도움을 받아 아이들이 있을 만한 장소를 찾아보려 했지만 그들은 협력하기를 주저했다. 곧 그들은 더러운 아이들이 호스텔 주변을 어슬렁거리는 것에 반대했고 아이들에게 떠나라고 말했다.

어윈은 학생들의 이런 반응 때문에 속상하고 화도 났다. 그는 아이들이 위험에 처한 상태라는 걸 알고 있었다. 매춘 산업에 포섭될 수도 있고 아이들을 이용해서 덕을 보려는 이들을 위한 값싼 노동력이 될 수도 있는 것이다. 그는 호스텔에 있는 학생들과 교회가 도와주지 않으면 자신과 아이들이 함께 지낼 수 있는 집을 직접 알아볼 생각이었다.

마침내 알맞은 아파트를 하나 찾았는데, 작긴 하지만 아이들이 지내면서 작은 가정 교회를 시작하기에는 충분했다. 낮 시간 동안에는 기본적인 교육을 받을 수 있는 곳으로 아이들을 보냈다. 또한 그는 아이들의 옷과 음식을 모두 자기가 부담해서 먹이고 입혔다.

이때는 어윈에게 혼란스러운 시간이었다. 그는 자신의 소명이 학생들과 일하는 것이라고 확신하고 있었는데 지금은 지저분한 꼬맹이들과 함께 살고 있는 것이다. 무엇을 해야 할지 몰라 고민하고 있을 때 고향에 있는 기도의 동역자들은 그에게 거리의 아이들을 위한 사역을 세우라고 설득했다. 그들은 그의 사역에 기부하기도 했다. 아이들을 데리고 살 만하며 더 많은 아이들을 데려올 수도 있는 넓은 집을 구매할 수 있도록 그에게 돈을 보낸 것이다. 하나님께서는 멀지 않은 곳에 있는 적당한 주택으로 어윈을 인도하셨다. 태국인 친

반 녹 카민에 살던 아이들

구는 그에게 그 집을 반 녹 카민(Baan Nok Kamin)이라고 부르라고 했다. "둥지 없는 새를 위한 집"이라는 뜻이었다. 완벽하게 어울리는 이름이었다. 심지어 그 집은 "로다난(Rodanan)"이라는 이름의 거리에 있었는데, "영원한 구원"이라는 의미였다.

거리의 아이들을 향한 어윈의 사역이 확장하면서, 기도에 대한 많은 응답이 있었다. 외국인은 집을 살 수 없었기 때문에 태국인 친구가 어윈을 대신해서 집을 구매했다. 또한 하나님께서는 가정부로 와서 음식을 해줄 현지인 여성과 도움을 주러 온 세 명의 기독 학생들, 그리고 아이들을 기꺼이 받아주기로 한 근처 초등 학교를 공급해주셨다. 어윈이 이 일을 시작할 때는 아이들이 여섯 명이었고, 모두 일곱 살이었다. 그 수는 곧 늘었다. 아이들의 학교 선생님들은 이 소년들의 착한 행동을 보고 깜짝 놀라서 그 집이 무엇을 하는 곳인지 물었다.

어윈은 그들에게 하나님에 대해서 이야기하는 것이 아주 행복했다. 이웃들도 똑같이 궁금해했고 직접 방문하기 시작했다. 교회를 개척하기까지 오래 걸리지 않았다. 그 많은 아이들을 먹이고 입히는 것에 직원들을 고용하는 것까지 해서 돈이 많이 들었다. 하지만 몇 번이고 어윈과 그의 친구들이 기도하기만 하면 번번이 돈이 들어왔다. 더 많은 집이 필요해지자 주님께서는 집을 살

돈도 공급해주셨다. 하나님께서는 기독교인인 태국인 관리인 부부도 보내주셨다. 아이들의 수가 늘면서 외부인이 12명에서 15명까지 늘었지만 모두 집이라는 곳에 머물 수 있게 되었다. 아이들은 가족이 되었다. 상당히 큰 대가족이지만 그래도 가족은 가족이었다.

어원은 첫 휴가 때 아이린과 결혼했다. 성장해가는 사역에서 좋은 동료가 되어주었던 사람이었다. 그들은 함께 다음 도전 과제로 향했다. 출생 증명서 같은 공식적인 서류가 없는 아이들을 위해 해줄 수 있는 일을 찾아보는 것이었다. 이런 서류가 없으면 학교는 아이들이 등록하도록 허용할 수 없었다. 어원과 아이린은 차선책을 알아냈다. 북부 지역에서는 당국이 아이들을 학교에 등록하도록 하는 시책이 있어서 서류를 찾아내는 작업이 계속되고 있었다.

그 지역에 집을 구하게 되면서 어원은 그 지역의 주지사에게 작은 별장이 있었다는 것을 알게 되었다. 농장으로 사용하는 넓은 땅이 딸린 집이었다. 그런데 그 주지사가 사고로 죽었고, 태국 사람들은 미신 때문에 그 집에 아무도 살지 않으려 한다는 것이었다. 그 결과, 어원은 그 집과 땅을 싼값에 살 수 있었다. 그는 서류가 없는 아이들을 모두 그 집으로 보냈고, 선생님들은 그 아이들을 학교로 보낼 수 있었다. "그건 정말 큰 도움이 되었어요."라고 어원은 말했다.

일의 규모가 커졌다. 얼마 지나지 않아 12개의 집에서 남자 아이 여자 아이를 합쳐 약 200명의 아이들을 돌보게 되었다. 이 사역은 이에 더해 노인들을 위한 집과 약물 중독 재활 센터도 세웠고 교회도 여럿 개척했다. 교회를 개척하는 요원들이 있어서 더 많은 교회들을 인도할 수 있었다. 이 사역에 대해 궁금해하는 사람들이 많아졌다. 학교에서 아이들의 착한 행동을 본 이들과 그들을 잘 돌보는 직원들의 모습을 본 이들이 있었기 때문이다. 이런 호기심을 가진 이들은 마침내 직원들과 함께 성경 공부에 참석하게 되었다.

시간이 흘러 그중에 신앙을 갖게 된 이들이 있었고, 또 다른 교회가 탄생했다. 게다가 많은 아이들이 주님을 믿게 되었다. 이 모든 여정이 계속되는 동안 어윈의 주된 관심사는 동일하게 유지되었다. 그것은 바로 "아이들이 주 예수를 알게 되고 자신의 개인적인 구원자이자 주님으로 받아들이는 것"이었다.

물론 아이들이 하나님의 나라에 들어온 것은 어윈의 작은 아파트에서 시작한 사역 덕분이었다. 사역이 커져가면서 아이들을 돕는 기회도 늘어났다.

아이들에게 더 많이 공급하기 위해 세웠던 계획은 이제 아이들을 위한 기술 교육으로 발전했다. 이 기회는 특히 교실에서 이루어지는 학술적인 배움을 즐거워하기보다 자신이 가진 기술을 가지고 윤택한 삶을 꾸려가겠다고 생각하는 젊은이들의 흥미를 끌었다. 자동차 기술 훈련을 받는 것은 그런 아이들에게는 꿈이 이루어지는 순간이었다.

약물 중독 재활 센터 또한 열매를 맺었다. 예전에 마약 중독이었던 사람들 중에 마약에서 벗어나 진정한 삶의 변화를 보여준 이들이 있었던 것이다. 이 중에는 파야오 신학대에 가서 목회자가 된 이도 있었다. 약물 중독 재활 센터는 그들이 중독에서 벗어나 새로운 삶을 시작할 수 있도록 지속적이고 전문적인 관리를 제공했다. 어윈과 아이린은 2008년 태국을 떠났다. 노력과 수고 끝에 충분히 휴식할 자격이 있는 은퇴였다. 하지만 반 녹 카민은 계속해서 일하고 있다. 위험에 빠진 아이들을 구하고 복음을 전하여 교회를 세우는 일 말이다. 예수님께서 제자들에게 이렇게 말씀하신 것은 전혀 놀랄 일이 아니다.

"어린 아이들을 용납하고 내게 오는 것을 금하지 말라."

7. 보르네오 교회의 성장

아이들의 건강 문제나 영적 전쟁을 다루면서 브라이언 뉴튼과 에스더 뉴튼 부부는 자신의 한계를 넘어서 무리하는 것 아닌가 생각도 자주 했다. 하지만 하나님께서는 미쁘시다는 것을 입증하셨다. 하나님은 약함 속에서 강함이 되어주셨고 보르네오에 활기로 가득한 교회도 세워주셨다.

브라이언과 에스더 뉴튼 부부는 하나님께서 자신들에게 해외 선교의 소명을 주셨다는 것은 확신했지만 정확히 어디인지는 다소 불분명했다. 에스더는 "자신의 민족"인 중국인에게로 부르신다는 것을 오래전부터 느끼고 있었다. 하지만 브라이언이 처음에 관심을 가진 곳은 동유럽이었다. 하지만 1973년 9월 OMF의 ≪동아시아의 수백만(*East Asia's Millions*)≫ 잡지가 발간되자 브라이언은 일본의 교회 개척 사역을 도전을 정리한 기사에 주목했다. 에스더는 예전에 일본만 아니면 어디든 가겠다고 종종 말했지만 브라이언의 영도력을 기꺼이 따랐다. 정작 자신은 동남아시아의 가장 큰 섬인 보르네오에서 눈을 뗄 수 없었지만 말이다.

최근 몇 년간 보르네오 섬에서는 (말레이시아의 가장 큰 주인) 사라와크 바리오 산악 지대에 사는 켈라비트 주민들과 함께 시작한 대규모 부흥 운동이 한창이었는데, 이들은 또한 섬에 사는 다른 부족 사람들에게 이야기를 퍼뜨리고 있었다.* 하지만 당시 OMF 선교사들은 보르네오의 인도네시아 지역인 칼리만탄에만 배치되어 있었고, 그곳에서의 사역도 지역 교회에 인계되는 절차 가운

---

* 이 부흥 운동을 종종 "바리오 부흥 운동"이라고 하는데, 솔로몬 불란과 릴리안 불란-도럴이 쓴 『바리오 부흥 운동(*Bario Revival*)』과 같은 책에 잘 묘사되어 있다.

데 있었다. 보르네오 섬에 새 일꾼이 들어올 자리가 없었던 것이다. 1975년 2월 싱가포르의 오리엔테이션 과정이 열리지 않음에 따라 OMF 국제 본부의 지도부는 뉴튼 부부의 일본행을 승인했다. 그들은 비자를 받고 일본 북부의 삿포로로 가는 비행기 표도 샀다.

싱가포르에서 그러고 있던 어느 날 밤 외출에서 돌아온 뉴튼 부부는 한 살배기 아들 존이 심각한 기관지 천식 발작으로 숨을 몰아쉬고 있는 것을 발견했다. 브라이언과 에스더는 급히 아이를 싱가포르 종합 병원으로 데려갔다. 존의 호흡이 너무 힘들었기 때문에 아직 심장 마비가 오지 않은 것에 대해 의사가 깜짝 놀랄 정도였다. 그 사건 이후 OMF 지도자들은 이 가족을 일본 북부로 보내는 것에 대해 다시 생각하게 되었다. 그 지역은 겨울이 길고 대기 오염과 도로 오염이 심해서 천식 환자에게는 문제가 될 수 있는 지역이었기 때문이었다.

뉴튼 부부는 마음속 깊이 평안을 느끼며 일본의 문이 닫히는 상황을 받아들였다. 하지만 하나님께서는 이제 그들이 어디로 가기를 원하시는가? 그들은 기도와 독서, 본부 지도자들과의 대화, 그리고 동아시아 전역의 다른 필요들을 살펴보는 것으로 이후 몇 주를 보냈고, 모든 선택지는 마침내 말레이시아 동부의 보르네오 섬에서의 사역 가능성으로 좁혀지는 듯했다. 뉴튼 부부가 오리엔테이션 과정에 참여만 했더라도 이 지역은 OMF의 공식 사역지가 되었을 것이고 새로운 일꾼을 영입할 수 있었을 것이다. 뉴튼 부부는 말레이시아 동부의 보르네오 섬에 사는 부족 사람들 가운데서 일한다는 생각은 한 번도 해본 적이 없었다.

"보르네오 섬 안에서 부족 사람들에 의해 자발적으로 발생한 부흥 운동에 관

브라이언 뉴튼과 에스터 뉴튼 부부

한 이야기를 들으면 들을수록 우리는 경탄을 금치 못했습니다. 하나님께서 우리를 바로 그곳으로 인도하고 계셨던 것입니다." 브라이언은 이렇게 말했다. "이 경험은 하나님의 신실하심이 우리를 인도하신다는 것을 확신하게 했습니다. 우리를 부르신 이는 순종하는 종을 온전케 하실 뿐 아니라 종의 일생을 통해 그의 뜻을 가장 잘 이룰 수 있는 바로 그곳에 보내신다는 확신입니다."

하나님의 미쁘심이 확실히 입증되었지만 보르네오 섬에서는 더 많은 도전 과제가 뉴튼 부부를 기다리고 있었다.

짐을 꾸릴 준비

말레이시아 동부 사역에 임명된 뉴튼 부부는 1975년 8월 보르네오 섬 사라와크에 도착했다. 그들은 말레이어를 배우는 과제에 착수하는 한편 이반족의 언어도 조금 공부했다. 이반족은 이 지역 인구 중 거의 3분의 1을 구성하고 있는 부족으로, 뉴튼 부부는 향후 그들에게도 사역을 펼치기로 되어 있었다. 하지만 곧이어 1976년 초, OMF의 말레이시아 동부 지부의 지도자들은 뉴튼 부부에게 1년간 시부 지역 사라와크 마을의 사역을 지휘하는 일을 도와줄 것을 요청했다. 예전에 그곳에서 사역을 이끌던 선교사들이 본국 사역을 위해 잠시 떠나야 했기 때문이다. 그들은 뉴튼 부부에게 이렇게 말했다. "딱 1년이면 돼요. 그다음에는 이반족 사역을 진행하실 수 있어요."

최근 시부 지역에는 (시당 인질 보르네오(Sidang Injil Borneo) 혹은 SIB로도 알려진) 보르네오 복음 교회(Borneo Evangelical Church) 개척이 시작되었다. 뉴튼 부부가 맡고 있는 일에는 영어 집회의 목회*와 근처에서 만난 말레이어를 사용하는 부족 집단의 관리 감독, 기독 서점 관리, 지역 곳곳의 수많은 학교 간 그리스도인 친목 모임에서의 연설, 복음 전파, 문서 작업 및 여러 형태의 봉사 등이 포함되었다.

브라이언과 에스더는 새로운 교회 개척을 위한 첫 회의에 참석했는데, 이는 그들에게 결코 잊지 못할 경험이 되었다. 토요일 밤 기도 모임이었는데, 젊은 신도들이 모여서 그런지 기도의 강력함이 정말이지 인상적이었다. 모임이 중반쯤 진행되었을 때, 한 젊은 여성이 악령에 사로잡힌 모습을 보이기 시작했다. 신학교에서 악령학이나 영적 전쟁을 공부하는 것도 중요한 일이지만 이런 가혹한 현실과 마주하니 완전히 달랐다. 방을 쓱 둘러보자 원로 선교사들이 이 상황에 대처하는 것을 볼 수 있었다. 뉴튼 부부는 그 여성이 구출되어 마귀의 괴롭힘으로부터 자유하는 과정을 지켜보았다.

이어진 3주 동안 거의 모든 모임에서 비슷한 일이 일어났다. 브라이언은 이러한 일들이 자신의 영적 능력 밖이라는 기분이 들었다. 다른 문제들과 함께 자신을 압도하는 봉사와 지도, 책임의 문제들이 뒤섞여서 그는 자신이 왜 여기 있는지 고민하기 시작했다. 하나님께서는 무엇을 계획하셨을까? 자포자기하여 짐을 꾸려서 고향에 돌아갈 준비를 하던 뉴튼 부부는 선배 선교사들을 방문하기로 했다.

"그들은 당연히 우리와 마주 앉아 좋은 얘기를 해줄 것이라고 생각했어요."

---

* 영어는 이 지역의 학교에서 공식적으로 사용되는 언어이다. 따라서 다양한 부족 사람들로 구성된 집회에서는 영어가 가장 일반적인 공통 언어인 경우가 많다.

브라이언은 이렇게 회상했다. "하지만 그들은 그저 우리를 위해 기도해도 되겠냐고 물었어요. 어떻게 말해야 할지는 모르겠지만, 그날 저녁의 기도는 분명 하나님께서 그곳에서 우리를 만나주신 전환점이 되었어요." 뉴튼 부부는 고국인 영국으로 돌아가지 않았다. 그들은 자신의 자리를 지켰으며, 악령을 쫓아내는 것과 치유하는 것, 그리고 다음 몇 년간 수백 명의 사람들을 그리스도께로 돌아오도록 한 것 등 하나님께서 하신 놀라운 일들을 보았다.

하나에서 백으로

레장 강은 사라와크의 가장 긴 강 중 말레이시아에 속하는 부분으로, 인도네시아와의 산악 국경에서부터 남중국해로 흐른다. 레장 계곡에 있는 공동체들은 대부분 시골이다. 사람들은 강을 따라 지은 전통 가옥에 살고 화전 농법으로 농사를 짓는다. 강을 따라 분포되어 있는 작은 마을 대부분에는 가게나 식당 등의 장사를 하며 살아가는 소규모의 중국인 공동체가 포함되어 있다.

보르네오 섬 내부의 역사는 부족 간 갈등과 사람 사냥으로 점철되어 있었다. 이반족의 전통 가옥에 가보면 이전 전쟁에서 죽은 사람들의 해골을 여전히 자랑스럽게 걸어놓은 집이 많다. 이 지역을 지배했던 영국 식민 정부가 사람 사냥을 불법으로 지정했지만 제2차 세계 대전 동안 보르네오 사람들이 일본의 점령에 대항하면서 사람 사냥을 자행하는 것을 눈감아주기도 했다.

그리스도의 복음이 출현하기 전 보르네오의 부족 사람들 대부분은 애니미즘(정령설; animism)을 믿었으며 귀신들을 두려워하며 살았다. 게다가(특히 해안 지역에는) 말레이 이슬람교도들도 몇몇 있었고, 일부의 중국인들은 불교와 도교를 믿거나 조상을 숭배했다. 그 지역 그리스도인의 존재는 로마 가톨릭 분파와 감리교가 있었고 1970년대까지는 보르네오 섬의 복음주의 SIB 교회가 있었다.

보르네오에서 첫 번째 임기를 보내는 동안(1975-1978), 뉴튼 부부는 레장 계곡 여기저기에서 거의 동시에 진행되던 세 개의 교회 개척 과정에 참여하게 되었다. 교회는 대개 사람들의 집에서 열리는 작은 예배 모임이나 성경 공부로 출발했다. 브라이언은 신생 교회들을 정기적으로 방문해서 교인들을 가르치고 독려했다. 교회 하나하나가 특별했고 지역의 지도자 혹은 심지어 그 마을에 부임한 정부 관료의 기부로 세워진 것이었다. 게다가 시부에서는 중국어 집회가 시작되어 모임 장소와 예배당을 제공했다. 여기는 특히 중국 교회 교인들의 친지 중에 영어를 사용하지 않는 사람들이 그리스도를 믿게 된 경우를 위해 사용되었다.

뉴튼 부부가 이전에 있었던 토요일 밤 기도 모임에서 경험한 영적 전쟁의 실체는 강력한 것이어서 레장 계곡에 복음을 전파하는 데 있어 아마도 가장 큰 장애물이 되었다. 레장 계곡은 많은 사람들이 애니미즘과 악령들의 영향 아래에서 살고 있었다. 하지만 브라이언이 지적한 대로, 영적 전투로 인해 믿기 어려운 돌파구와 자유함을 용인하는 상황이 만들어졌다. 어쨌거나 결국 정령과 악마를 두려워하며 사는 자들에게 복음은 정말로 "좋은 소식"이었던 것이다! 사실 레장 계곡에 사는 사람들 스스로가 영적인 갈망의 수준과 복음을 받아들일 준비가 되어 있는 정도를 드러냈다. 브라이언은 말한다. "그들은 감수성이 아주 풍부한 사람들이어서 '그리스도를 따르는 것'이 의미하는 바를 진정으로 이해하고 있는 것인지 파악하기가 사실 힘들었어요."

1979년에는 이반족을 향한 포교가 시작되었고, 그 지역에 살며 푸젠어를 사용하는 중국인들을 전도하는 사역 또한 함께 시작되었다. 시부에는 모두 다섯 개의 SIB 교회가 개척되었고 레장 계곡에서 두 번째로 큰 세 도시에서 더 많은 교회가 세워질 것이었다. 다음 6년 동안에 걸쳐 이들 각 교회는 하나님의 손 안에서 다른 교회나 설교를 할 수 있는 장소를 개척하는 도구로 사용되었다.

중국어를 사용하는 교회의 수가 늘어나고 전통 가옥 주변에 이반족 교회도 더 많이 개척되었다. 보르네오의 또 다른 부족 집단인 멜라나우족을 향한 사역도 강을 하나하나 건너며 커져갔다. 1986년 뉴튼 부부가 비자 규제로 말레이시아를 떠나야 했을 때 그 지역 여기저기와 레장 강 상류와 하류, 그리고 레장 계곡에 흩어져 있는 마을들에는 적어도 22개의 교회 모임이 있었다.

"이러한 은혜의 기적을 만드신 분은 하나님이십니다. 이 사실을 모두가 알고 있고, 그래서 우리는 겸손할 수밖에 없습니다." 브라이언은 이렇게 말한다. "사람들은 이 젊은 선교사 부부의 한계를 이미 보았습니다. 그래서 그들이 이 일을 한 것이 아니라는 걸 알고 있었죠! 그러므로 하나님께 모든 찬양을 돌립니다."

이렇게 성장하는 사역을 돌보고 북돋우며 "키워가는" 데 있어 하나님의 인도하심에 대해 항상 깨어 있는 것이 선교사들의 책무이다. 10년이 더 지나도 강조되어야 할 것은 하나님 한 분뿐이신 것이다. 1990년대 후반 시부를 다시 방문했을 때 뉴튼 부부는 최근 레장 계곡의 100번째 신자 모임이 만들어졌다는 것을 알게 되었다. 게다가 그곳에 처음으로 세워진 교회는 이제 독자적으로 선교사를 파송하기 시작했다.

세기가 바뀌면서 다양한 요인에 의해 사라와크 지역 교회의 성장이 둔화되었다. 하지만 2010년 인구 조사에 따르면 말레이시아 동부에 사는 사람의 절반가량이 여전히 자신을 기독교인이라고 말한다. 말하자면 말레이시아 전 지역에서 기독교 인구의 비율이 가장 큰 곳이다. 때로는 스스로 연약함을 느끼고 어떤 때는 자신이 이 일과 맞지 않다고 느끼는 이들을 통해서 하신 일이지만 하나님께서는 오랜 세월이 지나는 동안 계속해서 일하셨고, 그 결과는 실로 엄청났다.

8. 느닷없는 담대함

약탈자, 정치적 반대론자, 종교적 극단론자들은 외국인과 지역의 기독교인 모두에게 있어 아주 대하기 힘든 상대이다. 두 나라 사이에 국경이 놓여 있다면 특히 예측하기가 어렵다. 로버트 에리온과 루스 에리온 부부는 태국의 남쪽 끝에 살았는데, 대부분의 다른 지역과는 문화적으로나 언어적, 종교적으로 상당히 다른 곳이었다. 때로는 두려움이 몰려와 그들이 사역을 그만두도록 위협하기도 했다. 공산군들이 로버트를 구석으로 몰아 위협했던 그날은 특히 그랬다.

로버트와 루스 에리온 부부가 태국 남부의 집에 있었던 어느 고요한 밤, 날선 전화벨 소리가 날카롭게 울렸다. 부부는 잠자리에 들었지만 로버트는 아직 잠들지 않은 상태였다. 그는 침대에서 나오기 전에 시계를 흘끗 보았다. 10시 55분이었다. 그는 신속하게 아래층으로 내려갔다. 그는 경험을 통해 익히 알고 있었다. 이 시간에 오는 전화가 좋은 소식일 리 없다는 것을.

"로버트, 쿠즈 피에체 말이야… 총에 맞았어….” 수화기 너머에서는 당황한 목소리가 떨리고 있었다. "주님 곁으로 가버렸다고!"

OMF 태국 남부 감독 대행을 맡고 있었던 밥 조이스였다. 로버트는 너무 충격을 받은 나머지 이 말에 대답도 못 했고, 그저 밥이 말하는 것을 들었다. 쿠즈는 태국인 가정에서 성경 공부를 이끌고 있던 중이었는데, 이제 막 공부가 끝나고 모인 이들 중 서넛이 모여 먹을 것과 마실 것을 좀 나누고 있던 참이었다고 했다. 한참 이야기하고 있던 중에 누군가 쿠즈를 향해 총을 쐈다는 것이었다. 총알은 그들이 앉아 있던 베란다의 판자 벽을 관통했고, 그는 즉사했다.

로버트는 심장이 너무 심하게 뛰는 것을 느꼈고 밥에게도 그 소리가 들리지 않을까 생각했다. 목을 겨우 가다듬은 로버트는 그가 도울 수 있는 일이 있는지 물었다. 쿠즈와 그의 아내 콜린은 친구이자 동료였다. 그들은 로버트 루스 부부와 거의 같은 연배였고 거의 같은 시기에 태국 사역을 시작했다.

대화를 끝내고 로버트는 수화기를 내려놓았다. 안도감와 공포심이 동시에 그의 심장을 움켜쥐었다. 가슴이 너무 꽉 조여서 숨쉬기도 힘들었다. 쿠즈에게 어떻게 이런 일이 일어났단 말인가? 하나님께서는 어떻게 이 일이 일어나도록 허락하셨단 말인가? 쿠즈는 아직도 줄 것이 너무나 많다! 머릿속에서 여러 생각과 질문이 빠르게 소용돌이쳤다. 하지만 단연 가장 크게 들려오는 한 가지 생각이 있었다. 쿠즈에게 일어난 이 일이 너나 루스에게도 일어날 수 있어.

로버트는 떨리는 몸을 지탱하며 겨우 위층으로 돌아갔고, 침대에 올라 이불을 머리끝까지 뒤집어썼다. 콜린과 그들의 가족, 그리고 태국 중부에서 펼치고 있는 그들의 사역을 위해 기도하려고 애쓰는 동안에도 머릿속 메아리는 계속되었다. 이 일이 너에게도 벌어질 수 있어. 그는 머리 끝까지 뒤집어 쓴 이불을 더욱 단단히 끌어당겼다. 나는 여기서 무엇을 하고 있지? 나는 왜 임신한 아내를 이런 위험한 상황에 밀어넣었을까?

***

로버트는 이렇게 회상한다. "우리 사역에 있어 그 시기는 제가 정말 두려움에 떨던 때였어요. 밤에 소리를 지르며 잠에서 깬 적도 많았죠. 제가 어찌나 크게 소리를 질렀던지 루스도 소리를 지르기 시작했어요. 우리는 알고 있었어요. 우리가 살던 곳에서는 우리 주변에 있는 사람들이 우리를 지켜보고 있다는 것을 말이에요. 게다가 항상 우호적으로 바라보는 것도 아니었죠. 그 생각을 항상 계속해서 하고 있었던 건 아니지만 우리는 언제나 그 사실을 알고 있었고 언제나 경계하고 있는 상태였어요. 쿠즈의 죽음에 관해 들었을 때 불안감이 다시 고개를 들었어요. 우리가 위험한 환경에서 살고 있다는 것을 다시한 번 깨닫게 된 것이죠."

1981년 로버트와 루스는 태국 남부의 베통이라고 하는 지역에서 태국인과 중국인 사이에서 살면서 교회 개척자로 일하고 있었다. 당시 그들은 결혼한지 2년쯤 된 상태였고 루스는 첫아이 팀을 출산할 예정이었다.

에리온 부부가 살았던 마을은 태국과 말레이시아의 국경에 인접해 있었다. 이 지역은 그저 가만히 있으면 안전을 보장받을 수 있는 곳이 아니었다. 강도들이 길에서 사람들을 공격했고 지역 주민들은 강탈의 위협을 받기도 했으며 몸값을 노린 납치 사건도 일어났다. 여기에 더해 말레이시아 공산당의 대부분이 베통에서 몇 마일 떨어진 산악 지역에 근거를 두고 있었다. 공산주의자들이 나타나 탈것과 먹을 것, 혹은 의료 용품 등을 요구하며 활동하는 것은 이마을 공동체에 강한 영향력을 미쳤다.

킬로미터 포(Kilometer Four)는 특히 위험한 마을이었다. 공산당의 본거지이자 강도들이 출몰하는 곳이었기 때문이다. 하지만 로버트는 마침내 전도를

로버트 에리온과 루스 에리온 부부

목적으로 그곳을 방문할 수 있는 허가증을 받아냈다. 태국 교인들과 동행한다는 조건이었다. 루스는 방문이 허용되지 않았다. "우리는 킬로미터 포로 갈 준비를 시작했어요. 그 마을에는 이미 두 명의 신자가 있었고 그중 한 명이 우리에게 와서 자신의 대가족을 가르쳐달라고 했어요." 로버트는 말한다. "그냥 거기서 시작된 거예요. 어린이들을 위한 프로그램과 젊은이들을 위한 성경 공부에서 말이죠."

쿠즈가 죽기 석 달 쯤 전, 로버트는 두 명의 태국 신자들과 함께 킬로미터 포를 향해 출발했다. 그는 청소년 성경 공부를 이끌 계획이었고 그의 함께 간 이들은 아이들을 가르칠 계획이었다. 청소년 그룹은 열네 살에서 스무 살 사이의 젊은이 12명 정도로 구성되어 있었다. 이전에 그들은 어린이 프로그램이 진행되는 동안 그 주위에 둘러서서 구경만 했지만 이제는 직접 공부해서 예수님에 관해 알게 되기를 원했다. 로버트는 공산주의자들이 성가셔할 것임을 알고 있었다. 그들은 젊은이들이 그리스도인들이 되지 않고 자신들과 함께 일하기를 원했다.

***

어느 날 청소년 성경 공부가 끝나갈 때쯤이었다. 로버트가 고개를 들자 태국인 친구가 보였다. 베통에 있는 교회의 집사님이었는데, 이쪽으로 급히 걸어오고 있었다. "지금 나와보셔야겠어요." 그가 간청했다.

"그가 그 말을 하는 순간 나는 뭔가 아주 안 좋은 일이 있다는 걸 알 수 있었어요." 로버트는 이렇게 회상한다. "처음 든 생각은 오토바이를 타고 최대한 빨리 집으로 가야겠다는 것이었죠." 하지만 그 집을 나와 오토바이에 오르려 할 때 그는 깜짝 놀랐다. 거리에 200명 정도의 공산군들이 있는 걸 발견했기 때문이었다. 그중 두 명의 남자가 자신의 오토바이에 걸터앉아 있었다. 로버트가 자신의 오토바이를 타고 있는 두 명의 군인을 바라보자 그 둘은 오토바이로 로버트에게 돌진해 왔다. 공격적이고 우월감에 찬 표정으로 말이었다.

그 순간 로버트는 그곳을 금방 떠날 수는 없겠다는 생각이 들었다. 그는 그 집으로 돌아가 소지품을 챙기면서 스스로에게 말했다. "두려워하지 마. 평소처럼 행동하고 아무 일도 없었던 것처럼 해. 물건을 챙기러 가자." 그러고 난 후 그는 아이들과 모임을 갖던 곳에서 몇 집 건너 있는 근처 상점으로 걸어갔다. 그곳에 둔 아코디언을 가지고 올 요량이었다. 로버트는 누군가 어깨를 두드리는 것을 느꼈다. "부엌에서 봅시다." 공산군이 말했다.

긴장을 풀고 평정심을 유지하려 애쓰면서 로버트는 아코디언 케이스를 내려놓고 그 공산군을 따라갔다. 앞서 그에게 밖에 나와보라고 한 교회 집사님과 함께였다. 부엌에 들어가자 딱딱한 표정의 남자 네 명이 식탁에 앉아 그들을 기다리고 있는 것이 보였다. "그들이 뭐라고 하든 나는 갈 거야." 로버트는 속으로 생각했다. "나는 어서 여기를 나가고 싶어!"

그는 앉아서 자신을 쏘아보는 눈길을 느꼈다. 교회 집사님은 나중에 그에게 그 군인들 중 최소 한 명은 총을 가지고 있었다고 말했다. 로버트는 당시에 그것을 보지 못한 것에 감사했다. 그 무리의 우두머리로 보이는 자가 로버트에게 가식적으로 친절한 척하는 미소를 보내며 자신을 소개했다. 그는 태국어로 말했지만 로버트는 억양으로 보아 그의 모국어가 중국어임을 알 수 있었다.

"그는 자신들이 말레이시아 공산당이라고 말했어요." 로버트는 회상한다. "그들은 나를 수년간 미행했고, 나에 관해 모두 알고 있었어요. 내 여권에 대해서나 노동 허가서에 대해서도 그들은 모든 것을 알고 있었죠."

"우리가 오늘 여기 온 것은 이 말을 하기 위해서요. 우리는 더 이상 당신이 여기 있는 것을 원하지 않소." 군인은 말했다.

로버트는 그 순간을 이렇게 기억한다. "나는 이렇게 말하려고 했어요. '네, 좋아요, 여기 더 이상 오지 않을게요.' 그런데 내 입에서 나온 말은 그게 아니라 이거였어요. '당신은 나에게 여기에 오지 말라고 할 권리가 없습니다.' 완전히 다른 말이 내 입에서 나온 거예요! 그건 너무나 이상한 느낌이었어요. 그건 마치 내가 말하려고 생각하고 있던 것을 주님께서 꺾어버리시고는 나에게 이렇게 다른 말을 주신 것 같았어요."

로버트는 자신이 내뱉은 말에 충격을 받았다. 그런데 그가 보기에 공산군 지휘자도 깜짝 놀란 듯했다. 이렇게 강력한 반대에 부딪히리라 예상하지 못했던 것이다. 그 지휘자가 다음으로 로버트에게 말한 것은 아이들에게 부모를 거역하라고 가르치는 것은 옳지 않다는 것이었다.

로버트는 즉각 대답했다. "성경을 읽어본 적이 있습니까?" 지휘자는 읽어보지 않았다고 답했다. "그러면 당신은 내가 아이들에게 무엇을 가르치는지 스스로 알고 있다고 여길 권리가 없습니다." 로버트는 계속해서 담대하게 말했다. 자신의 입에서 나오는 말에 스스로 놀라면서 말이다. 그 말은 그가 말하려고 생각한 것이 전혀 아니었다. 그 지휘자는 로버트의 담대함에 다시 한 번 놀랐다. 그는 로버트에게 공산주의자에게는 종교가 필요 없으며 이 마을 사람들도 마찬가지라고 말했다. 앞서서 그 지휘자의 말을 듣던 중에 로버트는 식탁 아래에 내려놓은 손가락을 들어 그 남자가 부적을 지닌 것을 지적하고 싶은 열망을 느꼈다. 아니, 그걸 원한 것은 그가 아니라 그의 손가락이었다.

"태국에서는 손가락을 들어 가리키는 것이 매우 무례한 행동이에요. 그것을 알고 있었기 때문에 나는 실제로 다른 손으로 그 손가락을 누르면서 앉아 있었어요. 그래야 손가락이 식탁 아래에서 움직이지 못할 것 같았거든요." 로버트는 이렇게 회상했다.

시간이 흐르자 로버트도 힘이 빠졌다. 결국 그는 그 공산군을 손가락으로 가리키며 이렇게 말하고 있는 자신을 발견했다. "당신은 아무 종교도 믿지 않는다고 말하지만 이렇게 많은 부적을 달고 있군요. 당신은 분명 귀신을 믿고 있는 거예요. 그렇지 않다면 부적을 지닐 필요가 없겠죠."

그 지휘자는 더듬거리면서 이렇게 말했다. "친구가 줘서 지니고 있는 거요." 다시 한 번, 로버트는 담대한 말을 쏟아내고 있는 자신을 발견했고, 자신이 하고 있는 말에 충격을 받았다. "당신은 위선자군요! 당신은 귀신이 무섭기 때문에 그걸 지니고 있는 거예요. 당신이 진정한 친구라면 그 부적을 달지 않고 친구에게 당신은 부적이 필요하지 않다고 말했겠죠. 물론 그 친구에게도 부적이 필요하지 않다고 말했어야 해요!"

그 지휘자는 여기에 대답할 말을 찾지 못해 헤매다가 겨우 할 말을 끌어모아서는 로버트에게 이렇게 말했다. 자기네들은 중국에서 CIM이 한 일을 알고 있다고 했다. 중국 기독교인들은 공산주의를 따르도록 선동하기가 가장 힘든 존재였으며, 그래서 자기네 사령부가 있는 베통 근처 마을에서는 OMF가 활동하는 것을 일절 금지한다는 내용이었다.

하지만 로버트는 이렇게 대답했다. "당신은 오늘 내 생명을 앗아갈 수도 있고 나를 살려줄 수도 있습니다. 하지만 당신이 무엇을 선택하든, 나는 예수님을 위해 살 것입니다."

로버트는 공산군들이 자신을 그 자리에서 바로 쉽게 죽일 수도 있다는 것을 알고 있었지만 전혀 두려워하지 않았다. 그의 생애에서 처음으로 그는 성령님께서 자신의 말과 행동을 인도하고 계심을 느꼈다.

대화의 끝에 그 지휘자는 로버트에게 자신의 상관에게 가서 보고할 것이라며, 그 주 안으로 킬로미터 포에서 계속해서 가르칠 수 있는지의 여부를 알려주겠다고 말했다. "나올 때 나는 그 지휘자와 악수를 하면서 그에게 성경책을 한 권 보내겠다고 말했어요. 우리가 무엇을 가르치는지 직접 볼 수 있도록 말이죠. 그는 나에게 산속에 있는 공산당 기지에 언제든 방문해도 좋다며 환영한다고 말했어요. 나는 그에게 미소를 지어 보였지만 속으로는 이렇게 생각했죠. '나는 두 번 다시 당신을 보고 싶지 않아요!' 그 생각은 아마도 성령님으로부터 온 것이 아닐 겁니다."

***

로버트가 집으로 향한 때는 거의 저녁 9시가 다 되어서였다. 그가 집을 비우겠다고 약속한 것보다 세 시간이 더 흘러 있었다. 루스가 걱정하고 있을 것이었다. 그가 집에 돌아왔을 때 그들과 함께 살고 있는 젊은 선교사 한 명이 문으로 달려나왔다. "어디 계셨어요?" 더그(Doug)가 물었다. "아무 데도 아냐." 로버트는 대답했다. 더그가 반박했다. "분명 어딘가에 계셨을 거예요. 지난 세 시간 동안 저는 선생님을 위해 기도해야 한다는 강력한 느낌을 받았단 말이에요. 나는 멈추려고도 했지만 그때마다 그럴 수가 없었어요. 몇 분 전까지만 해도 그랬죠." 그들은 함께 하나님께 감사를 드렸다. 하나님께서는 더그로 하여금 로버트가 위험에 처했던 바로 그 시간 동안 내내 기도하도록 하셨던 것이다. 심지어 더그는 무슨 일이 벌어지고 있는지 전혀 몰랐는데도 말이다.

로버트에게는 곧 공산주의자들로부터의 협박 편지가 도착했다. 그는 킬로미터 포에 더 이상 갈 수 없다는 사실을 무거운 마음으로 받아들였다. 예수님에 대해 배우기를 요청한 젊은이들을 생각하면 마음이 아팠다. 이 와중에서도 그가 볼 수 있었던 것은 하나님께서 이 모든 경험을 사용하셔서 그를 세우시며 강하게 하신다는 것이다. 그가 두려움에 떨었던 바로 그 순간에 말이다.

그들이 살고 있던 지역에 총격전이 일어나 수많은 사람들이 목숨을 잃었을 때도 하나님께서는 로버트가 용감하게 피해 가족 곁을 지키고 그들을 방문할 수 있도록 능력을 주셨다. 하나님이 안 계셨다면 그는 두려움으로 아무것도 하지 못했을 것이다. 이러한 일들로 인해 이전에는 존재하지 않았던 새로운 사역의 길이 열렸다.

***

20여 년이 흐른 후, 로버트와 루스는 태국 남부 지역에 다시 한 번 가게 되었다. 이번에는 지역 신도들을 위한 회의에 참석하기 위해서였다. 한 남자가 로버트에게 다가왔는데, 그는 그 남자를 알아보지 못했다. 그 남자는 그날 밤 부엌에서 있었던 일을 기억하고 있었다. 그는 자신이 어떻게 해서 공산군들 중 한 명이 되었는지 설명했다. 그는 로버트에게 용서를 구했고, 이렇게 말했다. "나와 우리 가족은 이제 모두 신앙인이 되었습니다."

9. 참새 한 마리도 그분의 허락 없이는

아시아에는 여러 형태의 교통수단이 있다. 일본의 유명한 신칸센과 싱가포르의 메트로, 불안한 타이어와 미친 듯한 운전자로 유명한 마닐라의 지프니가 있다. 대중교통을 기다리는 것 자체가 위험한 일일 때도 있다. 특히 밤시간이나 혼자 여행하는 여성의 경우 더욱 그렇다. 1998년에 인도네시아로 이주한 베스 맥팔랜드는 어느 날 저녁 혼자 집으로 가는 길에 교통수단이 끊겼다는 것을 깨달았다. 그녀는 하나님의 준비하심을 겪은 이야기를 아래와 같이 해주었다.

그날은 이민국 사무소에서 스트레스를 많이 받은 날이었지만 나는 한숨 돌리며 집에 가는 길이었다. 어쨌든 새 비자를 위한 서류는 모두 갖추어졌다. 무엇이나 거저 얻어지는 것은 결코 없는 것이다.

당시 나는 술라웨시 지역 남부의 토라자 고원 지대의 기독 대학에서 영어를 가르치고 있었다. 나는 편안함을 느끼면서 나의 안식처로 돌아가기를 기대했다. 버스로 다섯 시간 걸리는 길이었다. 나는 파레파레 외곽의 킬로미터 투(Kilometer Two)로 갔다. 언제나처럼 언덕을 향해 북쪽으로 가는 국도에서 야간 버스를 얻어 탈 생각이었다. 이곳은 내가 가장 좋아하는 환승지였다. 여러 가지 다양한 형태의 교통수단을 이용할 수 있기 때문이었다. 오후 5시 이후에는 주도에서부터 올라오는 버스가 여러 대 있었다. 나는 주전부리를 파는 길가 매대 옆에 있는 작은 나무 벤치에 앉아서 버스를 기다릴 준비를 했다.

거리에 머리가 하얀 서양 여자가 앉아 있는 것이 그 지역 사람들에게는 상당히 생소했을 것이다. 처음에는 자연스럽게 질문이 쏟아졌다.

"어디서 왔어요? 어디로 가나요? 어디 출신이에요?" 그들은 질문을 던졌다.

10대로 보이는 소년이 와서는 자정이 될 때까지는 북쪽으로 향하는 버스가 하나도 없을 것이라고 말했다. 매우 확신에 찬 모습이었다. 나는 내가 들은 말을 믿을 수가 없어서 주저했다. 나의 경험으로 보아 이런 적은 없었다. 나는 기다리고 또 기다렸다. 어스름이 내리고 밤이 되었다. 물건을 팔던 여자분도 가게 문을 닫고 자기 집으로 가버렸다.

이 상황이 점점 더 불편하게 느껴졌다. 무얼 해야 할지 의문이 들기 시작했다. 이곳은 항구 도시로서 상당히 좋지 않은 평판을 가지고 있었다. 시내에 작은 호텔이 몇 군데 있지만 지금 그곳으로 돌아갈 방법은 없었다. 나는 작은 짐가방을 가지고 있었고 밤이 되자 공공 버스는 운행을 중단했다. 다른 방법은 오토바이 택시를 타는 것이었다. 오토바이를 가진 젊은 남자들이 여럿 있기는 했다. 어울려서 웃고 떠들며 엔진 소리를 크게 내고 있었다. 다른 사람들은 모두 집으로 가버린 모양이었다. 나는 오토바이를 타는 것을 좋아하기는 하지만 그건 잘 아는 사람의 오토바이일 때이고, 지금 이 상황은 전혀 다르다. 이 남자들을 믿을 수 있을 것인가? 잘 모르겠다. 바가지라도 씌우면 어떻게 하지? 내가 시내로 돌아가는 운임을 흥정이라도 할라치면 버럭 화내지 않을까? 설상가상 강도라도 당한다면? 결국 그들이 보기에 나는 어두운 시골 길에 홀로 앉아 있는 돈 많고 힘없는 백인 여자인 것이다.

내 상황은 충분히 끔찍했지만, 아무도 나의 곤경에 대해 알지 못했다. 나는 누구에게도 연락할 방법이 없었다. 당시는 휴대 전화가 일반적인 때가 아니었다. 나는 그 도시에 아는 사람이 아무도 없었다. 버스가 곧 올 거라는 신호도 없었다. 나는 공황 상태에 빠지고 있는 걸 느꼈다.

나는 벤치에 앉아서 내가 가진 선택지에 대해 생각해보았다. 생각해보니 선택지 따위는 없었다. 그러다가 나는 참새 몇 마리가 내 발 근처에서 빵 부스러기를 쪼아 먹고 있는 것을 알게 되었다. 참새들은 아무 두려움의 기색도 없었다. 하늘 아버지께서 저 작은 새들의 필요에도 관심을 기울이시고 그들을 돌보신다는 것을 자녀들에게 확신시키시지 않으셨던가(마태복음 6:26-27)? 하나님께서는 분명 나도 돌봐주실 것이다. 하나님을 의지하도록 나 자신을 독려하는 와중에 승객을 여럿 태운 미니밴 한 대가 시내 쪽에서 올라오는 것을 보았다. 젊은 여자의 목소리가 들렸는데, 돌연 그녀가 나를 부르고 있다는 것을 깨달았다.

"안녕하세요, 베스 선생님. 여기서 뭐 하세요?" 나는 완전히 깜짝 놀랐다. 그녀가 누구인지 어떻게 내 이름을 아는지 전혀 알 수 없었다. 보아하니 몇 년 전 그녀의 영어 선생님이 그녀의 학급을 데리고 토라자에 있는 우리 대학 캠퍼스로 현장 학습을 왔던 모양인데, 그녀는 거기서 나를 만난 걸 기억하고 있었다. 그녀의 이름은 리니였다. 나는 그녀를 전혀 기억하지 못했다.

내가 나의 상황을 설명하자 그녀는 걱정이 되는 듯했다. "여긴 안전하지 않아요. 여기 계속 계시면 안 돼요." 그녀는 이렇게 주장했다. "우리 집에 가셔서 거기서 기다리시면 어때요? 우리 마을은 이 길을 따라서 10마일쯤 더 올라가면 되는데 거기까지는 택시를 타면 돼요."

잠시 후 나는 리니의 집에 편안히 앉아 따뜻한 저녁 식사를 할 수 있었다. (나는 정오부터 아무것도 먹지 못했었다.) 그리고 나는 그녀의 부모님을 뵈었다. 그녀는 나에게 쉴 수 있는 침대를 제공했고 씻을 수 있도록 욕실로 안내해주었다. 리니는 시내에 살며 은행 직원으로 일하고 있었다. 금요일에만 집에 오는데 내가 마을의 으슥한 지역에서 오도 가도 못하게 된 그날이 바로 금요일이었던 것이다. 하나님의 천사는 여러 형태로 오신다.

밤 11시에 리니는 나와 함께 가족이 타는 오토바이를 타고 큰길 교차로에 다시 가주었다. 그곳에서 그녀는 한 시간이나 참을성 있게 나와 함께 기다려 주었다. 결국엔 야간 버스가 왔고 토라자에 있는 집으로 나를 안전하게 데려다주었다. 나는 리니를 다시 보지는 못했다.

그 경험이 내게 다시 한 번 일깨워준 진실, 하지만 내가 쉽게 잊어버리는 진실이 바로 이것이다. 우리 하나님께서는 그 자녀를 보호하시고 또 가장 예상하지 못한 방식으로 자녀의 필요를 채워주시는 주님이신 것이다.

IO. 신뢰를 배우다: 캄보디아의 소외된 여성들

캄보디아의 수도 프놈펜의 도시 빈민 지역에 캄보디아의 OMF 활동가들이 개척한 교회가 하나 있다. 마커스 허쉬와 엘리자베스 허쉬 부부가 많은 이들의 도움을 받아 시작한 교회이다. 외국인들과 크메르인들이 모두 그들을 도왔다. 마커스는 교회 일에 집중했고 엘리자베스는 매춘부 생활에서 탈출한 여성들을 상담해주는 일을 했다. 이들의 이야기는 가슴이 미어지지만 하나님께서는 희망과 치유를 주신다.

그 일이 벌어진 것은 한밤중이었다. 리나(가명)는 여덟 살과 열 살 아이 둘을 데리고 꼬르륵거리는 배를 부여잡고 겨우 잠이 들었다. 리나는 누군가 자신의 다리를 건드리면서 가까운 병원에 가보라고 재촉하는 바람에 잠을 깼다. 그녀는 임신 9개월째였다. 리나는 판지와 천 조각, 양철로 만든 자신의 오두막을 둘러보았다. 쌓여 있는 잡동사니 속에서 무엇이든 찾아보려고 애썼다. 어둠 속에는

72

아무도 없었고 리나는 꿈을 꾸었다고 생각했다. 하지만 똑같은 일이 두 번 더 일어났다. 세 번째에는 얼굴도 슬쩍 보였다. 마침내 리나는 일어나기로 하고 아이들이 먹을 밥을 지어두고 가까운 병원으로 출발했다.

리나 혼자서 이런 결정을 내린다는 건 힘든 일이었지만 열여덟 살에 결혼한 첫 남편이 그녀와 두 아이를 남기고 갑자기 죽은 후 그녀는 이런 일에 익숙해져 있었다. 그녀는 재혼했지만 그녀의 두 번째 남편도 에이즈로 세상을 떠났다. 그녀가 셋째를 임신했다는 것을 알게 된 직후였다. 지금 그녀의 뱃속에 들어 있는 아이가 바로 그 아이였다.

리나가 결코 쉽지 않은 삶을 살아왔다는 것은 누구나 알 수 있을 것이다. 극심한 가난은 그녀에게 짐을 지웠다. 그녀는 정규 교육을 전혀 받지 못한 미혼모가 되었다. 매춘이 아니고서는 음식을 살 수 있는 방법이 없을 때도 있었다.

리나는 병원에 도착했지만 의사에게 지불할 돈이 하나도 없다는 것을 너무나 잘 알고 있었다. 간략한 문진과 잔소리 시간이 지나고 왜 더 일찍 오지 않았느냐는 질문이 이어졌다. 모든 것이 빠르게 진행되었다. 얼마 지나지 않아 그녀는 유도 분만으로 아이를 낳았다. 아기는 아주 창백했다. 비극이 일어나기 일보 직전에 막은 것이었다. 산모는 감동을 억누르지 못했고 지난 몇 시간 동안에 벌어진 일이 혼란스럽게 느껴졌다. 그런데 집에는 아이들만 있었고 그녀는 병원비를 낼 돈이 없었다. 그녀는 급하게 일어나 오두막으로 향했다.

삶은 생존을 위한 계속되는 투쟁이었다. 완전히 기진맥진해서 견디기 힘든 적도 많았다. 셋째 아기가 태어난 지 몇 달 후 누군가 그녀에게 소책자를 하나 주었다. 리나는 글을 읽지 못했지만 책자를 주머니에 구겨 넣었다. 집에 와서 그것을 펼쳐 보았을 때 그녀의 눈에 들어온 것은 그림에 있는 얼굴이었다. 그는 바로 그날 밤 그녀에게 병원에 가라고 말했던, 그래서 아이의 생명을 구해 주었던 그 사람이었다. 그녀는 그가 누구인지 알아내서 고맙다는 말을 하려고 바로 일어나 이웃집을 하나하나 돌며 그 남자가 누구인지 물어보았다. 마침내 그녀가 알아낸 그의 이름은 바로 예수였다. 그녀는 그에 대해 한 번도 들어본 적이 없었고 아무도 그에 대해 더 이상 아는 사람이 없어 보였다.

이 일을 있은 지 얼마 지나지 않아 리나는 프놈펜의 한 센터에서 일하게 되었다. 매춘 산업으로부터의 탈출을 원하는 여성들에게 안전한 일자리와 직업 훈련을 제공하는 곳이었다. 리나가 상담사로 일하고 있던 엘리자베스 허쉬를 만난 것도 그곳에서였다. 리나는 엘리자베스에게 물었다. "예수라는 분을 아세요?" 그녀는 엘리자베스가 해주는 대답을 들으면서 경외감을 느꼈고, 예수에 대한 모든 것을 알고 싶어 했다. 리나는 마침내 자신의 구세주, 이중의 의미에서의 구원자를 찾았다. 아이의 생명을 구해주신 구원자이자 그녀에게 지금으로부터 영원까지 새로운 생명을 주신 구세주이신 것이다.

***

엘리자베스와 마커스 허쉬 부부는 2002년부터 세 아들과 함께 캄보디아에서 살고 있다. 5년 전 마커스는 스퉁 민체이 교회(Stung Meanchey Church)를 시작했는데, 이 교회는 그 지역에서 가장 가난한 구역에 있었다. 엘리자베스가 만나는 여성들 중 많은 수가 그곳에 살고 있었다. 그중 상당수가 교회에 출석하기 시작했고 신앙을 키워가며 예수님과 교제하고 있다. 그들은 남녀노소 모두를 포함하는 교회 가족의 일부이며, 이 가족은 점점 커지고 있다.

이 교회는 "삶을 위한 희망(Hope for Life)" 프로젝트와 연결되어 있었다. "Hope for Life" 프로젝트를 통해 가난해서 학교에 갈 수 없는 아이들이 교육을 받을 수 있도록 지원을 받게 되었고, 청소년들은 직업 교육을 받았다. 교육을 제공하는 것은 아이의 가족 전체가 가난에서 벗어날 수 있도록 돕는 강력한 도구가 되었다. 소녀들은 매춘 산업에, 소년들(소녀들도 포함해서)은 마약 중독에 빠지지 않도록 하는 방법이기도 했다. 젊은 세대가 잘못된 길로 가지 않도록 하는 방법에는 음악 교육이나 체육 활동, 그리고 이동 도서관과 문화 센터도 있었다. 이런 프로그램에 참여하는 젊은이들이 나중에는 기독 청소년 그룹에 참여하는 경우도 많았다. 그 그룹은 주님을 깊이 사랑하는 크메르 청년 소체아가 시작했다. 소체아는 자신이 극심한 가난 속에서 사랑받지 못한 고아로 성장했기 때문에 이런 청소년들에게 공감할 수 있었다. 예수님께서는 그를 발견하시고 그의 삶을 바꾸어주셨다.

"Hope for Life" 프로젝트는 마약 중독을 방지하는 데 초점을 두었을 뿐 아니라 청소년 중독자들이 재활 과정에 참여할 수 있도록, 그래서 훈련을 받

성경 이야기를 가르치는 마커스와 소체아.

고 직업을 구할 수 있도록 돕는 일도 했다. 최근에는 청소년들이 서로 도와서 잘못된 옛 친구를 떠나고 자신의 고민을 공유할 수 있는 중간 가정(halfway home)을 열었다.

허쉬 부부는 가장 심한 고통이 있는 곳에서 하나님의 돌보심을 가장 강력하게 느낄 수 있다는 것을 알게 되었다. 고통이 심할수록 주님의 사랑은 더 따뜻한 것이다. 많은 가난한 이들이 글을 읽고 쓰지 못하거나 아주 기초적인 수준에서만 읽고 쓴다. 그들은 다른 이들을 믿지 못하고 종교가 자신을 도울 수 있다고 생각하지 못한다. 따라서 하나님께서는 그들에게 아주 특별한 방식으로 나타나신다. 리나에게 하셨던 것처럼 말이다. 고통이 가장 깊은 그때에 주님께서 그들을 만지시면 그들은 하나님의 치유와 초자연적인 도움, 그의 사랑, 그의 자비와 은혜, 그의 공의와 거룩함을 경험할 수가 있다.

찢어지게 가난한 삶이 주는 깊은 고통을 겪어온 이들에게 내면의 치유는 평생이 걸리는 과정일지도 모른다. 매춘과 마약, 폭력이나 다른 상처를 겪었다면 더욱 그럴 것이다. 그들의 문제는 그리스도를 따르겠다고 결심했다고 해서 당장 사라지는 것이 아니지만 신앙은 그들에게 희망을 준다. 그들은 자신의 죄에 대해 죄사함을 받고 하나님의 돌보심과 인도하심을 느낀다. 스통 민체이 교회의 많은 이들이 좌절과 연약함 속에서도 크고 작은 단계를 꾸준히 거쳐 긍정적인 변화를 맞을 수 있었던 것도 이 때문이다.

주 예수의 도우심을 초자연적인 방식으로 경험한 또 한 명 여자분의 이름은 솔라(가명)이다. 그녀는 아주 어렸을 때 집에서 쫓겨났다. 그의 부모님이 그녀를 먹일 수가 없었기 때문이었다. 솔라는 여기저기 옮겨 다니며 살았다. 여러 해 동안 그녀에게는 집이라고 부를 수 있는 곳이 없었다. 그녀는 쓰레기 봉지를 뒤져 먹을 것을 찾거나 구걸을 했다. 나중에 그녀는 재활용품을 모으기 시작했는데 플라스틱 병이나 판지 같은 것들이었다. 그녀는 그것을 재활용품점에 팔아서 생활했다. 그런데 어느 날 그녀는 부유층 청소년 다섯 명에게 집단 공격을 당했다. 그들은 할 수 있는 가장 잔인한 방법으로 그녀를 윤간했다. 그때 생긴 흉터는 아직도 남아 그녀에게 그날의 일을 기억나게 한다. 그녀는 자신의 고통을 어디에 돌려야 할지 몰랐다. 이미 낮아져 있던 그녀의 자존감은 사라져버렸다.

처녀성을 잃은 그녀는 모든 것을 잃은 것 같았다. 여성으로서의 자긍심을 잃은 것이다. 남편을 만나 더 나은 삶을 살겠다는 희망도 사라져버렸다. 그녀는 매춘을 시작했다. 돈은 많이 벌지 못했지만 적어도 머무를 곳이 있었고 다음 끼니를 언제 먹을 수 있을지 걱정은 안 해도 되었다.

얼마 후 그녀는 단골 고객 중 하나와 친해졌다. 그는 그녀에게 결혼하자고 했고 그녀는 기뻐하며 이 제안을 받아들였다. 추잡한 매춘굴을 벗어날 수 있는 기회였다. 그들은 간단한 예식을 올렸고, 세 아이를 낳았다. 그는 알코올과 마약 중독자였기 때문에 항상 돈이 모자랐다. 솔라는 여전히 매춘 말고는 자신과 가족을 부양할 방법이 없었다. 그녀는 종종 고통과 힘든 기억 속에서 술에 빠져들었다.

이후 그녀는 예수님을 알게 되었다. 매춘업에 종사하는 여성들이 그곳을 떠날 수 있도록 도와주는 바로 그 기독 센터에서였다. 여전히 힘들긴 했지만 그녀의 삶은 조금씩 나아졌다. 그녀가 계속해서 이 길을 갈 수 있도록 도와준 것은 아이들에 대한 그녀의 강력한 사랑이었다. 그런데 어느 날 그녀의 남편이 세 아이를 모두 데리고 베트남에 계신 어머니를 뵈러 갔다. 그곳에 도착하자

마자 그는 그녀에게 전화를 걸어서 자신은 이번 방문을 오랫동안 계획해왔으며 다시는 돌아오지 않을 것이라고 말했다. 그는 아이들을 데리고 베트남에 머물렀다. 그녀는 아이들을 다시는 볼 수 없었다. 솔라는 절망했고 다 소용없다고 느꼈다. 그녀는 베트남에 가본 적도 없었고 어디서부터 아이들을 찾아야 할지 아무런 해결책이 없었다. 그녀는 더 이상 살아야 할 이유가 없었다. 이미 쥐약을 사두고 기다리고 있던 상태였다.

일터의 모든 사람이 그녀를 도왔다. 많은 사람이 기도했지만 그 어느 것도 도움이 되지 않아 보였다. 솔라는 점점 더 절망적인 상태로 침잠했다. 엘리자베스는 기도하고 또 기도했지만 하나님으로부터 아무 응답도 들을 수 없었다. 하나님께서 그녀를 인도하고 계신다는 느낌을 전혀 받을 수 없었다. 엘리자베스는 자포자기가 되어 이렇게 생각했다. "주님, 아무것도 하시지 않는다면 그녀는 자살해버리고 말 거예요!"

그때 갑자기 엘리자베스는 하나님께서 환상을 보여주시는 것을 느꼈다. 무슨 일이 벌어지고 있는지 전혀 모르는, 부지불식간에 일어난 일이었다. 엘리자베스는 솔라의 눈앞에서 실제로 구체적인 그림을 그리기 시작했다. 그 그림은 하나님께서 앞으로 3개월 동안 어떻게 간섭하실 것이며 어떻게 솔라의 아이들을 다시 데리고 오실지를 보여주고 있었다. 솔라는 엘리자베스가 이야기하는 동안 조용히 앉아 있었고 희망을 되찾은 듯 보였다. 엘리자베스는 스스로 조금 두려웠다. 자기 자신이 이런 일을 한 것은 난생 처음이었기 때문이다. 그녀는 그저 하나님께 기도했다. 그의 자비로 자신이 방금 그린 대로 이루어주실 것을 간구했다. 다음 몇 주 동안 솔라와 엘리자베스는 정기적으로 만나서 기도했다. 그들은 하나님께서 간섭하셔서 아이들을 돌려보내 주실 것을 간구했다. 시간이 점점 흐를수록 하나님을 신뢰하는 것이 점점 더 힘들어졌다. 그녀의 남편에게서도 아무 소식이 없었고 그 어떤 징후도 없었다. 3개월 중에 딱 2주가 남았을 때 의심이 싹트기 시작했고 머릿속에서는 도발이 일어났다. 그 둘은 눈물을 흘리며 하나님께 울부짖었다. 도와달라고, 가르쳐달라고, 하나님을 신뢰하게 해달라고 기도했다.

3개월이 되기 직전 어느 날 아침, 솔라는 엘리자베스에게 달려왔다. 그녀는 기쁨이 넘쳐 보였다. 주님께서 그들의 기도에 응답하셔서 3개월 전에 엘리자베스에게 보여주신 그대로 정확히 이루어주셨다. 하나님께서는 그들의 신뢰에 상을 주셨다. 다음 주말 솔라는 베트남 국경에서 세 아이를 데려왔다. 그녀는 나중에 이렇게 말했다. "이제 나는 평안하게 죽을 수 있어요. 나는 하나님을 신뢰할 수 있다는 것을 확실히 알아요. 그분은 앞으로 우리 아이들도 돌보아주실 거예요. 나는 그분 안에서 나의 가치를 찾았어요."

엘리자베스는 수많은 여성들과 대화를 나누었다. 그들은 모두 마음 아픈 이야기를 해주었는데, 이야기 하나하나가 모두 그녀에게 끝없는 감동을 주었다. "상담 시간을 통해 하나님의 어깨 너머를 엿볼 수 있었던 것은 내게 큰 영광이었어요." 엘리자베스는 말한다. "나는 하나님께서 이 여성들의 마음을 여셨다는 것을 계속 되풀이해서 알게 돼요. 내가 그들을 만나기 오래전에 여신 경우도 많아요. 그녀들의 과거, 그리고 가슴을 찢는 삶의 이야기들을 듣는 것은 정말이지 진이 빠지는 싸움이지만 이것 때문에 나는 동기를 부여받아 계속해서 이 싸움을 할 수가 있어요." 엘리자베스에게 있어 그 많은 끔찍한 이야기와 고통에 빠진 여성들의 여정을 직접적으로 듣는 것은 매우 힘든 일이다. 그래서 엘리자베스는 상당한 시간을 하나님의 임재 속에서 보내는 것이 정말 중요하다고 말한다. 정기적으로 이런 시간을 갖기 위해 계획을 해야 한다는 것이다. "나는 나와 대화를 나누는 여자분들을 한 분 한 분 하나님의 보좌 앞으로 데리고 옵니다. 주님께서는 절대로 그들에게서 얼굴을 돌리시지 않으시리라는 것을 알기에 나는 그들을 하나님의 사랑과 보호 안에 맡기고 내 가족과 OMF, 교회 안에서 제가 해야 할 일을 할 수가 있죠."

엘리자베스는 하나님께서 스스로 임재하시는 그 시간을 통해 그녀의 성품을 강하게 하시고, 그녀를 치유하시며, 그녀에게 당신을 좀 더 명확하게 보여주신다는 것을 깨닫는다. "이 여성들에게 진정한 소망과 믿음을 가져다주기 위해서는 명확하고 성경적인 하나님의 이미지가 필요해요. 그리고 그분이 진짜 어떤 분이신지 알기 위해서는 많은 은혜가 필요하죠." 그녀는 말한다. "우리 자신이 하나님과 가까워지지 않고서는 절대 다른 누군가를 하나님께 가까이 데려올 수 없어요."

II. 우리의 힘을 넘어서

싱가포르 출신인 테아(가명)는 전일제로 언어를 배우는 동안 동아시아의 한 도시에 살았다. 그녀는 그 지역의 어떤 젊은 여성을 도와주기 위해 노력하다가 자신의 한계 혹은 그 이상을 넘어서게 되었다.

"짐 꾸리는 것 좀 도와줄까?" 테아는 동료 모니카에게 물었다. 모니카는 막 이사하려는 참이었다. 모니카는 이를 기쁘게 받아들였고, 테아가 아파트 구석구석을 청소해주겠다고 했을 때는 더욱 기뻤다. 자신이 일하고 있는 학교에 아파트 열쇠를 되돌려주는 건 그다음에 하기로 했다.

"안녕, 여기는 우리 학생 메이야," 모니카는 테아에게 말했다. "걔도 청소를 도와주기로 했어."

서로를 소개하는 이 순간, 테아의 간단한 도움 제의는 그녀의 인생에서 감정적으로나 영적으로 한층 더 힘든 여정의 시작이 되었다. 테아와 메이는 아파트를 청소하면서 간간이 담소를 나누기도 했지만 테아는 메이를 다시 볼 거라고 기대하지 않았다.

어느 날 메이가 테아에게 연락해 왔다. "제발 나를 좀 도와주겠니? 나는 너무 무서워!" 메이가 말했다. 테아는 메이가 최근에 크리스천이 되어 세례를 받았다는 걸 알고 있었다. 뭐가 잘못되었을까? 그들은 만나기로 했다.

메이는 조금씩 이야기를 풀어놓았다. 그녀는 지역 축제를 구경하러 갔는데 영적으로 악한 기운이 감도는 축제였다고 했다. 아주 오래전부터 유명해서 누구나 알고 있는 축제였다. 그곳에 있는 동안 그녀는 그 지역에 사는 소녀와 이야기를 나누기 시작했는데, 그녀는 약간 술에 취해 있었고 자신의 과거에 있었던 일을 툭 터놓고 이야기했다. 슬프게도 그 소녀의 이야기에는 메이 자신의 어린 시절의 충격적인 기억을 다시 기억나게 하는 부분이 있었다. 이후 메이는 그 생각에서 벗어나려고 애썼지만 사라지지 않았다. 그녀는 자신의 과거에 갇힌 느낌이었고 그녀가 저지른 나쁜 일들에 대한 죄책감에 사로잡히게 되었다.

메이의 아버지는 불만과 증오심에 가득 찬 사람이었다. 몇 년에 걸친 억울한 감옥살이 때문이었다. 그는 감옥에서 나온 후 결혼을 하고 두 아이를 낳았는데 그중의 한 명이 메이였다. 그는 교사였는데 그의 학생 중 한 명이 메이를 강간하는 사건이 두 번이나 일어났다. 메이의 어머니는 일자리를 찾으러 떠나버린 상태였고 메이는 의지할 사람이 아무도 없었다. 강간범은 그녀가 누구에게라도 이 일에 대해 발설하면 가족을 해칠 것이라고 위협했다. 10대가 되었을 때쯤 메이는 자신의 고통을 감당하는 한 방법으로 반항을 시작했다. 그녀는 만성 질병을 앓고 있던 동생에게만 관심을 쏟는 아버지를 원망하며 불복하는 행동을 보였다. 아버지가 스스로 목숨을 끊었을 때 그녀는 모든 일을 자기 탓으로 돌렸다. 딸인 자기를 제어할 수 없게 되자 생명을 포기해버렸다는 것이다.

그 소녀의 이야기를 듣던 중에 메이의 이러한 억압된 기억이 모두 되살아났고, 테아에게 눈물로 도움을 요청할 수밖에 없는 지경에 이른 것이다. 테아는 무슨 말을 할지 어떻게 해야 할지 알 수 없었다. 그녀가 알 수 있었던 것은 이 젊은 여성에게 도움의 손길을 내밀어야 한다는 것이었다. 성경을 읽으면서 테아는 생각했다. "실질적인 도움을 주지 않으면서 내뱉는 말이 무슨 소용인가? 내가 무슨 일을 할 수 있지?" 그녀는 집중적으로 기도하는 시간을 갖기 위해 메이에게 와서 며칠 함께 있자고 말해야겠다고 느꼈다.

10일 후 메이가 왔다. 그 사이에 테아는 고향에 있는 자신의 기도 친구들 중 몇몇에게 기도를 부탁했다. 기도 제목은 주님께서 자신과 메이 둘 다를 보호해주실 것과 메이를 옥죄고 있는 모든 굴레에게 벗어나게 해주실 것이었다. 테아는 이것이 영적 전쟁임을 알고 있었고, 실제로도 그랬다. 그 전쟁은 이틀 동안 쉬지 않고 계속되었다. 그 이틀이 끝날 때쯤 테아는 그들에게 보고했다. "나는 신체적으로는 지쳤지만 영적으로는 승리했어요. 주님의 임재는 너무나 다정했으며 위로가 되어주셨어요." 메이는 주 예수께서 치유하시고 회복하실 것을, 자신에게 뿌리박혀 있는 분노와 쓴 뿌리를 용서하실 것을, 그리고 주님의 능력으로 자신을 죄를 사하시고 자유케 하실 것을 간구했다. 이 모든 일은 주님만 하실 수 있는 것이었다. 이후 그녀는 하나님이 주시는 평화를 경험했다. 그뿐 아니라 그녀는 자신에게 깊은 상처를 준 사람들을 만나기 위해 자신의 고향 마을을 다시 방문했다. 그녀는 그들을 만나서 주님께서 자신을 용서하셨으므로 자신도 그들을 이제 용서했다고 말했다.

기도 사역이 있은 지 며칠 후 테아는 대도시로 이사했다. 메이는 일자리도 없고 머물 곳도 없는 상태였다. 테아는 그녀가 있을 곳을 구할 수 있을 때까지 함께 살자고 제안했다. 테아는 그 결정이 현명한 것이 아닐 수도 있음을 알게 되었다. 시 당국은 지역 주민이 외국인과 함께 사는 것을 허가하지 않았기 때문이다. 하지만 테아가 걱정한 것은 메이가 그냥 남자 친구와 동거에 들어갈 수도 있다는 것이었다. 딱히 다른 방법이 없다면 메이는 그렇게 할 생각이었다. 메이는 계속해서 일자리를 구하긴 했지만 상사와 잘 지내지 못했고, 그 결과 계속해서 일자리를 그만두었다. 메이가 일자리를 도저히 구할 수 없었을 때 테아는 그녀에게 집뿐 아니라 재정적인 지원을 해주기도 했다. 이후 자신의 남자 친구가 다른 여자를 만나고 있다는 걸 알게 되었을 때 메이는 절망에 빠졌다. 그녀는 방에 틀어박혀 묻는 말에 대답도 하지 않고 침울해했다.

이 시기 테아는 뭘 어떻게 해야 할지 몰라 힘들어했다. 그녀는 화도 나고 낙담하기도 했다. 메이에게 떠나달라고 말하고 싶을 때도 있었지만 주 예수께서 제자들에게 하신 말씀을 기억했다. 자신에게 해를 끼치는 자가 있더라도 계속해서 용서해주라는 말씀을 말이다. 그래도 이 모든 상황은 참 힘들었다.

급기야 메이가 자살하려고 손목을 그었을 때 머리에 떠오르는 생각이 있었다. 메이가 스스로를 방에 가둬놓고 있는 동안 얼마나 마음이 상했을지 자신은 알지 못했던 것이다. 메이의 남자 친구는 그녀에게 더 이상 아무 관계도 맺고 싶지 않다고 말했다. 그는 다른 여자와 함께 지낼 생각이었다. 이 소식이 바로 메이가 자살을 시도할 만큼 벼랑 끝에 서게 한 이유였다. 사탄은 즉각적으로 테아의 머리에 자신을 비난하는 생각을 주입했다. "네 잘못이야. 네가 그녀를 잘 돌보지 않았기 때문이지. 네가 막을 수 있었던 일이야. 네가 그녀를 제대로 이끌지 못한 거야." 사악한 비난이 계속해서 맴돌았다. 메이가 또다시 목숨을 끊으려 한다면, 그래서 성공한다면 어쩌지? 외국인의 집에서 지역민이 자살했다는 걸 경찰이 알게 된다면 어떻게 되는 걸까? 누가 또 해를 입지나 않을까?

테아는 이 일이 자신이 감당할 수 없는 지경에 와 있음을 알았다. 메이에게 필요한 도움은 자신이 줄 수 있는 범위를 훨씬 넘어서는 것이었다. 테아 자신에게도 도움이 필요했다. 그녀에게는 동료들이 있었다. 그들은 조용히, 하지만 지속적으로 그녀와 함께 기도해주었고 그녀를 격려해주었다. 성경은 그녀의 마음에 지혜와 사랑을 말씀해주셨다. 메이가 상담을 받겠다고 마음먹기만 한다면 상담을 받을 수 있도록 돈을 모아서 비용을 대주는 친구들도 있었다. 그들은 너무 멀지 않은 곳에 있는 좋은 상담 센터도 찾아주었다. 결국, 메이는 상담을 받으러 가는 데 동의했다.

시간이 걸리긴 했지만 메이는 회복되었다. 하지만 메이가 회복되는 과정 중에 테아는 그녀를 집에 두고 도와주는 것이 적절하지 않다는 것을 깨달았다. 테아는 감정샘이 거의 말라버렸고, 시간적인 여유도 없었으며, 몰라보게 수척해졌다. 결국 테아 또한 상담을 받아야 했다. 그녀는 메이를 짓누르고 위협했던 어두운 기운을 자신이 일부 흡수했다는 것을 깨달았다. 주님께서 그녀에게 은혜와 능력을 주셨지만 그녀 또한 영적인 싸움에서 상처를 입었다. 그저 도움을 주겠다는 제안으로 보였던 것이 이제 지나치게 힘들게 하는 무언가가 되어버린 것이다. 테아 역시 치유가 필요했다.

마침내 메이는 남자 친구가 다른 여자와 결혼했다는 걸 알게 되었다. 심지어 메이를 만나고 있던 중에 결혼을 했던 것이었다. 현실을 실감하게 되자 메이는 어딘가 다른 곳에서 새로운 출발을 해야겠다는 자극을 받았다. 그녀가받고 있던 상담이 큰 도움이 되었다. 또한 그녀가 주님을 의지하고 일상 속에서 주님의 도움을 원하게 된 것도 테아에게 위안이 되었다.

테아는 여전히 다른 이들을 돕고 싶어 한다. 하지만 그녀는 자신이 져야 할 책임에 대해서는 엄청난 기도가 필요하다는 것을 배웠다. "저는 깨달았어요. 긍휼한 마음으로 손길을 내미는 일에도 지혜가 필요해요. 도움을 주어야 할 때와 그런 감정을 억눌러야 할 때를 아는 지혜가 필요합니다."

어둠에서 빛으로 옮기시는 하나님의 미쁘심

하나님께서 천지를 창조하신 이래로 쭉 빛과 어둠은 공존해왔다. 지구 어느 곳에 살든 어느 시대를 살든 낮과 밤이 바뀌는 것은 익숙한 일이다. 빛과 어둠, 낮과 밤은 모두 하나님의 완벽한 계획 안에서 축복을 주시기 위해 고안된 것이다. 낮에 빛이 비치는 동안 생명은 영양분을 얻고 수고함이 이루어진다. 밤의 안식처에서는 휴식과 수면이 이루어진다. 빛과 마찬가지로 어둠 또한 하나님의 사랑의 손길 안에서는 유순하다.

하지만 인간의 불순종으로 인해 세상에 죄가 들어오면서 어둠은 점점 더 나쁜 성질을 띠게 되었다. 밤에는 공포심이 커진다. 누가 공격하겠는가? 우리를 둘러싼 어떤 어둠의 세력이 우리에게 해악을 끼치기를 원하는가? 어떤 사악한 일이 "어둠을 틈타" 벌어지겠는가? 어둠은 악하고 나쁜 모든 것의 은유가 되었다. 이것은 우리를 지으신 하나님과 인간의 삶이 소외된 결과이며, 무지와 불순종 혹은 주님을 우리의 삶에 왕이자 주권자로 기쁘게 받아들이지 못하게 하는 불신앙의 결과이다.

하나님의 말씀에서 우리는 복음이 어둠에서 빛으로 옮겨 가는 여정으로 그려진 것을 본다. 성령님께서 남녀노소 모든 이를 이끄셔서 주님을 알고 사랑하도록 하시는 것이 복음인 것이다. 하나님은 미쁘사 약속을 지키시는 분이시며, 그 약속은 바로 아무리 어두운 배경을 가진 이라 해도 주 예수 그리스도를 믿기만 하면 그분과의 교제가 회복되고 빛 가운데 올 수 있다는 것이다. 그도 그럴 것이, 이 세상에 빛으로 오신 이가 바로 예수 그리스도이시기 때문이다.

대부분의 동아시아 지역은 경제적인 측면과 교육적인 성취라는 측면에서 매우 성공적으로 성장해왔다. 이러한 진보에도 대부분의 동아시아 지역과 그곳에 사는 사람들은 여전히 영적 어둠 속에 살고 있다. 다른 종교는 하나님과 화평할 수 없으며 성경이 설명하시는 바 빛으로 이끌 수가 없다. 사람들은 영적 세계에 대한 공포에 사로잡혀서 어둠의 비극에 짓눌려 있다. 단순히 빛보다 어둠을 더 좋아하는 이들도 있다. 물론 동아시아의 상황도 이와 다르지 않다. 감사하게도 주 예수 그리스도를 믿게 되면서 어둠에서 빛으로 옮겨 온 사람들이 동아시아 전역에 있다. 다음은 그중 일부의 이야기이다.

12. 비옥한 땅

1949년에 중국이 공산주의자들에게 넘어간 후 쫓겨난 중국 내지 선교회(CIM) 활동가들은 동아시아의 다른 지역으로 흩어졌다. 태국에서 한센병 치료를 하고 있던 중 복음을 잘 받아들이는 사람들을 만났는데, 이 일은 어떤 반군 병사와 그의 가족의 회심을 이끌어내는 결과로 이어졌다.

예전에 말레이시아 공산주의자였다가 예수 그리스도의 종이 된 데이비드(가명)는 태국에서 죽음을 목전에 두고 누워 있었다. 그는 자신의 막내딸인 리디아를 불러 가까이 오게 했다. "나는 늙었고 이제 곧 떠날 거야." 데이비드가 리디아에게 말했다. "나무 주위에 열매가 떨어져 있을 거야. 어린 나무에게 물을 주렴. 그곳이 바로 미래가 있는 곳이란다!"

***

1951년 3월 25일은 부활절 주일이었다. CIM 선교사인 도로시 유프와 도리스 브리스코는 중국 닝샤 지방에서 주일 학교 수업을 하고 있었다. 다음 주면 그들은 홍콩으로 긴 여행을 떠날 예정이었다. 그들은 닝샤 지역을 떠나는 마지막 외국인 선교사였다. 1949년 10월 공산주의자들이 중국을 집어삼킨 결과 모든 외국인 선교사들은 중국에서 "내키지 않는 탈출"을 해야 했다.

갈 곳을 잃은 선교사들은 홍콩에 도착한 직후부터 주변 국가들에 복음을 전할 수 있는 열린 문이 있는지에 대한 얘기를 듣기 시작했다. 도로시와 도리스는 특별히 태국에서 일을 시작할 기회를 얻게 되어 매우 기뻤다. 그곳에서는 아마 복음 전파와 함께 자신들이 가지고 있는 의료 기술을 사용할 수 있을 것이었다. 1952년 말 무렵 그들은 태국 해안가의 한 지역에 정착했다. 그곳에는 말레이시아 사람들이 많이 살고 있었다.

가장 가까운 병원이 50km 넘게 떨어져 있었기 때문에 그 지역은 의료 진료소를 열기에 적합한 장소로 생각되었다. 1955년 4월 15일 진료소를 열었다. 곧 아침마다 보이는 환자들이 대략 100명쯤 되었다. 환자들은 진료소에 도착하면 벽에 삽화로 그린 성경을 보거나 바늘이 고장 난 축음기로 성경 이야기나 복음송을 들었다. 오후에는 진료소에 올 수 없는 이들을 위한 왕진이 예약되어 있었다. 응급 상황은 밤낮을 가리지 않고 발생했다.

1960년 1월 1일 진료소가 있던 곳은 병원이 되었다. 개원 당시의 환자들 중에는 한센병으로 고생하는 사람들이 있었다. 한센병을 치료하려는 노력은 점차 확대되었다. 1966년 4월 이 병원은 공식적으로 한센병 프로그램을 시작했고, 이때 근처의 어촌 마을에 한센병 진료소가 처음으로 개원했다. 직원들은 접이식 테이블과 의자를 들고 나무 아래에서 진료소를 열었다. 몇 달 후 허술한 오두막 한 채를 지었고 그곳에서 격주로 진료소 업무를 볼 수 있었다. 병원에서도 매주 금요일 작은 진료소를 열었다.

한센병 치료 노력은 다른 마을로 급속도로 전파되었다. 이러한 노력은 위급하게 치료가 필요한 사태에 대처하고 더 많은 사람들에게 사랑의 하나님을 전할 수 있는 문을 여는 데 있어 매우 귀중한 방법이 되었다. 한센병 치료 노력에는 두 가지 특수한 요인이 있었는데, 덕분에 이 봉사 활동이 많은 열매를 맺는 사역이 될 수 있었다.

- 당시 한센병은 최소 5년에 달하는 치료 기간이 필요했다. 이는 같은 사람을 정기적으로 만난다는 것, 또한 그 사람 입장에서는 복음을 정기적으로 듣는다는 것을 의미했다.
- 한센병은 가족에게 전염되는 경우가 흔했다. 선교 사역을 맡은 의사와 간호사가 한 가족 중 여러 환자와 만나거나 한 공동체 중 여러 가족을 만나는 경우가 많았던 것이다. 이런 상황은 복음이 더욱 쉽게 전파되도록 했다.

하나님의 사랑

1967년 키가 크고 체격이 건장한 말레이시아 군인인 데이비드는 정글을 나와 헤매다가 태국인들의 마을로 들어갔다. 그곳은 병원의 의사와 간호사들이 격주로 한센병 진료소를 시작한 지역 중 하나였다. 데이비드는 멀리 태국의 산악 지역에 근거를 둔 말레이시아 공산 게릴라 전사들의 무리에 속해 있었다. 손의 형태가 변하고 발에 심한 궤양이 생기자 그는 자신이 한센병에 걸렸음을 알게 되었고 그 진료소에서 도움을 받을 수 있을 거라는 말을 들었다.

데이비드는 진료소를 방문하여 상처를 치료받았는데, 거기에 더해 하나님의 은혜의 메시지 또한 많이 듣게 되었고, 그 메시지는 그에게 충격을 주었다. 결국 그는 병원에 입원을 했고, 그곳에서 자신의 아내와 세 아이에게 그곳으로 오라는 말을 전했다. 외국인 선교사들과 더 많은 시간을 보내게 되면서 그는 자신의 폭력으로 점철된 과거를 숨기지 않고 이야기하기 시작했다. 하나님의 말씀을 듣는 것과 진료소의 간호사들이 제공하는 희생적인 돌봄과 사랑이 합쳐져서 데이비드의 마음을 점점 부드럽게 했고, 복음으로 이끌었다. 그는 병원에 머무는 동안 신약 성경을 통독했고 선교사 중 한 명에게 거의 매일 밤 성경에 대해 가르침을 받았다. 그는 마침내 병원에서 퇴원을 했고, 이제는 그리스도 안에서 새사람이 되었다. 이후 그는 회심했고 1973년 1월 다른 네 명의 환자들과 함께 세례를 받았다.

데이비드를 돌보았던 간호사 중에 민카 한스캠프가 있었다. 그녀는 키가 180cm나 되는 네덜란드 출신의 선교사였는데, 선교사의 자녀로 인도네시아 자바에서 성장했다. 민카는 진료소 개원 당시부터 함께 일했고, 말레이 어를 유창하게 했다. 데이비드를 돌보았던 다른 간호사는 마거릿 모건이었다. 그녀는 웨일스의 탄광 마을 출신으로 1965년 OMF에 합류했다.

1974년 4월 민카와 마거릿은 언제나처럼 격주 진료소를 열기 위해 한 마을을 찾았다. 그런데 그곳에서 만난 낯선 사람들이 주장하길, 근처 산속에 도움을 필요로 하는 환자들이 있다는 것이었다. 그들은 이 두 여성을 마을에서 유인해내었고 그것은 함정이었다. 그 지역의 강도들이 민카와 마거릿을 납치하여 500,000달러의 몸값을 요구했다. 이 여성들은 얼마간 생존해 있었지만 1975년 3월 한 말레이시아 남성은 자기네 지휘관의 명령으로 둘 다 처형했다고 고백했다. 그에 따르면, 민카와 마가렛은 죽게 될 것이라는 말을 들었을 때에도 평안함을 유지했으며, 그저 이렇게 말했다고 한다. "성경을 읽고 기도할 시간을 좀 주세요."

1975년 5월 두 여성을 위한 장례식이 열렸고 그 지역에 사는 기독교인과 불교 신자, 이슬람교인들이 수백 명 참석했다. 장례식에서 데이비드는 로마서 8장을 낭독했고, 민카가 자신을 돌봐준 것이 자신에게 끼친 영향에 대해 사람들에게 얘기했다. 그는 이렇게 말했다. "민카는 궤양을 치료하기 위해 나의 냄새나는 발을 자신의 무릎 위에 얹었어요. 그때 나는 하나님의 사랑이 무엇인지 알게 되었죠."

하나님 사랑의 전파

데이비드는 다음 몇 해 동안에도 병원 일에 함께했다. 때로는 수술을 받은 후나 궤양 치료에 도움이 되는 깁스를 착용했을 때 병원 근처에 머물 곳이 필요한 환자들이 있어서 병원 근처의 마을에 주택을 하나 구해서 개방하기로 했는데, 데이비드와 그의 아내가 그곳을 함께 관리하기로 했다. 그 센터는 한센병 환자들이 회복기에 머무를 수 있는 곳이면서 동시에 교회 모임 장소로 사용되었고, 그 지역에 있는 다른 교회들의 회합 장소로도 쓰였다. 1980년대 초에는 100명 정도의 신자들이 정기적으로 모임을 가졌고, 복음이 주는 메시지에 대한 관심도 커져갔다.

이후 한센병 진료소와 센터 모두가 문을 닫자* 데이비드는 다른 지역에 주택을 하나 사들였다. 그곳은 그리스도를 따르는 자로 알려지면 아주 곤란한 지역이었다. 데이비드와 그의 막내 리디아는 신앙을 고백했지만 위의 세 아이 중에는 깊이 헌신하는 아이가 아무도 없었다. 장남과 장녀는 다른 지역에 살았다. 차남은 아직 젊었을 때 어린 자녀를 남기고 죽었다.

하지만 리디아는 아버지의 발자취를 따랐다. 그녀는 자타가 공인한 외향적이고 활발한 성격으로 청소년 그룹 활동에 참여했다. 청소년 그룹은 병원의 한센병 치료 노력과 함께 성장해왔다. 이들 중 많은 수는 한센병 환자였는데 그리스도를 따르게 된 부모를 둔 아이들이었다. 이 아이들은 가끔 만나 친교했고, 가까운 해변이나 폭포에도 놀러 갔다.

리디아는 한센병 환자인 매튜와 결혼했다. 그는 어린 소년이었을 때 치료를 시작했다. 하지만 그의 부모님은 그에게 약을 먹이는 것에 협조하지 않았고, 그래서 그의 한센병은 점점 심각해졌다. 몇 년 후, 그는 치료를 위해 돌아왔다. 5년이 넘는 투약과 치료 과정 이후 그는 완전히 회복되었고 신체장애도 모두 치료되었다. 매튜와 리디아는 아이를 가질 수 없었지만 데이비드의 손주들 중 몇 명을 돌봤다. 또한 리디아는 문서 작업과 기록 작업에 있어 귀중한 동료가 되어주었다.

리디아는 지금도 성경을 읽고 기도하는 시간을 통해 가족을 독려한다. 그녀의 따뜻한 성격과 남을 돌보는 천성 덕분에 많은 이들이 그녀를 신뢰하며, 이는 그녀가 현명한 조언을 해주거나 신앙을 가르치는 기회가 되었다. 데이비

---

* 여러 요인으로 인해 폐쇄가 결정되었다. 그 지역 한센병 퇴치를 위한 작업이 진행 중이었고, 새 정부가 의료 비자를 제한했으며, 인력도 부족했고, 병원 부지 임대차 계약도 종료되었다.

드는 1990년대에 세상을 떠났지만, 리디아는 조용하지만 지속적인 방식으로 아버지의 소망을 이루어가고 있다. 그녀는 신앙의 "나무 열매에 물을 주는 일"을 계속하고 있다. 그 나무는 민카 한스캄프를 비롯하여 태국 내 이 지역에서 하나님의 사랑의 복음을 나누기 위해 희생한 많은 믿는 자들이 심은 것이다.

B. 만지시는 능력

CIM은 전도와 치료를 통해 영적인 필요와 육체적인 필요 모두를 돌본 오랜 역사가 있으며, 그 원형은 제임스 허드슨 테일러에 의해 시작되었다. 1952년 OMF는 계속해서 의료 봉사에 참여했고, 가장 필요한 병원과 진료소를 지었다. 1956년에는 태국 중부의 마노롬 병원이 개원했는데, 당시 그 지역에는 의료 기관이 전혀 존재하지 않았다. 한센병이 창궐했고 마노롬 병원은 약물 치료와 재건 수술 등 환자를 치료하는 훌륭한 기술을 개발했다. 존 타운센드 박사와 앤 타운센드 박사 부부는 1963년에서 1979년까지 이 병원에서 봉사했다. 아래는 그들이 만난 한센병 환자의 이야기이다.

분롯의 얼굴은 울퉁불퉁했고 벌겋게 달아올라 있었다. 눈꺼풀에는 부분적인 마비가 와서 눈을 완전히 감지 못했다. 눈 아래를 덮은 결막은 염증으로 붉은색이었고 눈 바깥쪽에는 고름 덩어리가 달려 있었다. 한센병은 그의 눈썹과 콧마루를 없애버렸다. 그는 엄지손가락을 더 이상 움직일 수 없었지만 손가락이 절단된 상태는 아니었다. 아직은 그를 도울 수 있는 시간이 있었다.

아무런 조치도 미리 취하지 않았다는 것은 안타까운 일이었다. 분롯과 그의 가족은 한센병과 같은 불운은 바꿀 수 없을 것이라고 믿었고, 그렇게 몇 년을 보냈다. 불교의 가르침에는 선행과 자비, 모든 생물에 대해 인정을 베풀 것 등이 있었지만, 또한 불교는 그에게 자신의 상태가 전생에 쌓은 나쁜 업의 결과라고 가르쳤다. 이제 그가 할 수 있는 모든 것은 가능한 한 최선을 다해 사는 것이었다. 말하자면 공덕을 쌓기 위해 다른 이들에게 도움의 손길을 주고 기부금을 내는 것 등이었다. 그가 충분한 공덕을 쌓는다면 다음 생에서는 한센병 없이 다시 태어날 수 있을 정도로 지위가 향상된다고 불교는 설명했다.

그는 병이 발견되기 전의 어린 시절과 그때 자신의 부모님과 형제자매들이 자신에게 보여주었던 사랑을 여전히 기억하고 있었다. 어머니께서 그를 안아주셨던 것도 선명히 기억하고 있었다. 하지만 그가 한센병에 걸린 것이 드러나자 모든 것이 바뀌었다. 이후 그는 부모님이 가족의 집으로부터 100여m 떨어진 곳에 지어준 작은 오두막에서 하루하루를 보냈다. 그는 다른 사람과 접촉하기를 그리워했지만 그의 가족은 그의 병세를 알게 되자마자 병이 옮을까 두려워했다. 그들은 그에게 손도 대지 않았고 오두막 입구에서 5m가량 떨어진 곳에 음식을 가져다주었다. 그가 가장 좋아했던 누나는 때로 전화를 해서 "우리 꼬맹이 롯 괜찮아? 외롭니?" 하고 물었고, 그러면 분롯은 눈물로 답했다. "응!"

몇 년이 지나고 그는 10대가 되었다. 분롯은 생각할 시간이 많았다. 그는 모두가 자신에게 가까이 오려 하지 않고 자신에게 손도 대려 하지 않는데 어떻게 다른 이들에게 다가가 도움의 손길을 내밀고 공덕을 쌓을 수 있을지 궁금했다. 자신이 아무런 선행을 하지 못하고 죽는다면 어떻게 될 것인가? 다음 생에서도 한센병을 가지게 될 것인가? 아니면 설상가상으로 그의 마음속에 있는 분노와 시기, 욕심이 그를 방해하여 전생에서보다 더 적은 공덕만 남게 될 것인가? 그렇다면 그는 개나 악어로 환생할 수도 있는 것이었다.

존 타운센드가 분롯을 만난 것은 그가 아내와 함께 마노롬에서 맞은 첫째 달이 아직 지나기 전이었다. 분롯은 한센병 병동의 침대에 앉아 있었다. 한센 병 치료에 특별한 경험이 있는 선교사이자 간호사인 케이 그리핀이 그를 존에 게 소개했다.

한센병 전문 간호사들이 태국에 입국한 것은 1953년이었다. 정부는 그들이 한센병 환자를 찾아내 치료하는 것을 도와주길 원했다. 그들은 마을 근처에 나무 바닥을 깔고 지붕은 볏짚으로 지어 올린 작은 진료소를 세웠다. 청년이었던 분롯은 그들에게 다가가 뒤편에 수줍게 앉아 있었다. 자신이 아무에게 도 닿지 않도록, 그리고 아무도 자신을 만지지 않도록 애쓰면서 말이다.

"그때 제가 그를 만졌어요." 케이는 이렇게 회상했다. "마치 온 세계가 멈춰 선 것 같았어요. 그의 눈과 얼굴을 살펴보던 중이었는데 아주 서툰 태국어로 그에게 나를 보라고 말했죠. 나는 손가락으로 그의 눈꺼풀을 부드럽게 만졌고 조심스럽게 그의 손을 가져와서 상처가 얼마나 심한지 살펴보았어요."

"당신은 내가 두렵지 않나요?" 분롯이 물었다.

"아뇨, 왜요?" 케이가 대답했다.

"당신이 나를 만지고 내 손을 잡으면 당신도 병에 걸릴 수 있잖아요."

그날의 촉진은 분롯의 치료를 이끈 수많은 촉진의 시작이었다. 케이와 그녀의 동료들은 분롯의 한센병균의 성장을 억제하는 약을 조제하여 투약하는 것으로 치료를 시작했고, 그다음에는 병균을 박멸했다. 그의 가족들은 여기에 아무런 이의를 제기하지 않았다. 그는 더 이상 나빠질 것이 없는 상태였다.

마노롬의 한센병 환자를 돌보고 있다.

그들은 창백한 피부를 가진 외국인이 그를 도울 수도 있으리라 생각했다. 어쩌면 이 외국인들은 마술을 부리기 때문에 한센병 환자를 만져도 병이 옮지 않는 힘이 있다고 생각했을 수도 있다.

3년 후, 분롯의 상태는 놀랍게 호전되었다. 그의 부모는 그의 피부가 깨끗해지고 피부색이 좋아지고 있는 것을 볼 수 있었다. 그들은 진료소로 그를 찾아오기 시작했고 간호사들이 그의 발에 있는 궤양을 소독하고 눈을 세척하는 것을 보았다. 그의 손을 잡고 손가락 움직임을 살펴보고 그의 눈썹이 있었던 곳의 피부를 검진하는 것도 보았다.

"그런데 당신은 그 아이를 어떻게 만지는 거죠?" 그의 어머니가 물었다.

"약 덕분에 그의 병은 더 이상 옮지 않아요." 간호사가 말했다. "보세요, 나도 손가락으로 그의 얼굴을 만지잖아요. 피부가 얼마나 부드러운지 한번 보세요. 아드님을 다시 만져보고 싶지 않으세요?"

그녀는 아들을 만져보았다. 몇 년 만에 처음 만져보는 것이었다.

이때쯤 마노롬 병원의 개원 준비가 끝났다. 한센병 병동의 병실이 가장 먼저 환자를 수용할 준비를 끝냈다. 분롯은 가족들의 후원을 받아 입원 환자가 되었다. 녹슨 못에 찔린 발에 궤양이 생긴 것이었다. 한센병이 감각을 파괴해버려서 그는 발에 고통을 느낄 수가 없었다. 그래서 상처가 났는지 알아차리지 못하는 와중에 해를 입은 것이었다.

국제적 명성을 가진 한센병 의사인 그레이스 워렌이 마노롬을 방문하여 분롯의 상태를 보았는데, 그녀는 궤양이 생긴 발부터 무릎까지 깁스를 착용할 것을 조언했다. 석고 깁스는 6주 유지 후 벗겨야 한다고 했다. 이 생각은 마노롬의 의사들을 충격에 빠뜨렸다. "석고 깁스를 6주간 유지하는 것이 그의 족부 궤양을 치료하는 유일한 방법이에요." 그레이스는 이렇게 말했다. "저는 홍콩 근처의 한 섬에서 수년간 한센병 격리 지구를 운영해왔어요. 나를 믿어요. 이 방법은 정말 효과가 있어요."

의사들은 그녀의 조언을 신뢰했고, 다행히 그 방법이 효과를 발휘했다. 그레이스는 방문 기간 동안 준 모건과 함께 많은 시간을 보냈다. 그녀는 마노롬에 거주하면서 한센병 프로그램을 감독하는 일에 임명된 OMF 의사였다. 준은 한센병 치료에 있어 이미 특별한 수련을 거쳤는데, 그녀가 그레이스와 보낸 시간 또한 아주 유용한 현지 훈련이 되었다. 준 또한 나중에 한센병 재건 수술을 선도하는 세계적인 의사가 되었다.

"분롯은 양쪽 엄지 손가락에 힘줄을 이식하는 수술이 필요할 거예요." 회진 중에 그레이스가 준에게 말했다. "그리고 제 생각에 그는 새 눈썹을 갖고 싶을 거예요!" 그녀가 눈썹이 있었던 부위에 손가락을 대자 분롯은 힘차게 고개를 끄덕였다.

분롯과 그의 동료 한센병 환자들은 상태가 엄청나게 호전되는 것을 경험했다. 수술실의 밝은 조명 아래에서 그레이스와 준은 함께 일했다. 그레이스는 좋은 선생님이었고 준은 자신이 가지고 있는 수술 기법에 새로운 것을 더하는 것이 기뻤다. 분롯은 머리카락 양쪽의 피부 조직을 옮겨 심는 과정을 통해 새

눈썹을 선사받았다. 눈 위쪽의 앞이마에 두피를 이식한 것이다. 그 결과는 실로 놀라웠다. 눈썹은 아름답고 풍성했고, 너무나 무성하여 매주 잘라주어야 했다!

그레이스는 분롯에게 힘줄 이식 수술을 시행했다. 엄지손가락을 손가락 끝 반대 방향으로 누를 수 없었던 두 명의 여성에게도 같은 수술을 시행했다. 팔 앞쪽에서 힘줄을 가져와 엄지손가락의 힘줄에 이식하여 함께 묶어주었다. 수술 후에는 OMF 물리 치료사가 조심스럽게 손바닥을 가로질러 엄지손가락을 움직이는 것과 그 감각을 조절하는 방법을 가르쳐주었다.

분롯과 그의 동료 한센병 환자들은 좋은 친구가 되었다. 그들은 모두 비슷한 경험을 가지고 있었다. 그 경험은 사람들에게 거부당하고 외로움에 시달리는 것이었는데, 진료소와 마노롬 병원에서는 사람들이 그들을 환영하고 애정을 나누어 주었으며 그들의 악취 나는 상처를 만져주었고 그들에게 약을 주고 치료해주었을 뿐 아니라 수술을 통해 신체 기형을 줄이고 신체 기능을 회복시켜주었다. 그들은 비로소 중요하고 가치 있는 진짜 사람처럼 느껴지기 시작했다.

한센병 환자들은 그리스도에 대해 배웠다. 그들을 만지고 치유하며 구원하시기 위해 오신, 특별히 소외된 이들에게 관심을 두셨던 그분 말이다.

그들은 함께 모여 교회를 세웠다. 그것이 태국 중부에 처음으로 세워진 교회이다. 교회는 빠르게 성장했고 새로운 희망과 기쁨, 놀라운 찬양으로 활기에 넘쳤다. 신체적으로 건강한 사람들이 세운 교회도 만들어졌다. 그들은 "건강한 교회"로 알려졌는데, 이들은 몇 년 동안 한센병 신자들과 교류하지 않은 채 분리되어 있었다. 여전히 이 질병을 가진 환자들과의 접촉을 두려워했기 때문이다.

30년 후 준이 태국을 다시 방문했을 때 한센병 교회와 "건강한 교회"는 연합한 상태였다. 그들은 서로의 어깨를 맞대고 함께 성찬식을 거행하며 서로를 비롯해 주위에 있는 이들에게 도움의 손길을 내밀고 있었다. 둘을 나누던 벽은 무너지

하나님을 믿게 된 한센병 환자

고 없었다. 연합 교회의 많은 지도자들은 이제는 완치된 한센인들이었다.

그리스도인 의사들과 간호사들이 보여준 사랑 때문에 얻은 바 된 그리스도의 백성들인 것이다. 한센병을 앓았던 사람들은 주님의 사랑으로 인한 변화를 보았고 알게 된 이들이라는 사실을 모두가 알게 되었다. 그리스도께서 우리에게 손을 내밀어주신 것처럼 한센병 환자들에게 손을 내민 사람들이 있었다. 그들 덕분에 많은 한센인들이 자신의 진정한 정체성을 깨닫게 되었다. 이제는 자신을 하나님의 사랑을 받는 사람으로 보게 된 것이다.

14. 몽골에 빛이 비치다

커크 매튜즈와 에스더 매튜즈 부부(가명)는 20년 째 OMF와 함께 몽골에서 섬기고 있다. 혹독한 추위 때문에 생존을 위해서는 빛과 온기가 꼭 필요하다. 더욱더 많은 몽골인들이 세상의 빛 되신 예수 안에서 구원을 찾고 있다. 1990년대 초, 몇 안 되는 신도들이 시작한 몽골의 교회는 이후 수천 명의 신도가 있는 교회로 성장하여 번성하고 있다.

조지 헌터와 퍼시 매더

1920년대 CIM 일꾼이었던 조지 헌터와 퍼시 매더는 지금은 중국의 신장이 된 지역뿐 아니라 몽골의 호브드 지방과 우브스 지방에서 매우 험한 여정을 인내함으로 버텼다. 그들은 몽골족과 카자흐족에게 복음을 전했다. 매더는 하나님께서 "복음을 한 번도 들어본 적이 없고 앞으로도 다시 들을 수 없을 사람들에게 복음을 전하는 기회를 주신 것"에 감사를 드렸다.[*] 이 사람들로 하여금 자신의 인생의 향방을 바꾸어 황량한 땅을 떠돌게 했으며, 심지어 중국에서 고통 속에 죽게 한 그것은 과연 무엇인가?

---

[*] 밀드레드 케이블과 프란체스카 프렌치 공저, 『개척자 만들기(*The Making of a Pioneer*)』 (New York: Frederick A. Stokes 출판사, 1935년), 239쪽.

몽골의 태양과 햇살, 그리고 온기

태양과 불꽃은 몽골의 국기에 그려진 국가를 대표하는 상징이다. 이 멀리 떨어진 북쪽 나라의 게르(ger; 유르트(yurt)라고도 한다. 중앙아시아에서 볼 수 있는 펠트 천으로 만든 둥근 모양의 텐트)는 모두 남쪽을 향해 있다. 태양을 향해 문을 열고 햇빛을 우러러보기 위해서이다. 겨울에 몽골의 기온은 영하 40도까지 급강하하기 때문에 생존을 위해서는 난방이 필수이다. 불은 열기와 빛을 동시에 제공하는 존재로서 외경의 대상이 된다. 전통적으로 집에 있는 불에 쓰레기를 던져 넣어서는 안 된다.

몇 년 전 커크 매튜즈와 에스너 매튜즈 부부는 몽골의 신학교(몽골연합신학교 (Union Bible Theological College (UBTC)), 몽골 울란바토르 소재) 학생들 몇 명과 함께 몽골식 게르 안에 앉아 있었다. 그들은 알타이 산맥 지역에서 복음에 대해 한 번도 들어본 적이 없는 유목민 목동들에게 복음을 전하고 있던 중이었다. 이 게르에 사는 유목민 가족은 뭔가 상서로운 의식을 치르기 위해 이제 곧 말을 타고 가파른 계곡을 건너 높은 산으로 갈 참이었다.

그날은 그들의 열 살짜리 아들이 죽은 지 49일이 되는 날이었고, 그 소년이 다음 생에는 좋은 생을 가질 수 있도록 특별한 의식을 계획한 것이었다. 팀원들은 이 슬픔에 잠긴 가족과 함께 떠나기 전에 게르 뒤편에 있던 그 소년의 사진을 보았는데, 사진 앞에는 양초가 놓여 있었다. 그 작은 불빛은 소년의 영혼이 집으로 오는 길을 찾을 수 있도록 도와주는 길잡이로 여겨졌다. 사람들은 빛이 길을 가리키는 것이라는 점은 이해했지만 그 길이 예수님이신 것은 알지 못했다. "나는 세상의 빛이다."라고 말씀하셨던 한 분을 그들이 알았더라면 좋았을 텐데 말이다.

"내가 너를 구하리라"

델게르마와 그녀의 남편은 유목민 목동이었는데, 1990년 몽골 민주화 혁명 이후 벌이가 괜찮아졌다. 공산주의 체제에서는 모든 가축이 국가의 소유였다. 이제는 가축이 사유화되어 그들의 것이 되었고 열심히 일해서 부유해졌다. 이만하면 괜찮은 삶이었다. 하지만 델게르마의 남편이 다른 여자를 만나 떠나버리게 된 것이다. 델게르마의 세계는 무너져 내렸다. 그녀는 미칠 것 같은 마음으로 쓸쓸한 초원을 걷고 있었다. 갑자기 어떤 목소리가 들렸다. "내가 너를 구하리라." 그녀는 돌아보았다. 아무도 없었다. "내가 이제 미쳐가나 보군." 델게르마는 이렇게 생각했다. 잠시 후 그녀는 마을 친구 집을 방문했다. 이 친구는 그녀를 "집회"에 초대했지만 그녀는 그 "집회"라는 게 뭔지 알 수 없었다. 델게르마는 나중에서야 그곳이 교회임을 알게 되었고, 그곳에서 그리스도의 복음을 듣게 되었다. 그녀는 "내가 너를 구하리라."라고 말한 목소리와 교회에서 들은 메시지 사이의 관련성을 알게 되었다. 그날, 델게르마는 구원을 받았다.

십자가의 메신저

고비 사막의 장대한 대지에서 해가 떠오르는 풍경은 경외심을 불러일으킨다. 고비의 낙타 목동인 엥흐볼드는 마을에서 멀리 떨어진 곳에 살았다. 그는 아내의 죽음으로 인해 슬픔에 잠겨 있었는데, 이제 그에게는 아이들을 키울 일만 남은 상황이었다. 그는 먼 거리를 여행해서 친척들을 방문했다. 그들의 집에서 이제까지 보지 못한 작은 책을 한 권 발견했다. 그는 그 책을 집어 들고 이제까지 한 번도 들어보지 못한 낯선 신에 대한 이야기를 읽었다. 그 신은

"십자가"에서 죽었다고 했다. 이게 무슨 말인가? 엥흐볼드는 기도했다. "당신이 거기 계시다면, 당신이 진짜 신이라면, 당신에 대해 좀 더 잘 설명해줄 수 있는 사람을 제게 보내주세요."

얼마 후, 낯선 지프 차 한 대가 그의 게르 옆에 멈춰 섰다. 날이 어두워지고 있어서 밤에 흙길을 따라 운전하기란 어려운 일이었다. 엥흐볼드는 전형적인 몽골 시골의 방식대로 그들을 환대했다. 대접할 재료는 소박했지만 그는 자신이 할 수 있는 최고의 저녁 식사를 대접했다. 낙타 고기와 직접 만든 통밀 국수였다. 저녁을 먹고 나서 그는 손님들에게 자신의 게르에서 자신의 가족과 함께 머물다 가시라고 청했다. 게르는 당연히 방 하나짜리 공간이다. 다음 날 아침 방문객들은 엥흐볼드에게 천지를 창조하신 하나님에 대해 이야기해주었다. 그리고 이 세상이 어떻게 타락했는지도 말해주었다. 그는 하나님의 아들에 대해서도 들을 수 있었다. 우리의 죄를 위해 "십자가"라는 것 위에서 돌아가신 그분 말이다. 오랜 대화 끝에 엥흐볼드는 예수님을 받아들이는 기도를 했다. 그는 어떤 평화로운 감정에 압도되었고, 이 손님들은 그의 표정이 변화하는 것을 볼 수 있었다. 그날 이 손님들은 그의 게르를 아주 기쁜 마음으로 떠났는데, 이들은 바로 커크와 에스더, 그리고 몽골인 신도들로 이루어진 작은 팀이었다.

번성하는 씨앗

좁은 계곡이 하나 있었는데 해가 지면 서둘러 어두워지는 곳이었다. 늙은 여목동 알탄게렐은 그곳에서 혼자 살고 있었다. 주위 몇 마일 내에서는 다른 게르를 볼 수 없었는데, 다들 이 계곡에 귀신이 씌었다고 생각했기 때문이었다.

기독교인 몇 명이 이 계곡을 따라 15km를 걸어서 알탄게렐을 방문했다. 한 몽골인 신도가 그녀에게 물었다. "이 계곡에서 혼자 사시면 무섭지는 않으세요?" 굳이 악령이 아니더라도 늑대가 많은 지역이고, 게다가 이곳에서 눈표범을 본 목동도 있었다.

"전혀요." 그녀는 웃었다. "나는 예수님을 믿으니까요." 이 할머니는 예수님을 믿고 의지하며 두려움 없는 삶을 살고 있는 것이었다. 할머니는 예수님의 빛 안에 거했으며 이 빛이 어떤 악의 어둠보다도 더 밝다는 것을 알고 있었다. 다른 사람들이 이 계곡에 사는 것을 두려워하기 때문에 "우리 가축들이 먹을 풀이 많다우."라고 할머니가 덧붙이셨다.

알탄게렐이 주님을 믿고 의지하는 이유 중 하나는 이제는 고인이 된 그녀의 전남편 자르갈사이한이 어떻게 세상을 뜨는지를 보았기 때문이다. 이 점쟁이는 어떻게 해서 평화롭게 죽게 되었을까? 몇 년 전, 커크는 몽골인 신도 한 팀을 이끌고 이 산악 지역에 왔다. 그들은 성경책을 들고 자르갈사이한에게 복음을 전했고 그에게 하나님만을 의지해야 한다고 설득했다. 그러자면 그는 하고 있던 점치는 일을 그만두어야 했다. 자르갈사이한은 서둘러 회개했고 그리스도께로 돌아왔다. 점치는 일은 쏠쏠한 돈벌이였지만 그는 모두 그만두었다. 바로 그때부터 자르갈사이한은 가축으로만 생계를 유지하는 것에 자족했고, 예수님께 자신의 양 떼를 돌봐주실 것을 기도했다.

여러 해가 지나고 커크는 자르갈사이한과 알탄게렐이 살던 지역을 다시 방문했다. 자르갈사이한이 살 날이 얼마 남지 않은 때였고, 이 부부가 커크에게 방문해줄 것을 요청했던 것이다. 회심하기 전 수년간 마셨던 독한 보드카는 그의 간에 큰 손상을 주었다. 커크는 무슨 일을 만나게 될지 알지 못했지만,

그가 게르에 들어서자마자 본 것은 늙은 자르갈사이한이 침상에 누워 카세트 테이프에 담긴 몽골인 목사님의 설교를 듣고 있는 광경이었다. 앓아누운 이 노인은 작은 소리로 "아멘, 아멘."을 외치고 있었다. 커크가 말씀을 나누고 기도하는 동안 자르갈사이한은 평온한 상태였다. 숨을 거두기 전 그의 가족은 자르갈사이한에게 물라(mullah; 민속 이슬람 지도자)와 라마(lama; 티베트 불교 승려) 중 누가 와서 장례를 치르면 좋겠는지 물었다. 자르갈사이한은 둘 다 거부했고 커크가 와서 장례를 집전해주길 원한다고 말했다. 자르갈사이한은 가족 모두에게 예수님을 믿으라고 했다.

커크와 몽골 교회의 장로님께서 장례식을 인도했다. 아마도 현대에 들어서는 이 지역 최초의 기독교식 장례였을 것이다.* 매장 중에 아들들이 갑자기 자신의 딜(deel; 몽골 전통 의복)의 장식 부분에서 주섬주섬 보리 낱알을 꺼냈다. 그들은 집에서 만든 천으로 감싼 시신 위에 낱알을 뿌렸다. 엄숙한 순간이었기 때문에 커크는 그들이 하는 일을 막거나 그 행동의 의미를 물으려 하지 않았다. 하지만 그가 기도할 때 주님께서는 그를 도우사 요한복음 12장 24절 구절을 말하게 하셨다. "내가 진실로 진실로 너희에게 이르노니 한 알의 밀이 땅에 떨어져 죽지 아니하면 한 알 그대로 있고 죽으면 많은 열매를 맺느니라." 그의 아들들은 모두 그리스도의 "밀알"이 되었다. 그중 한 명의 이름이 저리그였다. 저리그는 나중에 다른 가족들과 가축을 모두 데리고 40일을 이동해서 동쪽으로 수백 마일 떨어진 지역으로 이주했다. 그는 커크에게 방문해줄 것을 요청했다. 저리그가 고향에서 그렇게나 멀리 이주했다는 것에 놀란

* 몽골에서 몇몇 고대 시리아 기독교인들과 네스토리우스 교파의 무덤이 발견되었다.

커크는 "왜 이주했어요?"라고 물었다. 저리그가 대답하기를 "당신에게서 배운 것이죠."라고 했다. 커크는 놀라서 어안이 벙벙했다. 자신은 그들에게 한번도 이주를 권한 적이 없는데 말이다. 사실 그는 그들이 그 지역에 남아 있기를 바랐다. 거기에 있는 그리스도인이 몇 안 되었기 때문이다.

"보세요." 저리그가 설명했다. "당신은 우리에게 두려워하지 말라고 가르치셨어요. 예수님으로 인해 우리는 그 어느 것도 두려워할 필요가 없는 것이죠!" 산을 넘고 강을 건너는 것에 대한 오래된 두려움을 떨치고 그 지역의 혼령을 화나게 하는 것도 불사하면서, 저리그와 그의 가족들은 새로운 지역으로 이주하기로 결심한 것이었다. 풀이 더 많고, 날씨가 더 좋으며, 양털과 캐시미어, 우유와 고기를 팔 수 있는 시장이 더 가까운 지역으로 말이다.

정말 좋은 소식이군요!

어떤 이들은 희미한 빛 속에서 살아가기 때문에 빛이 되신 그리스도를 증거할 누군가가 필요하다. 콧수염 난 터키 사람처럼 생긴 목동 바타르는 이렇게 한탄했다. "나는 늙었어. 이제 몇 년 남지 않았다고." 커크와 에스더, 그리고 그리스도를 믿는 일단의 몽골인 신자들과 대화를 나누던 중 바타르는 한숨을 쉬며 말했다. 자신이 물라(mullah)에게 큰돈을 지불해야 하는데 이는 산꼭대기에서 있을 연례 행사에 쓸 희생양 값이며, 그래야 자신의 가족이 "꺼지지 않는 불" 속에 들어가지 않는다고 했다.

에스더가 물었다. "꺼지지 않는 불이 있다는 걸 어떻게 아세요?" 바타르가 대답했다. "나는 모르죠. 물라가 말한 거예요." 에스더는 몽골어 성경을 꺼내서 요한계시록을 펼쳐서 꺼지지 않는 불이 거기에 있다는 것을 보여주었다.

바타르는 외쳤다. "맞아요, 이게 그거예요!" 그는 성경책에 경탄을 감추지 못했다. 그가 한 번도 보지 못한 책이었다. 그녀는 예수님께서 어떻게 하나님의 어린양으로 오셨는지, 세상의 죄를 짊어지시고 우리 죄를 위해 어떻게 희생하셨는지를 설명했다. 그런 다음 그녀는 히브리서를 펼쳐서 예수님께서 어떻게 마지막 희생 제사가 되셨는지 보여주었다.

"정말 좋은 소식이군요! 정말 좋은 소식이에요!" 바타르는 거의 뛸 듯이 기뻐했다. "왜 나는 이 소식을 들어보지 못했을까요? 왜 아무도 나에게 얘기해 주지 않은 거죠?" 바타르와 그의 아내 사란게렐은 곧 예수님을 영접하는 기도를 드렸다. 그들의 얼굴을 기쁨으로 빛났고 선교사들 또한 아주 기뻤다.

빛의 인도하심을 따라

또 한 명의 유목민 미쉬그는 모두가 염소 젖으로 만든 밀크티와 구운 보리 가루를 먹고 있다가 그리스도인 무리가 설명해주는 복음을 듣고 그리스도를 받아들였다. 미쉬그는 기쁨으로 처음 보는 성경책을 받아 들었다. 그 무리는 다음 날 다른 지역으로 떠나야 했다. 그들은 성경이 무엇에 관한 것인지, 구약과 신약의 차이는 무엇인지 설명해주었다.(돌아왔을 때 미쉬그가 구약 시대의 방식으로 동물 희생 제사를 지내고 있는 것을 본다면 정말 끔찍한 일일 것이기 때문이었다.) 하지만 그들은 "교회에 가세요."라고 말할 수는 없었다. 그곳에는 교회가 없었기 때문이었다. 그들은 새롭게 그리스도인이 된 사람들에게 마태복음부터 시작해서 매일 성경 한 장씩을 읽으라고 말했다.

2주 후 그들은 미쉬그와 다른 새 신자들을 다시 보려고 왔다. 미쉬그는 씩 웃으며 말했다. "내가 매일 외는 기도문이 있어요."

"정말요? 어떤 기도를 하시나요?"

그는 마태복음 6장을 펼쳤다. "여기 예수님께서 말씀하신 기도 방법이죠. '하늘에 계신 우리 아버지….'" 미쉬그는 이미 주기도문을 모두 외우고 있었다! 그 성경책에는 표제어도 각주도 없었다. 이것이 특별하고 유명한 기도라는 것을 알려주는 표식이 아무것도 없었던 것이다. 이 새 신도가 성경을 이해하고 따를 수 있도록 빛으로 오신 예수께서 가르치신 것이 분명했다.

빛의 흔적

그리스도의 빛에 즉각적으로 반응하는 이도 있지만 느리게 반응하는 이도 있다. 예상하지 못한 곳에서 흐릿하게 깜빡이는 빛을 발견하는 이들도 있다.

몽골 학생 투야는 옛 소련의 직업 학교에서 재봉사가 되기 위해 공부하고 있었다. 소련이 붕괴되고 나자 투야가 공부하고 있던 시베리아의 도시에는 곧 식료품이 부족하게 되었다. 그녀와 다른 학생들은 먹을 것이 거의 없었고 배고픔에 시달렸다. 같이 공부하는 학생 중에 러시아인인 친구가 그녀를 러시아 정교회로 초대했다. 투야는 배도 영혼도 텅 빈 상태였는데 그곳에서 느낀 영원한 아름다움에 매료되어버렸다. "이 얼마나 아름다운 하나님이신가." 그녀는 생각했다. 그녀는 이 하나님에 대해 더 잘 알고 싶어졌지만 어떻게 믿어야 할지는 알지 못했다.

나중에 투야는 몽골로 돌아왔다. 한 친구가 동네 영화관에서 영화를 보자고 했다. 그녀는 「예수」라는 제목의 흥미로운 영화를 한 편 봤는데 완전히 몰두하게 되었다. 영화 「예수」가 끝날 때쯤 그녀의 마음에 갑작스런 깨달음이 있었다. 이분은 자신이 러시아에서 알고 싶어 했던 그분과 같은 하나님이라는 것이었다. 그리고 이제 이 하나님을 믿는 방법을 알게 된 것이었다.

투야는 그리스도에게 의지했다. 그녀는 보요와 결혼했고, 그와 함께 "초원의 영혼(Soul of the Steppe)"* 사역을 이끌고 있다. 이들은 노숙자들이 살 곳을 얻고 건설적인 기술을 배울 수 있도록 하고 있다. 또한 이들은 노숙자들이 그리스도의 빛과 온기로 돌아서게 되면서 알코올 중독에서 벗어나 자유하는 것을 목도하고 있다.

* "Soul of the Steppe"은 많은 파트너들과 함께 일하고 있다. 국제 JCS(JCS International), OMF를 비롯한 기관 내 컨소시엄, 인터서브(Interserve), 메노나이트 선교 네트워크(Mennonite Mission Network), SIM과 YWAM 등이 있다.

다른 종류의 기쁨

몽골에서는 보드카 때문에 많은 남녀가 젊은 나이에 죽음을 맞는다. 에르덴은 알코올 중독의 사악한 광기에 빠져 허우적거리던 사람들 중 하나였다. 오랜 시간 괴로움을 겪은 아내와 그를 알고 있던 다른 이들은 그를 "영원한 알코올 중독자"라고 불렀다. 그에게는 기독교인이 된 친구가 하나 있었는데 그를 몽골인 교회의 모임에 참석하도록 초대했다. 국제 JCS의 프로젝트인 "회복을 기뻐하라(Celebrate Recovery)"*는 JCS와 YWAM의 회원이었던 한국인 여성이 시작했다. 에르덴이 모임에서 본 것은 그 사람들이 가진 특별한 종류의

* "Celebrate Recovery"는 미국 새들백 교회(Saddleback Church)에서 시작되었다. 몽골의 "Celebrate Recovery"는 국제 JCS가 시작한 "알코올 남용 줄이기 프로젝트(Alcohol Abuse Reduction Project (AARP))"에서 발전한 것이다. AARP를 최초로 운영한 사람은 JCS/OMF 회원이었던 빌 펀휴였다. 오늘날 "Celebrate Recovery"는 내국인 감독과 내국인 위원회를 갖추고 몽골인들이 운영하는 조직이다.

기쁨이었다. 보드카가 주는 기쁨이 아니라 성령님이 주시는 기쁨이었던 것이다. 회원들이 자신의 문제에 대해 터놓고 이야기할 수 있는 따뜻한 교제의 시간도 있었다. 많은 다른 이들처럼 그 또한 알코올에 마비된 상태에서 벗어나 그리스도가 주시는 용서와 평안의 상태를 경험했다. 현재 에르덴은 목회자로서 교회를 섬기고 있다. 그는 간증하기를 사랑하고 복음을 전하기 위해 노력하고 유목민들을 찾아 제자로 삼고 있다.

십자가를 통해 주시는 희망

에르덴처럼 볼로르 또한 성도 간의 따뜻한 교제를 필요로 하는 사람이었다. 볼로르는 한 시골 마을의 중학교 영어 교사였다. 그녀는 자신의 일을 사랑했고, 커크가 운영하는 영어 세미나와 교육 방법론 세미나에 참석하면서 영어 실력 또한 향상되었다. 그녀는 나중에 몽골의 수도 울란바토르(Ulan Bator; 울란바타르(Ulaanbaatar)라고도 한다.)로 이주했다. 그녀는 자신의 직업에 대해 밝은 전망을 가지고 있었지만 그녀가 다니는 학교에서는 돈을 받지 않고 강의해주는 외국인 영어 교사를 채용해버렸던 것이다. 볼로르는 일자리를 잃었고, 다른 많은 사람들이 그렇듯 그녀의 남편 도르지도 실업 상태였다. 이 젊은 부부는 일을 찾아 울란바토르로 이사를 갔다. 볼로르는 자신의 영어 선생님이었던 분과 그의 아내분이 울란바토르에 계시다는 걸 기억하고, 그들을 찾아갔다. 커크와 에스더는 그녀를 따뜻하게 맞아주었다. 볼로르는 커피 테이블 위에 있는 아이가 낙서처럼 그려놓은 그림 한 조각을 보았다. 한 남자와 서로 교차하는 선들이 있는 그림이었다.

"이 기호는 무엇인가요? 전에 본 적이 있어요."

"그건 십자가야."

"십자가가 뭐예요?" 그녀는 물었다. 에스더는 십자가에 대해 설명해주었다. 대화 중에 볼로르는 자신의 삶에 있는 문제들을 드러내서 이야기했다. 유산의 아픔과 사산된 아기를 낳은 아픔을 포함해서 말이다. "나는 우리 아기들이 어디 있는지 몰라요." 볼로르는 한숨을 쉬었다. 그날 볼로르는 그리스도를 영접했고, 아기들을 다시 볼 수 있을 거라는 희망을 품었다. 그날은 성금요일(Good Friday)이었다.(이날 이후로 성금요일이 되면 언제나 볼로르는 에스더에게 연락을 해서 자신을 그리스도에게도 이끌어준 것에 감사했다.)

볼로르의 남편도 이제 신앙을 고백하고 신자가 되었고, 그 둘은 아기를 가졌다. 두 달 후, 아기는 유산되었다. 티베트 불교의 전통대로 친척들은 아기를 "하늘에 묻기"*를 원했다. 하지만 젊은 부부는 이를 거절했고,(그들이 다니는 교회는 아직 장례를 치른 적이 없었지만) 기독교식 매장을 원했다. 친척들은 매우 화를 냈고, 부부가 예수를 믿어서 아기가 죽었다는 비난도 서슴지 않았다.

몽골인 교회와 다른 OMF 회원 부부가 장례식을 집전했고 슬픔에 빠진 부부에게 사랑을 부어주었다. 하지만 친척들은 참석하기를 거부했다. 볼로르의 어머니는 다른 가족들이 사랑을 보여주지 않는 모습에 놀랐으며, 몽골인 신도들과 외국인들이 보여주는 사랑과 돌봄에 감명을 받았다. 그녀는 교회에 가기 시작했고 예수를 믿게 되었으며 나중에는 많은 다른 이들을 그리스도에게로 인도했다. 한번은 볼로르의 어머니께서 물으셨다. "왜 이제야 외국인들이 와서 예수님에 대해 이야기해주는 거야? 좀 더 일찍 왔으면 좋았을 텐데."

* 시신을 개방된 곳에 놓아두는 것이다. 특히 높은 곳에 두었는데, 새나 늑대가 시신을 먹어서 더 빨리 더 나은 존재로 환생하기를 바라는 의식이다.

빛의 길

몽골에 복음을 전한 이들은 최근 몇십 년간 기적적인 교회 성장을 목격했다. 1990년 이 나라의 기독교인의 수는 열 명이 채 되지 않았지만 오늘날에는 50,000명을 넘는다. 하나님의 빛이 지속적으로 몽골을 비추시고 있다.

15. 비극에서 믿음으로

2004년 12월 26일은 많은 동남아시아인들의 기억에 영원히 남을 날이다. 해저에서 대규모 지진이 일어나 끔찍한 쓰나미로 이어졌고 수많은 나라에 영향을 미쳤으며, 엄청나게 많은 사람이 죽고 집과 살림살이가 떠내려갔다. OMF 활동가들은 여러 나라에서 장기간에 걸쳐 즉각적인 재앙의 여파를 비롯해 공동체를 재건하는 데 도움을 줄 수 있었다. 많은 내국인 기독교인들 또한 환자와 유족, 집을 잃은 사람들을 돌보는 데 큰 역할을 했다.

오루마는 새로운 투숙객을 환영하고 체크인을 도와주며 객실을 보여주고 계속해서 쏟아지는 요구를 들어주는 일로 하루하루를 바쁘게 보냈다. 그녀는 언제나 전형적인 태국식 예절로 손님 한 명 한 명을 맞았다.

오루마는 유명한 관광 명소인 푸켓에서 북쪽으로 31마일 정도 떨어진 곳에 있는 카오락의 한 리조트에서 보조 접수원으로 일하고 있었다. 카오락 또한 유명했는데, 해마다 이맘때면 휴가를 즐기는 관광객들로 붐볐다. 수용할 수 있는 최대한의 인원이 모두 온 것이었다. 오루마는 프런트 데스크 앞에 있는 커다란 창을 통해 사람들로 가득한 근처 해변을 내다보고 있었다. 어떤 사람들은 줄무늬가 그려진 커다란 차양 아래에서 여유 있게 책을 읽고 있었다. 따스하고 푸른 바다에서 수영을 하는 이들도 있었다. 분주하게 자외선 차단제를 바르는 사람이나 벌써 빨갛게 익은 사람들도 있었다. 아이들은 해변을 가로질러 서로를 쫓아다니며 달리기를 했고, 공놀이나 모래놀이를 하는 아이들도 있었다. 아이들이 신나서 지르는 소리와 웃음소리가 오루마가 앉아 있는 로비까지 들려왔다.

오루마는 잠시 컴퓨터 화면에 집중하면서 다음 날 체크아웃 할 사람들을 확인했다. 그들의 계좌를 준비해두어야 한다. 그런데 곧 그녀는 뭔가 다른 걸 느꼈다. 고개를 들어 창을 내다보았을 때, 그녀는 몇몇 아이들이 놀이를 멈추고 그 자리에 그대로 서서 바다 쪽을 바라보고 있는 것을 발견했다. 아이들뿐만이 아니었다. 그녀는 곧, 모두가 하던 일을 멈추고 바다 쪽을 이상한 듯이 바라보고 있다는 것을 알게 되었다. 물속에서 상어나 노랑가오리라도 나타난 건가? 그녀는 궁금해졌다.

파도

그녀는 좀 더 자세히 보려고 밖에 살짝 나가보았다. 그때, 그녀는 알았다. 해변에는 아무도 없었다. 물이 바다 쪽으로 끌려 들어가고 있었다. 누군가 목욕 후 욕조의 물마개를 뽑아버린 것 같았다. 조류는 바다 쪽으로 점점 더 멀리 후퇴하고 있었고, 모래 위에는 보트 몇 척이 나뒹굴고 있었다. 몇 분 전만 해도 바다에 떠 있던 배들이었다. 기분 나쁜 정적이 공기를 채웠고, 마치 온 세상이 갑자기 멈춘 것 같았다.

잠시 후 바람의 방향이 바뀌었고 해안가에 강한 돌풍이 불어닥쳤다. 나무가 격하게 흔들렸고 새들은 놀라서 크게 울었다. 오루마는 희미한 선 한 가닥이 수평선을 가로지르는 것을 발견했다. 높이 솟은 물 벽이 해안을 향해 빠르게 다가오고 있었다.

날카로운 공포가 오루마를 내리쳤다. 그녀가 예전에 본 그 어떤 것보다도 거대한 해일이 그들을 향해 덮쳐오고 있었다. 이를 깨닫자마자 그녀는 주변에 있는 모든 사람들이 공황 상태에서 내지르는 비명 소리를 들었다. 그들은 아이들을 끌어안고 소지품을 챙겨서 최대한 빨리 해변에서 벗어나기 위해 달렸다. 관광객들과 리조트 직원들은 더 이상 의구심이나 난감함 같은 감정을 가지고 상황을 바라보고 있을 수가 없었다. 살려면 달려야 했다. 오루마도 더 높은 지대로 달려가야 한다는 걸 알았다. 그녀는 달리면서 극렬한 우레와 같은 굉음이 가까워지는 것을 느꼈다. 그녀는 감히 돌아보지 못했지만 해일이 땅을 삼키고 있다는 것을 알 수 있었다. 폐가 얼얼하게 아프고 가슴이 답답했다. 그녀는 그 어느 때보다 더 급하게 달렸다.

우레와 같은 굉음은 점점 더 빨라졌다. 거대한 물 벽은 주변 건물을 모두 붕괴시켰고 물 벽이 지나간 자리에는 모든 것이 파괴되었다. 나무들은 순식간에 쓰러졌다. 차양과 의자, 테이블과 청소 카트는 모조리 물에 휩쓸려 사라졌다. 오루마는 더 멀리 달릴 수도 더 크게 소리칠 수도 있었지만 그 전에 파도가 그녀를 휩쓸어서 강력한 조류 속으로 밀어넣었다. 그녀는 갈색 거품이 나는 물속에서 팽이처럼 격렬하게 회전했다. 머리에서 발끝까지 뒤집히고 또 뒤집히면서 알 수 없는 딱딱한 물체들에 계속해서 부딪혔다.

예수께서 그녀를 구원할 것인가?

물속에서 영원과 같은 시간이 흐르고 마침내 오루마는 겨우 수면 위로 나올 수 있었다. 그녀는 크게 숨을 들이마셨다. 강력한 파도가 그녀를 이리저리 치는 동안 기침을 하여 물을 토해내고 컥컥 막히는 숨을 몰아쉬면서 물에 뜬 나뭇조각을 하나 붙잡았다. 거기에 기대 몸을 지탱할 요량이었다. 그런데 잠시 후 물이 세게 밀려와서 그녀는 나뭇조각을 놓쳐버렸다. 다시 한 번, 거품이 이는 더러운 물은 그녀를 아래로 끌어당겼다. "이제 죽는구나." 오루마는 혼잣말을 했다. 그러자 마음속에 한 가지 이미지가 떠올랐다.

며칠 전 그녀는 책에서 뭔가를 읽었는데 TV 광고로도 봤던 물건이었다. 그건 무료였는데, 왜 주문하지 않았지? 그 책은 하나님이라는 분과 그의 아들 예수님에 관한 이야기였고, 기독교 신앙에 대한 모든 것을 설명해준다고 했다. 그녀는 특별히 한 페이지가 기억이 났는데, 예수님이 십자가에서 희생하신 것은 그를 믿는 모든 자가 구원을 받는 것을 의미한다고 했다. 구원이라, 이 예수라는 분은 지금도 그녀를 구원하실까?

강한 조류가 그녀를 점점 더 아래로 끌어당겼다. 그녀는 속수무책으로 빙글빙글 돌았고, 갖가지 종류의 떠다니는 잔해물에 부딪혀서 통증을 느꼈다. 처절한 절망 속에서 의식을 잃어가던 그녀는 이렇게 기도했다. "하나님, 거기 계시다면 제발 저를 이 죽음의 물속에서 구해주세요. 제발이요, 하나님, 구해주세요!" 기도하는 몇 초가 흐른 후, 조류는 그녀를 지표면으로 밀어 올렸고, 그녀는 나무에 매달린 밧줄을 잡을 수 있었다. 다시 한 번 그녀는 공기를 들이마시고 기침을 해서 물을 토해내며 숨을 몰아쉬었다. 하지만 밧줄은 꽉 잡고 있었다. 그녀의 가슴은 쿵쾅거렸고 얼굴에서는 끈적한 피가 흘러내렸다. 삭신이 쑤시고 지칠 대로 지친 그녀는 딱 한 가지만 생각할 수 있을 뿐이었다. "하나님은 분명히 계셔. 그분이 나를 구해주셨어!"

소식이 퍼져나가다

같은 날 한 시간 전 마띠아 홀리가우스는 아내 라파엘라와 어린 두 아들을 데리고 즐겁게 크리스마스 노래를 부르고 있었다. 그들은 태국 방콕에 있는 교회에 있었다. 그들은 작은 집회를 열었고 구세주로 오신 구주 예수님의 탄생을 기뻐하고 있었다.

마띠아와 라파엘라는 독일 사람들인데 6년째 OMF와 함께 태국에서 섬기고 있었다. 태국어에 능통한 그들은 반 녹 카민이라는 사역을 섬기고 있었다. 반 녹 카민은 OMF 동료가 세운 사역으로, 고아들과 거리에서 지냈던 아이들을 돌보고 있었다. 게다가 마띠아와 라파엘라는 자신들의 집을 개방하여 문제가 있거나 집이 없는 청소년들에게 제공했다.

"우리는 이 사역이 매우 보람 있다는 것을 알게 되었어요." 마띠아가 말했다. "때로는 꽤 힘들 때도 있지만 우리에게는 아주 의미 있는 시간이었죠. 우리는 젊은이들을 돌아볼 수 있었어요. 그들은 과거에 아주 깊은 상처를 입었거나 사랑을 거의 경험해보지 못한 이들이었죠. 그들과 함께 시간을 보내고 다만 예수님의 이름으로 그들을 사랑하는 것은 놀라운 일이었어요."

12월 26일(주일) 예배가 끝나갈 때쯤 태국인 교인이 갑자기 앞으로 뛰어나갔다. "그녀는 반 녹 카민의 직원 중 한 명이었어요." 마띠아는 이렇게 기억한다. "그녀의 얼굴을 창백했고 충격을 받은 것 같았죠. 그녀는 더듬거리며 말했어요. '거대한 파도가 피피 섬을 덮쳤어요.'라고. 우리는 충격에 휩싸여서 집으로 달려가 TV를 켰어요. 인도양 해저에 리히터 규모 9.1의 거대한 지진이 일어나 엄청난 쓰나미가 발생했다는 걸 알게 되었어요. 수천 명의 관광객들과 지역 주민들이 죽거나 다쳤죠."

이후 추산치에 따르면 14개국에서 온 230,000명의 사람들이 목숨을 잃었다. 하지만 당시로서는 재앙의 규모를 측정할 수 없었다. 소식이 조금씩 흘러나오기 시작하자 마띠아는 자신이 도움을 줄 수 있을지 생각해보았다. "최소한 내가 통역을 도울 수 있지 않을까 생각했어요." 그는 말했다. "우리는 외국인으로서 재앙에 대처하는 것이 얼마나 어려운지 알고 있었어요. 언어의 장벽이 크죠. 나는 태국어와 독일어, 영어를 할 수 있었고, 많은 관광객과 태국인들 사이의 가교 역할을 할 수 있겠다 생각했죠. 그리스도인으로서 우리는 어떻게든 돕고 싶었습니다."

필요한 긴급 지원

처음에 마띠아는 방콕에 있는 한 대학의 운동장으로 갔다. 대학은 쓰나미에 휩쓸린 지역에서 탈출한 사람들의 임시 거처로 쓰이고 있었다. 그들은 집으로 돌아갈 수 있기를 기다리고 있었다. 마띠아는 충격을 받은 사람들과 상처를 입은 사람들을 도울 수 있었다. 점점 더 많은 조력자들이 속속 도착했고, 그는 태국 남부의 쓰나미가 휩쓸고 간 지역 중 하나인 이곳에서 자신이 아주 유용하게 사용될 수 있으리라는 생각이 들었다.

몇 시간 후 마띠아는 구급 임무를 위해 동원되어 푸켓으로 떠나는 태국 공군의 비행기를 얻어 탈 수 있었다. 담이 그와 동행했는데, 그는 당시 홀리가우스 가족과 함께 살고 있던 태국 청소년 중 하나였다. 그들이 맞닥뜨린 장면은 끔찍했고 극도로 혼란스러웠다. 수백 명의 사람들이 극단적인 공포 상태에서 초조해하고 있었다. 실종된 친지를 찾으려 하는 이도 있었고 단순히 그곳을 벗어나려고 하는 이들도 있었다. 심한 상처를 입은 사람들도 많았다.

공부하고 있는 담

공항 격납고 중의 하나가 의료 센터로 사용되고 있었지만 그 또한 피로 범벅이 되어 고통 속에 울부짖는 사람들로 넘쳐나고 있었다. 그곳의 사태도 매우 위급했지만 공항의 관리는 마띠아에게 아마도 카오락

지역의 상황이 가장 심각한데도 많은 도움을 받지 못한 이유가 관광객들이 그렇게 많지 않아서라고 했다. 너무나 많은 지역에서 도움의 손길을 필요로 했기 때문에 한 곳에 집중하기가 어렵다는 것이었다. 쓰나미가 몰아친 지 겨우 이틀째 되는 날이었다.

마띠아와 담은 마침내 카오락으로 데려다줄 차량을 구했다. 푸켓을 지나 두 시간쯤 더 가야 하는 거리였다. 그곳으로 가는 동안 그들은 쓰나미가 몰고 온 총체적인 파국의 상황을 두 눈으로 직접 보았다. "도로 한가운데에는 버스가 뒤집혀져 있고, 잔해가 여기저기 널려 있었어요. 우리는 해안가에서 1km 이상 떨어진 곳에 있었지만 휩쓸려온 보트들을 볼 수 있었고 커다란 배가 언덕 위에 통째로 올라앉아 있었어요." 마띠아는 이렇게 회상했다. "집, 나무, 큰 건물 할 것 없이 모든 것이 파괴되었어요. 그날 밤 트럭 뒤에 타고 있을 때는 정말 추웠지만 맹그로브 늪지에서 시체 썩는 냄새가 모든 것을 압도해버렸어요. 낮 동안 이글거리는 태양 아래에서 이틀이 지난 결과였죠."

어떤 이가 마띠아와 담을 카오락의 불교 사원으로 데리고 갔다. 그곳은 그 지역의 구조 작업을 준비하는 공간으로 사용되고 있었다. 사원은 또한 복구된 시신들을 모아두는 장소로도 사용되었다. 1,000구가 넘는 분해된 시신들이 그곳에 누워 있었다. 아직은 시신을 담을 자루도 하나 없었다. "믿기지 않을 만큼 끔찍했어요." 마띠아는 말했다.

다른 이들과 마찬가지로 마띠아와 담 또한 사원 말고는 묵을 곳이 없었다. 다른 곳은 모두 냄새나는 진흙과 잔해물로 뒤덮여 있었다. 그날 밤 누웠지만 잠을 이루지 못한 마띠아는 어떻게든 자신이 이 어둠과 절망 속에 하나님의 빛을 조금이라도 비출 수 있기를 기도했다. 이틀 동안 마띠아와 담은 할 수 있는 모든 것을 다 했다. 시신의 신원을 확인하고, 사랑하는 사람을 잃은 친지들이 필사적으로 찾아다니는 것을 도왔으며, 통역 활동을 통해 더 많은 사람을 도왔다. 얼마 안 있어 그들은 방콕으로 돌아와야 했다.

하지만 마띠아에게 이것은 카오락을 목적지로 한 반복되는 여행의 시작이었다. 그는 그 한 해에 열여섯 번에 걸쳐 카오락을 오갔다. 살아남은 관광객들이 모두 떠난 한참 후에도 생존한 지역민들의 상태는 여전히 심각했다. 마띠아는 그들과 유대감을 형성해가며 음식과 물, 옷가지를 분배하는 과정을 도왔다. 얼마 후 태국 정부는 임시 거처를 세웠지만 대부분의 사람들은 심하게 정신적 외상을 입은 나머지 절망 속에 앉아 있는 것 말고는 할 수 있는 것이 없었다.

곧 전 세계에서 온 구조 단체가 재건을 도울 자원과 기술을 가지고 도착했다. 마띠아는 태국어도 구사할 수 있었고 그들과 유대 관계를 맺은 사이였기에 더욱 잘 도울 수 있었다. 많은 사람들이 얻은 정신적인 외상은 여전히 쓰라렸고, 그건 지금도 그렇다. 삶과 공동체를 재건하는 데는 수 년이 걸리는 법이므로.

하나님께서 당신의 백성을 구하시다

여러 번 카오락으로 가던 중 마띠아가 오루마를 만나 그녀의 이야기를 듣게 된 기회가 있었다. 그곳을 방문한 동안 작은 호텔에 묵었는데, 그곳에서 일하고 있는 오루마를 만난 것이었다. 대화를 나누던 중 마띠아는 오루마가 자신이 살아남을 수 있었던 것은 하나님 덕분이라고 생각한다는 것을 알고 깜짝 놀랐다. "그녀가 재앙을 견뎌낼 수 있도록 하나님께서 미리 준비하신 것을 들으니 정말 놀라웠죠." 그는 이렇게 말했다. "그녀는 단지 쓰나미 1주일 전에 예수님과 기독교에 관한 책을 읽었어요. 자신에게 온 그 책을 그녀는 주의 깊게 읽었고 이해하려고 노력했다고 하는군요."

그녀는 정기적으로 절에 다녔지만 항상 뭔가 공허하고 채워지지 않는 느낌이 남아 있었다고 말했다. 공덕을 쌓고 신들과 영들에게 제물을 바치러 그곳에 갔지만 결코 평안을 누리지는 못했다는 것이다. TV 광고를 보았을 때 그녀는 기독교 신앙에 대해 듣고 싶어졌다고 했다. 기독교는 자신의 뿌리 깊은 필요와 질문에 답을 해줄 수 있을 것인가?

그녀는 그 번호로 전화를 걸어 책을 보내달라고 했고, 책이 도착하자 아주 열심히 읽었다. 기독교에 대해 들어본 건 이번이 처음이지만 그녀는 아마도 이것이 바로 자신이 찾아 헤매던 것이며 자신이 절에 다니면서도 뭔가 채워지지 않았던 바로 그것이라는 생각을 했다고 한다. 그녀는 자신에게 특히 감명을 준 구절에는 형광펜으로 표시하기도 했다. 그녀가 흉폭한 물속에서 고군분투하고 있을 때 그녀의 마음에 떠오른 것이 바로 그 구절이었다.

OMF는 정화와 재건 작업을 돕기 위해 여러 다른 기독교 단체들과 함께 태국 남부에 왔다. 기독교인들은 지역 주민들을 도왔고 그들과 함께하는 시간을

보냈다. 그중에는 신앙을 가지
고 새로운 교회를 시작하는 사
람들도 생겼다. 마띠아는 오루
마를 그녀의 집 근처에서 모이
는 이 새로운 신도들의 무리와
연결해주었다.

새 보트에서 마띠아와 한 어부

쓰나미가 있기 전 카오락 주
변 지역은 태국에서 가장 인적이 드문 곳 중 하나였고, 기독교인들에게 거의
알려지지 않은 곳이었다. 다른 이들이 이 지역을 떠난 뒤에도 오랫동안 그리
스도인들은 긍휼한 마음으로 지속적인 도움을 주었고, 사람들은 마을이 재건
되고 어부들이 새 보트를 갖게 되는 것을 보았다.

이러한 노력은 기독교의 위상을 완전히 바꾸어놓았고 이 지역은 복음에 대
해 활짝 열렸다. "우리를 도와준 사람들은 기독교인들이었어요." 사람들은 말
한다. 그곳에서 주 예수를 믿게 된 사람들이 수백 명에 달하는 것으로 보고되
었다. 영적인 어둠을 깨치시고, 그리고 쓰나미의 아픈 상처 속에서도, 은혜의
하나님께서는 빛의 기적을 가져다주셨다.

16. 실사구시

> 최근 들어 점점 더 많은 수의 중국 지식인들이 그리스도 안에서 목적과 의미를
> 찾고 있다. 그들은 오랫동안 이 목적과 의미를 다른 원천에서 찾아 헤매었는데,
> 모두 헛수고였다.

중국의 한 명문대의 입구에는 거대한 바위 하나가 떡하니 놓여 있는데, 거기
에는 한문으로 된 표어가 주홍색 글씨로 새겨져 있다. "實事求是(실사구시: 사실
에 토대를 두고 진리를 탐구하다.)" 이 경구는 많은 중국인 무신론자와 중국 지식인
들의 세계관을 선명하게 반영하고 있다. 아래는 칼(가명)이라는 남자의 이야기
인데, 그가 직접 해준 이야기이다.

"나는 예수님을 따르기로 결심했어요. 우리 주님께서 인도하시는 대로
따르려고 했죠. 개종하기 전 저의 옛 모습과 비교해보면 얼마나 놀라운
일인지 몰라요. 이건 정말이지 기적과 같습니다. 나는 행복하고 감사한
마음으로 나의 경험을 돌아봅니다. 내 마음과 영에 불어닥친 변화를 여
러분과 함께 나누고 싶어요.

나는 1970년대에 성장했어요. 당시는 중국이 아직 세계로부터 고립
되어 있을 때였고, 우리는 공산주의 이념과 혁명적 영웅주의를 받아들
였어요. 학교에서 나는 항상 우수한 학생이었어요. 그 결과 나는 학교
를 대표하여 사회 활동에 참여할 기회가 많았어요. 이런 일은 내가 특별
한 책임감을 기르는 데 도움이 되었습니다. 내가 성장한 시기는 중국 대
격변의 시기였는데, 중국 사회는 변했고 바깥 세계에 문을 열게 되었어
요. 1980년대에 대학에 입학한 후 나는 서구에서 밀려오는 다양한 새로

운 생각들을 접할 수밖에 없었어요. 이전의 이상주의는 그 빛을 잃었고 우리는 현실을 깨닫기 시작했죠. 나는 개인적으로 특별한 종류의 이념적 위기를 겪었어요. 혼란의 시기가 지난 후 나는 점점 더 현실주의자가 되었죠.

대학을 졸업한 뒤 나는 직업의 세계로 진입했고 영적인 삶은 중요하지 않았어요. 이전의 이상주의에서는 깨어났지만 나는 여전히 그 느낌이 완전히 사라지는 걸 원하지 않았어요. 집과 차를 소유하고 나자 더 많은 것을 열망하게 된 거죠. 나는 나 자신이 물질적인 욕망의 도가니로 빠지고 있다는 것을 알아차렸어요. 나는 종종 성공과 실패가 무엇을 줄 수 있을지 불안해했습니다. 고생하는 건 지긋지긋했거든요. 나의 부는 급상승하고 있었지만 나의 영은 끝없이 가라앉고 있었습니다. 나는 외로움과 공허함, 무력함과 같은 느낌을 지울 수가 없었습니다. 친구들과 친척들도 도와주지 못했습니다. 유명 인사들의 전기를 읽는 것도 아무 소용이 없었고요. 때로 나는 황야에서 길을 잃고 떠도는 방랑자처럼 느껴졌어요. 나는 과연 그저 이렇게 나의 삶이 끝나는 것일지 알고 싶었습니다.

나는 몇 번 교회에 가보려고 했지만 설교의 주제가 나와는 별 관련이 없어 보였고 얘기할 사람도 아무도 없었어요. 전에는 성경 이야기를 좀 읽어보기도 했는데 그저 문학 작품으로 대했을 뿐이죠. 외로움의 한가운데서 나의 영혼은 계속해서 방황했어요.

우리 처형의 가족은 미국에 살고 있었어요. 그들은 수 년 전 기독교인이 되었는데 우리에게 성경책을 주었죠. 하지만 한 번도 열어보지 않았고 수년간 책장에 처박아두었어요. 언젠가 미국 출장을 가서 그들을 방문한 적이 있어요. 때마침 부활절이었고 그들은 나를 교회에 데리고 갔죠. 우리는 함께 예배 드리고 찬양하고 이야기도 나누었어요. 나는 그 분위기에 깊은 인상을 받았어요. 하나의 커다란 가족 같았죠. 우리 처형과 형님은 독실한 기독교인이세요. 그들은 낙관적이고 열정적이며 다른 이들을 돕는 걸 기뻐하죠. 그들의 세계는 나에게 매력적이었지만 나에게 속한 것은 아니었어요. 나는 그저 관찰자로서 즐겁게 바라보았을 뿐입니다. 3년 전 아내는 아들을 데리고 미국에 가서 친척들을 방문했어요.

1년 후 그들은 기독교인이 되어 돌아왔어요. 그들의 품성이 변화된 것이 확연히 보였어요. 우리 아내는 부드러워졌고 우리 아들은 감수성이 깊어졌죠. 그들이 변화한 것을 보자 내 마음도 움직였어요.

우리 아내는 아들이 유창한 영어 실력을 계속 유지했으면 하고 바랐고, 그래서 주일마다 영어 수업에 데려갔어요. 어느 날 그녀가 전화를 해서는 같은 장소에서 무료 성경 공부 수업이 열리는데 나에게 함께하겠냐고 물었어요. 나는 가서 배워보기로 마음먹었죠.

우리에게 영어 성경 공부를 가르치는 선생님의 이름은 제니스였어요. 그때는 벌써 겨울이었고요. 나는 그녀가 추운 아침에도 굉장히 일찍 교실에 와서 교재를 미리 준비해두었던 것을 기억해요. 그녀는 신약 성경을 가르쳤어요. 나에게는 처음으로 성경을 체계적으로 배워보는 기회였죠. 제니스는 성경만 가르친 것이 아니라 다양한 질문에도 대답해줬어요. 내가 진화론에 관해서 질문했을 때 그녀는 다음 수업 시간에 그 주제에 관한 책을 가져다주었습니다. 그녀는 그런 느낌으로 성경을 가르쳤어요. 십자가 위에서의 예수님의 고난을 주제로 다룰 때 나는 그녀의 눈을 들여다보았어요. 그녀의 헌신과 결단을 읽을 수 있었죠. 나는 깊은 감동을 받았어요. 그녀는 자신의 개인적인 회심에 관한 이야기를 우리와 나누었어요. 어떻게 해서 그리스도인이 되었으며 어떻게 해서 모든 것을 버리고 중국으로 오게 되었는지에 관해서 말이죠.

거의 매 시간마다 새로 온 사람이 있었어요. 그리고 그들은 항상 똑같은 질문을 했죠. 나는 이렇게 반복되는 단순한 질문이 지겨웠지만 제니스는 언제나 참을성 있게 대답을 해주었어요. 마치 처음으로 이런 질문에 대답하는 것처럼 말이죠. 나는 그녀의 놀라운 인내심에 다시 한 번 깊은 인상을 받았어요.

제니스는 수업만 가르친 것이 아니라 마치고 우리와 함께 점심을 먹기도 했어요. 나는 내 마음속에 변화가 일어나는 것을 느낄 수 있었어요. 전에는 멀리서 동경하기만 했던 그 세계가 이제 내 것이 되고 있었어요. 몇 주 후 제니스는 나를 추수 감사절 파티에 초대했어요. 가정에서 하는 교제 모임에 처음으로 가본 기회였습니다. 모두가 친절했어요. 이 분위기는 내가 찾고 있었던, 하지만 예전에는 찾지 못했던 세계에 내가 이제 들어와 있구나 하는 느낌을 갖게 했어요. 나는 긴 여행을 마치고 집으로 돌아온 여행자 같았어요. 그날 저녁 나는 나의 경험담을 나누었는데, 한동안 너무 벅차서 말을 이을 수가 없었어요.

맞아요. 모든 성경 공부 시간마다, 모든 교제의 시간마다, 모든 예배 모임마다, 나는 점점 더 새로운 세계로 들어가고 있었어요. 하지만 나는 여전히 그리스도인이 될 준비가 되었는지 확신하지 못했어요. 어쩌면 어떤 종류의 '시험'이 필요하지 않을까 생각하기도 했죠.

2008년 크리스마스이브, 제니스는 나를 여러 친구들과 함께 한 식당의 저녁 식사 자리에 초대했어요. 우리는 매우 즐거운 대화를 나누었어요. 합창단이 아름다운 크리스마스 노래들을 부르기 시작했을 때 나는 내 마음이 무언가를 갈망하고 있다는 것을 느꼈어요. 그리고 제니스의 눈동자에서 어떤 기대감을 보았죠. 나는 그녀에게 물었어요. '내가 그리스도인이 될 준비가 되었다는 걸 어떻게 알 수 있나요?' 그녀는 내가 예수님을 구세주로 믿고 영접하기만 하면 된다고 말했어요.

제니스가 나를 결단의 기도로 인도했을 때 나는 꿈꾸는 것처럼 느껴졌어요. 누군가 내 손을 잡고 열린 문으로 들어가도록 인도하는 것 같았죠. 친구들 모두가 나를 위해 기도해주었고 나를 위한 축복의 말을 써주었어요. 나는 너무 감사했어요. 그 밤이 나에게 무슨 의미인지 완전히 이해하지 못했기 때문에 마음속에 약간의 주저함이 있긴 했지만요.

저녁을 먹고 잘 가라는 인사를 한 후 나는 택시를 타고 집에 왔어요. 도착 후 나는 차에서 내려 우리 아파트 쪽으로 걸었습니다. 시간은 한밤중이었고 공기는 차갑고 신선했어요. 고개를 들어 하늘을 바라보던 나는 곧 가던 길을 멈추었습니다. 이전에 한 번도 본 적이 없는 광경이었어요. 하늘은 짙푸른 색으로 청명하고 깊었으며, 밝은 별이 여러 개 박혀 있었어요. 그중 하나는 다이아몬드처럼 보였는데 반짝반짝 빛을 내면서 나를 바라보는 것처럼, 그리고 나에게 말을 거는 것처럼 보였어요. 그 광휘가 내 눈에 그리고 내 마음에 비추었습니다. 따스한 물결이 내 몸에 쏟아지는 것 같았죠. '하나님!' 나는 마음으로 외쳤어요. 내 마음을 둘러싸고 있던 얼음 빗장의 마지막 조각이 사라졌어요. 그 과정은 지적인 열쇠로 여는 것이 아니라 신앙으로, 그리고 신도들의 따스한 사랑으로 녹이는 것이었어요. 내 마음속에는 더 이상 불신하는 마음이 없습니다. 나는 그날 밤 진짜로 무슨 일이 일어났는지 잘 알고 있거든요. 그건 바로 내 영혼이 온전하고 경이로운 안식처를 찾은 것이었습니다. 진리를 찾는 많은 사람들처럼, 나 또한 그들처럼 증거를 찾아서 주님을 믿으려고 했었어요.

하지만 결국 내가 깨달은 것은 주님을 영접하는 것은 신앙에 근거한다는 사실입니다. 나는 예수님께서 나의 구세주 되심이 어떤 의미인지 알게 되었고, 주님의 보호하심으로 더 이상 외롭지도 공허하지도 무기력하지도 않습니다. 나는 이제 왜 우리가 낙관적이어야 하는지, 감사하며 용서해야 하는지 압니다. 우리가 곤란을 당하거나 고통이나 불운에 봉착하게 되면 주님께서 우리에게 힘과 배짱, 용기와 지혜를 주십니다. 우리가 성공을 이룰 때 주님께서는 우리에게 어떻게 하면 겸손하고 감사하며 관대하고 헌신적일 수 있는지 가르쳐주십니다.

나의 삶은 예수를 믿은 후 좋아졌습니다. 내가 하는 일과 가족, 건강에는 여전히 넘어야 할 장애물과 어려움이 있습니다. 나는 여전히 물질적인 세상에서 일하기가 바쁩니다. 하지만 나의 삶은 주님 나라의 중요한 일들로 가득 차 있습니다. 그리스도인이 된다는 것은 하나님 나라의 문을 열고 들어가는 것입니다. 그저 시작일 뿐이죠. 주님의 나라는 광대하고 심오하며 보물이 가득한 곳입니다. 나는 내가 계속해서 공부하고 내 마음을 열고 기도하며 주님께 고백해야 한다는 것을 알고 있습니다. 하나님 나라 안에서만 우리는 우리 영혼의 안식처와 우리 영의 원천, 그리고 인생의 의미를 찾을 수 있습니다."

칼은 2010년에 이 간증을 나누었다. 칼에게 있어 직업 상의 필요와 물질 세계의 영향력, 그리고 영적 삶 사이에 균형을 찾기란 쉬운 일이 아니었다. 또한 그는 공산당원이기 때문에 자신의 신앙을 공식화하거나 교회 교제 모임에 정기적으로 참석하는 것이 힘들었다. 2013년 크리스마스 때-칼이 신앙을 갖기로 결심한 지 정확히 5년째 되는 시기이다. - 제니스는 그에게서 아주 기쁜 소식을 들었다.

> "제니스, 나는 당신과 기쁜 소식을 나누고 싶어요. 나는 오늘 세례를 받았고 '진짜 그리스도인'이 되었어요. 우리는 오늘 아침 굉장한 크리스마스 예배를 드렸어요. 거의 300명 정도 참석했죠. 나는 우리 교회의 성가대에 합류했어요. 우리는 '고요한 밤 거룩한 밤'과 여러 유명한 찬양을 불렀어요. 열두 명이 세례를 받았고요. 정말 좋은 날이에요. 기도로써 여기까지 기다려주신 것에 정말로 감사드려요. 또한 하나님께 감사드립니다!"

칼은 이제 성경 공부 그룹에 정기적으로 참석하고 있고, 예수님과 동행하며 성장하는 것에 대해 더욱 깊은 열망을 가지고 있다. 그의 간증은 많은 중국 무신론자들과 지식인들의 이야기를 보여주고 있다. 그들은 공통적으로 인생에 분명 무언가 더 있을 것이라는, 위대한 진리를 발견해야 한다는 뿌리 깊은 느낌을 가지고 있다. 칼의 경우처럼 장벽을 깨고 예수님 앞에 온전히 엎드려 개인적인 구세주로 영접하기까지는 시간이 걸리는 사람들이 많다. 하지만 하나님은 미쁘시다.

17. 진주 가족 정원

테라 반 트윌러트는 1988년 네덜란드에서 OMF에 가입했고 대만에 갔다. 언어 연수와 학생 사역을 마친 테라는 노숙자들과 타이베이 중심가의 빈민층을 위해 일했다. 2005년 지역의 신도들에게 사역에 대한 책임을 위임한 후 테라는 매춘업에 종사했던 여성들에게 도움의 손길을 내미는 사역으로 옮겨 갔다.

타이베이의 구시가지의 이름인 완화는 "10,000가지의 영광"을 뜻한다. 오늘날 이 이름은 이 도시의 현실을 조롱하는 슬픈 이름이 되었다. 완화는 영적으로 어두운 곳이다. 사람들로 붐비는 거리에는 사원과 우상을 파는 가게들이 줄지어 서있다. 불량배들이 도시를 점령하여 서로 싸우거나 지나가는 행인들을 위협한다. 매춘부들도 성업 중이다. 사람이 다니는 길이건 골목길이건 아니면 구석진 모퉁이건 약간의 공간만 있으면 노숙자들이 거기에서 잠을 청한다.

반감을 가지거나 비난하며 떠나버리는 것은 쉬운 일이다. 하지만 하나님의 마음은 한 사람 한 사람을 불쌍히 여기신다. 그들의 삶이 얼만큼 천박해 보이든 구주 예수님께서는 죄인을 구하시기 위해 이 땅에 오셨다. 기꺼이 주님을 대신하여 완화의 어두운 세계에 들어가서 그의 사랑의 메시지를 전할 자 누구인가? 1990년을 전후로 해서 성령님께서는 두 명의 OMF 활동가에게 확신을 주셨다. 그들은 영국 사람 크리스 하틀리와 미국 사람 데비 글릭이었다. 그들이 받은 확신은 하나님께서 그들이 그곳의 어둠을 밝히는 빛이 되기를 원하신다는 것이었다. 이 활동가들은 순종과 믿음으로 이 여정을 시작했다.

크리스와 데비는 좁은 길을 따라 들어가 다방과 매춘굴로 둘러싸인 곳에 "생수의 샘(The Spring of Living Water)"을 열었다. 줄여서 "샘(The Spring)"

이라고 부르기도 했다. 얼마 지나지 않아 일본 사람 리에코 기노시타와 테라반 트윌러트가 그 팀에 합류했는데, 그들은 크리스와 데비가 대만을 떠난 뒤에도 사역을 계속했다. 완화의 다방은 스타벅스와는 사뭇 달랐다. 다방에 온 남성들이 기대하는 것은 성매매를 위해 손님을 유혹하는 여성이거나 함께 술을 마셔주거나 말동무가 되어줄 사람이었다. 이 여성들을 위한 사역에도 큰 요구가 있었지만 이 팀은 노숙자들만을 대상으로 해서 사역을 펼쳤다. 때로 매춘 여성이 다방 근처를 배회하다가 샘으로 흘러들어 오는 경우도 있었지만 당시에는 그들에게 집중할 에너지도 시간도 없었다. 이 팀이 시간을 들여서 노숙인들의 이야기를 들어주고 그들을 위해 기도해주며 친절한 행동을 보여주자 노숙인들은 이들을 신뢰하게 되었고 샘에 자주 오기 시작했다.

그 사역은 만족스러웠고 가치 있는 일이었지만 테라는 하나님께서 매춘 여성들을 위해 자신에게 지우신 짐이 있다는 것을 잊지 못했다. 그 여성들 중 많은 수가 40대 이상이었다. 얼마나 위급하게 복음을 들어야 할 상황인가! 하지만 그와 동일하게 불우한 사람들을 돌보느라 몇 년이 또 흘렀다. 그녀는 긍휼함과 사랑으로 그들에게 복음을 전했고 실제적인 도움과 희망의 메시지를 주고자 했다. 기도하며 기다린 12년의 세월이 지나갔다. 리에코는 부모님을 돌보기 위해 일본으로 돌아가야 했다. 테라와 리에코는 샘의 지도부를 두 명의 대만인 동료에게 위임했다. 그들은 이제 노숙인들을 위한 사역이 재능 있는 다른 이들의 손 안에서 안전하게 펼쳐질 것임을 알았다. 이제 비로소 테라는 매춘 여성들에게로 자신의 관심을 돌릴 수 있었다.

대만의 OMF 지도부는 테라가 새로운 사역을 시도할 수 있도록 허락했다. 한 명 혹은 두 명의 동역자와 함께 일한다는 조건이었다. 그들은 그녀가 새로운 사업을 혼자 시작하는 것을 원하지 않았다. 동역자를 찾는 테라의 시도는 처음에는 실패로 돌아갔다. 그녀의 동료들 중 그녀와 함께하고자 하는 이가 아무도 없었다.

어느 날 그녀가 지역 교회에서 자신의 비전을 나누었을 때, 두 명의 여성이 그녀에게 다가와 자원봉사자로 테라에게 협력하고 싶다는 뜻을 밝혔다. 매춘 여성을 방문하고 그들과 연락하는 일이었다. 2005년 12월부터 시작해서 한 해 동안 매주 그들은 성실하게 불우한 여성들을 찾아갔고 이 여성들의 신뢰를 받기 시작했다. 곧 다른 자원봉사자인 소피아가 테라와 그 친구들에게 합류했다. 소피아는 첫 번째 유급 직원으로 일하게 되었지만 자원봉사자들 또한 여전히 절실하게 필요했다. 지역의 교회도 참여했다. 처음에는 여성들에게 크리스마스 파티를 열어주는 것을 도와주었고, 다음에는 매달 다과회를 여는 것을 도왔다. 영국 교회의 도움으로 테라와 그녀의 직원은 "진주 가족 정원(The Pearl Family Garden)"이라는 이름의 센터를 열었다. 그들은 한 단계 한 단계 이 사역을 만들어갔다.

센터가 사역을 펼친 대상이 되는 여성 중 다수는 20년 이상 매춘 산업에 종사한 이들이었고, 그중에는 70세인 여성도 있었다. 많은 수가 미혼모이거나 과부, 이혼녀였다. 그중 이런 방식의 삶을 좋아서 선택한 이는 아무도 없었다. 대부분 자식들을 먹여 살리고 자신에게 의존하고 있는 부모를 부양하기 위해 자신이 알고 있는 유일한 방법을 택한 경우였다. 악덕 사채업자에게 빚을 갚거나 마약 중독에 빠져 약값을 벌기 위해 이 길을 택한 경우도 있었다. 진주 가족 정원은 깨끗한 쉴 곳과 무료 식사를 제공했으며, 고통과 상실, 갈망이 가득한 그들의 이야기를 들어주었고, 그들을 돌봐주었다. 말하자면 성적인 대상으로만 취급받는 것에 익숙해졌으며 사회에서 소외받았던 여성들이 여기에서는 자신을 가치 있는 사람으로 대해주는 것을 경험하게 된 것이다. 그 센터에서는 여성 한 명 한 명의 이름을 불렀고, 이렇게 그들의 존엄성이 회복되었다. 점차적으로 식사 후에 노래를 좀 부르거나 기독교에 관한 수업을 진행하는 것이 가능해졌다. 건강에 관한 조언을 해주기도 했고 마음이 열린 이가 있으면 기도를 해주기도 했다. 한번은 크리스마스였는데, 지역의 기독교인들이 몇 명 모여서 지저분한 다방을 인수하여 눈부시게 아름다운 휴게실로 바꾸어놓았다. 그들은 이어지는 4주 동안 수요일마다 목 마사지와 매니큐어 등 미용 관리를 무료로 제공했다. 누군가 존중해주고 시중을 들어주는 이런 대접은 그곳의 많은 여성들에게 특별한 경험이었다. 돈을 주고도 살 수 없는 선물이었던 것이다.

2012년 경험이 풍부한 직원들과 함께 굳건히 세운 진주 가족 정원을 본 OMF 지도자들은 테라에게 지룽이라는 다른 도시에서 새로운 일을 시작하는 것에 대해 생각해볼 것을 요청했다. 거기도 역시 대규모 홍등가가 있는 곳이었다. 테라가 하나님께 이것이 하나님의 부르심이라면 두 명의 지역 자원봉사자를 보내주셔서 그것을 확정해달라고 다시 한 번 기도 드렸을 때, 하나님께서는 테라에게 놀라운 기도의 응답을 주셨다. 두 명의 자원봉사자가 아니라 두 개의 교회가 각각 소규모의 자원봉사자 팀을 보내준 것이었다! 1년 후 테라는 기도의 동역자로부터 커다란 토지를 선물로 받았다. 그 동역자는 최근 네덜란드에서 세상을 떠났는데, 특별히 이 사역 앞으로 유산을 남긴 것이었다. 하나님의 승인을 받은 테라는 2013년 지룽에 "약속의 땅(Promised Land)"을 시작했다. 다시 한 번, 이 사역은 학대와 거부의 기억을 가진 여성

테라 반 트윌러트와 지역 교회 친구들

들에게 조건 없는 사랑을 베풀었다.

　매춘에는 여러 요소가 복잡하게 얽혀 있으며 그래서 멈추기가 어려운 순환 고리이다. 매춘 산업에 투신하게 되는 대부분의 여성들은 집이나 소속된 공동체가 없는 사람들이어서 거리나 다방을 떠나면 갈 곳이 없다. 그들은 빚을 갚을 수 있는 다른 수단을 가지고 있지 않다. 문맹이어서 다른 곳에서는 직업을 구할 수 없는 경우도 많다. 그들의 가족은 보통 그들을 거부한다. 어떤 여성이 주 예수를 믿고 의지하게 되었다고 해도 계속해서 성매매를 하는 경우도 있을 것이다. 신앙을 갖게 되었다고 해도 이 여성이 다른 곳에서 새로운 삶을 일구어갈 수 있는 경우는 매우 드물다. 매춘 산업의 순환 고리는 많은 연결 지점을 가지고 있으며, 어둠의 세력은 굉장히 사악한 경우가 많다. 성매매에 얽혀 있는 요인들이 매우 복잡한 것처럼 그 해결책도 동일하게 매우 복잡하다. 진주 가족 정원도 약속의 땅도 모든 해결책을 제공할 수는 없었다. 그럼에도 불구하고 테라와 그녀의 팀은 여성들에게 사랑의 하나님에 대해 이야기해주거나 보여줄 수 있었고 그중에는 스스로 하나님의 사랑을 경험하게 되는 이들도 있었다.

오텀의 이야기

오텀은 조그만 소녀였을 때 친구의 손에 이끌려 교회에 갔다. 그녀는 그곳을 정말 좋아했다. 그녀의 어머니는 그녀가 교회에 가는 걸 허락하지 않았지만 막지도 않았다. 가족 중에는 돌봐야 할 소녀들이 여덟 명이나 더 있었기에 그녀에겐 그럴 짬이 없었다. 교회는 오텀에게 깊은 인상을 남겼다. 그녀는 자신이 이해받고 있지 않다거나 제대로 된 대우를 받고 있지 않다는 느낌이 들면 언제나 자신의 방으로 가서 문을 닫고 침대 맡에 무릎을 꿇고 하나님께 기도를 드렸다.

테라와 그녀의 팀이 오텀을 만난 것은 그녀의 인생이 여러 차례 곤두박질치고 나서였다. 젊은 아가씨였던 그녀는 쉽게 돈을 벌 수 있는 잘못된 곳을 소개를 받았다. 젊은 나이에 많은 수입을 올리게 된 그녀에게 삶은 매혹적인 것이었다. 그녀는 집에도 돈을 좀 보냈다. 부모님의 질문을 잠잠하게 하기 위해서였다. 그녀가 어느 날 테라에게 털어놓은 이야기에 따르면 자신이 마약 복용을 시작했다는 것과 결국 중독되었다는 것은 부모님이 모르셨다고 한다.

테라와 그녀의 팀이 그녀를 알게 되었을 때 오텀은 이미 마흔여덟 살이었다. 그녀는 자신의 중독에 관련해서 도움을 받고자 했지만 그녀가 기독교 재활 센터에 갈 수 있도록 테라가 조치를 취하기도 전에 감옥에 수감되어버렸다. 이번이 약물 남용으로 인한 다섯 번째 투옥이었다.

"우리는 오텀이 체포되기를 기다리지 않고 자수하도록 용기를 북돋워주었어요." 테라는 이렇게 회상한다. "체포되면 형량이 늘어나거든요. 그녀는 일생 처음으로 자수를 했어요. 나중에 그녀가 우리에게 말하길, 우리가 그녀에게 자수하기를 고무했을 때 동시에 마귀는 다른 제안을 했대요. 그녀와 거래

하던 마약상이 그녀에게도 마약을 팔아보라고 하면서 그렇게 하면 열심히 일하지 않아도 되고, 동시에 자신의 마약값을 댈 수도 있다고 했다는군요. 그녀가 그 길을 거절할 수 있도록 그녀를 도우신 주님을 찬양합니다. 그렇지 않았다면 그녀의 수감 기간은 훨씬 더 길었을 거예요."

테라 반 트윌러트와 오텀

그 팀은 오텀을 감옥에 보냈지만 그녀가 감옥에 있는 동안 그녀에게 성경 책과 돈을 보내주었고 정기적으로 그녀를 면회했다. 그녀의 형기가 다 되었을 때 그들은 그녀가 갈 곳이 아무 데도 없기 때문에 옛 삶을 돌아가는 것이 그녀에게 남겨진 유일한 선택이라는 것을 알게 되었다.

하지만 그녀는 기독교인이 되어 있었다. 테라는 오텀에게 와서 당분간 함께 살자고 제안했다. 삶의 터전을 찾아서 새로운 인생을 시작할 수 있도록 말이다. 그녀는 테라에게 오겠다고 약속했다. 테라는 그녀가 사회로의 재진입을 준비하는 동안 두세 달 정도 함께 지내야겠다고 마음먹었다. 오텀이 이번에는 꼭 더 이상 문제에 휘말리지 않을 것이라고 말했을 때 그녀의 동료 죄수들은 그녀를 비웃었다. "감옥에서 또 보자." 그들은 이렇게 조롱했다.

감옥에서 나온 뒤 오텀이 테라와 그 팀을 찾아왔을 때 그녀는 이미 형편이 어려운 친구를 위해 마약을 사는 데 돈을 일부 써버린 후였다. 테라와 함께 지내겠다는 약속 때문에 자신이 투약할 마약은 아직 사지 않은 상황이었다. 오텀이 도착했을 때 가져온 것이라고는 비닐 봉지에 담긴 그녀의 모든 소지품—몇 벌의 옷가지-뿐이었다. 테라는 곧바로 알 수 있었다. 오텀이 바깥 세상에 맞서서 살아남을 준비를 하기에 두세 달은 충분한 시간이 아니라는 것을 말이다.

"그녀는 많은 것을 배우고 있어요." 테라는 말한다. "밤이 아니라 낮의 햇빛 가운데 사는 것부터가 시작이죠. 창세기 1장을 읽었을 때 그녀는 하나님께서 낮과 밤을 창조하셨다는 걸 알게 되었어요. 그리고 우리가 낮 동안에는 일하고 밤에는 자도록 되어 있다는 것도 알게 되었죠. 이 일은 그녀의 눈을 크게 뜨게 해준 사건이었어요. 그녀는 자신이 일생 동안 하나님의 자연의 섭리에 반하는 삶을 살았다는 것을 깨달았어요. 오텀이 나와 함께 사는 것은 나의 눈을 크게 뜨게 해주는 사건이에요. 이 여성들이 옛 삶을 떠나는 것이 우리의 바람이라면 우리는 그들이 평범한 직업을 구하고 평범한 삶을 사는 어려운 도전에 직면하기 전에 치유와 회복을 경험할 수 있고 주님 안에서 강하게 성장할 수 있는 환경을 제공해야 해요."

오텀은 마침내 가족과 다시 만났고 그들과 화해했다. 그녀는 세례를 받았고 하나님을 섬기기 시작했다. 주님을 알게 된 지 딱 2년 후 그녀는 세상을 떠났다. 이 상하고 찢긴 여성은 주님의 은혜로 온전히 새롭게 되었다.

릴리 이야기

릴리는 뇌졸중에 걸리고 나서야 매춘의 굴레에서 벗어났다. 테라와 그녀의 동료들이 릴리를 알게 되었을 때, 릴리는 거리를 떠나 다른 삶을 사는 걸 좀 애석하게 여기는 것처럼 보였지만 센터를 나갈 수는 없었다. 그녀는 테라가 주는 잡지를 읽고 복음에 대해 들었지만 믿지는 않았다. 그녀는 뇌졸중으로 병원에 입원했는데, 테라를 비롯한 다른 사람들은 정기적으로 그녀에게 병문안을 갔고, 그녀의 몸과 마음이 모두 변화했다는 것을 알게 되었다. 릴리는 구주 예수님을 자신의 구세주로 영접하는 기도를 드렸다. 그녀는 자신의 조그만 단칸방에 돌아갈 수 있게 되었다. 그녀는 그 방에서 아들과 함께 살았는데, 선교 팀이 자기 집을 방문해서 성경 공부도 하고 찬양도 하며 자신과 함께 기도하는 것을 너무 좋아했고, 그렇게 자주 청했다.

릴리의 이야기는 매춘업에 종사했던 여성이 자신의 삶을 재건하는 것이 얼마나 어려운지를 보여준다. 그녀가 기독교인이 된 후에 맞은 어느 음력 설이었는데, 릴리는 부모님과 화해하기를 간절히 바랐다. 부모님을 못 뵌 지 30년이 흘렀다. 그녀는 부모님의 바람에 어긋나는 결혼을 했는데, 그녀의 남편은 알고 보니 불량배였고, 그건 그녀의 부모님이 예상하셨던 대로였다.

릴리의 남편은 오래전에 죽었고, 결혼한 그녀의 딸은 그녀와 아무 관계도 맺고 싶지 않아 했다. 이제 릴리에게는 작은 방을 나누어 쓰는 아들 하나밖에 없었고 뇌졸중이 발병한 후로 그 아이에게 전적으로 의지하고 있는 상태였다. 심경의 변화를 겪은 후 그녀는 늙으신 부모님을 정말로 다시 한 번 뵙고 싶어 했다. 그녀는 자신이 자라는 동안 키워주신 데 대해 감사를 드리고, 용서해주시기를 구하며, 자식으로서의 효심을 표현하고 싶었던 것이었다. 그것은 또한 그녀가 속한 문화에서 매우 중요한 것이기도 했다.

릴리의 아들 총드가 할머니 할아버지께 전화를 드려서 잠시 들러도 되는지 허락을 구했다. 방문은 테라와 동료 한 명의 동행하에 이루어졌다. 릴리는 외국인인 테라를 데리고 온 것이 자신의 "체면"(체면은 사회적인 지위나 존엄성을 말한다)을 좀 세워준다고 느꼈고, 부모님께서 자신이 하고 싶은 말을 들어주시도록 설득하는 역할을 할 수 있으리라 생각했다. 하지만 릴리는 자신이 생각한 행복한 결말을 얻지 못했다. 그녀의 어머니는 더 이상 자신의 삶에 릴리를 위한 자리는 없다는 것을 확실히 했고, 그녀의 아버지는 아무 말씀도 없으셨다. 그분들은 당신들의 마음속에서 릴리를 지워버린 것처럼 행동하셨다. 그녀는 그분들로부터 거부당했고, 그것은 움직일 수 없는 최종 결론이었다.

릴리는 자신의 부모님으로부터는 거부당했지만 하늘에 계신 아버지는 그녀를 거부하지 않으셨다. 가슴 아픈 만남이 있은 지 몇 년 후 테라는 릴리를 향한 하나님의 위대하신 사랑과 돌보심에 대해 기록했다.

이 사랑은 테라의 요양원 프로그램과 기독교인 원장님, 그리고 매주 방문하던 릴리의 아들을 통해 알려졌다. 언젠가 원장님은 릴리에게 세례에 대해 설명해주면서 그녀도 세례를 받고 싶은지 물어보았다. 릴리는 그렇다고 말했다. 원장님은 기뻐하면서 계획을 세웠고, 모든 사람들이 세례식에 참석했으면 좋겠다는 희망을 이렇게 표현했다.

"나는 하나님의 놀라우신 돌보심에 아주 큰 감명을 받았습니다. 그는 그녀를 완화의 어둠으로부터 이곳 그리스도의 집까지 인도하셨습니다. 그렇습니다. 긴 여정이었지만 하나님께서는 릴리를 보살피셨고, 그녀의 마음을 준비하셨습니다. 그래서 우리가 이렇게 릴리의 세례식을 준비할 수 있게 된 것입니다!"

공급하시는 하나님의 미쁘심

18 65년 제임스 허드슨 테일러가 중국 내지 선교회를 설립한 것은 신앙과 순종의 모든 면에서 볼 때 과감한 발걸음이었다. 그는 은행에 돈도 거의 없었다. 그는 사랑하는 아내 마리아 말고는 아는 사람도 없었다. 마리아는 중국 내지의 오지라 해도 기꺼이 그와 함께 가줄 사람이었다. 광대한 지역에 재정적 지원 체계가 거의 없다는 것이 그의 마음에 부담이 되었다. 게다가 그는 다른 사역의 재정과 자원을 끌어와서는 안 된다는 단호한 생각을 가지고 있었다. 그는 자신의 신념과 상반되는 호소를 할 수가 없었다. 인간적으로 말해서 이 기획은 완전히 미친 짓으로 보였다.

하지만 이것은 정신 나간 남자가 꿈꾸는 미친 계획이 전혀 아니었다. 허드슨 테일러는 고민 속에서 금식하며 기도를 했다. 울면서 하나님의 인도를 구했다. 마침내 그는 이 모험이 하나님의 마음과 하나님의 뜻에서 시작되었다는 것을 확신했다. 여기서 돌아가는 것은 불순종일 것이다. 게다가 허드슨 테일러가 이미 잘 알고 있는 교훈이 있었는데, 바로 하나님께서 그에게 무언가를 하라고 부르신다면 거기에 필요한 자원 또한 하나님께서 공급하신다는 것이었다. 그는 사람들에게 호소하기보다는 하나님께 기도로서 직접 간구해야 한다는 것을 알고 있었다. 그리고 무언가 구한 것이 진실로 하나님의 뜻 안에 있다면 공급은 이루어진다는 것이었다. 매일의 필요와 관련하여 구주 예수님께서 직접 제자들에게 이렇게 말씀하시지 않았던가? "너희는 먼저 그의 나라와 그의 의를 구하라 그리하면 이 모든 것을 너희에게 더하시리라."(마태복음 6:33) "일용할 양식"은 하나님께 의지하고 구해야 하는 것이다. 자신과 함께 온 이들은 분명 이와 같은 믿음에서 기꺼이 한 걸음 내딛는 사람들이었을 것이라고 허드슨 테일러는 말했다.

허드슨 테일러는 종종 구약 성경에 나오는 두 가지 개념, "에벤에셀"과 "여호와 이레"를 가져와서 중국 내지 선교회의 모토로 삼았다. 전자 "에벤에셀"은 사무엘의 이야기에서 가져온 것인데, 사무엘상 7장 12절에 기록된 바 주님께서 사무엘에게 주신 능력으로 블레셋 사람들을 물리친 후 사무엘이 세운 돌의 이름이며, 그 의미는 "여호와께서 여기까지 우리를 도우셨다."였다. 후자 "여호와 이레"는 아브라함의 이야기에서 가져왔는데, 아브라함은 믿음 안에서 먼 길을 떠나도록 하나님께서 부르신 또 한 사람이다. 창세기 22장 14절에 기록된 바 아브라함은 엄청난 위기에 직면했다. 순종함으로 희생 제물을 바쳐야 하는데 주님께서 간섭하시지 않으셨다면 아브라함은 사랑하는 아들 이삭의 생명을 희생 제물로 바칠 수밖에 없었다. 주님께서 기적적으로 제물로 쓸 숫양을 보내주셨을 때 아브라함은 하나님을 경외하며 예배했다. "주님께서 공급하시리라." 그는 말했다. 불가능한 일이 가능해진 것이다.

허드슨 테일러는 나중에 런던에 있는 중국 내지 선교 센터 초입에 있는 돌기둥에 에벤에셀과 여호와 이레 문구를 새겼다. 이 두 문구는 수년간 CIM 소식지와 ≪차이나스 밀리언즈(China's Millions)≫를 비롯한 CIM이 출판하는

모든 책에 게재되었다. 이 문구가 회원들과 후원자들 모두에게 끊임없이 주지시킨 것은 바로 무엇보다 먼저 하나님을 바라보아야 한다는 것이다. 그분은 (개인에게나 단체에게나) 모든 필요한 자원을 공급해주시는 분이시며, 하나님을 바라볼 때는 이제까지 이루어주신 모든 일에 대해 감사함으로 해야 한다.

중국 내지에 가 닿을 수 있도록 일꾼과 재정적 지원을 공급해주실 것을 간구했던 허드슨 테일러의 기도가 있은 후로 지난 150년 동안 많은 것이 변했다. 하지만 에벤에셀과 여호와 이레는 OMF의 정신과 OMF의 DNA에 깊이 새겨져 언제나 그 중심에 남아 있다. 물론 "여호와께서 여기까지 우리를 도우셨음"은 당연하다.

18. 우리가 구하거나 생각하는 모든 것 그 이상

오늘날 중국을 여행하려면 빠르게 갈 수 있는 방법이 가득하다. 비행기도 있고 고속 철도와 지하철도 있다. 하지만 중국 내지 선교회 시절의 상황은 상당히 달랐다. 특히 정치·사회적 격동기에는 여행이 더욱 어려웠다. 1948년 연륜 있는 미국 선교사인 레이 프레임은 하나님의 특별하고 시기적절한 공급하심을 경험했다. 하나님께서는 어학교와 다수의 선교사들을 대규모로 움직이는 모든 일을 관장하셨다.

"더 이상 여기에 머무를 수 있을 것 같지 않아." 레이 프레임은 불안한 듯 아내 헬렌에게 이렇게 말했다. "내 생각엔 모든 사람을 상하이로 옮겨야 할 것 같아."

1948년이었다. 중국은 공산당과 국민당 군대 사이의 내전이 한창이었다. 레이와 헬렌은 안칭에서 일단의 CIM 청년 선교사들이 언어 교육을 받는 것을 감독하는 중이었다. CIM은 언어 훈련을 잘 받는 것을 중시했고, 사역 현장에 투입되기 전에 전일제로 이루어지는 교육에 더 많은 시간을 전념해야 한다는 생각이었다.

레이는 상하이에 40명의 신임 선교사들이 당장이라도 중국어 학습을 시작하겠다는 열의로 가득 차서 기다리고 있다는 것을 알고 있었다. 하지만 당시 선교회는 그들을 그곳에 그대로 두겠다는 결정을 내렸다. 나라의 불안이 커져가고 있는 시기였기 때문이다. 보통 새 일꾼들은 중국에 도착한 직후 안칭으로 향했다. 하지만 1948년은 모든 여행이 중단된 때였고 매우 위험했다. 어떻게 해야 할 것인가? 언어 학교와 학생들을 안칭에서 300마일 이상 떨어진 동쪽의 상하이로 옮기겠다는 생각은 상당히 불안정한 전망을 가지고 있었다.

게다가 전쟁으로 인한 소통 단절 때문에 레이는 고립되었다고 느꼈다. 상하이의 CIM 본부에서는 아무 전갈이 없었고 자금도 무사히 전달받지 못했다. 3년 전에 안칭으로 옮긴 것은 아마도 실수였을지도 모른다. 불안한 마음으로 레이는 생각했다. 당시에는 옳은 결정인 것 같았다. 상하이는 너무 국제적인 도시여서 새로 온 사람들에게는 중국어를 열심히 하지 않아도 그럭저럭 살아갈 수 있다는 유혹이 많은 곳이었던 것이다. 안칭은 언어를 배우는 사람들이 공부에 집중하도록 하는 곳이었다. 상하이에는 또한 특유의 사투리와 억양이 있었는데, 안칭 사람들은 중국 대부분의 지역에서 들을 수 있는 억양에 가까운 방식으로 말했다. 몇 년 전에는 안칭으로 옮길 만한 이유가 충분히 있었지만 지금은 이곳에 계속 있는 것이 점점 더 어리석은 일로 느껴지는 것이다.

마침내 결정이 내려졌다. 레이는 최대한 빨리 상하이로 옮겨야 한다는 결론을 내렸다. 하지만 결정을 내리는 것과 그 결정을 실행하는 것은 별개였다. 그와 헬렌은 열 명의 사람들뿐 아니라 가구와 귀중한 비품도 옮겨야 하는데 그건 어떻게 할 것인가? 배로 옮겨야 할 텐데 그 지역에 있는 대부분의 배는 작아서 믿을 수가 없었다. 그가 배 한 척을 고용한다 해도 사람들과 가재도구를 모두 옮기려면 네 번이나 강을 건너야 했다. 비용이 너무나 높을 것이었다. 그는 기도했다. "주님, 주님께서 해결해주셔야 합니다."

사람들은 짐을 꾸리기 시작했다. 많은 것을 나눠 주었지만 가져가야만 하는 것도 있었다. 그들은 학교 건물을 지역 교회에 양도할 준비도 해야 했다. 그러려면 신탁을 설립하고 법률 문서도 준비해서 서명해야 했다. 학교 직원들에게 통지도 해야 했고 그들이 다른 일을 찾을 때까지 생계를 유지할 수 있도록 충분한 금전적 지원도 해주어야 했다. 일이 쌓여 있었다.

짐 싸는 일을 채 시작하기도 전에 누군가 프레임 부부에게 설레는 소식을 가지고 왔다. 그날 밤 거대한 화물선이 안칭에 도착한다는 것이었다. 그 배가 상하이로 돌아가는 길에 그들을 실어다 줄 수 있을 것인가? 그런 배는 요즘 거의 오지 않아서 오랫동안 본 적이 없는 배였다. 누군가 항구에 있는 선박 회사 사무실로 달려갔다. 그는 돌아와서 이렇게 외쳤다. "열 명 모두와 모든 짐을 실어줄 수 있대요!" 그는 열 장의 소중한 승선권을 손에 들고 흔들면서 신이 나서 소리를 질렀다. "단 한 가지 문제가 있는데 오늘 밤 부두에 들어왔다가 매우 급하게 다시 돌아간다는 거예요. 오늘 밤 자정에는 승선 준비가 되어 있어야 합니다."

배가 도착했다는 소식은 필사적인 기도에 대한 놀라운 응답이었지만 그 시간에 맞춰 준비하는 것은 불가능한 과제처럼 보였다. 이들 중 한 명은 나중에 이렇게 말했다. "평생에 그렇게 빨리 짐을 싸는 건 해보지 못했을 거예요." 레이는 특히 힘들었는데 건물을 교회에 절차대로 양도하는 것은 불가능했다. 이렇게 되면 불법으로 소유한 것이 되어버릴 수도 있어서 그 없는 시간에 그 많은 일을 어떻게든 해야 하는 상황이었다. 그들은 남은 일은 하나님께서 해결해주실 것으로 믿고 의지해야 했다. 마지막 짐을 벼락치기로 쑤셔 넣은 그들은 겨우 제시간에 항구에 도착할 수 있었다.

그다음에 주님께서 다시 한 번 간섭하셨다. 배 도착에 대한 메시지가 안칭에 전해졌다. "배가 연착되었음을 알려드리게 되어 유감입니다. 배는 일정보다 하루 반 늦게 도착할 예정입니다. 모쪼록 우리 사과를 받아주시기 바랍니다." 사과는 전혀 필요 없었다. 이 소중한 여분의 시간은 필요한 일을 모두 처리하기에 딱 충분했다. 몇 가지 짐을 더 챙길 수 있었던 것보다 훨씬 더 중요했던 건 법률 증서를 정리할 시간과 지역 교인들에게 작별 인사를 할 시간이 있었다는 것이다. 그들은 남는 시간 하나 없이 빠듯하게 배로 돌아왔다. 짐과 사람을 싣기 위해 준비를 마친 바로 그때에 맞춰서 온 것이었다. 그들은 얼마나 하나님께 감사했는지 모른다.

그것이 끝이 아니었다. 그들이 배에 오른 뒤 알게 된 것은 예상과는 달리 필요한 음식은 무엇이든 살 수 있다는 것이었다. 선원들은 친절했는데 상당한 호기심을 보였다. 여행하는 내내 날씨는 매우 고요하고 맑았으며 때때로 부드럽게 일렁이는 바다를 볼 수 있었다. 거의 휴가처럼 느껴졌다.

상하이 도착을 앞두고 레이가 마지막으로 걱정한 것은 승객들과 짐을 화물선에서 항구로 옮길 방법이었다. 일반적으로 그런 배는 어느 정도 거리를 두고 떨어져서 닻을 내리게 되어 있다. 그러면 작은 배들이 큰 배와 해안 사이를 왔다 갔다 하면서 짐을 날라주는 것이다. 그들은 마지막에 승객들을 데려다주면서 받는 엄청난 요금으로 많은 돈을 벌고 있었다. 그래서 선장이 레이에게 기분 좋게 다음과 같이 말했을 때 레이가 얼마나 놀랐는지는 상상하기 어렵다. "부두 선창까지 들어온 건 처음이군요. 당신은 운이 좋아요!" 레이는 생각했다. 그건 운이 아니라 우리를 사랑하신 하늘 아버지께서 권세를 펼치신 것이었다.

곧 CIM 트럭이 와서 감사에 겨워 하는 사람들과 그들의 짐을 실었고, CIM 복합 건물로 이송했다. 하나님께서 사랑으로 준비해주신 것들에 대해 해야 할 이야기가 너무나 많았다! 다시 시작될 어학교로 쓸 만한 임대 건물도 거의 한 번에 구했다. "주님께서는 딱 알맞은 시기에 알맞은 결정을 내릴 수 있도록 우리를 인도해주셨어요." 레이는 감사함으로 이렇게 말했다. "이건 분명 하나님께서 우리가 감히 구하거나 상상했던 것보다 훨씬 더 많은 것을 주신 거예요."

19. 북부 태국을 위한 신학교

1965년이 되자 성장하고 있는 북태국의 부족 교회가 현재의 그리고 미래의 지도자들을 위해 성경 훈련 집중 과정을 제공할 수 있도록 장소가 필요하다는 것이 명확해졌다. 그러한 시설은 여러 해 동안 논의되어온 것이지만 신생 교회를 뿌리 깊이 세워내고 그 교회 사람들이 교회를 이끌어가도록 하기 위해 그 필요는 점점 더 긴급해지고 있었다. 이 사실이 확인된 것은 북태국 OMF 지도부가 태국 목회자인 통캄 판투퐁에게 태국 교회가 성장할 수 있도록 우리 단체가 어떻게 도우면 되겠냐고 물었을 때였다.

어디가 좋은 장소일 것인가? 시내에 가깝지만 시내는 아니어야 했다. 대부분의 부족 사람들이 살고 있는 지역이어야 했다. 깨끗한 물이 공급되며 먹을 것을 좀 기를 수 있는 공간이 있어야 했다. 하지만 또 하나의 문제는 재정이었다. 적당한 선에서 임대료는 지불할 수 있었지만 땅을 살 만한 재정적 지원은 없었다. 영국 출신의 OMF 회원인 존 데이비스가 장소를 찾는 임무를 맡았다.

나는 나의 소형차 혼다에 기름을 가득 채우고 파야오로 향하는 먼지투성이 길을 나섰다. 나는 그곳에 멋진 호수가 있다는 걸 알고 있었다. 거기가 알맞은 장소인 걸까? 나는 차로 호수 전체를 돌아보면서 어떤 곳인지 알아봐야겠다고 생각했다. 유일한 "도로"인 우마차가 다니는 길을 따라가 보았는데, 나는 낙담할 수밖에 없었다. 우기에는 다닐 수가 없을 것 같았다. 그때 상황으로는 차로 길을 따라서 도는 데 한 시간이 걸렸다.

호수를 둘러보는 여정을 마친 후 심히 실망한 나는 집으로 돌아가기 전에 국수나 한 그릇 먹을 요량으로 파야오의 작은 마을에 들렀다. 치앙라이로 가는 길을 따라 2km 정도(1.25마일) 떨어져 있는 곳에서 언덕 비탈을 지났다.

왼쪽에는 호수가 오른쪽에는 언덕이 있었다. 언덕 위로 작은 오솔길이 나 있었다. 나는 그곳을 지나쳤다. 그런데 그때 나는 이상하게도 뒤로 돌아가서 그 오솔길을 따라 가보고 싶은 충동을 느꼈다. 나는 안 올라가려는 차를 억지로 언덕 위로 몰아서 올라간 뒤 뒤쪽의 풍경을 바라보았다. 그때까지 내가 본 어느 것보다도 아름다웠다. 물론 스위스는 제외하고. 풍경은 한 마디로 장대했다. 아래 빛나는 호수에서는 속을 파낸 나무로 만든 카누를 탄 어부들이 호수 표면을 미끄러지듯 움직이며 그물을 던졌다. 호수 너머에는 산이 병풍처럼 둘러 있었고 두 산마루 사이에는 폭포가 쏟아져 내리고 있었다.

나는 경외심에 사로잡혀 그곳에 서서 주님께 격하게 외쳤다. "오, 주님! 이곳뿐입니다, 주님! 여기가 확실히 신학교를 위한 자리입니다!" 나는 고물차 혼다의 엔진을 다 태워버릴 뻔했다. 나의 아내 뮤리엘에게 방금 내가 발견한 것을 전해주기 위해 집으로 급히 오느라고 말이다.

누가 그 땅의 소유주인지 나는 전혀 알지 못했다. 수풀이 우거져서 거의 정글처럼 보였다. 땅 주위로 거대한 수로가 있어서 경계를 보여주고 있었고, 한쪽 구석에는 작은 크기의 신당이 있었다. 내 마음 속엔 질문이 가득했다. 누구의 땅일까? 왜 이렇게 내버려두었을까? 장기 임대가 가능하긴 할까? 귀신에게 신선한 공물을 가져다 두는 사람은 누구일까?

그 지역의 어부가 나에게 말해주길, 그 땅의 소유주 분싱 분캄은 그 지역의 전직 변호사이자 교육 공무원으로 명망 있는 위치에 있는 사람이라고 했다. 그는 치앙라이에 살았는데 뮤리엘과 내가 살고 있는 곳에서 몇 분 거리였다. 그는 법정 소송 비용을 현금으로 지불하지 못한 고객에게서 이 땅을 받았다고 한다. 이제 은퇴한 그는 시간에 맞추어 위스키를 마시며 살아가고 있는

데, 자기 말로는 오래된 상처 때문에 약으로 먹는다나. 이 이야기에서 위스키가 어떤 역할을 할지 나중에 보게 될 것이다.

내가 그를 만나러 갔을 때 그는 곧바로 부지를 임대하는 데 동의하고 임대계약서를 작성했다. 나는 서명하기 전에 OMF 감독관의 결재를 받아야 해서 다음에 그를 다시 방문하게 되었다. 그때는 저녁 시간이었는데 분싱 씨는 이미 위스키를 여러 잔 마신 상태였고 살짝 취해 있었다. 혼자 낄낄 웃기도 하는 등 흐트러진 모습이었던 것이다. 그는 자신이 그 땅을 환수할 수 있는 시기가 20년 후가 아닌 10년 후가 되어야 하며 그 조항이 계약서에 포함되어야 한다는 얘기를 쏟아부었다. 20년 상환 조건은 내가 요청했던 것이며 그도 그렇게 해줄 것처럼 믿게 했던 부분이었다. 부지를 개간하고 건물을 짓는 노동과 비용을 생각할 때 10년이라는 기간은 턱없이 부족한 시간이었다. 그는 계획적으로 나를 기만한 것이었다. 나는 매우 실망하여 서명을 하지 않은 채 그곳을 나와버렸다.

나는 치앙마이에 있는 기독교인 변호사로부터 조언을 받았다. 그가 확인해준 바로는 지금 상태의 계약서로는 그런 방식으로 해석될 수 있다고 했다. 10년 후 분싱 씨가 소유권 회복을 주장할 수 있다는 것이다. 나와 뮤리엘이 내린 결론은 이러했다. 유일한 해결책은 싱가포르의 OMF 팀에게 즉시 그 땅의 매입 제안을 호소하는 것이었다. 가능성은 희박했다. 땅을 살 수 있을 정도의 예산은 없었으며 우리 단체는 절대 부채를 만들지 않는 것이 원칙이었다. 우리가 보낸 편지가 싱가포르에서 온 편지와 함께 도착했다. 뜻밖에 영국으로부터 돈을 받았는데 이 돈을 특별히 아시아의 신학교를 세우는 데 써달라고 했다는 것이었다. 우리가 얼마나 놀랐는지 상상해보시길. 하나님께서는 이미

공급해주셨던 것이다. 나
는 냅다 달려가서 분싱 씨
를 만나 즉각 땅을 팔 의향
이 있는지, 만약 그렇다면
얼마에 팔 것인지 물어보
았다. 먼저 위스키를 두 잔
비운 그는 전혀 터무니없

파야오 신학교, 1968년

는 금액을 제시했고, 나는 그 금액이 그 지역 땅 값의 두 배라는 걸 이야기할
수 있었다. 그에게 물었다. "진정 제가 부정직한 가격을 제시한 혐의로 고발
당하기를 바라십니까? 최악의 경우 당신도 고소당할 수 있습니다. 욕심을 부
리다가 그렇게 되는 거죠." 그건 태국 문화에서 망신스러운 일이며 대중 앞에
서 망신을 당하는 것은 몹시 불쾌한 일일 것이다. 그는 위스키 한 잔을 더 마
셨다. 그는 더 낮은 가격에는 팔 수 없다고 했다. 나는 그곳을 걸어나왔다.

5일 후 소년 하나가 분싱 씨의 쪽지를 전해주었다. 그렇다. 그는 부지를 시
가에 팔겠다고 했다. 뮤리엘과 나는 기뻐서 팔짝팔짝 뛰었다. 하나님께서는
우리의 상상을 넘어서는 차원에서 우리의 기도에 응답하신 것이었다.

신학교를 세우기 위해서는 지방 당국의 허가를 받아야 하는 일이 남아 있었
다. 나는 먼저 파야오의 시장님을 찾아갔다. 그는 독실한 불교 신자였는데,
그가 맡고 있는 지역에 기독교 신학교의 설립 허가를 원하는 이유를 설명하기
란 참 어려운 일이었다. 기분이 언짢아진 그는 허가를 내줄 수 없다고 단언했
다. 신학교는 교육 시설이므로 우리는 그 지역 장학 담당관의 승인도 받아야
했다. 시장님이 그에게 전화를 거는 동안 나는 초조해하며 기다렸다.

잠시 후 우리가 기다리던 사람이 방으로 들어왔는데 유창한 영어로 말을 쏟아내었다. "내 친구 존, 이렇게 만나다니 정말 기뻐요! 어떻게 지냈어요? 치앙라이에서 함께 배드민턴을 친 지 몇 년이나 흐른 거죠?" 나도 시장님도 깜짝 놀랐다. 사노 씨는 8년 전 내가 영어를 가르쳤던 사람이었다. 그가 이제 우리가 신학교 설립을 위해 결제를 받아야 하는 바로 그 지역의 장학 담당관이 되어 있는 것이었다. 결국 시장님은 겨우 이렇게 말하고는 우리를 돌려보냈다. "장학 담당관님이 알고 신뢰하는 사람이라면 나는 할 말이 없네요."

몇 분 후 나는 가장 소중한 문서(아직도 파야오 신학교 기록보관서에 있다.)를 내 손에 쥘 수 있었다. 우리가 계획했던 센터의 설립을 승인하는, 손으로 쓴 편지였다. 한 번 더, 하나님께서는 은혜롭게도 우리에게 필요한 바로 그것을 공급해주셨다. 그 모든 세월이 있기 전 존 데이비스를 이끄셔서 그의 낡은 혼다를 돌려 소달구지 다니는 오솔길을 따라 언덕 위로 올라가게 하신 성령님께서 모두 하신 것이다. OMF가 150주년을 기념하는 해인 2015년에 파야오 신학교는 50주년이 된다.

20. 인쇄물의 지속적인 힘

CIM 초창기부터 기독교 인쇄물은 동아시아에서 하나님의 뜻을 이루기 위해 기도하며 사람들을 격려하는 이들에게는 정보를 제공하고, 신도들에게는 성경의 진리를 가르치며, 사람들에게는 복음을 전하는 전략적인 방법이 되었다. CIM과 OMF 회원들은 성경 번역 작업이 필요한 곳에서 일했고 기독교 인쇄물을 비롯해 제자 훈련 자료 제작에도 관여했다. 효과적인 지역 활동을 위해서는 사람들이 사용하는 모국어로 작성된 자료가 정말 중요한 역할을 했다. 1960년대 하나님께서는 하솔로안 오푸숭구의 삶을 바꾸어놓으셨고 그를 비롯한 여러 사람을 사용하셔서 인도네시아의 기독교 인쇄물 작업의 영향력을 확대하셨다.

하솔로안 오푸숭구는 북수마트라에 있는 고등학교의 3학년 학생이었다. 한창 기말 고사를 치르던 중 모든 교사들이 학교를 떠나버린 사건이 발생했는데, 자카르타의 자바인 정부 수장에 대항해 싸우기 위해서였다. 고등학교 졸업장 없이는 직업을 구할 수가 없었다. 그래서 하솔로안과 같은 반에 있던 어린 청년들 모두는 자바인의 통치에 반대해서 싸우는 선생님들의 투쟁에 동참했다.

하지만 반군 지도자는 항복했고, 그래도 하솔로안과 친구 몇 명은 물러서지 않겠다고 결심했다. 죄인들이 어떤 취급을 받는지 잘 알고 있었기 때문이었다. 그들은 실제적으로 "로빈 후드"의 삶을 살기 시작했다. 부자들의 것을 훔쳐다 가난한 이들을 도운 것이다. 그러다 결국 붙잡혀서 18개월간 수감되었다. 하솔로안의 혐의 중 일부에는 정부에 반대하는 신문 기사를 작성한 것이 포함되었다.

OMF 선교사 잭 라전트는 당시 남수마트라에서 일하고 있었는데, 감옥에서 100명쯤 되는 사람들을 모아 매주 성경 공부를 가르치고 있었다. 그 감옥에는 하솔로안도 수감되어 있었다. 그는 모든 수업에 참석했다. 형기를 마치고 풀려났을 때 그는 곧바로 잭의 집으로 갔다. 그 지역에서 그가 아는 유일한 사람이 잭이었기 때문이었다.

하솔로안은 바타크족 출신이었는데, 바타크족 중에는 그리스도인이 많았다. 그래서 잭은 하솔로안에게 당신도 그리스도인이냐고 물었다. 그는 즉시 그렇다고 대답했다. 그는 모태 신앙인으로 유아 세례를 받았고 그때부터 쭉 교회의 일원이었다는 것이었다. 잭의 방 벽에는 "인간의 마음" 포스터가 붙어 있었는데, 사람 마음의 죄성과 주 예수 그리스도를 믿음으로 말미암은 하나님 방식의 구원에 대해 설명하는 그림과 함께였다. 잭은 하솔로안에게 이 그림들을 보여주며 그가 예수님을 마음에 영접한 적이 있는지 물었다. 그는 그렇게 해본 적은 없지만 그렇게 하고 싶다고 말했다.

그 시간 이후 하솔로안의 삶에는 극적인 변화가 일어났다. 그는 잭의 전도 활동에 동참했고 주일 학교 교사로도 활동했으며 청소년 사역과 옥중 사역에도 함께했다. 하지만 그에게는 문제가 하나 있었다. 얼마간 직업을 가지고 일했었는데, 그가 감옥에 있었다는 걸 그의 고용주가 알게 되어 즉시 그를 해고해버린 것이었다. 이후 몇 달 동안 계속 하솔로안은 매우 낙담했다. 그러다 그는 자카르타로 가야겠다고 결심했다. 그곳에서는 미국으로 가는 배에서 일자리를 구할 수 있을지도 모른다고 여긴 것이었다. 그는 그렇게 미국에 가서 "사라져버릴" 생각이었다.

잭은 하솔로안이 이전에 지역 신문에 기사를 낸 적이 있다는 것을 알고 있었다. 자카르타의 OMF 사무실에서 편집자로 고용할, 글쓰기 능력을 갖춘 젊은 인도네시아인을 찾고 있다는 것도 알고 있었다. 그래서 하솔로안이 잭에게 자카르타로 갈 것이라고 말했을 때 잭은 낸시 데이셔에게 편지를 한 통 썼다. 그녀는 OMF 일꾼으로 최근 자카르타로 부임했는데 인도네시아인 작가들과 편집자들의 훈련을 돕고 있었다. 잭은 편지를 통해 하솔로안이 바로 그들이 찾고 있던 편집자가 될 잠재 능력이 있는 사람이라고 소개하며 그녀가 할 수 있는 모든 힘을 동원해서 하솔로안을 자카르타에 머물게 해달라고 부탁했다.

그는 그 편지를 하솔로안에게 주며 자카르타에 도착하면 낸시에게 가져다주라고 부탁했다. 하솔로안은 편지를 전달하겠다고 했지만 낸시를 만나고 싶지는 않았다. 그는 그녀가 집에 없을 때를 골라서 방문하여 편지를 그녀의 집 문앞에 두고 나오는 방법을 생각해냈다. 우연한 만남처럼 보였던 것이 나중에 알고 보면 하나님께서 사랑으로 만드신 일의 일부일 때가 있다. 낸시는 기독교 출판사(바단 페너비트 크리스턴, 혹은 BPK)에서 가르치고 있었다. BPK는 그녀를 후원하고 있었는데 출판사의 공간이 부족한 관계로 그녀의 사무실은 사실 그녀의 집에 있었다. 그래서 하솔로안이 낸시의 집에 도착했을 때 그녀는 정확히 거기에 있었다. 낸시는 문을 열어 그를 들어오라고 하고 자신이 잭의 편지를 읽는 동안 앉아서 음료수라도 마시라고 했다. 편지에는 하솔로안이 그곳에 머물도록 최선을 다하라고 쓰여 있었으며, 그에게 편집자 일자리를 주라고도 했다. 유일한 문제는 그를 고용할 수 있는 두 명의 지도자 모두 출타 중이었다는 것이었다. 그녀는 출판사 사무실에 전화를 걸어서 편집자 한 명이 와서 하솔로안을 만나달라고 요청했다.

BPK 수석 편집자 중 한 명인 나잉골란이 왔다. 그런데 그도 바타크족이며 하솔로안과 같은 지역 출신인 것이 드러났다. 이 두 사람은 자신들의 지역 언어로 한 시간 반이나 얘기를 나누었다. 그들이 대화를 마쳤을 때 나잉골란은 낸시에게 하솔로안을 고용하고 싶지만 자신은 감히 반군과 함께 싸웠던 전과범을 고용할 수가 없다고 말했다. 그는 낸시에게 강력하게 설득했다. "그는 훌륭한 편집자가 될 거예요. 당신이 그를 고용하는 건 어때요? 당신은 외국인이니까 사람들이 당신을 비난하지는 않을 거예요…. 이보다 더 좋은 생각은 없을 것 같아요."

낸시는 하솔로안이 얼마나 이 일을 원하는지 물었고 나잉골란은 그녀에게 이렇게 말했다. "그는 지치고 배고픈 상태예요. 그는 돈도 없고 지낼 곳도 없죠. 그에게 일자리를 주세요. 하지만 당장 하셔야 해요. 그가 떠나면 다시는 그를 볼 수 없을 테니까요." 그래서 낸시는 관례를 깨고 하솔로안에게 돈을 주면서 그 지역의 학생용 숙박소에 방을 구하고 내일 아침 8시까지 출근하라고 말했다. 그가 가져가서 먹을 수 있도록 자신의 부엌에서 맛있는 식사를 만들어주기도 했다. 그녀의 감독관이 돌아와서 그가 이 일을 계속할 수 있도록 허락하는 것은 기적 같은 일이었지만, 결국은 이루어졌다.

하솔로안은 빨리 일을 배웠고, OMF가 원하는 그런 편집자가 되었다. 하솔로안은 처음에는 타자나 교정 같은 일상적인 일을 했지만 곧 신선한 소재로 글을 썼고, 언론사에서 그의 역할은 커져갔다. 기독교 출판사는 열심히 작업하여 교회 지도자나 신학교에서 필요로 하는 종류의 책을 공급했다. 하지만 BPK 감독관은 아이들과 청소년, 그리고 성인 기독교인들을 위한 책도 공급하기를 원했다.

그래서 개발도상국의 출판업자들에게 도움을 주고 있던 미국인 출판업자 데이비드 C. 쿡이 BPK에 성경 36권을 모두 담은, 그림으로 된 성경 이야기 시리즈를 제안했을 때 이 프로젝트는 흔쾌히 수용되었고 하솔로안이 프로젝트의 편집자로 위촉되었다. 하솔로안과 OMF 문서 사역 팀은 신이 나서 일했다. 그런 책은 글을 읽기가 힘든 사람들에게 정말로 도움이 될 것이었다. 또한 제안된 책과 유사한 형태를 가진 만화책이 인도네시아에서 굉장히 인기가 높았다. 그 시리즈는 즉각 성공을 거두었고 성경 이야기는 아이부터 어른까지 폭넓은 독자층에게 소개되었다.

이후 1970년대에 OMF 문서 사역 팀은 가장 필요한 성경 주석 단행본의 번역 작업을 시작했다. 번역 작업을 해줄 인도네시아 친구들을 선별했는데, 하솔로안은 이내 그 번역 결과물이 조악함을 알아보았다. 하지만 언론사 감독관들은 그가 번역 결과를 검수하도록 허락하지 않았는데, 그가 신학적인 훈련을 받은 적이 없다는 이유였다. 하솔로안은 사임했다.

그때 하솔로안의 재능에 대해 알고 있었던 싱가포르 OMF 지도자 데니스 레인이 조정에 나섰다. "지금 뭐하시는 겁니까?" 그는 출판사 지도부에 물었다. "뭐든 그가 원하는 것을 주세요. 그를 지키란 말입니다!" 뭘 원하는지 묻는 질문에 하솔로안은 자신이 책임자가 될 수 있다면 그곳에 있겠다고 말했다.

사실 그때는 OMF의 문서 작업이 토착화되어야 할 시기였다. 그래서 1978년 하솔로안은 인도네시아인이 이끄는 새로운 기독교 출판사의 책임자가 되었다. 그는 출판사에 야야산 코뮤니카시 비나 카시(Yayasan Komunikasih Bina Kasih (YKBK))라는 이름을 붙였는데 영어로는 비나 카시 출판사(Bina Kasih Press)로 알려졌다.

하솔로안이 맨 처음 한 일은 조악한 성경 주석 번역을 폐기하고 수정 작업을 한 것이었다. 그는 이 일을 도와줄 사람들로 훌륭한 신학 교육을 받고 훌륭한 언어 실력도 갖춘 최고 교회 지도자들을 초빙했다. 그들은 작업을 돕기 위해 인도네시아 전역에서 비나 카시로 왔다. 인도네시아 기독교 출판에 있어 하솔로안의 역할은 성령님의 이끄심 안에서 이루어진 것이며, 이는 점점 더 많은 책을 제작하여 인도네시아 교회들에 영적인 양식을 공급하는 데 중추적인 역할이기도 했다. 책의 수는 꾸준히 늘어났고, 하솔로안은 저술과 편집에 더해 제작과 유통 분야도 감독했다.

기독교 교육 과정

인도네시아의 기독 문서 사역에 관련해서 하솔로안이 맨 처음 만난 사람들 중에는 미국에서 온 OMF 선교사 리타 흄즈가 있었다. 리타는 1957년 8월 인도네시아에 처음 왔는데, 중부 자바에 새로 생긴 교사 훈련 학교(지금은 크리스텐 사띠야 와짜나 대학교(Universitas Kristen Satya Wacana) 혹은 말씀에 충실한 기독 대학교(True to the Word Christian University)로 알려져 있다)에서 영어를 가르쳤다. 이후 1961년 그녀는 BPK 감독관인 알프레드 시만준탁에게 초대를 받아 자카르타의 대형 기독 출판사에서 직원으로 합류했다.

1963년 인도네시아의 이슬람 정부 지도자들은-인도네시아 내 공산주의의 위협에 반격하기 위해- 유치원생부터 대학생까지 모든 인도네시아 학생들은 매주 두 가지씩 종교 교육을 받아야 한다고 천명했다. 학생들은 이슬람교, 개신교, 천주교, 힌두교, 불교, 이렇게 다섯 종교 중에서 고를 수 있었다. 학생들은 매해 상급 학년으로 올라가려면 이 수업을 통과해야 했다.

각 종교의 지도자들은 자신의 종교를 가르칠 교육 과정을 제작해야 했다. BPK의 감독관 알프레드 시만준탁은 이미 주일 학교 교육 과정을 준비하고 있었다. 종교국에서 그에게 학교 종교 교육 수업에서 가르칠 개신교 교육 과정을 준비해줄 것을 요청했던 것이다.

리타는 이러한 새로운 일들에 대해서는 전혀 몰랐지만 인도네시아어로 된 주일 학교 교육 과정을 출간할 필요가 있다는 강한 느낌을 가지고 있었다. 그래서 어느 날 그녀는 이 사안에 대해 이야기하기 위해 알프레드를 찾아갔다. 그녀가 그에게 제안을 했을 때 평소의 반응과는 달리 그날 그는 창밖만 바라보며 아무 말이 없었다. 리타는 매우 낙담하여 그의 사무실을 떠났다.

이틀 후 그녀는 공문을 하나 받았다. 종교 교육을 위한 교육 과정 집필을 위해 선발된 25명의 목사님과 학교 선생님으로 꾸려진 팀에 함께해달라는 초빙 편지였다. 그런데 곧 문제가 나타났다. 목사님들은 어린이와 청소년을 가르치는 방법에 대해 전혀 모르셨다. 또한 선생님들은 학급에서 성경 이야기를 해주었을 뿐이었다. 그들은 기독교 교육 과정을 작성하는 데 있어 아무 훈련도 받지 못했다. 리타는 성경에 대해서도 완벽한 교육을 받았으며 학교에서 가르치는 데 있어서도 광범위한 경험을 가지고 있었다. 그녀는 인도네시아 학교에서 사용할 12개 학년의 교육 과정을 작성하는 가장 중요한 책임을 맡았다.

하지만 그것은 혼자만의 프로젝트가 아니었다. 다섯 사람이 더 있어서 책임을 공유했다. 나잉골란은 운문 작업을 맡았다. 은퇴한 장학관인 시투모랑은 수업이 각 학년의 수준에 적절한지 확인했다. 솔라이만 목사님은 각 수업이 가르치는 바를 주의 깊게 점검하셨다. 기독교인이자 교사인 데막은 각 수업이 적절하게 집필되었는지, 그래서 교사들이 각 수업 내용을 이해할 수 있는지를 확인했다. 그리고 알프레드 시만준탁은 각 수업 내용의 최종 편집을 맡았다.

이 과제로 인해 인도네시아를 위한 또 다른 주요 출판 프로젝트가 시작되기도 했다. 리타는 수업을 진행할 때 찬송가를 포함하는 것을 좋아해서 이미 나와 있던 번역본을 수업에 포함시켰다. 하지만 음악에 재능이 있어서 종종 공식 행사에 사용할 노래를 써달라는 의뢰를 받았던 알프레드는 매번 수업에서 찬송가를 빼버렸다. 그는 이렇게 말했다. "학교 수업에 이런 조악한 번역은 사용할 수 없어요!" 그녀가 그에게 잘 된 번역 가사를 구하는 데 도움을 청하자 그는 그녀를 인도네시아어 찬송가 개발과 찬송가 번역 품질 향상을 위해 일하고 있던 팀에 연결해주었다.

마침내 1975년 115곡의 찬송집이 출간되어 기독교 종교 교육을 위한 교육 과정에 함께 실릴 수 있게 되었다. 그러자 곧 새로운 문제가 수면 위로 떠올 랐다. 아이들이 학교에서는 매끄럽게 번역된 찬송가를 부르고 교회에서는 서 툴게 번역된 같은 노래를 부른다면 교회를 낮춰 볼지도 모를 일이었다. 1975 년 6월 회의가 열렸는데 찬송집을 출판했던 모든 교회를 초대하여 이 문제를 해결하기 위해 해야 할 일을 결정하기로 했다. 여기에는 31명의 대표단이 참 석했고, 서로 협력하여 모두 함께 사용할 수 있는 좋은 번역본을 만들기로 했 다. 1984년 『키둥 제마뜨(Kidung Jemaat)』라는 제목의 새로운 교회 찬송집이 발간되어 모든 교회가 쓸 수 있게 되었다. 여기에는 478곡의 찬송가와 회답 송이 들어 있었고 그중 3분의 1이 인도네시아어로 쓰여진 것이었다. 인도네 시아인들은 번역된 노래보다 자국어로 된 노래를 점점 더 많이 썼다.

일찍이 1963년부터 OMF는 지역 작가들을 양성해왔다. 미국의 OMF 활 동가인 메리 제인 페어클로스가 워크숍과 작문 수업을 이끌었고, 이후 반둥에 있는 티라너스 신학교(Tyrannus Bible Institute) 기독교 신문방송학과에서 인 도네시아 최초의 석사 과정을 개발했다. 이 석사 과정은 인쇄 매체를 비롯한 여러 매체를 다루었는데, 비나 카시 및 인도네시아 내 다른 기독 출판사들이 펴내고 인도네시아어로 제작된 좋은 기독 인쇄물들이 유입되는 데 분명 큰 공 헌을 했다. 오늘날 대부분의 동남아시아 국가에는 기독 출판사가 있다. 이 출 판사들은 많은 이들이 영적인 감성과 지성에 양식을 공급하며 지역 교회의 삶 뿐 아니라 더 넓은 공동체에도 크게 이바지하고 있다. 하나님께서는 당신의 사랑으로 꼭 맞는 때에 꼭 맞는 사람들을 보내주셨고, 이 길에서 모든 것이 합 력하여 선을 이루게 하셨다.

2l. 여우도 굴이 있고 공중의 새도 거처가 있다

10년 동안 열 번 이사한 것이 하나님의 보우하심이라는 생각을 하는 사람은 많지 않을 것이다. 하지만 뉴질랜드 사람 앨런 베넷과 에이브럴 베넷 부부와 네 자녀는 그렇게 생각했다. 그들 각자가 열 번의 이사를 통해 확신한 것은 한 명 한 명에 대한 하늘에 계신 아버지의 개인적인 보호와 그들이 함께 섬기는 하나님의 구원의 목적이었다.

베넷 가족은 태국 중부의 한 집에서 10년을 보낸 후인 1983년 갑자기 치앙마이로 옮겨 가게 되었다. 앨런이 평화의 소리(the Voice of Peace) 레코딩 스튜디오의 임시 감독으로 섬기게 되면서 생긴 일이었다. 하나님께서는 치앙마이에 방 하나짜리 공동 주택을 마련해주셨는데, 티크 나무로 만든 전통적인 태국식 가옥으로 어떤 부유한 부부의 소유였다. 베넷 가족은 하나님께서 이 집을 그들의 사역에 필수적인 부분으로 사용하셨음을 곧 깨달았다.

그들은 주인 부부와 가까운 친구가 되었다. 아내인 S 부인은 10대 때 학교에서 기독교 학생 단체를 이끌었다고 했다. 그런데 당시 그리스도인으로 성장이 느렸던 그녀는 새로 온 선교사 선생님 때문에 그 자리를 사임할 수밖에 없었다. 열정이 넘치는 선생님이 그녀는 아직 "다시 태어나지" 않았다고 생각한 탓이었다. 그 상처로 인해 그녀는 몇 년 동안이나 주님을 떠나 있었다.

그녀를 하나님께로 다시 가까이 오게 한 두 번의 사건이 있었다. 당시는 드디어 리수어 성경 원고가 완성되어 출간을 앞두고 있었던 시기였다. 그런데 어느 날 OMF 선교사인 앤디 톰슨은 자신의 컴퓨터에서 원고를 다운로드하지 못하고 있었다. 앨런은 심야 고속 버스를 타고 태국 성서 공회에 가서 기계를 가져오자고 제안했다. 그곳에 가야 문제가 해결될 수 있기 때문이었다. 에이브럴이 앨런을 버스 정류장에 데려다주는데, 바로 앞에서 거대한 폭발이 일어났다.

주일 아침에 그들은 시편 46장 1절에서 3절 말씀을 읽었다. "하나님은 우리의 피난처시요 힘이시니 … 산이 흔들릴지라도 … 우리는 두려워하지 아니하리로다…." 바로 지금 산이 무너질 것 같았다. 건물이 차 위로 기울어졌다. 뒤섞인 잔해 사이로 시체들이 공중에 떠서 날아다녔다. 그 지역의 권력을 쥐고 있는 마약 군벌이 연루된 마약 분쟁 이후 폭탄이 터진 것이었다.

"차를 모퉁이로 몰아!" 앨런은 부들부들 떨고 있는 에이브럴을 다그쳤다. 그는 위험 지역에서 귀중한 리수어 성경 원고를 가지고 나와야만 했다. 그는 말했다. "분명 군대가 이 지역을 봉쇄할 거야. 그곳이 진짜로 화염에 휩싸이면 그냥 돌아올게." 이 폭발로 거의 60가정과 근처의 기독교 학교가 해를 입었다. 마약 군벌의 요새 바로 옆에 네 채의 가옥이 있었는데(그중 하나의 가옥에 원고가 보관되어 있었다) 모두 불에 타버렸다. 하지만 나중에 그들은 불타는 계단을 통해 매트리스가 아래로 떨어졌고, 아래층의 파일이 들어 있는 캐비닛 위에 내려앉았다는 것을 알게 되었다. 성경 원고는 안전했다. 하지만 S 부인은 심하게 동요하고 있었다. 집 안에 있던 신당이 완전히 파괴되었다. 에이브럴은 그녀와 함께 기도했고, 두려워서 집에 들어가지 못하고 있는 이웃들과도 함께 기도했다. 그리고 나서는 파괴된 학교를 지키는 것을 도우러 갔다.

이 일이 있은 지 얼마 되지 않아 S 부인의 첫째 손주가 태어났다. 그런데 심장에 천공이 있다는 것이었다. 가족들이 이 아이를 미국 텍사스나 뉴질랜드 오클랜드로 데려갈 수 있다면 아이가 살 확률은 반반이었다. 가족의 어른으로서, S 부인은 결단을 내렸다. 오클랜드였다. 3개월 동안 이 염려 가득한 가족은 뉴질랜드에 있는 기도의 동역자의 집에 머물렀는데, 그들이 바로 베넷 가족이었다. 귀중한 어린 손주는 다 나았고, S 부인은 하나님께 깊은 감사를 드렸으며, 하나님에게로 다시 돌아왔다.

치앙마이에서 몇 개월을 보낸 후 베넷 가족은 태국 중부 우타이타니 지역의 주도로 이사했다. 그곳의 프라와트 목사님이 본국 사역이 끝난 그들을 초대한 것이었다. 시골에는 교회가 많이 있었지만 수도에서는 아무도 하나님을 믿지 않았다. 이 가족은 치앙마이에서 소원했던 전통 가옥에서 살아보았기 때문에 하나님께서 시내 중심가의 빈 가게로 인도하신 것에 감사했다. 3주 후 한 사업가가 그리스도에게로 돌아왔다. 오른쪽 아이스크림 가게 앞에는 줄지어 선 사람들이 쏟아졌고 왼쪽 국수 가게 사람들은 기독교 인쇄물이 가득한 독서대와 게시판을 기웃거렸다. 베넷 가족의 어린 딸 크리스티나는 사람들이 다니는 길에서 차분하게 레고를 가지고 놀았다.

이런 상황 덕분에 앨런이 극동방송국(the Far East Broadcasting Company's (FEBC))의 태국 운영을 감독하기 위해 급하게 방콕으로 부름을 받은 뒤에도 이 가족이 사역을 계속할 수 있었다. 매우 이상적인 대중적인 기반이 되었던 것이다. 앨런이 한 달에 한 번만 집에 돌아올 수 있었던 것도 에이브럴에게는 좋은 환경이 되었다. 청소년과 여성, 그리고 평신도로서 훈련을 받고 있는 사람들이 너비 12피트의 문을 밤낮으로 들락날락했고, 거리에서 이 모두를 들여다볼 수 있었다.

방콕의 앨런은 점점 힘들어졌다. FEBC는 임대료로 너무 많은 돈을 지출해야 했다. 1986년 새해 첫날 그가 이 사역의 보통 예금 계좌를 확인해본 바로는 500 타이 바트(당시 18 US 달러)가 들어 있었다. 거의 한 푼도 없는 것이었다. 하지만 앨런은 여전히 하나님께서 이렇게 말씀하시는 것을 느꼈다. "잘했어! 이제 시작하자!" 트럭의 방풍 유리 와이퍼 아래에 끼워진 전단지로 인해 그는 방콕에 있는 어떤 훌륭한 부지가 개발되고 있다는 것을 알게 되었다. 그는 우리 가족도 그렇게 붐비는 도시에서 재정과 여행, 접대에 도움이 되는 장소에 살았다면 좋을 텐데 하는 생각을 했다.

본격적인 기도가 시작되었고, 곧이어 건축이 뒤따랐다. 매달 초가 되면 건축업자들에게 지불할 현금이 부족했다. 그런데 곧 딱 지불 금액만큼 돈이 생겼다. 1986년 9월 4층짜리 건물이 공개되었다. 부채는 하나도 없었다. 4층에는 베넷 가족과 닭 두 마리, 비둘기 두 마리가 살 집이 생겼다. 일자리를 찾아서 도시로 온 우타이타니 출신 청소년 한 무리도 함께 살았다. 그 시기에 앨런은 또한 태국 OMF 지역의 대리 대표로 일해야 했다. 다행히 걸어서 20분 거리에 새로운 FEBC 부지가 있었다.

1988년 1월 베넷 가족은 뉴질랜드에서 본국 사역을 시작했다. 앨런의 부친은 아내를 잃은 홀아비였는데 뉴질랜드 웰링턴에 가족이 살 집을 준비해두셨다. 화병에 담긴 꽃에서부터 침대 위에 놓인 곰 인형까지 이전 집과 똑같이 꾸며놓은 집이었다. 과도기를 용이하게 하기 위해 앨런이 태국에 남아 3개월 동안 더 머무르겠다고 결정했다. 본국 사역이 끝나면 에이브릴이 앨런보다 3개월 먼저 돌아올 예정이었다. 그런 방식으로 아이들은 한 학년 내내 큰 변동 없이 보낼 수 있었고 태국의 지도부 훈련 작업 또한 계속 활기차게 진행될 수 있었다. 하지만 가족이 도착한 직후 앨런의 부친께서 극심한 심장마비로 돌아가셨다. 에이브릴은 급하게 집을 매매할 준비를 해야 했다. 앨런은 태국에서

부터 자신의 아마추어 무선 통신기를 사용하여 뉴질랜드에 있는 친구들과 연락을 취했다. 아이 넷 딸린 어머니를 받아줄 곳이 있을까? 3개월 후에 따라올 목사님까지 해서? 남쪽에 있는 한 교회에서 그 가족을 맞아들이겠다는 응답이 왔다. 학기가 시작되기 불과 사흘 전에 베넷 가족은 마타우라의 목사관으로 이사했다.

그들은 여전히 충격을 받은 상태였지만 이번 이사는 하나님께서 이 가족을 위해 가장 완벽하게 준비해주신 것임이 드러났다. 아이들을 포함해서 가족 모두는 각각의 멘토를 찾았다. 친교 속에서 여정을 함께하며 대학과 결혼, 가족생활 등에서 지금에 이르기까지 기도로 지원하는 그런 멘토 말이다.

뉴질랜드에서 한 해를 보낸 후 가족은 몇 년 전 프라와트 목사님이 원래 계획하신 대로 평신도 훈련 센터를 설립하기 위해 돌아왔다. 목사님은 1984년 우타이타니에서 오토바이 사고로 돌아가셨다. 1980년대 후반이 되자 평신도 훈련 센터를 세울 최선의 장소는 방콕과 치앙마이 사이에 있는 가장 큰 도시인 나콘 사완임이 명백해졌다. 기독교인인 인력거 운전사가 그들에게 대형 건물을 하나 알려주었고, 그들은 이 건물을 급하게 매입했다. 이사하는 데 하루가 걸렸고 그 건물에는 L.I.F.E. 센터라는 이름을 붙였다. 지도력(Leadership), 하나님 말씀 교육(Instruction in God's Word), 교제(Fellowship), 전도(Evangelism)에서 첫 철자를 딴 것이다. 이웃에 사는 주민이 센터에 들어왔다. 과연 에이브럴은 이웃 여자에게 고등학교 영어 수업을 하기 위해 그녀의 점괘를 해석하는 일도 할 수 있을 것인가? "당연하죠." 에이브럴은 말했다. "나는 그들에게 점괘를 풀어서 써주는 일도 꽤 잘해요. 하나님의 관점에서 하나님의 매뉴얼을 이용해서 작성하는 거죠."

10년 전 OMF와 함께 섬기던 여성이 한 교사를 만나 하나님께 소개한 적이 있었는데, 성장은 거의 이루어지지 않았었다. 이제 하나님께서 이 교사에게 그리스도 안에서 살아갈 또 하나의 기회를 주셨다. 그녀는 이번에는 이 기회를 잡았고, 두 여성 사이에는 동료애와 우정이 만개했다. 그들이 바로 샐리와 에이브럴이었다.

샐리는 태국 중부의 600만 인구 중에서 유일한 기독교인인 고등학교 교사였다. 그녀는 사람들 앞에서 공공연하게 그리스도의 편에 서는 것에는 큰 대가가 따른다는 것을 알고 있었다. 그녀는 옳았다. 다음 5년간 그녀는 승진도, 결혼도 하지 못했고 평판도 좋지 않았다. 그녀에게는 에이브럴과의 우정이 정말이지 필요했다. 그건 에이브럴도 마찬가지였다. 그들은 함께 교육 공동체를 위한 창조적인 아이디어를 발전시켜나갔다.

샐리가 그리스도의 편에 서는 것은 영적인 싸움이기도 했다. 그녀는 우물쭈물하면서 집에서 신상을 두는 선반을 치워버리지 않았는데, 그 신상들은 그녀 개인의 소유가 아니었기 때문이었다. 그것의 소유주인 집주인은 그곳에 살지는 않았지만 그것을 없애버리지도 않고 그냥 내버려두고 있었다. 에이브럴은 선반을 당겨보았다. "아주 단단히 고정되어 있군." 그녀는 생각했다. "없애려면 도구가 있어야겠어." 며칠 후 그녀가 다시 와보니 샐리가 병원에 입원해 있었다. 뇌진탕이라고 했다. 신상을 둔 선반이 그녀의 머리 위에 떨어진 것이었다. 병원에서 집으로 오자마자 그녀는 집주인에게 전화를 했다. "당장 신상을 가져가세요. 아니면 강에 던져버릴 거예요." 이런 사건들은 샐리의 어머니에게도 깊은 인상을 남겼고, 머지않아 하나님을 믿게 되셨다. 샐리의 아이들도 마찬가지였다.

1989년 베넷 부부의 딸 안나마리는 남쪽 나라 친구들에게 편지를 써서 태국에 놀러 오라고 졸랐다. 그런데 그녀는 이 이야기를 부모님께 말씀드리는 걸 깜빡했다. 크리스마스 직전 앨런과 에이브럴에게 깜짝 신나는 일이 생겼다.

물론 안나마리는 오래전부터 알고 있었던 일이지만. 당시 (뉴질랜드 남부 도시인) 고어 시의 시장님과 마타우라 시의 시장님이 함께 부인과 네 자녀들도 대동하여 방콕 공항에 곧 도착한다는 소식이었다. 샐리는 크리스마스 날 아침에 이 두 가족이 모두 학교의 무대에 설 수 있도록 준비했다. 방콕과 치앙마이 사이에 있는 가장 큰 고등학교의 학생들 중 거의 4,000명이 그들의 이야기를 듣기 위해 모였다. 급하게 리허설을 마친 공연은 크리스마스의 진정한 의미를 주제로 했는데 엄청난 성공을 거두었다.

고어 시(뉴질랜드)의 시장님과 나콘 사완 시(태국)의 시장님은 둘 다 운송 업체를 소유하고 있었다. 이 사건을 계기로 그들은 서로를 알게 되었고, 이는 복음을 위해 지대한 영향을 미치는 결과를 가져왔다. 아이디어가 생겼다. 뉴질랜드의 10대 청소년들이 이 지역 고등학교에 와서 크리스마스의 복음을 나누게 하면 어떨까? 이 아이디어는 다른 가능성을 제기했다. 영어 캠프를 개최하면 어떨까? 정부의 교육 과정에도 이런 캠프가 포함되어 있지만 교사가 몇 명 없었고 그중에는 심지어 영어를 구사하지 못하는 이들도 있었다. 이런 사람들이 운영하는 캠프에는 영어 시험에 떨어질까 두려워하는 학생들이 억지로 등록하는 경우가 많았다. 그래서 샐리와 에이브럴은 1년에 한 번 OMF GO 팀을 결성했다. 이 팀은 15세에서 18세 사이의 뉴질랜드 기독 고등학생들로 구성되었는데 크리스마스 3주 전에 태국으로 왔다.

맨 처음 GO 팀의 캠프 학교 연합은 대성공이어서 주립 학교와 기술 학교들이 2년이나 미리 예약하기도 했다. 1990년대 태국 내지의 학교에는 교사도 학생도 기독교인은 아무도 없었다. 기껏해야 한 학교에 한 명 정도 외로운 기독교인이 있을 수 있지만 신도가 된다는 것을 받아들이지 않는 분위기였기에 차별에 대한 두려움을 가지고 있는 경우가 많았다. 태국의 10대 그리스도인을 위한 청소년 그룹과 같은 것이 전혀 없었던 것이다. 뉴질랜드에서 고등학생 팀이 도착하자 모든 것이 달라졌고, 동료 기독교인의 지원이 어떤 것인지를 확실히 보여주었다. 곧 뉴질랜드로 답례 여행이 이어졌다. 태국 학생들은 GO 팀 가족의 집에 머무르며 그들의 교회에서 문화 공연을 펼쳤다. 이러한 상호 작용은 기독교인들과 태국 비즈니스 공동체 사이의 의혹을 허무는 데 도움이 되었고, 태국의 부모님들은 자신의 자녀들이 그리스도를 믿고 세례도 받기를 원하게 되었다. 이렇게 해서 태국 기독 교사 협회(Thai Christian Teachers Fellowship)도 만들어지게 되었다.

샐리는 귀신과 아무 상관이 없는, 하나님의 영광을 위해 헌신된 집을 짓고 싶어 했다. 몇 년 후, 그녀는 새 집을 지었는데, 이를 통해 미신을 믿는 이웃들에게 분명히 보여주었다. 귀신과 관련된 의식을 전혀 준비하지 않았고 중앙에 있는 기둥 주위로 주문을 외며 걷는 것도 전혀 없었다. 미신에 의하면 이렇게 되면 분명 재앙이 올 것이었다. 12월이 되어 뉴질랜드에서 GO 팀이 도착했을 때, 팀원들은 작은 무리를 지어 4층짜리 새 건물의 층마다 가서 섰다. 그들은 한 목소리로 형식을 갖춘 기도문을 읽었다. 그들의 리더가 쓴 것이었다. 기도문은 액자에 넣어 상인방에 걸어두었다. 하나님께서는 그 집을 축복하셔서 20년 넘게 기독 학생들과 직원들에게 놀라운 환대를 제공하는 장소가 되게 하셨다.

1989년 크리스마스 때였다. 뉴질랜드에서 온 시장님 가족이 베넷 가족과 함께 머무르고 있는데, 퇴거 고지서가 도착했다. 가족들에게 즉시 떠나라고 요구하는 경고도 없었던 상황이었다. 고지된 날짜는 12월 31일이었다.

각종 전도 파티와 축하 행사가 열리고 있는 와중에 앨런과 에이브릴은 도시를 샅샅이 뒤졌다. 1990년 1월 2일 친구들이 몰고 온 다용도 트럭들이 도착했다. 한쪽으로 기울어서 금방이라도 쓰러질 것 같은 빈 건물로 이 가족이 이사 가는 것을 도와주기 위해서였다. 다들 함께 일해서 하루 만에 이사가 끝났다. 예전에 계획했던 계절 행사 또한 순조롭게 진행되었다.

L.I.F.E. 센터는 새로운 곳에 문을 열었고 베넷 가족의 사역은 하나도 빠짐 없이 재개되었다. 심지어 (한 번의 주말에서 두 주까지 걸리는) 평신도 기숙 훈련을 하기 위해서는 이번 집이 저번 집보다 훨씬 편리한 장소였다. 전직 강사였던 에이브릴은 방콕 신학교에서 방과 후 수업을 진행해도 된다는 인가를 받았다. 목회자들이 더 많은 훈련을 받아 자격을 업그레이드 하는 수업이었다. 마침내 베넷 가족은 이제 장기간 일을 할 수 있도록 정착할 수 있게 되었다고 생각했다.

그때 뉴질랜드에서 편지가 한 통 도착했다. OMF 뉴질랜드 협회가 만장일치로 채택한 결의안이었는데, 그 내용인즉슨 앨런이 뉴질랜드 OMF의 대표가 되어야 한다는 것이었다. 앨런과 에이브릴은 어떻게 답변해야 할지 확신하지 못했다. 자신들이 하고 있던 일을 그만두는 것은 시기상조이자 비생산적인 일인 것 같았다.

그들이 편지를 받았을 때는 평신도 리더 합숙 수련회가 한창 진행 중이었다. 그날 저녁 이들은 요한복음 14장부터 17장까지 읽고 토론했다. 태국인

한 명이 이제는 더 이상 세족식을 하지 않는 이유가 무엇인지 물었다. 앨런은 지금 바로 서로 발을 씻겨주면 어떻겠냐고 제안했다. 한센병을 앓아보지 않은 사람이 한센병으로 변형된 발을 씻겨주는 광경 등 강렬한 감격의 시간이었다.

예배가 반쯤 진행되었을 때 문이 벌컥 열리더니 한 여자가 화를 내며 들어왔다. 에이브럴은 그녀를 진정시키고 의자에 앉도록 했다. 그녀는 인근 지역 사람인데 자신의 기독교인 남편의 단점에 대해 베넷 부부에게 따지려고 50km를 운전해 왔다고 했다. 그런데 세족식을 바라보고 있던 그녀는 울기 시작했다. 결국 그녀는 비록 부부 관계는 힘들지라도 주 예수 그리스도의 이름으로 헌신하기로 하고 집으로 돌아갔다. 그리스도께서 그녀가 평안과 기쁨을 누리도록 해주실 것이었다.

어쩐지 그날 저녁의 일은 앨런과 에이브럴에게 생생한 비유로 다가왔다. 그들은 혼란스러웠지만 뉴질랜드 협회의 결정에 따를 수 있었다. 하나님께서 그들과 태국 신도들을 위한 길을 열어주실 것이었다. 베넷 부부는 평신도 훈련 프로그램을 독일인 동료 울리케 슈눌레에게 맡길 수 있었다. 그는 영구적인 L.I.F.E. 센터 건물이 건축될 수 있도록 했던 사람이다. 그들은 당시에는 몰랐지만 베넷 부부는 10년이 지난 후 이 사역으로 다시 돌아오게 된다.

하지만 앨런과 에이브럴은 그들이 뉴질랜드로 향하기 직전 뉴질랜드행을 2년 정도 미루고 방콕으로 가서 다시 활동 지역 감독으로 일해달라는 요청을 받았다. 다시 한 번 갑작스럽게 이사를 했고 태국 수도의 작은 타운하우스에 온 가족을 구겨 넣었다. OMF 사무실에서 차로 20분밖에 걸리지 않는 곳이었지만 끔찍한 교통 체증과 정기적인 홍수로 인해 한 시간은 족히 걸릴 때가 많았다. 때로 정권이 갑작스럽게 바뀌거나 정치 시위로 인해 통행이 위험해질 때도 있었다. 에이브럴이 방콕 신학교에 강의를 하러 가거나 앨런이 OMF 사무실이나 FEBC로 가는 길이 몇 시간씩 걸릴 때도 있었다. 지역 신문은 방콕의 주민들이 출퇴근하는 데 반나절을 소모하고 있다고 주장했다. 공감이 가는 말이었다. 베넷 부부의 아이들은 부모가 느꼈던 피로감에 대해 이렇게 묘사했다. "그렇게 힘들다 해도 그것에 대해 과연 무엇을 할 수 있을까?"

앨런과 에이브럴은 하나님께서 탈출구가 되어주실 것을 신뢰해야 한다고 생각했다. 그건 바로 OMF 사무실과 가까운 곳을 찾아보는 것이었다. 알맞은 곳이 몇 군데 되지 않았다. 사무실 근처에는 사유지 공원과 나이트클럽이 들어 있는 복합 건물, 매춘굴, 남성 전용 호스텔이 있었다. 그 어느 것도 가족이 살 수 있는 집으로 사용될 수 있는 선택지는 아니었다.

그런데 주님께 어려운 일이라는 것이 있었던가? 이 수사적인 질문에 대한 대답은 "아니요."일 수밖에 없다. 1991년 7월 11일 자정쯤 에이브럴은 OMF 사무실의 맞은편 차선을 따라 운전하고 있었다. 나이트클럽 문지기 몇 명이 다음과 같이 쓰여진 판자를 못을 박아 걸고 있었다. "임대 중." 그녀는 잠시 멈춰서 세부적인 부분을 물어보았다. 나이트클럽과 그에 딸린 숙박 시설이 당시 에이즈의 공포 때문에 문을 닫는다고 했다. 그런 곳에 산다는 걸 생각만 해도 에이브럴은 섬찟했다.

앨런과 에이브럴은 결혼식 때 책을 한 권 선물 받았다. 『일용할 빛(Daily Light)』이라는 제목이었는데 그날그날의 성경 구절을 선별하여 묶어놓은 작은 책으로, 한 해 분량이었다. 베넷 부부는 종종 그 책을 이용했는데, 하나님 앞에 특별한 기도 제목을 내어 놓은 날짜를 쓰고 받은 응답을 정리하는 식이었다. 에이브럴이 『일용할 빛』을 펴서 7월의 그 날짜를 찾았을 때 그녀가 읽은 구절은 이것이었다. "내가 네게 명령한 것이 아니냐 강하고 담대하라."(여호수아 1:9) 그 나이트클럽 부지는 상태가 너무 끔찍해서 도저히 앨런에게 이야기를 꺼낼 수도 없었다. 태국 교회의 성장은 주로 (한센병 환자들처럼) 태국 사회에서 소외된 자들을 위주로 해서 이루어진 것이었고, 그 세월이 지난 후 태국에서 교회는 마침내 존경을 받는 위치에 올랐다. 아무리 생각해도 이 지저분한 나이트클럽은 결실 있는 사역을 펼치는 데 걸맞은 조건을 갖춘 곳이 아니었다.

그렇다고 해도 여하간 에이브릴은 땅 주인을 만나러 갔다. 그는 그녀가 그 부지에 대해 관심을 보이는 것에 놀랐다. 그는 그녀를 내쫓아버리려고 말도 안 되는 액수를 제시하는 반응을 보였다. 『일용할 빛』은 이렇게 말했다. "우리가 우리 하나님께 기도하며 그들로 말미암아 파수꾼을 두어 주야로 방비하는데."(느헤미야 4:9)

에이브릴은 뉴질랜드에 있는 기도의 동역자들에게 협조를 요청했고 네 명의 자녀와도 상의했다. 뉴질랜드에서 대학에 다니는 둘은 신이 나서 말했다. "우리 기독 학생 연합에서는 대만의 매춘굴이 불타버리도록 계속 기도했어요." 필리핀의 국제 학교(Faith Academy)에 다니는 막내는 이렇게 말했다. "불태우는 대신 거기서 사는 것이 훨씬 현명해요!" 그는 또 이렇게 편지를 썼다. "한번 해봐요, 엄마. 우리가 언제 번듯한 집에 살았던 적이 있었나요?"

에이브릴은 방콕의 OMF 사무실 직원 중 태국인 직원에게 와서 봐달라고 했다. 그는 그 생각을 듣고 아연실색했으며 그런 생각은 모두 접으라고 강경하게 말했다. 『일용할 빛』은 다시 한 번 그녀를 독려했다. "믿음이 없어 하나님의 약속을 의심하지 않고 믿음으로 견고하여져서 하나님께 영광을 돌리며"(로마서 4:20) 주님께 너무 어려운 일이라는 것이 있던가?

에이브릴은 마침내 앨런에게 이 선택지에 대해 말했다. 감사하게도 그는 상식적으로 말도 안 되는 그런 부분도 모두 기쁘게 받아들였다. 그들은 함께 땅 주인을 찾아갔다. 다음 한 달간 그들은 그와 흥정을 했고 매달 임대료를 38,000 타이 바트(1,520 US 달러)에서 8,000 타이 바트(320 US 달러)로 낮추었다. 나이트클럽은 재개장했고 남성용 호스텔은 여전히 성업 중이었지만, 9월 1일부터 베넷 가족은 이전에 매춘굴이었던 곳에 살게 되었다.

그들은 객실을 돌아 집으로 가는 길을 위해 기도를 했고, 호스텔과 침실 사이에 있는 틈구멍을 막았으며 거실의 모든 커튼을 없애버렸다. 그들이 뭘 하고 있는지에 대해 추한 소문이 도는 것을 완전히 차단하고자 하는 의도도 있었지만 엄청난 크기의 생쥐가 출몰하는 것을 막으려는 목적도 있었다. 그 쥐는 어찌나 큰지 그들이 키우던 용감한 샴고양이도 슬그머니 꽁무니를 빼버렸다. 한번은 다른 선교 그룹의 직원들이 방문했는데, 나이트클럽 문지기들이 그들의 차 문을 힘차게 열더니 전문가적인 침착함을 유지하면서 베넷의 집으로 안내해주었다는 이야기를 듣고 그들은 배꼽이 빠지게 웃었다. 문지기들은 또한 베넷 부부의 딸들이 안전하게 드나들 수 있도록 배려해주기도 했다. 어쩌면 그 집은 태국에서 가장 안전하다고 느껴졌던 집이었다.

위층 호스텔 옆 침실 사람들이 돌아오자 이른 저녁부터 시끌시끌해졌다. 합판으로 만든 벽은 흔들거렸고 나사로 고정해놓은 문 손잡이도 정기적으로 삐걱거리는 소리를 냈다. 이에 베넷 부부는 음악과 찬송이라는 무기로 대항했다. 곧 다른 세입자들이 에이브릴에게 별명을 붙였는데, "행복한 아줌마"였다.

어느 날 저녁, 앉아서 밥을 먹고 있는데 창문에 사람들의 발이 나타났다. 다음에는 다리가 보였고, 이어서 전신이 다 보였다. 방범창을 타고 내려온 것이었다. "실례하지만 영어 숙제를 좀 도와주실 수 있을까요? 야간 학교에 다니고 있거든요." 그들은 이렇게 물었다. 그중 낯익은 청년이 하나 있었다. 혹시 덴샤일까? 딸들은 그를 바라보았다. 그랬다. 그는 분명 덴샤였다. 몇 년 전 앤티 소드라는 할머니가 있었는데 극빈층에다 한센병으로 인한 기형을 가진 분이었다. 그런데 이분이 쓰레기 더미에 버려져 죽어가고 있는 아기를 발견했다. 그녀는 아기를 집으로 데려와서 주님의 이름으로 키웠다.

그런데 덴샤는 결국 앤티 소드에게서 등을 돌렸다. 일이 그렇게 된 것은 그들과 알고 지내던 베넷 가족이 사찰 경내로 소풍을 갔던 때였다. 베넷 가족은 오래전부터 그런 장소가 사람들을 만나기에 좋다는 것을 알고 있었다. 사람들이 많이 모여서 주일 학교 수업을 하기에도 좋은 장소였다. 그날 그들은 덴샤를 보았고 그가 방콕에 있는 공업 학교에 들어갈 수 있도록 도와줄 수 있었다. 그는 얼마간은 앤티 소드와 연락을 하며 지냈고 심지어 적은 액수지만 돈을 보내주기도 했다. 그런데 그러던 그가 사라져버린 것이었다.

그리고 지금 덴샤는 베넷 가족의 식탁 앞에 서 있었다. 하나님의 전능하심은 천만 명이 사는 도시에서도 그가 가는 길을 어김없이 찾아내셨고 마침내 여기까지 오게 하신 것이다. 그는 이 사실이 믿기지 않아서 그저 바라보고 있었는데, 앨런의 팔이 자신을 감싸고 꼭 껴안아주고 있다는 것을 깨달았다. 그들은 영어 숙제는 까맣게 잊은 채 이렇게 다시 만나게 된 것을 축하했다. 덴샤는 그 호스텔에서 처음으로 친구들에게 하나님에 대해 털어놓았다. 자신이 진정으로 믿고 사랑했던 바로 그 기독교의 하나님 말이다. 그는 앤티 소드에게 다시 돈을 부치기 시작했다. 앨런은 그가 제자리로 돌아올 수 있도록 도왔다. 현재 덴샤는 진정한 목회자의 마음을 지닌 그리스도인 평신도 지도자이다. 예전에 매춘굴이었던 곳에 살기로 한 베넷 가족의 담대한 결정은 그만한 가치가 있는 것이었다.

너무 빨리 1993년 2월이 되었다. 이 가족이 열한 번째로 이사를 해야 하는 때가 온 것이다. 이번에는 뉴질랜드로 돌아가는 것이었다. 당시 뉴질랜드의 한 대학에서 일하던 브라이든 로이스와 캐리 로이스 부부가 집을 하나 찾아냈는데, 기가 막힌 위치에 있는 허름하고 오래된 빌라였다. 당시 집주인은 건물 시세 폭락으로 파산을 했고 급하게 떠났다고 했다. 그때부터 앨런과 에이브럴은 집 문제에 대해서 라면 자녀들의 판단을 완전히 신뢰하게 되었다. 어쨌거나 베넷 가족은 자신들이 어디에도 살 수 있다는 것을 이미 증명해 보인 바 있었다. 이 기회는 복음의 전진을 위한 또 하나의 모험일 것이었다. 온 가족은 도전할 준비가 되어 있었다. 함께라면 무엇이든 할 수 있다.

22. 오해-하나님의 응답

손창남과 그의 아내 실비아는 인도네시아에서 섬기고 있는 한국인들이다. 1992년 작은 영어 동아리로 시작한 그들의 단체는 시간이 흘러 죠이 선교회(JOY Fellowship)라는 이름의 대규모 학생 선교회가 되었다. 1996년 그의 가족은 인도네시아 학생 몇 명을 한국으로 데려와 대규모 학생 선교 대회인 선교 한국(Mission Korea)에 참가시키기를 희망했다.

1996년 6월의 어느 날, 가자 마다 대학(Gajah Mada University) 학생인 세라는 나에게 급하게 할 말이 있다며 죠이 선교회 사무실에 오겠다고 말했다. 나는 그녀가 무슨 말을 하고 싶은지 전혀 몰랐다. 그녀는 도착하자마자 나에게 아버지께서 여행 가는 걸 걱정하신다는 이야기를 꺼냈다.

"팍 손("팍(Pak)"은 경칭으로 영어의 선생님("sir" 혹은 "Mr")에 해당하는 인도네시아어이다), 어제 아버지와 한국에 가는 계획을 가지고 얘기를 나누었어요." 세라는 말했다. "아버지는 저에게 여름 방학 동안 한국에 간다면 졸업 논문을 어떻게 마칠 것인지 물어보셨어요. 저는 깨달았죠. 그렇게 되면 분명 논문쓸 시간이 없을 거예요. 아무래도 이번 여름에 가는 건 포기해야 할 것 같아요."

손창남, 인도네시아

세라는 8월에 있을 선교 한국에 참가하기로 선정된 세 명의 죠이 선교회 학생들 중 한 명이었다. 나는 그녀가 자신의 어려움에 대한 얘기를 처음 꺼냈을 때는 그런 기회를 포기하는 것은 말도 안 된다고 생각했다. 그런데 점차로 나는 그녀의 입장을 이해하게 되었다. 나는 그녀에게 자기 대신 누가 가면 좋겠는지 물었다. 세라는 즉각 오핀을 추천했다.

오핀은 누구보다도 한국에 가고 싶어 했다. 그뿐 아니라 그녀는 사실 선정될 수 있는 자격이 충분했다. 학생들은 한국에 가는 세 명의 학생을 뽑기 위한 선발 과정을 준비했다. 오핀은 다섯 학생 중 3위에 랭크되었다. 세라는 2위였다. 하지만 세 명 안에 남학생을 포함시키기 위해 4위에 랭크되었던 위위트가 선정된 것이었다. 오핀은 실망했다. 나는 세라가 나와 함께 있을 때 오핀에게 전화를 걸어서 세라가 논문 때문에 한국에 갈 수 없을 것 같다고 말했다. 오핀이 대신 가고 싶어 할까? 오핀은 열정적으로 대답했다. "네, 그럼요!" 그녀는 바로 대답해주었다. 세라가 사무실을 나간 후 나는 문제가 해결되었다고 생각했다. 사실은 이제 문제가 시작된 것이었다.

이후 나는 죠이 선교회 리더 모임이 끝나고 집에 돌아와 잠자리에 들었다. 이제 막 잠들려고 할 때쯤 전화가 울렸다. 죠이 선교회 리더 중 한 명의 전화였다. 늦은 시간이었기에 무슨 급한 문제가 있는 것이 틀림없다는 건 알았지만 좀 혼란스러웠다. 방금 전 리더 모임에서 오랜 시간에 걸쳐 관련된 모든 문제들을 논의했기 때문이었다.

그는 무언가 중요한 할 말이 있는 듯했지만 전혀 급하지 않은 소소한 문제들만 계속 얘기했다. 시간이 좀 흐른 후에도 그가 좀처럼 본론으로 들어가지 못하자 나는 그에게 단도직입적으로 물었다. 이렇게 늦게 전화한 이유를 말이다. 그제서야 그는 나에게 진짜 이유를 말해주었다. "팍 손, 세라가 사실 한국에 가고 싶어해요."

나는 살짝 혼란스러웠다. 나는 그에게 그날 아침에 있었던 세라와의 대화를 이야기해주었다. "나도 어제만 해도 세라가 한국에 가고 싶어 하는 걸로 알고 있었어요. 그런데 오늘 아침에 우리가 만난 후 이제는 오핀이 대신 가는 걸로 되어 있죠." 나는 그에게 설명했다. "세라에 대해서는 걱정할 필요 없어요. 이미 늦었으니 일단 자고 내일 만나서 이야기하죠."

나는 전화를 끊었다. 다시 잠들려고 하는데 또 전화가 울렸다. 이번에는 당시 죠이 선교회 회장님이었던 디토였다. 그도 같은 문제를 논의하고 싶어 했다.

"세라는 사실 한국에 가고 싶어해요." 그도 주장했다.

나는 다시 한 번 그에게 세라와 내가 나눈 대화를 말해주었다. "오해가 있었을 거예요." 전화를 끊기 전 그는 여러 번 이렇게 말했다. 그때 나는 완전히 혼란스러워졌다. 맨 처음 든 생각은 이 두 학생이 자기 일에나 신경을 써야 하지 않을까 하는 것이었다.

나는 마음속으로 한국에 누가 갈지를 결정한 선정 과정에 대해 다시 한 번 생각해보았다. 결정을 내린 것은 내가 아니라 인도네시아 학생들이었다. 내가 결정을 내린다면 너무 주관적이라거나 편애한다는 소리를 들을 수도 있을 것 같아서 학생들에게 직접 결정하라고 말했다. 그때 세 학생을 보낼 수 있을 정도의 돈이 있었지만 나는 학생들에게 추가로 기부금이 좀 더 들어올 수도 있으니 다섯 명을 뽑아달라고 요청했다. 그들은 직접 돈을 마련할 수 있는 입장이 아니었다. 당시 사립 대학교 등록금이 대략 학기당 100 US 달러였는데 한국에 가는 비용은 1인당 1,000 US 달러였다. 그런 기회를 마다할 학생은 아무도 없었다.

학생들은 다섯 명의 최고 후보를 선정하고 그들을 1위에서 5위까지 정하는 기준을 세우는 데 있어 엄청나게 성숙한 모습을 보여주었다. 70명가량이 활동하고 있는 회원 가운데에서 한국에 갈 학생을 뽑는 것은 사실 상당히 힘든 일이었다. 누구든 그런 장학금을 원할 것이기 때문이다. 내가 그들에게 했던 단 한 가지 제안은 대표에 남녀 학생이 모두 포함될 수 있도록 해달라는 것이었다.

학생들은 여학생 세 명과 남학생 두 명을 뽑았다. 여학생 세 명은 모두 뛰어난 친구들이었다. 다섯 모두 비교적 영어를 잘 구사할 수 있었고 탁월한 지도자의 자질을 가지고 있었다. 한국으로 떠날 수 있는 대표단에 남녀 학생이 모두 포함되도록 하기 위해 오핀이 젊은 청년 위위트를 위해 자리를 내주어야 했다. 나는 선정된 세 명의 학생들에게 최대한 빨리 여권을 준비하라고 말했다. 자카르타의 한국 대사관에 여권을 보내서 한국 비자를 신청하려면 시간적 여유가 많지 않았다.

이 모든 과정은 공개적으로, 그리고 합의에 의해 이루어졌다. 그래서 늦은 밤에 걸려온 두 통의 전화는 더욱 당황스러운 것이었다. 그때 갑자기 생각이 떠올랐다. 어쩌면 세라가 한국에 갈 수 없다고 말한 이유가 논문 때문이 아니라 오핀이 실망한 것에 마음이 쓰이고 심란해져서 그런 것일 수도 있겠다는 생각이었다. 그게 그런 것이라면 내가 세라의 말을 인도네시아 문화적 맥락 속에서 이해하지 못한 것이었다. 인도네시아 문화에는 바사바시(basa-basi)라는 것이 있는데, 사람들과 소통할 때 직설적으로 하지 않음으로써 예의를 갖추는 것이다.

문화적 양태를 염두에 두고 세라와 나 사이의 대화를 다시 한 번 떠올려보자 퍼즐의 조각이 제자리에 맞아떨어지는 느낌이었다. 세라가 나를 찾아왔을 때 바사바시의 방식으로 이야기를 했다면 그건 바로 오핀의 불운 때문에 마음이 매우 편치 않다는 말이었다. 오핀이 점수가 더 높았음에도 선정되지 못한 것은 단지 대표단에 남학생이 필요했기 때문이었다. 그래서 (점수가 살짝 낮은) 위위트가 선택된 것이었다. 오핀은 분명 자신의 셀 그룹에게 자신의 실망감을 피력했을 것이다. 따라서 세라는 오핀이 그렇게 슬픈데 자신은 행복한 상황이 견디기 힘들었을 것이다.

나는 세라가 나에게 온 목적이 어떤 종류의 확인임을 깨달았다. 그녀는 아버지의 염려에 대해 말했지만 그것은 그녀가 진정 나에게 전달하고자 하는 말이 아니었다. 그녀는 내가 조금 다르게 반응하길, 말하자면 다음과 같이 애기해주기를 바란 것이다. "너 무슨 말을 하고 있는 거니? 다들 너에게 투표했어. 그렇지 않니? 논문 때문이라면 한국에 가도록 해. 열심히 한다면 돌아와서 해도 마칠 수 있어."

문제는 생각 없는 외국인인 내가 바보같이 그 행간을 읽지 못했다는 것이다. 말하자면 문화적 차이를 고려하지 않은 것이다. 나는 세라의 말을 그저 액면가로 받아들이고 신속하게 세라를 빼버린 후 오핀을 그 자리에 끼워넣었다. 분명 세라는 크게 상처를 받았을 것이었다. 그걸 그녀의 친구들이 듣고는 용기를 내어 나에게 전화를 걸었을 테다. 세라의 진짜 의도를 설명해주기 위해서 말이다.

마침내 나는 그들이 나와 면대면으로 이야기하기까지 기다리지 않고 늦은 밤에 전화한 이유를 깨달았다. 그들은 내가 이런 식으로 실수를 하리라고 이미 예측했던 것이었다. 하지만 이제는 나에게 문제가 생겼다. 나의 결정을 거두어들이고 세라를 팀에 다시 넣기에는 너무 늦었다. 오핀에게 했던 말을 되돌릴 수도 없었다. 그런데 돈은 세 명분밖에 없다. 설사 세라를 네 번째 멤버로 받아들일 수 있도록 자금이 들어온다고 해도 그렇게 되면 다섯 번째 마틴을 빼놓는 것이 영 껄끄러울 것이다. 마틴은 위위트와 간발의 차이로 5위에 랭크된 젊은이이다.

모든 게 뒤죽박죽이었다! 두 명을 더 데려갈 자금이 어디서 들어온단 말인가? 생각하면 할수록 나는 더욱 체념했다. 상당히 지친 나는 잠을 좀 자고 싶었지만 나의 바람은 모두 허사였다. 나는 밤새도록 뒤척이며 잠들지 못했다.

다음 날 아침 나는 성경을 펴서 하나님의 말씀을 묵상했다. 그날의 말씀은 마태복음 7장 7절에서 8절이었다. "구하라 그리하면 너희에게 주실 것이요 찾으라 그리하면 찾아낼 것이요 문을 두드리라 그리하면 너희에게 열릴 것이니 구하는 이마다 받을 것이요 찾는 이는 찾아낼 것이요 두드리는 이에게는 열릴 것이니라." 이 구절은 나에게 많은 용기를 주었다. 하나님께서 후원자를 주신다면 내 실수를 만회할 수 있을 것이었다.

기도하는 중에 신 교수님이 떠올랐다. 한국의 국립 세무 대학(NTC)에서 내가 참여했던 기독교 동아리를 맡아주셨던 분이었다. 그분은 과거에 내가 NTC에 있을 당시 정말로 필요로 했던 때에 하나님께서 나를 도우라고 보내주신 사람이었다. 나는 한국에서의 본국 사역 기간에 그를 만났던 것이 기억났다. 그는 나의 인도네시아 사역에서 무엇이든 자신이 도울 것이 있다면 자신에게 전화하라고 말했었다.

그에게 전화하기 전 나는 하나님께 기도했다. "하나님, 신 교수님께 전화하려고 합니다. 저는 이 돈이 필요하다는 것을 말씀드리지 않을 겁니다. 제 대신에 그분께 얘기 좀 해주세요. 그분의 주도하에 세라와 마틴을 후원할 수 있도록, 그래서 그 아이들이 이번 여름에 한국에 갈 수 있도록 해주세요."

기도 후 나는 신 교수님께 전화를 걸었다. 그는 내 목소리를 듣고 반가워했다.

"손 선생님. 어디서 전화하시는 것인가요?" 그는 물었다.

"인도네시아에서요. 8월에 한국 갑니다." 나는 대답했다.

"무슨 일로 오시는데요?" 그는 물었다.

"선교 한국에 참석하려고요. 인도네시아 학생들도 함께 갑니다." 나는 대답했다.

"알겠습니다." 그는 말했다. "학생 한 명당 한국에 오는 데 얼마나 드나요?"

"약 1,000달러 듭니다." 나는 대답했다.

"좋습니다. 그렇다면 제가 두 명의 학생을 위해 2,000달러 기부하겠습니다." 그는 말했다.

"오! 정말 고맙습니다!" 내가 말했다.

나는 전화를 끊고 "할렐루야!"를 외쳤다. 주님께서는 내 기도에 응답하셨고 학생들에게 공급해주셨다. 회의에 참석했던 학생들은 세계 선교에 대한 더 큰 인식과 학생 사역을 위한 더 큰 마음을 가지고 돌아왔다. 행복한 결말이었지만 나에게는 인도네시아 문화에 관한 중요한 교훈을 준 사건이었다.

한국에서 돌아온 뒤 세라는 나중에 죠이 선교회의 정식 직원으로 섬기기도 했다. 오핀은 현재 대학에서 강의하고 있으며, 위위트 또한 같은 대학에서 일하고 있다. 마틴은 고향에서 돌아가 그곳에서 일하고 있다.

23. 일본에서 받은 큰 선물

부동산이나 시설을 취득하는 것은 어느 선교 단체에게나 신앙을 키우는 경험이 될 수 있다. 1990년대 OMF 일본 현지 사무실이 도쿄로 이전하려고 했을 때 그런 경험을 했다. 주님께서는 이미 일하고 계셨으며, 일본인 신도들을 통해 특별한 기쁨의 공간을 예비해두셨다. 이 선물 이면에 들어 있는 이야기는 하나님의 능력과 사랑으로 돌보심을 드러낸다.

"우리가 도쿄로 사무실을 이전하도록 주님께서 인도하시고 계시다는 것에 대해 우리 모두가 만장일치로 합의해야 합니다." 빌 퍼니호우는 OMF 일본 현지 회의에서 이렇게 주장했다. "그렇지 않다면 우리는 이주 시도를 그만두어야 합니다. 하나님 뜻이 아니라면 이건 너무 무리한 일이에요. 우리 모두가 동의하지 않는다면, 그리고 우리 모두가 의지를 가지지 않는다면 엄청난 난국이 뒤따를 수도 있어요."

1990년이었다. 중국 내지 선교회 회원들이 중국에서 사역을 펼칠 수 없게 되어 일본에서 선교 사역을 개척한 지 거의 40년이 되는 때였다. 맨 처음에는 일본 북부에 행정 사무실이 생겼다. 당시 교회 개척을 위한 노력이 한창이던 곳과 가까운 위치였다. 하지만 40년이 지난 지금은 일본의 수도이자 남쪽으로 550마일가량 떨어진 도쿄에 근거지를 만들 필요가 커지고 있었다.

이주를 막는 장애물은 많았다. 도쿄의 땅이나 알맞은 건물은 엄청나게 비쌌고 현지의 예산을 모두 해서 몇 년치를 모아도 턱없이 모자랐다. 부지 개발에 관한 규제 법안도 매우 복잡했다. 지진과 화재에 잘 견디도록 기준에 부합하는 건물 규정을 만족시키는 것 또한 까다롭고 비용이 많이 드는 일이었다.

많은 기도와 논의 끝에 모두 눈을 감았다. 이주에 반대하는 사람들은 손을 들라고 했다. 빌 퍼니호우는 여러 명이 손을 들 것이라 예상했다. 아무도 손을 들지 않았다. 결정은 내려졌다.

도쿄와 인근 지역의 부동산에 대해 이루어졌던 조사는 아무 소득이 없는 것으로 밝혀졌다. 해당 건물이 너무 멀리 있어서 시내나 교통 요지에 가려면 너무 멀거나 천문학적으로 비쌌다. 당시 도쿄에는 OMF가 이미 소유하고 있던 작은 건물이 하나 있었는데, 그걸 판다고 해도 필요한 금액의 일부만 조달할 수 있을 뿐이었다.

이 팀이 하나님의 인도를 곡해한 것이었을까? 신앙을 시험하는 순간이었다. 전 세계의 친구들이 함께 기도했다. 그러던 어느 날 뜻밖에 설레는 소식이 날아들었다. 이치카와에 사는 유키야 부인이 OMF에 큰 규모의 땅을 제공했다는 것이었다. 이치카와는 도쿄의 위성 도시로 동쪽에 있었다. 그곳에서 도쿄 중심지까지는 지하철로 연결되어 있었는데 20분 정도밖에 걸리지 않았으며, 국제선 공항과 국내선 공항 사이의 편리한 위치였다. 부지의 가치는 대략 700만 달러였다. 게다가 그곳 일부 지역에서는 아직 공식적으로 등록하지는 않았지만 이미 교회 모임이 이루어지고 있다고 했다. 유키야 부인은 특별히 OMF가 그 교회의 목회적인 부분을 맡아서 교회의 미래를 보장해주기를 간절히 원하고 있었다.

이 선물의 이면에는 놀라운 이야기가 있었다. 유키야 부인은 살아오는 동안 두 번 기독교 신앙을 접한 적이 있었다. 어린아이였을 때 영국에서 온 선교사로부터 예수님의 이야기를 들었다. 몇 년 후 엄마가 된 그녀는 교회에 나가기 시작해서 1946년 세례를 받았다. 하지만 그녀는 나중에 말하길 당시 자신은 주 예수를 통한 구원에 대해 아무 이해도 없었다고 했다. 그녀의 시가에서는 그녀가 기독교인으로서 세례를 받았다는 소식에 충격을 받았다. 그들의 압박에 못 이긴 그녀는 결국 가족이 대대로 섬겨온 전통 종교를 받아들였다.

1965년 그녀의 외아들 도지로가 죽었다. 23세의 나이로 이미 유명 카레이서였던 그는 트랙을 어슬렁거리던 두 사람을 피하려다 사고를 당했다. 유키야 부인은 슬픔으로 인해 죄책감에 사로잡혔고 나중에는 건강도 망가졌다. 10년이 지난 1975년 유키야 부인의 남편도 죽었다. 이로부터 얼마 후 그녀의 집이 불타버리는 사건도 발생했다. 자신의 집을 집어삼키는 화염을 깊은 절망 속에서 바라보던 그녀는 신에게 외쳤다. 처음에는 자신이 생각할 수 있는 신이란 신은 모두 다 불러보다가 다음으로 그리스도 하나님께 소리쳤다.

옆에는 딸 아사에가 있었는데, 그녀는 몇 년 전 뉴욕에 국제 학생으로 있을 때 벌써 세례를 받은 그리스도인이었다. 아사에가 기도하자 유키야 부인도 자신이 잘 모르던 하나님을 부르며 외쳤다. 유키야 부인에게 음성이 들렸다. 그녀는 그것이 주 예수님의 목소리임을 당장 알 수 있었다.

그는 그녀에게 그녀의 기도가 응답 되었으며 아무도 상처 입지 않을 것이라는 확신을 주셨다. 그리고 그는 그녀를 용서해주실 것이며 새로운 삶을 주실 것이라고도 말씀하셨다.

불타버린 집 옆에는 도지로의 레이싱 카 두 대가 있었다. 그는 죽기 전에 이미 레이싱계의 전설이 되었기 때문에 그의 사후에도 사람들은 그의 차와 트로피를 구경하러 왔다. 놀랍게도 차와 트로피는 전혀 불길에 상하지 않았다. 얼마 후 유키야 부인은 새 집을 지었다. 거기에는 소중한 차들을 위한 설비를 완벽히 갖춘 전시실이 있었고, 그 위에는 기독교식 예배를 드리기 위한 집회장을 만들었다. 화재 직후 아사에는 집 앞 담장을 따라서 성경 말씀을 적었다.

"수고하고 무거운 짐 진 자들아 다 내게로 오라 내가 너희를 쉬게 하리라."

(마태복음 11:28) 도지로의 차를 보러 온 사람들이 그 구절에 대해 물어보면 유키야 여사와 그녀의 딸은 지치지 않고 그들 모두에게 복음을 전했다. 차를 보고 싶은 사람은 먼저 예배에 참석해야 한다고 주장했을 때도 있었다. 얼마 지나지 않아 차들은 다른 건물로 옮겨 갔고 이전에 전시실이었던 공간은 그 위에 있는 집회장과 함께 기독교식 예배와 전도, 훈련에 사용되었다.

교회 운영에 관해서는 유키야 부인도 아사에도 아는 것이 없었지만 수많은 설교자들이 정기적으로 교회를 방문했다. 그들은 모두 탁월한 재능과 풍부한 경험을 가진 이들이었다. 빛나는 교회(Chapel of Adoration) 집회도 탄탄하게 정착되었다. 개중에는 "도지의 팬클럽 회원"이었다가 신앙을 갖게 된 이들도 있었다. 이들은 애초에는 여러 자동차 잡지의 요구로 결성되었던 조직이었다. 팬클럽 회원들의 이러한 회심은 몇 년 후 일본 여러 지역에 사는 다른 가족들의 변화를 불러왔고, 그중에서 목회자도 여럿 배출되었다.

하지만 문제가 한 가지 있었다. 유키야 가족이 정부로부터 종교 시설 인가를 받을 수 없었던 것이다. 그들은 장기적인 관점에서 교회의 지위를 보장하고 싶어 했지만 교회 등록이 안 되면 매우 어려울 것이었다. 특히 종교 시설로 등록되지 않으면 유키야 부인 사후 교회와 교회가 세워진 부지에 대해 무거운 세금이 부과될 것이었다.

1991년 말 어느 주일이었다. 뉴질랜드의 OMF 회원인 워렌 페인은 어느 일본인 기독교 지도자 대신에 결혼식을 집전하고 있었는데, 그가 그날 중복해서 약속을 했다는 걸 알게 되었기 때문이었다. 이어서 워렌은 몇 주 후 그 교회에서 초청 설교를 하게 되었다. 그날 회중 속에는 고이치 오타와가 있었다. 그는 국제 복음주의 학생 협의회(International Fellowship of Evangelical Students)의 동아시아 지역 간사이자 OMF 일본 지역 이사회의 회원이었다.

일본 도쿄의 OMF 사무실

그는 또한, 놀랍게도, 도지로의 어릴 적 친구이기도 했다. 그렇게 하여 하나님의 사랑의 섭리 속에서 이어진 인연으로 유키야 부인은 OMF 리더들과 만나게 되었고, 그녀가 기부한 땅이 OMF의 필요를 충족시키게 되었다.

OMF가 예배당 등록과 목회자 선임을 준비하는 일을 맡아서 유키야 부인이 지고 있던 마음의 짐을 덜게 되었다. 주님께서 수많은 기도자들에게 응답하시는 방식이 얼마나 아름다우신지! 그리하여 1992년, 그 부지를 OMF의 손으로 옮기는 길고도 복잡한 과정이 시작되었다.

유키야 가족은 자신들이 살아갈 새 집을 위해 땅의 일부를 계속 소유했다. 교회를 비롯해 토지로의 자동차를 위한 박물관도 그 자리에 그대로 있었다. 다양한 법적 요건을 갖추기 위해 몇 년 후에야 개발 작업이 시작되었다.

건물을 짓기 위한 모든 것이 제자리에 갖추어졌을 때, 일본의 불황이 시작되었다. 결과적으로 건축 회사는 이전 경우보다 낮은 가격으로 작업을 했다. 주요 구조물이 거의 완성되었을 때 아홉 개 나라에서 자원봉사 팀이 와서 내부 인테리어 작업을 해주었다. 그 팀 덕분에 많은 돈을 아낄 수 있었다. 그 팀원들의 삶 자체도 크게 변화했으며 또한 방문객들을 위해 통역을 해주던 사람들과 지역 소매상인들이 그리스도인들의 합력하여 선을 이루는 방식을 보고 그를 증거하는 놀라운 기회가 되기도 했다.

마침내 1999년 9월 27일 기쁨에 찬 개관식과 감사로 가득한 축하 행사가 열렸다. 새로 지은 두 채의 3층짜리 건물의 공식 개관이었다. 한 건물에는 OMF 지역 이사회 사무실과 강당이 들어섰다. 다른 건물에는 종신 직원을 위한 네 채의 아파트와 손님용 숙박 시설, 그리고 다른 시설들이 있었다. 하나님께서는 "우리가 구하거나 생각하는 모든 것에 더 넘치도록"(에베소서 3:20) 공급해주셨다. 유키야 부인은 건축이 시작되는 것은 보았지만 건물이 완공되는 것은 보지 못했다. 1999년 2월 그녀는 세상을 떠났다.

빛나는 교회(Chapel of Adoration)와 도지로의 박물관을 포함해 그녀에게 소중한 많은 것들의 미래를 안심할 수 있게 되었다는 생각에 그녀는 자족했다. 그녀가 자족한 상태로 눈 감을 수 있었던 또 하나의 이유는 자신이 기부한 땅이 하나님을 섬기는 일에 잘 사용되었기 때문이었다. 무엇보다도 그녀는 주 예수님을 믿는 믿음 속에서 세상을 떠났다.

빛나는 교회는 꾸준히 성장했다. 사람들이 와서 믿음을 갖게 되었고 주님 안에서 성장했다. 1990년의 지역 이사회에 참석한 사람들은 주님께 사무실 건물을 공급해주실 것을 기도했다. 주님께서는 이 기도에 응답하셨을 뿐 아니라 추가로 활기찬 교회도 하나 더해주셨다.

24. 사랑으로 그의 나라에 들어가며

신 이 테오는 싱가포르 사람으로 대만에서 사역했다. 대부분의 아시아 문화권에서는 높은 수준의 가족 충성도를 기대한다. 자녀들은 성인이 되어서도 부모를 부양하고 자신의 삶에 대한 부모의 바람을 고려한다. 이와 같이 효심을 보여주는 것은 사회의 안정에 기여할 수 있지만 또한 어려운 난관이 되기도 한다. 특히 자녀는 그리스도인인데 부모님께서는 아직 신자가 아닌 경우는 더욱 그렇다.

신 이 테오는 싱가포르에서 태어났지만 중국어를 사용하는 가족의 외동딸로 자랐다. 많은 아시아인 부모님처럼 그녀의 부모님도 그녀가 살아가야 할 방식에 대해 고정된 생각을 가지고 계셨다. 열심히 공부해서 대학에 들어가고, 좋은 직장을 얻어서 편안한 삶을 사는 것이었다. 그들은 진심으로 신 이를 위했지만 그녀가 독자적인 선택은 할 수 없도록 했다. 영국 캠브리지 대학에서 경제학을 공부할 수 있는 장학금을 받았을 때 그녀는 생각했다. "마침내 부모님의 통제에서 벗어났어! 이제 더 이상 무엇을 해라 말아라 하실 수 없을 거야."

점점 신 이는 부모님과 자신 사이에 공통점이 없다고 느꼈다. 예를 들어 그녀는 영어를 사용하는 것이 더 편했지만 부모님께서는 집에서는 중국어를 사용하셨다. 언어 문제 때문에 부모님과 깊은 대화를 나누는 것이 어려웠다. 문화나 세대 차이는 더했다. 공부를 마치고 집에 돌아와서 살게 되었지만 그녀는 부모님에게서 거리감을 느꼈다.

신 이가 대학 2학년이었을 때 예수님을 인격적으로 알게 되었는데, 이때 문제는 더욱 심각해졌다. 그녀는 필립 얀시의 저서 『내가 알지 못했던 예수(The Jesus I Never Knew)』를 통해 예수님과 복음의 근본적인 본질에 눈을 떴다. 이번이 신 이가 기독교의 가르침을 처음으로 접한 때는 아니었지만 이전에는 한 번도 특별히 그녀의 흥미를 끌었던 적은 없었다. 그녀가 어린아이였을 때 부모님께서는 그녀를 시온 성경 장로 교회(Zion Bible Presbyterian Church)가 운영하는 유치원에 보내긴 했지만 그건 그곳이 좋은 유치원이었기 때문이었지 그녀의 부모님에게 종교적 확신은 없었다. 그럼 이제 그분들은 뭐라고 말씀하실 것인가?

그녀의 어머니께서 그녀에게 언제나 주지시켰던 말이 있었다. "네가 스물한 살이 되면 네 종교를 선택할 수 있어. 하지만 광신자는 되지 말도록 하렴." 그래서 신 이는 자신이 예수님을 따르기로 했다고 부모님께 말씀드렸을 때 아무 문제 없을 거라고 생각했다. 하지만 놀랍게도 아버지의 반응은 강경했고,

우시기까지 했다. 그녀는 아버지께서 눈물 흘리는 것을 본 적이 없었다. 이번이 처음이었다. 아마 아버지께서는 자신의 어린 딸아이를 하나님과 교회에 빼앗긴다고 생각하셨던 것 같다.

대학을 마친 신 이는 급여가 높은 두 개의 직업을 연달아 가졌다. 처음에는 벤처 캐피탈 회사에서, 다음에는 통신 회사에서 근무했다. 처음에 그녀는 안전하고 편안하며 보장된 삶을 사는 것에 만족했다. 하지만 곧 그녀는 하나님께서 다른 방향으로 부르신다는 것을 느꼈다. 그녀는 싱가포르 신학교에 가야 한다고 느꼈다. 그녀의 어머니께서는 놀랍게도 이 사실을 편안하게 받아들였지만 아버지는 완강하게 반대하셨다. "우리는 부자가 아니다." 그는 이렇게 말했다. "어떻게 먹고 살 거냐? 돈을 더 벌었을 때 이걸 하는 게 어떻겠니?" 신 이에게 이 말은 또 한 번 죄책감을 들게 하는 말이었다.

신학교를 마친 후 신 이는 대만에서 선교사로 한 해를 보내기로 결정했다. 그녀의 아버지는 그녀가 예전 직업으로 돌아오기를 기대하셨다. 그녀가 무급 휴가를 떠나긴 했지만 (아마도 독실한 상사 덕분에) 통신 회사로부터 약간의 임금과 보너스를 계속해서 받고 있었기 때문이었다. 하나님의 은혜로 신 이의 부모님께서는 그녀가 과감하게 직업을 변경하는 것을 허락하셨다. (특히 아버지의) 이러한 태도의 변화는 더더욱 놀라운 것이었다. 그들의 문화에서는 성인이 된 자녀라 해도 중요한 결정을 할 때는 부모님의 승인을 받아야 하는 것으로 생각하기 때문이었다. 그리고 그에 대한 대답은 "안 돼."인 경우가 많았다.

신 이는 OMF 준회원으로 1년 일정으로 대만에 갔다. 떠나기 한 달 전 오리엔테이션 과정이 있었는데, OMF 총재인 패트릭 펑의 간증을 듣던 중 그녀는 감동의 눈물을 흘렸다. 패트릭의 아버지는 신 이의 아버지처럼 패트릭과 제니 부부가 높은 급여의 의료계를 떠나 선교사가 된다고 했을 때 불만을 가지셨다고 했다. 그는 그들이 돈을 충분히 벌지 못할 것 같아서 두려워하셨다는 것이다. 패트릭은 신실하신 주님께서 그때 이후로 계속 그들과 그들의 가족에게 공급해오신 방식에 대해 간증했다. 신 이는 자신의 부모님이 믿지 않음에도 불구하고 하나님께서는 자신의 가족에게도 신실하실 것임을 믿어야 한다는 도전을 받았다.

그녀가 떠나기 전날, OMF 싱가포르의 국내 감독 다니엘 웡이 그녀의 집을 방문했다. 신 이의 아버지는 신 이와 당신의 부부에 대해 당신이 가진 염려를 모두 쏟아놓았다. 이날 그녀는 아버지께서 우시는 것을 두 번째로 보았다. 몇 년 후 그녀의 어머니는 아버지께서 왜 그렇게 불안하셨는지 설명하셨다. 신 이가 명망 있는 캠브리지 대학에서 장학금을 받고 공부했으며 높은 연봉의 직업을 가지는 특권을 누렸는데 이제 그 모두를 내팽개치는 것으로 보였다는 것이다. 그녀와는 대조적으로 그녀의 아버지는 가난한 가정에서 자랐다. 그의 아버지는 그가 어렸을 때 돌아가셨고 그는 대학에 갈 돈이 없었다. 그는 항상 검소하게 살았다. 가난이 주는 고통을 너무나 잘 알고 있었기 때문이었다. 그런데 신 이가 아무런 보장된 수입 없이 하나님의 공급하심을 의지하여 산다고 했을 때 어떻게 그가 받아들일 수 있었겠는가?

대만에 도착한 신 이는 인구 3만 명의, 활기를 잃은 어촌 마을인 홍천에서 교회 개척 팀에 배정되었다. 그녀는 크리스틴 딜롱과 랜디 애덤스, 재닛 애덤스 부부가 이루고 있는 팀의 일원이 되었다. 크리스틴은 신 이에게 매주 부모님께 편지를 쓰라고 독려했다. 그런데 신 이가 대답하길 "나는 한자를 잘 못 쓰기 때문에 아버지가 편지를 받으시면 빨간 잉크로 한 자 한 자 고치셔서 다시 돌려보내실 거야."라고 했다. 신 이는 이것이 자신의 아버지께서 사랑을 표현하는 방식임을 동료에게 애써 설명했다. 그리고 일을 빨리 배워서 자신이 하는 일에 최고가 되어야겠다고 생각했다.

대만에서 임기를 마친 후 신 이는 하나님께서 자신이 대만에서 장기간 사역 하기를 원하신다는 확신을 가지고 싱가포르로 돌아왔다. 하지만 그녀는 이 일 이 자신의 부모님에 대한 자신의 의무와 어떻게 부합될 수 있을지 몰라서 힘 들었다. 그녀의 목사님도 이렇게 말씀하셨다. "네 부모은? 너는 외동딸인 데다 그분들은 믿지 않으시잖니. 이것이 그분들에게 최고의 간증이 될 수 있 을까?"

신 이는 하나님께 소리 내어 외쳤다. "나는 무슨 일이 일어날지 모르지만 당 신의 권능을 믿습니다. 나는 당신이 우리 부모님을 사랑하신다는 것을, 내가 사랑하는 것보다 더 많이 사랑하신다는 것을 압니다. 당신은 신실하신 하나님 이시며 그들에게 공급하실 것입니다. 이 신앙의 길을 갈 수 있도록 도와주시 옵소서."

하나님께서는 그 기도에 놀라운 방법으로 응답하셨다. 먼저 OMF 싱가포 르 지사는 선교사들이 어느 정도 부모님을 위한 예산을 지정할 수 있도록 허 락했다. 많은 돈은 아니었지만 문화적 감수성을 반영한 것이었다. 다음으로 매해 두 번의 명절 때마다 OMF 싱가포르의 직원들이 해외에 나가 있는 일꾼 들의 부모님과 가족을 찾아 뵙기로 했다. 명절 때는 가족이 모이는 것이 풍습 이었기 때문이다. 특별히 필요한 경우에는 더욱 자주 찾아 뵈었고, 말하자면 자리를 비운 자녀의 책임을 대신할 수 있도록 했다. 1년에 한 번 모든 부모님 을 초청하여 가족 감사 오찬 자리를 마련했다. 신 이의 아버지도 병원에 입원해 계셨을 때 총재로부터 쾌유를 바라는 카드를 받으셨다. OMF 가족이 보여준 배려에 신 이의 부모님은 감동을 받으셨다.

또한 신 이에게는 좋은 친구들이 있었다. 신 쳉과 그의 아내 쉬린이 신 이의 부모님을 정기적으로 방문했다. 신 이의 아버지는 그 부부와 정이 들었다. 그들이 데려오는 어린 자녀들에게도 마찬가지였다. 신 쳉은 신 이의 부모님이 교회에 나가시도록 독려하려고 노력했지만 부모님은 거절하셨다. 다음에 신 쳉이 생각해낸 아이디어는 중국어로 이루어지는 특별 행사에 자신의 어머니께서 신 이의 부모님을 초대하는 것이었다. 신 이의 부모님에게 같은 연배의 누군가가 보낸 초청장을 거절하기란 어려운 일이었다.

얼마 지나지 않아 신 이의 아버지께서는 큰 수술을 받으셔야 했다. 최소 다섯 시간 이상이 걸릴 것으로 예상되었다. 그는 걱정도 되고 두려웠다. 신 쳉은 자신의 교회에서 종양학자를 모셔와서 신 이의 아버지를 방문했다. 웡 박사님은 그에게 의학적인 조언을 해드리며 안심하시도록 해드렸을 뿐 아니라 부드럽게 복음도 전했다. "주님께 믿고 맡기세요!" 그는 간절히 말했다. "주님은 당신을 사랑하시며 당신에게 마음의 평안을 주실 수 있는 분이세요. 당신에게 용서와 새 삶을 주시려고 간절히 기다리고 계십니다." 성령님께서 이 말을 사용하셨고, 신 이의 아버지께서는 그리스도를 영접하고 교만하고 오만했던 자신을 용서해주실 것을 간구했다.

2010년 11월 아버지께서 수술을 받으셨을 때 신 이는 2주간 고향을 방문할 수 있었다. 교회 친구들과 OMF 싱가포르 사람들이 병원에 계신 아버지를 병문안하고 그가 새롭게 찾은 신앙을 격려했다. 대만으로 돌아가기 위해 싱가포르를 떠날 때 그녀는 주님께서 그녀 안에서도 무언가 특별한 일을 하셨다는 것을 깨달았다. "아버지께 작별 인사로 손을 흔들면서 처음으로 제 가슴 속에서 낯선 감정을 느꼈어요. 나는 사랑하는 이를 놔두고 떠난다는 것이 죄스럽다기보다는 슬프다는 걸 깨달았죠." 그녀는 이렇게 회상한다. "부모님께서 나이 들고 병들어 가시기 시작했던 이때가 아마도 선교사로서의 여정 중에서 가장 아프고 어려웠던 시기였을 거예요. 어쨌든 우리는 하나님을 섬기는 축복을 많이 누린 사람들이었어요. 다른 사람들은 그걸 희생으로 봤을 수도 있겠지만요. 하지만 우리들의 부모님께서는 아무 잘못도 아무 선택권도 없이 우리들의 부재로 인한 대가를 치르셨죠."

신 이의 아버지께서는 완쾌하셨고 그와 아내 두 분 모두 정기적으로 교회에 출석하셨다. 신 이의 어머니는 성경 공부 모임과 구도자 모임에도 함께하셨다. "엄마는 '우리 딸이 믿는 것이 정확히 무엇인지' 알고 싶으셨대요." 신 이는 이렇게 말했다. 그녀의 아버지께서도 성경 공부 모임에 나가셨고, 이에 신 이의 어머니는 깜짝 놀라셨다. "네 아버지가 너무 부지런하시단다."

어느 날 신 이의 어머니가 그녀에게 말씀하셨다. "매일 성경을 읽고 기도도 하시지 뭐니."

1년 후, 신 이는 다시 집에 왔다. 이번에는 부모님의 세례를 위해서였다. 신 이의 아버지는 예배 때 간증을 하셨다. "하나님께서 저의 죄를 사해주신 것에 정말로 감사드립니다. 그분은 저에게 자비를 베풀어주셨습니다. 또한 나는 병원에 있는 나를 찾아와준 교회 형제자매님들에게도 감사드리고 싶습니다." 그는 가슴에 손을 올렸고, 얼굴에는 눈물이 흘렀다. "그들의 배려와 관심에 나는 정말이지 감동을 받았습니다." 그는 흐느껴 울었다.

지금 신 이의 부모님은 매달 OMF 대만 지부를 위한 기도 모임에 참석하고 있으며 남은 생애를 주님을 섬기는 데 보내려는 열망을 가지고 있다. 신 이는 부모님께서 그리스도에게로 돌아오실 수 있도록 하기 위해 하나님께서 자신을 대만으로 보내셨다고 생각한다. "첫 번째로, 나는 중국어로 복음을 전하는 것을 배웠어요. 두 번째로, 나이 드신 분들과 함께 일을 하면서 전통적인 중국의 세계관을 이해하는 데 도움이 되었죠. 세 번째로는, 중국어로 된 많은 좋은 책들과 자료들을 접할 수가 있었고, 그것을 집에 있는 부모님께 보내드릴 수가 있었죠. 마지막으로, 내가 집을 떠나 있는 동안 교회와 OMF의 많은 분들이 우리 부모님을 위해 기도해주셨고 변함없는 사랑과 배려를 보여주셨어요."

"나는 우리 부모님께서 사랑으로 하나님 나라에 들어오시게 되었다는 것을 알고 있어요!"

25. 태풍의 축복

우리는 때로 주님께 토지나 엄청난 금액의 돈과 같이 큰 것이 아니라 낯선 곳에서 친구를 사귀게 되는 일처럼 기본적인 것을 공급해주실 것을 바라며 간구한다. 호주 사람 웬디 마샬은 태풍에 더해 밴 차량까지 고장 나자 더욱 외로움을 느꼈다. 물론 하나님의 공급하심이 아직 이르지 못했을 때의 이야기이다. 웬디가 여기에 자신의 이야기를 털어놓았다.

내 손에는 젖은 수건이 한가득이었다. 창문 아래 양동이에 물이 떨어지고 있었다. 부엌 창 밖에서는 태풍이 무섭게 몰아치는 것이 보였고, 빗물이 집 안까지 들이치고 있었다. "내일 우리 아들 유치원은 어떻게 데려다주지?" 나는 당황하기 시작했다. 다음 며칠 동안에 펼쳐질 이야기가 몰고 올 결과를 미리 알았더라면 그때 그렇게 당황하지 않았을 것이다.

도쿄에 온 지 얼마 되지 않았을 때였다. 겨우 4주 전 우리는 어린 아들 셋을 데리고 호주에서 일본으로 돌아왔다. 이 쭉쭉 뻗은 도로를 가진 대도시에는 호주 전체 인구보다 더 많은 사람이 살고 있었다. 우리 남편은 일본에 있는 국제 학교인 크리스천 아카데미 인 재팬(Christian Academy in Japan)에서 새로운 일을 시작할 수 있었다. "군중 속의 고독"이라는 말이 우리를 설명하는 딱 맞는 표현이었다. 우리는 사방에 깔린 수백만 명의 사람들에게 압박을 받고 있었지만 그중에 아는 사람은 거의 아무도 없었다.

매일 아침 남편이 출근하고 나면 힘이 넘치는 남자 애 둘에 아기까지 나 혼자 돌봐야 한다는 현실에 얼굴을 한 방 맞는 느낌이었다. 이 일을 도와줄 수 있는 가까이 사는 친구나 가족도 전혀 없었다. 내가 주님께 마음 깊이 필사적으로 구한 것은 바로 친구였다. 거리를 거닐다가 아는 사람을 만나는 삶이 그리웠다. 정말이지 나는 "어머! 이렇게 보니 반갑군요! 어떻게 지내셨어요?"라고 말하고 싶었다. 낮 시간 동안 나는 완전히 단절된 느낌이었다. 나는 뭔가 문제가 생기면 어떡할까 걱정이 되기도 했다. 도대체 누구에게 도움을 청한단 말인가?

나는 일본인 친구를 사귀는 것이 쉽지 않을 것이란 걸 알고 있었다. 예전에 우리는 일본 북쪽 지방의 홋카이도 섬에 살았다. 그때 경험을 통해 우리는 일본 사람들이 좀처럼 마음을 열지 않는다는 것을 알게 되었다. 기본적인 인사 단계에서 넘어가는 데 수 개월이 걸릴 수도 있다. 그들은 외국인들에게 특히 낯을 가리는 것 같았다. 나는 일본어를 좀 구사할 수 있는데도 말이다.

우리는 몇 가지 이유로 인해 우리 아들을 지역 유치원에 등록시켰다. 한 가지 이유는 내가 친구를 사귀고 싶었기 때문이다. 또 하나의 이유는 우리가 살던 새집이었다. 그 집의 정원은 일본어 표현으로 "고양이 이마보다도 좁았다."

아침 9시 반이 되면 우리의 에너지가 넘치는 여섯 살짜리 아들 녀석은 흥분 상태에 돌입했다. 하지만 나는 그 아이를 정원에서 놀도록 내보낼 수도 없었고 동네 공원도 너무 작았다. 그에 반해 유치원에는 커다란 운동장이 있었고 올라갈 수 있는 나무와 놀 수 있는 기구도 많았다. 그 아이의 몸 안에 저장된 과도한 에너지를 발산할 수 있는 공간이 많았던 것이다. 유치원은 아주 좋은 생각 같았다. 밴이 고장 나고 비가 오기 시작하기 전에는 그랬다.

우리는 차를 사러 갈 시간이 없었는데 누군가 우리에게 구형 밴을 빌려주었다. 우리 차를 구할 때까지 사용하기로 했는데, 나는 너무나 감사했다. 어린 애가 셋 있다 보니 우리의 이동성은 현저히 저하되었다. 어디를 걸어갈 수도 없고 자전거를 타기도 힘들었던 것이다. 기차역은 멀어서 아무 도움이 되지 않았다. 밴은 우리의 탈출구였다.

우리 아들이 유치원에 간 첫날로부터 딱 이틀 전 느닷없이 밴에 시동이 걸리지 않았다. 우리는 서비스 업체를 불렀다. 수리공은 차를 살펴본 뒤 이 차가 앞으로 나의 정신 건강을 위협할 수도 있다고 말했다. "이 차는 언제든 터져버릴 수 있어요. 사실 너무 오래되어서 수리할 수도 없고요. 그냥 버리시고 새걸 하나 사시죠." 그는 이렇게 말하고 떠났다. 우리 세 녀석을 실어줄 생명줄이 갑자기 도로 위의 고철 덩어리가 되어버린 순간이었다.

다음 날 저녁 태풍이 몰아쳤고, 우리 집은 물이 샜다. 집은 젖은 수건과 물양동이로 어수선했다. 나는 그 지역에서 유일하게 알고 지내던 가족에게 전화를 했다. 우리에게 밴을 빌려주었던 그 사람들이었다.

"도와주실 수 있는 방법이 있을까요? 내일 꼭 유치원에 가야 하거든요."

"미안합니다." 대답이 돌아왔다. "하지만 우리가 할 수 있는 것이 진짜 아무 것도 없네요. 빌려드린 밴이 그렇게 된 것도 안타깝네요. 최대한 빨리 우리가 견인해 갈게요. 내일 잘 되시길 빌어요."

그날 밤 나는 다음 날 아침 어떻게 유치원으로 갔다가 돌아올지 아무 해결책이 없는 상태로 잠자리에 들었다. 나는 비가 그치기를 간절하게 바랐다. 하지만 비는 그치지 않았다. 월요일 아침 유난히 동이 빨리 텄다. 비는 여전히 세차게 퍼붓고 있었고 바람도 강하게 불고 있었다. 아침 시간에 젊고 어린 가족 구성원 모두의 준비를 돕는 일반적이고 정신 없는 과정이 모두 끝난 뒤 아이들과 나는 문 앞에서 고군분투하고 있었다. 우산으로는 내 등 뒤에 매달린 생후 3개월의 튼실한 녀석을 거의 가리지 못했다. 길 건너 이웃에 사시는 노인분들이 우리가 길을 따라 터덜터덜 걸어가는 것을 보았다. 안되어 보였는지 그분들은 우리에게 큰 우산을 빌려주셨다. 큰 녀석들이 따로 걸어갈 수 있도록 말이다. 우리는 다리를 휘감는 거센 바람을 헤치고 겨우 앞으로 걸어갔다.

우리 두 살짜리 아들 더글러스는 처음 10분 정도는 산책을 즐기는 듯했지만 곧 찡찡대기 시작했다. "너무 빨리 가지 마세요, 엄마!" "웅덩이 물을 튀겨 보면 안 돼요?" "나는 멈추고 싶어요!" "앉으면 안 돼요?"

날씨가 나를 우울하게 하지 않았다면 사정 없이 잔소리 공격을 했을 것이다. 그는 곧 지쳐서 우산 드는 것도 힘들어했고, 계속 앞으로 걷게 하려는 나의 계속된 노력에도 전혀 협조하지 않았다. 그는 멈춰서 강물을 들여다보거나 길 건너편으로 달려가서 지붕에서 떨어지는 빗방울을 감상하고 싶어 했다.

그에게는 집이라는 안식처보다 이런 광경들이 훨씬 유혹적이었던 것이다. 나는 소중한 아들을 일으켜 세우기 위해 애썼지만 내 등의 아기는 점점 무거워져 갔다. 유치원과 집 사이에 있는 자동차 매장에서 차양을 높이 쳐서 임시 피신처를 제공하고 있었다. 구경꾼들이 호기심 어린 눈빛으로 쳐다보는 것을 무시하며 우리는 그곳에서 잠시 가혹한 비를 피했다.

하지만 아기에게 수유를 해야 해서 우리는 거기에 오래 머무를 수가 없었다. 더글러스는 이제 우산을 곧추세워 들려는 노력도 하지 않았다. 어차피 우산이 그다지 도움이 되지 않는 상황이었다. 각도가 기울어진 비는 우산 아래로 들이치고 있었다. 우산은 없는 거나 마찬가지였다. 우리 아기는 무거웠지만 나의 튼튼한 짐가방에 들어가 있기에는 턱없이 작았다. 그는 옆으로 삐져나와 울기 시작했다. 우리는 분명 불쌍한 상황을 연출하고 있었다. 빗물에 젖어서 찡찡거리며 울며불며 한 걸음 한 걸음 힘겹게 나아가고 있었던 것이다.

집 앞 도로에 주차된 쓸모없는 밴을 지나 비틀거리며 집 안으로 들어섰을 때 우리는 완전히 지쳤고 배도 고팠으며 물에 빠진 생쥐처럼 젖어 있었다. 우리는 현관문 바로 안쪽에서 옷을 벗어서 몽땅 세탁기에 넣었다. 부엌으로 달려가기 전에 더글러스의 장화를 벗겨서 기울여 보니 물이 반 컵쯤 나왔다.

그런데 점심 식사를 위해 큰 아들 녀석을 다시 데려오려면 시간이 없었다. 젖은 신을 다시 신고 왔던 길을 되돌아 걸어야 하는 것이었다. 우리는 그날 거의 두 시간 반쯤 걸었다. 하지만 비는 그치지 않았다. 비는 이제 시작에 불과했다.

다음 날 아침 잠에서 깬 우리는 또다시 유리창을 두드리는 빗소리를 들었다. 무자비한 빗소리는 이제 점점 익숙해지고 있었다. 어제의 전설이 되풀이되려는 순간이었다. 감사하게도 남편은 내가 입을 비옷과 유모차 덮개를 사 왔다.

우산을 들거나 아기를 등에 업지 않아도 되니 훨씬 안심이 되었다. 육체적인 피로를 훨씬 덜 수 있을 것 같았다. 이제 이 원대한 계획의 가장 큰 장애물은 더글러스의 비협조적인 태도였다.

　이런 상황이 1주일 내내 계속되었다. 목요일 점심 시간이 되자 태풍은 더욱 강해졌고 바람도 훨씬 심해졌다. 이 시련에서 벗어나려는 생각도 달아나버렸다. 단순히 다음 단계만 생각하며 닥치는 대로 헤쳐나가는 데 초집중했다. 그날도 아들을 데려오기 위해 축축한 비옷과 장화를 챙기고 있는데 전화가 울렸다.

　"모시모시(일본의 전통적인 인사)." 나는 말했다.

　"안녕하세요, 저는 다루카도 부인인데요." 어떤 여자분이었다.

　"우리 아들이 댁의 아드님과 유치원에서 같은 반이에요. 날씨가 정 말 심하지 않나요?"

　"전적으로 동의해요." 나는 생각했다.

　"우리 집이 매우 가까워요. 저와 함께 제 차로 유치원에 아이들을 데리러 가시겠어요?"

　"지금 저에게 가겠냐고 물어보시는 건가요?!"

유치원을 오가는 짧은 시간 동안 나의 새로운 친구에게 이 말을 얼마나 많이 했는지 모른다. "아리가토" 혹은 "땡큐"라고 말이다. 나는 또한 이제 펼쳐진 또 다른 하나님의 놀라운 계획을 기쁨으로 바라보면서 하늘에 계신 사랑의 아버지께 찬양을 올려드렸다.

　나는 이 이야기가 이렇게 전개될 것이라고는 상상도 하지 못했다. 주님께서는 고장 난 밴과 태풍을 사용하셔서 나에게 도쿄의 첫 새 친구를 보내주셨다.

연단을 통한 하나님의 미쁘심

예수 그리스도께서는 제자들에게 자신을 따르는 것이 커다란 축복이자 고난일 것이라는 말씀을 자주 하셨다. 그도 또한 그 길을 앞서 가셨다. 인간의 죄를 짊어지시고 십자가에서 죽으시는 고통을 당하신 것이다. 하지만 그 죽음은 헛된 것이 아니었다. 그를 믿는 모든 자에게 천국의 문을 여신 것이다. 성자이신 우리 구세주의 미쁘심은 삼위일체 하나님의 본성에서 나오는 것이다. 하나님께서는 미쁘시고 강하시므로 우리를 구원하시며 고통을 아름다운 것으로 변화시키신다. 그래서 종국적으로는 영생에 이르게 하시는 것이다.

오순절 이후 교회의 역사는 계속되는 축복이자 고난이었다. 어떤 고난은 단지 타락한 인간사의 일부이다. 그런데 어떤 고난은 그리스도의 제자로 사는 삶의 결과이기도 하다.

수년간 CIM과 OMF의 활동가들은 여러 번 이 진리를 경험했다. 특히 초창기에는 많은 선교사들이 (세간의 눈으로 바라볼 때) 너무 이른 때에 목숨을 잃었다. 이를테면 티푸스나 결핵, 패혈증이나 콜레라 같은 질병으로 인한 죽음이었다. 많은 여성들은 아이를 낳다가 죽었다. 가장 기본적인 의료적 혜택도 받지 못하는 경우가 많았다. 수백 명의 영유아들이 매장되었다. 그런데 많은 사람들이 죽어가는 그 순간 임종의 자리에서 말한 간증에는 하나님 뜻 안에서 누린 평안이 있었으며, 고향을 떠나 이 땅에 올 수 있었던 데 대한 감사, 자신이 복음을 전하리라 생각했던 이 땅 사람들을 위한 변치 않는 사랑, 그리고 하나님의 영광을 위해 많은 영혼을 추수할 그날에 대한 사모함이 있었다.

CIM 회원 중 첫 순교자는 윌리엄 플레밍이었다. 그는 1898년 구이저우 성의 현지 중국인 신도 판 슈산과 함께 처형당했다.

그때 이후로도 CIM과 OMF 회원들이 섬겼던 지역에 만연했던 복음에 대한 적개심 때문에 목숨을 잃은 사람들이 더 있었다. 강도를 만나거나 사고로 인해 죽은 사람들도 있었다. 고향에서는 걸리지 않았을 법한 질병으로 인해 인생이 송두리째 바뀌는 고통을 당한 이들도 있었다.

CIM의 첫 순교자 윌리엄 S. 플레밍

이것이 무모하고 무책임한 인생의 낭비인가? 그렇지 않다! 복음을 위해, 그리고 그리스도께 순종하는 마음으로 집과 가족을 떠난 대부분의 사람들은 그 가치를 알고 있었다. 때로 그들은 사역 중에 한 번도 생각해보지 못한 일을 겪기도 했다. 미리 알았더라면 절대 선택하지 않았을 경험이었다. 하지만 현재 동아시아 전역에는 하나님의 백성들의 공동체가 있으며, 이제 그리스도 안에 있는 이들의 생명은 그 가치 있는 섬김의 열매이다. 하나님은 미쁘사 그의 백성이 겪은 고난과 희생으로부터 새로운 영의 생명을 만들어내셨다.

다음에 오는 이야기들은 큰 시험을 당했으나 주님의 신실하심과 지혜를 믿고 따랐던 사람들의 이야기이다.

26. 1900년 의화단 사건

교회의 역사가 우리에게 일깨우는 것은 오순절 직후부터 현재에 이르기까지 언제나 예수님을 따르는 자들이 있었으며 그중에는 자신의 생명을 순교자의 고통 속에 내려놓으라는 부르심을 받은 이들이 있었다는 것이다. 박해로 인해 동시에 수많은 그리스도인들이 죽음에 처했던 때도 있었다. 중국의 교회에게는 1900년이 바로 그런 해였다. 핏빛으로 물든 몇 달 동안 (개신교와 로마 가톨릭을 모두 합쳐서) 거의 50,000명의 기독교인이 신앙 때문에 죽임을 당했다. 정확히 몇 명인지는 알려지지 않았지만 많은 수의 로마 가톨릭 사제들과 수녀들, 평신도들이 죽었다. 그들뿐 아니라 188명의 개신교 선교사들과 그들의 자녀들도 살해당했다. 그들 중에는 중국 내지 선교회 소속의 성인 58명과 아이 21명이 있었다.

의화단 사건 순교자의 명패

저 멀리 스위스의 고요하고 아름다운 산속 마을에서는 허드슨 테일러와 그의 사랑하는 아내 제니가 요양 중이었다. CIM을 이끈 지 35년이 흘렀고, 최근 미국과 호주에 장기간 강연 투어를 다니던 중 허드슨 테일러는 심신이 매우 허약해졌다. 그가 심각한 질병으로 고생한 것은 여러 해 이어진 일이었지만 이번은 그중 최악이었다. 처음에 제니는 그를 런던으로 데려왔지만, 그곳에서 그가 또다시 끝없이 사람들을 만나고 결정을 내리는 일에 빠져 살까 봐 걱정이 된 그녀는 그를 스위스로 데리고 왔다. 그곳은 예전에 그가 건강을 회복했던 곳이었다.

1900년 6월 초였다. 몇 년 동안 중국의 상황은 점점 더 나빠졌다. 중국이 청일전쟁(1894-1895)에 패배하면서 조선(중국에 가장 많은 공물을 바치는 나라)과 대만(중국 영토)이 일본에 합병되었다. 게다가 서구 열강은 점점 더 적극적으로 중국의 국경을 넘보고 있었다. 산둥 성 내의 철도와 공장, 광산 중 많은 수가 독일의 통제를 받고 있었다. 철도를 건설하는 데 있어 그들은 종종 중국인들의 반대를 무시하고 조상의 묘지고 뭐고 방해가 되는 것은 닥치는 대로 파괴했다. 유럽의 다른 열강들도 똑같이 천연자원을 황폐화시켰으며, 많은 돈을

순교자들의 묘

202

벌어 갔다. 반면 대부분의 중국인들은 가난하고 비참하게 살았다. 중국의 대중들 사이에 집단적으로 굴욕을 당하고 있다는 느낌과 불만의 감정이 점차 커진 것은 전혀 놀랍지 않았다. 점점 더 많은 중국인들의 눈에는 이 모든 문제의 원인은 외국인들이라는 것이 분명해 보였다.

동시에 청나라(1644-1912)의 통치는 부패로 얼룩졌다. 황실에서는 권력에 굶주린 서태후가 황제인 자신의 아들을 제치고 사실상 중국의 통치자가 되었다. 잔혹하고 변덕스러운 서태후는 백성들에게 아무런 관심이 없었다. 오로지 자기 자신의 부의 원천과 자기 자신의 지위에만 관심이 있었던 것이다. 그녀는 자기에게 방해가 되는 사람에게는 잔인했으며 사람들이 자신을 끌어내릴 것이라는 음모에 대해 점점 더 큰 망상을 하게 되었다.

이 음모 중 많은 수는 어떤 비밀 결사대에서 유래한 것이었는데, 서구는 그들을 의화단이라고 불렀다. 그들은 무술 실력이 뛰어나기로 유명했다. 의화단은 열광적으로 국가주의적이었으며, 중국 땅에서 모든 "딴 나라 귀신"을 몰아내거나 파괴하겠다고 맹세한 사람들이었다. 게다가 그들은 중국의 기독교인들을 싫어했는데, 그들이 서구의 영향 아래 있으며 더 이상 중국에 충성하지 않는다고 생각했기 때문이었다.

중국은 최근 몇 년간 계속된 가뭄으로 고통 속에 신음하고 있었다. 가뭄 때문에 기근과 역병이 돌기도 했다. 의화단은 기독교인들을 비난했다. 그들은 기독교인들이 전통적인 신들을 화나게 했고, 조상에 대한 예를 다하는 것을 포함해 고대 유교 사회의 예절과 관습을 파괴했다고 말했다. 가뭄은 신들이 자신의 분노를 보여주는 방법이라고도 했다. 기독교인들이 다 없어질 때까지는 비를 아무리 바라더라도 오지 않을 것이라는 말이었다. 당시 글을 읽지 못하는 많은 중국인들에게는, 게다가 미신을 믿고 있는데 눈앞의 고통이 힘들던 이들에게는 의화단의 이러한 설명이 그럴싸하게 들렸다.

폭발 직전의 상황이었다. 여러 해 동안 외국인들을 향한 산발적인 공격이 계속되었다. 그때까지는 그래도 사람을 때리거나 재산을 빼앗는 식이었는데, 1900년 사건이 터졌다. 베이징에서 의화단이 독일 대사를 암살한 것이었다. 그가 당국에 유럽인들을 향한 공격이 늘어나는 데 대해 항의한 것이 문제였다. 수백 명의 유럽인들과 수백 명의 중국 기독교인들이 영국 공사 안으로 피신해야 했다. 이 포위 공격은 55일간 계속되었고 의화단은 계속해서 대중을 광란으로 몰아넣었다. 서구 열강의 대응은 군부대를 보내는 것이었다. 폭동을 진압하고 가해자를 엄하게 처벌하기 위해 2,000명이 넘는 병사로 구성된 서구 연합 군대가 파견되었다.

의화단은 이미 대담해져서 외국인과 기독교인을 찾아내서 죽이거나 상처를 입히고 있었는데, 외국 군대가 오고 있다는 소식이 전해지자 그들은 서태후에게 가서 중국의 주권을 지켜내야 한다고 주장했다. 의화단을 달래서 진정시키는 것이 자신을 보호하는 방법이라고 생각한 서태후는 1900년 6월 18일 법령에 서명했다. 외국인을 모두 죽이고 그들의 재산을 모두 환수해야 한다는 내용이었다. 그녀는 이 법령의 내용을 중국 전역에 전보로 알려야 한다고 명령했다. 이 명령에 충격을 받은 한 용감한 관리는 법령의 문구를 조금 바꾸었다. "모든 외국인을 죽여라."라고 되어 있던 부분을 "모든 외국인을 보호하라."로 바꾼 법령 조항이 제국의 많은 지역에 전달되었다.

이것이 발각되자 그와 그의 아내 모두 처형당했다. 하지만 그의 행동 덕분에 목숨을 건진 외국인들이 많을 것이다. 수정된 법령이 도착하기 전에 해안으로 탈출할 수 있었던 이들의 경우였다. 의화단은 시간을 지체하지 않았다. 그들은 이제 황제의 권위를 가지고 있었으며 모든 지방 관리들과 관원들이 죽음을 각오하고 이 칙령에 복종해야 한다고 주장했다. 그들의 테러 행위는 중국 북부 지방의 세 성에서 가장 심했다. 그곳의 많은 중국인들은 이미 의화단의 유언비어에 넘어간 상태였다. 이어지는 석 달 동안 엄청난 수의 중국인 신도들과 선교사뿐 아니라 많은 외국인들(이들에 대해서는 믿을 만한 통계가 이루어지지 못했다)도 목숨을 잃었다. 중국의 울분과 적개심이 끔찍한 폭력으로 터져버린 것이었다.

이 소식이 전 세계로 전해지기 시작하자 제니 테일러가 맨 처음 한 일은 남편이 이 소식을 듣지 못하도록 한 것이었다. 이렇게 허약한 상태에서 이 소식을 감내하지 못할 것 같아서였다. 하지만 전보들이 쏟아져 들어오기 시작하고 잔학 행위에 대한 소식이 끝없이 들려왔다. 정말로 사랑하는 동료가 고문을 받다가 죽었다는 소식과 중국인 형제자매들이 신앙을 지키다가 순교당했다는 소식이 전해지자 제니는 더 이상 숨길 수가 없었다. 그가 사랑하는 중국이 파괴되고 있다는 소식이 주는 고통은 어마어마했다. 사람들이 그를 가장 필요로 하는 이때에 어떻게 이렇게나 멀리 있을 수 있단 말인가? 하지만 주님께서 그 현장으로부터 그를 격리하신 이상 그가 할 수 있었던 일은 전해지는 충격을 하나하나 흡수하는 것뿐이었다. "나는 읽지 못하겠소. 나는 생각하지도 못하겠소. 나는 심지어 기도하지도 못하겠소. 다만 나는 주님을 신뢰할 수는 있을 것 같소." 그는 제니에게 이렇게 말했다.

최악의 소식이 날아든 건 8월 즈음이었다. 허드슨 테일러는 너무 쇠약해져서 제니의 부축을 받고서야 방을 거닐 수 있을 정도였다. 그는 중국으로 돌아가기를 소원했지만 그의 며느리 제럴딘은 그가 지금 돌아가는 것은 불가능할 것이라고 조용하지만 강력하게 말했다. 그녀는 그를 돌보는 것을 돕기 위해 허드슨과 제니와 함께 살고 있는 중이었다. 이 소원을 내려놓는 것은 그에게 깊은 상실감을 주었고, 그를 또 힘들게 했다. 중국 CIM에 새로운 총재가 위급하게 필요한 상황임을 깨닫게 되면서 그는 모든 것을 받아들이게 되었다. 그는 상하이로 전보를 보내 딕슨 호스트를 임시 총재로 임명했다.

허드슨은 개척자에게 있어 가장 어려운 일을 해냈는데, 바로 주도권을 다른 이에게 넘기는 일이었다. CIM은 더 이상 그가 혼자 책임져야 할 대상이 아니었다. 그것은 언제나 하나님의 것이었다. 이 사실이 무엇보다도 먼저였고 무엇보다도 더 중요했다. 허드슨 테일러는 지난 35년간 본인 없이는 선교회가 살아남지 못하기라도 할 것처럼 가차 없이 자신을 몰아쳤다. 이제 자신의 모든 약함과 중국에서의 끔찍한 사건들이 의미하는 바는, 방관자로 앉아서 다만 하나님을 신뢰하는 것을 배워야 한다는 것이었다. 그 신뢰는 이제까지와는 다른 방식의 신뢰였다.

중국에서는 8월 14일 국제 연합군이 베이징에 도착했고 포위령은 해제되었다. 서태후와 그녀의 왕실은 도주했고 황제가 복원되었다. 그는 서구의 영향에 좀 더 개방적이었다. 그는 서구의 영향이 중국의 근대화에 중요한 역할을 할 것으로 생각했다. 점차 형국이 바뀌었다. 외국인에 대한 격렬한 증오는 진정되었고 의화단은 그 영향력을 잃었다. 그해 말쯤이 되자 살육은 끝났지만 상처를 치유하는 데는 더 많은 시간이 걸렸다.

상하이의 CIM 본부는 위기가 진행되는 동안 내내 정보를 모아서 모든 지사에 소식을 전해주었다. 목격자들의 글을 모두 모았다. 가까운 장래에 의화단이 들이닥쳐 자신을 처형할 것임을 알고 있었던 선교사님들의 마지막 편지와 함께였다. 그 편지들은 깊은 감동을 전해주었다. 죽어간 이들의 용기와 신앙은 더욱더 명확해졌다. 수많은 편지들은 기쁨에 대해 이야기하고 있었다. 그것은 곧 구세주를 직접 만나서 누리게 될 기쁨이었다. 많은 사람들은 중국에 있게 된 것이 영광스러운 일이었다고 표현했다. 그리스도를 위해 목숨을 내어 놓는 "가치 있는 일을 함께 할 수 있었다."라는 기쁨도 함께였다.

사람들의 글에는 많은 중국인 신도들의 용감함도 기록되어 있었다. 그중에는 선교사 친구들을 지키기 위해 노력하다가 목숨을 잃은 이들도 있었다. 순교한 CIM 선교사들의 이야기는 많은 사람들에게 감명을 주었고, 감명을 받은 이들이 이제 중국에 복음을 전하는 그 자리를 지키게 되었다. 이어지는 몇 년 동안 많은 중국인들이 신앙을 고백했다. 그들은 그 끔찍했던 1900년 여름에 그리스도인들이 그렇게 용감하게 죽어가는 것을 보고 처음으로 그리스도에게 이끌린 바 되었다고 말했다. 주님께서는 정신적인 외상과 값비싼 희생으로부터 소중한 무언가를 가져다주셨다.

다수의 CIM 인사들을 포함해서 살아남은 외국인들도 많았다. 하지만 여기까지 오는 동안 고난을 견뎌야 했다. 예를 들어 아치볼드 글로버와 플로라 글로버 부부는 어린 자녀 둘을 데리고 미혼의 여성 선교사와 함께 지냈는데, 상하이의 안전한 지역에 오기 전까지 버틴 두 달간의 기간은 정말 믿을 수 없이 힘든 일의 연속이었다. 그들은 매를 맞았고, 옷이 벗겨졌으며, 죽이겠다는 위협을 반복해서 받았고, 강도도 당했고, 배신을 당했으며, 먹을 것이 없어서 굶었다. 플로라가 상하이에 왔을 때는 지난 경험에 비추어 본 결론으로는 몇 주 안에 죽으리라 생각하고 온 것이었다. 많은 사람들이 이와 비슷한 극도의 고난에 대한 이야기를 가지고 있었다. 그런데 주님의 자비로운 공급하심이 있었던 경우도 많았다. 어떤 이들은 거의 죽을 뻔했는데 마지막 순간에 떠오른 이유로 사역지를 떠나서 죽음을 피할 수 있었다. 반면 남아 있던 이들은 처형된 것이다. 폭동이 가라앉은 지 얼마 되지 않아 살아남은 사람들이 자신이 있던 곳으로 돌아가는 것은 엄청난 용기가 필요한 일이었다. 그들은 이렇게 간증했다. 하나님께서는 어떤 목적이 있으셔서 그들의 목숨을 살려주신 것이며, 그 목적은 여전히 그곳 사람들이 주님에 대해서 들어야 한다는 것이다.

서구 열강은 중국 정부에 어마어마한 금전적 보상을 요구했다. 많은 사람들이 죽거나 다쳤고 많은 건물과 재산이 파괴된 데 대한 대가였다. CIM은 어떻게 해야 할지 고민했다. 이것이 교회와 학교, 가정들이 재건될 수 있는 방법일 것인가? 스위스에 있는 허드슨 테일러와 제니가 이 요구에 관한 소식을 들었을 때, 그들은 인명과 재산의 손실이라는 측면에서 CIM이 다른 외국인 단체와 마찬가지로 많은 고통을 받았다는 것을 알고 있었다. 하지만 그들은 기도했다. 그들은 그렇게 엄청난 돈을 요구하는 것이 옳지 않다는 것을 알고 있었다. 이제까지 벌어진 일은 하나님의 통치의 목적 안에서 벌어진 일이다.

그는 그가 만드신 세상에서 벌어지는 모든 일에 여전히 주권을 가지고 계신다. 주 예수님께서 우리를 위해 죽으셨다면, 그리고 그 아버지께서 아무런 복수도 하지 않으셨다면, 선교회도 그와 똑같은 희생의 길을 따라야 한다. 선교회 차원에서도 CIM 개인 회원 차원에서도 어떤 보상도 받지 않았다.

이 정책은 나중에 놀라운 열매를 맺게 된다. 당시 중국인들이 보았던 것은 용서를 해줄 수 있는 사랑과 복수하기를 거부하는 사려 깊음이었다. 그것은 복음을 나타내는 강력한 지표가 되었다.

허드슨 테일러는 중국에 돌아가기를 고대했지만 다시는 갈 수 있으리라 기대하지 않았다. 그와 제니는 스위스에 평생 살 집을 구했다. 그런데 함께하는 평화로운 시간은 짧았다. 불과 몇 년 후 1904년 제니는 암으로 세상을 떠났다. 이듬해 여전히 연약했지만 지난 몇 년보다는 건강 상태가 많이 좋아진 허드슨 테일러는 중국으로 돌아가겠다는 소원을 성취했다. 그의 아들 하워드와 며느리 제럴딘이 그를 모시고 갔으며, 여정 내내 그를 애틋하게 보살폈다.

놀라운 몇 주가 지나는 동안 그는 자신에게 특히 소중한 장소들을 방문했다. 그의 첫 부인 마리아와 네 자녀를 묻은 곳도 둘러보았다. 이 기쁘고 소중한 재회의 날들 중 어느 특별한 날이 끝나갈 때쯤 그는 잠시 쉬러 갔다. 그는 그곳에서 조용히 하나님의 임재 안으로 들어갔다. 이 땅에서의 그의 여정은 이렇게 마무리되었다. 심장을 중국에 둔 하나님의 종이 이제 그곳에 묻히게 된 것은 참으로 적절한 일이었다.

27. 아이들을 사랑하기 위하여

아이들은 언제나 특히 질병에 취약하다. 오늘날에도 세상 어딘가에는 영유아들의 사망률이 너무 높아서 애처로운 지역이 있다. 19세기 수많은 아이들이 지금이라면 쉽게 고칠 수 있는 많은 질병에 희생되어 세상을 떠났다. 그중에는 중국 어린이들과 선교사들의 자녀들도 있었다.

지니 로슨은 또 하나의 작은 묘 앞에 서서 흐느껴 울었다. 1899년 말이었다. 지난 8년간 그녀는 다섯 아이를 낳았는데 다섯 모두 아기일 때 사망했다. 이것이 하나님의 부르심에 순종하고 중국으로 온 것에 대해 자신이 치러야 할 대가인가?

지니에게 영아 사망은 낯선 일이 아니었다. 고향 영국의 급성장하는 지저분한 도시들에서도 사망률은 역시 높았다. 중국은 그런 점에서 더 좋지도 더 나쁘지도 않은 상황이었다. 하지만 지니는 살아 있는 아이를 너무나 갈망했다. 주님께 아이 하나만 허락해달라고 간구하는 것이 그렇게 무리인가? 그녀는 구약 성경의 한나를 생각했다. 아이를 달라고 주님께 울부짖었던 한나 말이다. 하나님은 그녀에게 사무엘을 주셨다. 지니는 한나처럼 아이를 가질 수 없는 상황은 아니었다. 하지만 그녀는 팔에 안을 아이가 없었다.

지니의 남편 두갈드도 슬펐지만 지니와 깊은 슬픔을 나누지는 않았다. 그에게 무엇보다도 중요한 일은 중국인들에게 복음을 전하는 일이었다. 그는 주님께서 곧 재림하신다는 것과 사람들에게 그리스도를 믿으라고 간청하는 일 말고는 허비할 시간이 없다는 확신을 가지고 있었다. 지니 또한 어디서든 할 수만 있다면 복음을 전하는 일에 전념했고 신앙을 갖게 된 여성들과 아이들을 가르치는 일에 헌신했다. 하지만 다섯 번째 아이를 묻을 즈음 그녀의 구멍 난 가슴은 치유되지 않을 듯했다. 그녀의 슬픔은 모든 것에 우울한 그늘을 드리웠다.

몇 달 후 지니는 더 이상 견딜 수가 없게 되었다. 상하이에서 온 편지는 그녀에게 의료적인 도움을 받기 위해 상하이로 와야 한다고 제안했다. 그곳의 CIM 본부가 그녀에게 묵을 만한 안전한 장소를 제공할 수 있으며 그녀의 몸과 마음을 모두 치료할 수 있는 좋은 의료진도 있다고 했다. 1900년 5월 그녀는 상하이로 갔다.

두갈드는 남았다. 그때는 자신의 위치를 떠날 수가 없다고 생각했기 때문이었다. 떠날 수 있는 시기가 되면 따라가겠다고 했다. 그런데 6월의 어느 날 그는 갑자기 주님께서 당장 떠나도록 하신다는 느낌을 받았다. 계획했던 것보다 빠른 시기였다. 주님의 부르심은 전보 한 통으로 확인되었다. 그 전보는 그가 즉시 지니에게 가봐야 한다고 재촉하는 내용이었다. 그는 상하이로 떠났다. 여정의 일부는 기차 여행이었다. 그가 탄 기차는 그 노선의 마지막 열차가 되었다. 바로 다음 날 의화단 사건이 터져서 선로를 파괴되었기 때문이다. 두갈드가 하루라도 늦게 출발했더라면 그는 상하이에 가지 못했을 것이었다. 물론 목숨을 잃었을 수도 있다. 로슨 부부가 일했던 마을에 계속 있었던 동료들 중에는 의화단의 손에 목숨을 잃은 이들도 있었다. 하나님께서는 지니의 지병과 슬픔을 사용하셔서 그들의 생명을 구하신 것이다.

그들은 요양을 위해 잠시 스코틀랜드로 돌아갔다. 그곳은 1886년 그들이 개별적으로 CIM의 부름에 응답한 곳이었다. CIM은 그다음 한 해 동안 100명의 새로운 일꾼들을 모집했다. 당시 CIM 회원은 모두 영국인이었다. 주님께서 그렇게 작은 나라에서 그렇게 짧은 시간 안에 그렇게 많은 사람들을 보내는 일이 주님 안에서는 가능할 것이라고 생각한 것은 믿음이었던가, 아니면 미친 짓이었던가? 선교회는 일을 시작하기를 고대하고 있는 장소를 최소 50군데 넘게 정해둔 상태였고, 각 지역에 최소 두 명이 가야 한다는 원칙하에 이루어진 그것은 분명 믿음의 기도였다. 두갈드와 지니는 그 부르심에 응답한 이들 가운데 있었다. 1887년 말, 믿음의 기도는 기쁨과 감사의 기도가 되었다. 더 많은 일꾼을 구하는 부르심에 100명의 남녀가 응답한 것이다.

두갈드와 지니는 글래스고 인근의 클라이드 강의 강둑을 따라 살던 가난한 가정에서 성장했다. 당시 글래스고에는 전 세계에서 가장 큰 조선소 중 하나가 있었는데, 그 선박들이 항해할 많은 나라들에 대한 관심이 높아지고 있었다. 두갈드와 지니는 자라면서 자랑스럽게 항해하는 배들을 보았고, 초창기의 증기선이 강을 따라 왔다 갔다 하는 것을 보았다. 그들은 도시 안팎을 질주하는 대형 쾌속 돛배에 매료되었다. 그 돛배들은 매 계절마다 중국에 가서 처음으로 수확한 찻잎을 실어 왔고, 이 비싼 화물을 싣고서 영국에 가장 빨리 돌아왔다. 이 배들의 위용도 대단했다. 유선형의 선체에 여러 개의 돛을 매달았는데, 근처 대서양에서 강한 바람이 불어오면 여러 개의 돛이 동시에 휘날렸다. 이것이 지니와 두갈드가 처음으로 만난 동양의 이국적인 세계였고, 특히 중국에 대한 관심이 그들의 마음속에서 커져갔다. 그들은 각자 식료품점의 점원이 되었다. 그들은 또한 기독교 신앙을 갖게 되었고 활발히 펼쳐지던 지역 교회 활동에 열심히 참여했다. 그 교회의 목회자 자신이 복음을 가지고 전 세계로 나가는 것에 열렬한 관심을 가지고 있었다.

이제 1901년이 되었는데, 스코틀랜드로 돌아온 지 한 달밖에 되지 않았지만 두갈드는 어서 중국으로 돌아가고 싶어서 마음이 들썩거렸다. 그는 이렇게 썼다. "이제 다시 부르심이 왔고, 나는 거기에 순종해서 기쁘게 앞으로 나아간다. 고난이나 죽음이나 하나님께서 정하시는 대로 섬길 것이다. 어떠한 임무로서, 하나님께서는 우리가 깊은 물을 헤치고 나아가도록 하셨고, 사랑하시는 일꾼들이 순교하도록, 중국인 신도들이 학살을 당하도록, 선교 본부가 파괴되도록 허락하셨다. 사역은 분명 혼란스럽고 무질서하며, '죽음의 문 앞에서 탈출한' 이들도 입에 올리기도 힘든 끔찍한 방법으로 고난을 당했다. 하지만 하나님께서는 다시 우리의 기도에 응답하셨으며 복음을 전할 수 있도록 이 나라를 열어주셨다."

지니는 건강이 회복될 때까지 조금 더 스코틀랜드에 머물다가 중국에 돌아가서 두갈드와 합류했다. 다음 몇 해 동안 그들은 기근에 더해 지독한 우박 폭풍을 경험했다. 우박 폭풍은 소중한 농작물을 모두 망쳐놓았다. 그렇지만 두갈드는 이렇게 썼다. "지난 며칠 동안 나는 곤궁에 처한 사람들과 함께 있었다. 그리고 당연히 그들의 슬픔과 도움을 요청하는 울부짖음을 듣기란 고통스러운 일이었다. 그들은 이제 더욱 전하는 말을 들을 준비가 되어 있었으며, 우리는 주님께서 이 비극적인 상황을 통해 많은 이들을 그에게로 이끄실 것임을 신실하게 믿는다." 교회는 꾸준히 성장하고 있었다. 세례를 받는 이들도 꾸준히 늘었다. 두갈드와 동료는 주변 지역을 짧게 둘러본 여행에서 78명이 개종하여 세례를 받는 것을 보았다. 지니는 여행은 적게 했지만 매일 집에서 두 개의 수업을 진행했고, 신앙을 가지게 된 여성들 그리고 아이들과 함께 많은 시간을 보냈다.

고통은 결코 멀리 물러나지 않았다. 1911년 다시 한 번 다수의 CIM 선교사들은 해안으로 쫓겨 갔고, 두갈드와 지니도 그중에 있었다. 다시 한 번 그들은 잠시 떠나 있다가 중국으로 다시 돌아왔다. 하지만 곧 제1차 세계 대전이 발발했고, 저 멀리 중국에도 더 큰 불안이 조성되었다. 언제나 다소 고집이 셌던 두갈드는 CIM 지도자들과 싸웠고 사이가 틀어졌다. 전쟁이 끝날 무렵 그와 지니는 중국을 떠나 스코틀랜드로 돌아갔고, 1930년 4월, 두갈드는 그곳에서 세상을 떠났다.

하지만 그것이 지니에게도 이야기의 끝인 것은 아니었다. 그녀의 심장은 언제나 중국에 있었고, 그녀는 다섯 개의 작은 무덤 곁으로 가기를 소망했다. 자신의 아이들처럼 그녀 자신도 중국에서 죽기를 원했던 것이다. 그녀는 또한 자신이 그렇게 사랑하게 되었던 사람들, 진정한 친구로 생각했던 사람들의 곁으로 돌아가기를 원했다. 하지만 이제 그녀는 70대였다. 그녀가 중국에 다시 가려고 한다면 CIM이나 다른 누구의 도움도 받지 못할 것이므로 독자적으로 가야만 했다. 그녀는 얼마 안 되는 재산을 끌어모았다. 가여우리만치 적은 액수였지만 두갈드의 장례 비용을 위해 돈을 좀 남겨두고, 그녀는 중국으로 떠났다.

그녀의 체력은 약해졌지만 그리스도의 메시지를 가르칠 기회는 널려 있었다. 지니는 젊은 여성이 자신과 함께할 수 있기를 기도했다. 멀리 런던에서 가정부로 일하던 글래디스 아일워드가 친구를 통해 지니의 필요에 대해 들었다. 글래디스 자신도 중국에 가길 원했지만 CIM에서 거부한 바 있었다. 지니에 관한 소식을 들은 그녀는 즉시 자신이 지니의 기도에 대한 응답이며 지니는 자신의 기도에 대한 응답이라고 생각했다. 글래디스가 지니를 만난 것은 이로부터 오래 지나지 않은 때였다. 글래디스는 지니가 모험 같은 여정을 지나왔으며 예측할 수 없는 성질을 가진 연약한 할머니이지만 배짱 하나는 두둑한 분이라는 걸 알게 되었다. 그들은 살고 있던 시골집을 개축하여 여관으로 만들었다. 손님은 긴 여행 중에 집 앞을 지나가는 마부들이었다. 복음을 전하기에 얼마나 좋은 기회인가!

하지만 그들의 연합은 오래가지 못했다. 가을이 끝날 무렵 지니가 세상을 떠난 것이다. 그녀는 원했던 대로 중국 땅에 묻혔다. 그녀의 소중한 아이들과 함께. 하지만 그 짧은 시간에 지니가 글래디스에게 전해준 것은 아이들을 향한 깊은 사랑이었다. 이듬해부터 글래디스는 대부분의 시간을 아이들을 돌보는 데 보냈다. 그녀는 100여 명의 소년 소녀들을 돌보고 있는 선교 학교의 일을 도왔는데, 거기서 주 예수에 대해 가르쳤다. 1940년 글래디스는 세 아이를 데리고 수 주간 계속된 용맹한 여행을 떠났다. 산을 넘고 시안 지역을 지나 일본군을 피해 간 것이었다.

많은 사람들이 글래디스 아일워드의 이름을 들어본 적이 있을 것이다. 그녀의 명성은 대부분 영화에서 비롯된 것이다. 그 영화는 그녀가 수많은 아이들을 데리고 안전한 곳으로 데려다준 여행에 관한 것이었다. 그녀는 신실하신 하나님께서 그들에게 공급해주실 것을, 그리고 가는 길 내내 아무런 해도 입지 않도록 지켜주실 것을 믿었다. 주님께서는 몇 번이고 다시 그들을 위험에서 보호하셨고, 그들의 이야기는 하나님의 사랑과 능력에 대한 강력한 간증이 되었으며, 여러 나라 많은 사람들의 마음을 움직였다. 하지만 지니 로슨에 대해 들어본 이는 거의 없다. 하지만 친절한 주권자이신 하나님께서는 지니가 아이들을 잃은 일이 나중에 100명이 넘는 아이들을 목숨을 구한 일로 이어지게 하셨고, 이로 인해 남녀노소를 막론하고 많은 이들의 가슴에 신앙의 씨앗이 싹틔우게 하셨다. 지니의 삶과 희생의 열매는 장대했다.

28. 휠체어를 탄 전도자

하나님께서는 당신의 목적을 위해 약한 자들을 기뻐 사용하신다. 이 이야기에서 볼 수 있는 것처럼 신체장애는 복음이 전파되는 데 장애물이 될 수 없다. 반대로, 하나님께서는 당신의 권능으로 휠체어를 탄 선교사를 사용하셔서 태국에 있는 마노롬 기독 병원(Manorom Christian Hospital)의 환자들에게 이르게 하셨다.

그것은 두통과 함께 시작되었다. 그런데 외국어 때문에 머리가 아프거나 입에서 말이 안 나오거나 하는 그런 "지끈지끈한 머리 통증"이 아니었다. 햇빛에 오래 서 있으면 오는 그런 두통도 아니었다. 그것은 진 앤더슨이 한 번도 겪어 보지 못한 두통이었다. 체온이 치솟았고 몸 전체로 고통이 퍼져 나갔다. 진과 동료들은 그녀가 병에 걸렸다는 걸 알게 되었다. 마비 증세까지 왔고, 진단명이 나왔다. 냉엄한 현실이었다. 그녀는 소아마비에 걸린 것이다.

진은 1953년 태국에 도착했다. 전 세계의 수많은 다른 그리스도인들처럼 그녀도 1940년대가 끝나갈 때쯤 CIM과 함께 중국에서 사역할 것을 부름받았다는 것을 느꼈다. 처음에 그녀는 1950년 가을에 배를 타기를 희망했다. 간호사 훈련을 마쳤고 런던의 CIM 훈련 센터에서 행복한 2년을 보낸 후였다. 준비 기간이 끝나갈 때쯤 그녀도 다른 많은 사람들도 중국에 갈 수 없을 것임이 확실해졌다. 1949년 10월에 공산당이 승리한 데 따른 결과였다. 2년이 더 걸려서야 그녀의 목적지가 정해졌다. 태국이었다. 그녀는 기쁘게 간증했다. "하나님의 길은 완벽하십니다. 그리고 나는 그를 신뢰합니다!"

태국 팀은 신생 팀이어서 어디서 무엇을 할지에 대해 여전히 조율 중이었다. 진은 방콕에서 언어 공부를 시작했고, 자신이 본 것과 들은 모든 것에 대해서 생생하게 기록한 열정을 담은 편지를 집으로 보냈다. 색채, 분위기, 강가를 따라 늘어선 나무로 만든 집들, 지저분한 수로와 짙은 황색 법복을 입은 불교 승려들까지. 그녀는 한두 마디 인사말 말고는 아는 언어가 없었을 때도 동료들과 함께 나가서 정력적으로 복음을 전했고 복음 책자를 나누어 주었다. 시장에도 가보고, 태국 불교에 대해 이해하려는 노력의 일환으로 사원에도 가보고, 혹은 보트를 타고 강에 놀러 가기도 했다. 그녀는 어딜 가든 기회를 놓치지 않고 소책자를 나누어 주었다. 소책자에는 그녀가 아직은 말로 할 수 없는 모든 것이 설명되어 있었다.

곧 진은 태국 중부의 팍남포라는 큰 도시에 정착한 작은 팀에 합류했다. 그곳의 사역은 이미 많은 열매를 맺고 있었다. "모두 해서 25명의 사람들이 그리스도를 영접했다고 간증했어요. 2년 전에는 그곳에 그리스도인이 단 한 명도 없었는데 말이죠." 진은 1953년 말, 집에 편지를 썼다. "우리 집은 전형적인 태국식 가옥인데, 티크 나무랑 키가 큰 대나무로 만들었죠. 크고 우거진 정원은 금요일 오후 아이들이 모이기에 더할 나위 없이 좋은 모임 장소예요. 게다가 정원에는 바나나 나무, 망고 나무, 파파야 나무, 코코넛 나무랑 다른 열대 과일 나무들이 있어서 과일을 따 먹을 수 있어요. 물론 코브라 같은 독사도 있어요." 뱀이 있다는 것만 빼면 아주 멋지게 들릴 수 있는 말이다. 하지만 진은 터무니없는 공상을 꿈꾸지 않았다. 그곳에는 영적 어둠의 세력 또한 많이 있었다.

복음에 대해 마음을 여는 사람들이 생겼고, 차분히 복음을 받아들이는 사람들도 많아졌지만 태국어로 가르치는 데는 여전히 애를 먹었다. 몇 달을 지나자 진의 태국어는 점점 유창해졌고, 주 예수와 그의 사랑, 그의 용서하시는 능력에 대해 그녀가 전하고 싶은 바로 그것을 정확하게 이야기할 수 있게 되었다. 하지만 그녀의 마음이 점점 더 기울어지는 곳은 이 나라에서 한센병으로 고통받고 있는 많은 사람들이었다. OMF 의료진 동료들이 태국 중부 전역에 한센병 진료에 특화된 많은 수의 소규모 진료소를 짓고 있었다. 진은 자신의 간호 기술이 이 사역에 이바지할 수 있으리라는 것을 알았다.

1956년이 되자 진은 의료 팀이 발견한 것에 대한 내용을 집에 보내는 편지에 썼다. 그 내용은 이렇다. 그들은 한센병을 오래 앓아온 환자들을 돕는 가장 좋은 방법이 무엇일지 알아내려고 애써왔다. 병이 오래 진행된 환자들은 보통 심한 기형과 아물지 않는 상처를 동반하기 때문에 한눈에 알아볼 수 있다. 병이 초기 단계에 있는 환자들 중에도 이런 증세가 있는 사람들이 있다. 사람들은 대부분 이 병에 걸린 것이 확실한 사람들을 무서워하며 그들과 접촉하는 것도 두려워한다. 그래서 환자들은 보통 고립된 삶을 살아간다. 이 병이 발병 단계에 있는 사람들은 다른 사람들이 자신의 병에 대해 알게 될까 봐 숨기려고 애쓴다. 사람들이 두려워하는 이 질병은 치료가 가능하며 진행을 억제하거나 완치시킬 수도 있지만 가능한 한 빨리 한센병 진단을 받는 것이 가장 중요하다. 치료를 위해 오는 사람들은 필요한 만큼 오랜 기간 동안 꾸준히 치료를 받아야 한다. 각 지역의 진료소는 보통 한 달에 한 번 문을 여는데, 이는 OMF 의료 인력이 정기적으로 국내 다양한 지역을 돌며 치료를 관장한다는 것을 의미한다. 진료소가 문을 여는 때 사이사이에는 의료 선교사들이 환자들의 집을 방문한다.

이 팀은 점차 신뢰를 얻었다. 이 외국인들은 정말로 자신들을 돌보아주었던 것이다. 게다가 그들은 이 끔찍한 질병을 성공적으로 치료했으며 환자들을 그들의 가족에게로 돌려보내 주었다. 환자들은 진료소에 계속해서 꾸준히 와야 한다는 것을 알게 되었고 대부분이 그렇게 했다. 진을 특히 힘들게 한 것은 많은 어린이들과 젊은이들이 이 질병에 노출되어 있다는 것이었다. 이 병이 없는 삶을 상상할 수 없는 사람도 많았다. 동시에 그녀는 환자들이 마음을 열고 복음을 받아들이는 모습에 감동을 받았다. 진료소에는 의료 팀이 계속해서 방문했는데, 이로 인해 여기에 오는 환자들에게 계속해서 복음을 전할 수 있는 기회가 생겼다. 한 명 또 한 명, 한센병 환자들은 신앙을 갖게 되었다. 의료진이 환부를 사랑으로 만져주는 장면은 복음이 눈앞에 펼쳐지는 것과도 같았다. 말로 전하는 복음을 듣는 것에 눈앞에 펼쳐지는 복음을 보는 것이 합해져 그들을 신앙으로 이끌게 된 것이다.

1960년 초, 진은 태국에 있는 집에서 편안히 쉬고 있었다. 주님이 자신에게 원하시는 바로 그곳에 자신이 있으며 주님이 자신에게 원하시는 바로 그 일을 자신이 하고 있다는 느낌이 들었다. 당시 그녀는 중부 태국의 외딴 작은 마을인 인부리에 살고 있었다. 그리고 환자들이 완치되는 모습을 이제 막 보기 시작했다. 좋은 삶이었다.

그런데 불의의 사건이 닥친 것이었다. 그 지역에 만연해 있는 질병이 한센병 하나만 있는 것이 아니었다. 오염된 음식이나 물을 통해 소아마비도 쉽게 전염되었다. 사실 소아마비가 한센병보다 더욱 전염성이 강해서 아기들에게 소아마비 백신을 주사하여 이에 대응하는 국제적인 프로그램이 여전히 있었다. 그런데 웬일인지 진이 그 병에 걸린 것이다.

그녀의 동료들은 염려로 어찌할 바를 몰랐다. 어떻게 하면 그녀를 방콕에 있는 병원으로 데려갈 수 있을까? 당시 유일하게 응급 처치가 가능한 곳이 그곳이었다. 소아마비는 신속하게 진행되어 전신마비나 죽음에 이를 수도 있다. 치료 효과를 보려면 한시도 낭비할 수 없었다. 그들은 기도했고, 하나님께서는 놀라운 방법으로 응답하셨다. 어떻게 되었는지는 모르지만 근처의 미군 기지에서 진의 병세에 대해 알게 되어 그녀를 구하려고 달려온 것이었다. 인부리에 헬리콥터가 와서 그녀를 실어서 방콕 기독 병원으로 후송했다. 한시간 만에 모든 일이 이루어진 것이다. 의사들과 간호사들은 진의 생명을 구하기 위해 신속하게 대처했다. 나중에는 영국 공군 앰뷸런스 비행기가 왔고 그녀의 고향 북아일랜드에 있는 병원으로 그녀를 옮겼다.

몇 달 후 진은 여전히 엉덩이 아래로는 마비된 상태여서 일어나 앉을 수도 없었지만 신앙 속에 있었다. 그녀는 하나님의 길은 여전히 완벽하며 그가 하시는 일을 이해할 수 없지만 그를 신뢰할 수 있다는 것을 알고 있었다. 그녀는 심지어 언젠가는 자신이 태국으로 돌아갈 수 있으리라고 믿었다. 그녀의 생각이 옳았다. 하지만 그렇게 되기까지에는 4년간 강도 높은 물리 치료와 끊임없는 기도, 그리고 순수한 용기와 신앙이 필요했다. 그녀는 휠체어 사용법을 배웠다. 부목으로 지탱한 상태에서는 몇 걸음 걸을 수도 있었고, 특별하게 개조된 자동차를 운전할 수도 있었다. 그런데 과연 OMF가 그녀의 귀환을 받아 줄 것인가? 하지만 그녀의 심장은 여전히 태국에 있었다.

이 질문에 대한 대답이 왔다. 태국 중부의 마노롬 기독 병원의 직원으로 합류해달라는 애정 어린 초청이었다. "나는 그 병원의 구조를 알고 있었어요." 진은 말했다. "휠체어를 타기에 안성맞춤인 구조죠. 제가 그것에 대해 생각하고 기도할 때 주님께서는 두 가지의 명쾌한 메시지를 주셨어요. 사사기 6장 14절의 '너는 가서 이 너의 힘으로 … 내가 너를 보낸 것이 아니냐?'라는 말씀과 시편 71장 16절의 '내가 주 여호와의 능하신 행적을 가지고 오겠사오며'라는 말씀이었습니다. 그렇습니다. 나는 주님이 주신 힘으로 갈 수 있었던 것입니다!" 진은 병원 도서관에서 경력을 쌓기 위해 아일랜드의 병원에서 몇 달을 더 보냈다. 이 일은 앉아서도 할 수 있는 일이고, 그 병원에서도 잘 섬길 수 있는 일이었기 때문이다. 그러다 1964년 3월이 되었고, 태국에 처음으로 도착한 때로부터 11년 후, 그녀는 하나님과 또 다른 모험을 하기 위해 짐을 챙겨서 마노롬으로 떠났다.

이때 마노롬 병원에는 본관 옆에 한센병 병동이 있었다. 이러한 환경으로 인해 의료 팀은 장기간 치료가 필요한 한센병 환자들을 받을 수 있었고, 특히 재건 수술과 함께 물리 치료와 직업 치료를 시행할 수 있었다. 그 과정을 통해 환자들의 성공적인 재활과 사회 복귀가 가능해졌다. 사회에서 다시 받아들여 줄 가망성이 거의 없었던 사람들인데 말이다. 사실 그때도 그들에게 사회 복귀는 힘든 일이었다. 태국의 신생 교회들에서 한센병 환자들과 건강한 사람들이 함께 앉아 예배를 드리는 것을 보게 되기까지는 많은 장애물들이 남아 있었다.

마노롬에서 진은 물 만난 물고기 같았다. 그녀는 휠체어를 타고 병원 구석구석을 다닐 수 있었다. 좀 더 멀리 가려면 그녀의 특별히 개조된 자동차를 타고 가면 되었다. 그녀는 입원 환자들과 더불어 그들의 친지들과도 시간을 보낼 수 있었다. 그녀는 한 사람 한 사람을 장기간 볼 수 있었다. 진은 열정적인 전도자였고 입원 환자든 외래 환자든 병원에 온 모든 사람에게 예수님에 대해서 정말 즐겁게 이야기했다. 거듭해서 그녀는 자신의 장애와 눈에 보이는 문제들의 장벽을 허물었다는 것을 알게 되었다. 장애를 입은 몸으로 고군분투하는 것이 어떤 것인지 너무나 잘 알고 있는 사람이 바로 여기에 있는 것이다. 매일매일 그녀가 휠체어를 타고 여러 침상을 돌아다니면서 그녀를 구원해주신 분에 대해 잔잔하게 이야기하는 것을 볼 수 있었다.

그녀는 도서관 내에 자신만의 상당히 사적인 공간을 가지고 있었는데, 많은 외래 환자들이 그곳으로 그녀를 찾아왔다. "어떤 사람은 낯선 외국인 여자가 휠체어에 앉아 있는 것만으로도 겁을 내기도 했어요." 그녀는 이렇게 썼다. "혹은 날카로워 보이는 바늘이나 외과용 메스를 봐도 무서워했죠. 자신이 한센병을 가진 것이 확정될까 봐 두려워하며 검사 결과에 대해 걱정하는 사람들도 있었죠. 우리에게 오는 대부분의 사람들은 이미 자신이 한센병을 가지고 있다는 것을 알고 있었지만 그것이 한센병이 아니라 뭔가 다른 것이길 희망했어요. 이런 환자들을 안심시키는 것과 정기적이고 장기적인 치료의 필요성을 설명하는 것, 그리고 무엇보다도 그들을 돌보시는 분에 대해서 그들에게 이야기해주는 것은 몇 가지 단순한 도서관 업무를 처리하는 것보다 훨씬 더 힘든 일이었어요."

그렇지 않아도 바쁜 의료 스태프들은 하나님의 선하신 공급하심에 매우 기뻐했다. 하나님께서 그들에게 보내주신 이 신실한 종의 주된 업무는 믿지 않는 사람들에게 복음을 전하는 것과 이미 믿고 있는 사람들의 신앙을 양육하

마노롬의 진 앤더슨

는 것이었다. 대부분의 의료 팀, 그러니까 선교사들과 태국인이자 기독교인인 간호 조무사들 모두가 환자들에게 하나님을 증거하기를 기뻐했다. 그리고 물론 그들이 제공하는 치료를 통해 강력하게 하나님을 증거했다. 하지만 한 명의 환자나 여러 명의 친지들과 긴 시간 그저 함께 앉아 있기도 힘들 정도로 할 일이 많은 경우가 대부분이었다. 그런데 진은 하루 종일 혹은 밤까지도 질문에 답해주고, 환자의 희망과 두려움에 대해 들어

주며, 죽어가는 환자나 그의 친지들을 위로하고, 그리고 찬찬히 주 예수님에 대한 얘기를 할 수 있었던 것이다.

1986년 마침내 진은 은퇴했다. 태국에 처음 온 날로부터는 33년이 흘렀고, 소아마비에 걸린 때로부터는 22년이 지났다. 그녀는 하나님께서 자신에게 하신 모든 약속을 지키셨으며, 그의 길은 언제나 완벽했다고 말했다. 소아마비가 만들어냈던 그 끔찍했던 두통은 끝이 아니라 새로운 시작이었다. 그녀뿐 아니라 그녀를 통해 믿게 된 많은 이들에게도 마찬가지였다.

29. 하나님께서 준비해주신 마음

1950년대 태국에서 OMF 사역이 시작된 이후 수많은 회원들이 사고와 질병, 폭력적인 공격으로 목숨을 잃었다. 뉴질랜드 사람인 로이 오핀은 태국 북부의 부족들을 섬기던 첫 임기 중에 강도에게 살해당했다. 다음은 그의 아내 질리언과 로이가 죽은 직후에 태어난 그의 아들 머레이의 이야기이다. 하나님께서는 그들의 시련이 계속되는 동안 내내 그들을 인도하셨고 그들이 당신을 신뢰하도록 하셨다.

1962년 어느 날 아침 질리언 오핀은 앉아서 성경을 읽고 있었다. 그녀는 태국 중부의 마노롬 기독 병원에 머물면서 첫아이의 출산을 기다리고 있었다. 그곳은 1956년 OMF 선교사들이 연 병원이었다. 많은 선교사들이 의료 혜택을 받을 수 없는 곳에 살고 있었기에 출산을 앞둔 임부들은 안전한 출산을 위해 예정일보다 몇 주 먼저 병원에 오도록 장려되었다.

질리언과 그녀의 남편 로이는 태국 북부의 산속 고지대에 살고 있었다. 몽족 마을이 있는 곳이었다. 그들은 1년 전 신혼 부부로 함께 그곳에 갔다.

지금은 질리언은 산을 내려와 마노롬에 있고 로이는 그곳에 남아 마을 안에 그들이 가족을 이루어 살 새 집을 짓고 있었다. 새 집은 "쓴 대나무(Bitter Bamboo)" 마을에 있었는데, 그쪽으로 이주해온 부족민이자 기독교인인 가족의 집과 가까웠다. 건축은 이미 진행 중이었기 때문에 로이는 출산 시기에 맞추어 질리언에게 갈 계획이었다.

그날 아침 질리언은 시편 112편을 읽었다. "그 구절이 갑자기 제 마음을 두드렸어요. 그리고 나는 하나님께서 제게 무언가를 말씀하시고 계시다는 것을 알았죠." 질리언은 이렇게 말했다. "그 시편은 이렇게 시작해요. '여호와를 경외하며 그의 계명을 크게 즐거워하는 자는 복이 있도다.' 나중에는 이렇게 말하죠, '그는 흉한 소문을 두려워하지 아니함이여 여호와를 의뢰하고 그의 마음을 굳게 정하였도다.' 나는 단박에 하나님께서 제게 말씀하신다는 것을 알았어요. 그리고 제가 생각할 수 있었던 가장 흉한 소문은 로이에게 무언가 일이 생겼다는 것이죠. 잠시 후 나는 창문을 내다보았고 병원 원장님께서 제가 있는 집 쪽으로 걸어오시는 것을 보았어요. 나는 그가 나쁜 소식을 가지고 왔다는 것을 알 수 있었고 하나님께서 나에게 타이르시는 것을 느꼈어요. 제 마음이 '여호와를 의뢰하고 굳게 정하도록' 말이죠."

로이는 강도들에게 총을 맞았다. 그는 살아 있긴 했지만 매우 위중한 상태였다. 그는 산 아래 핏사눌로크의 작은 병원으로 옮겨졌다. 의사들이 그에게 수술도 하고 피도 엄청나게 수혈했지만 며칠 후 그는 주님께로 갔다. 질리언은 마노롬에 있는 동료들의 도움을 받아 로이가 있는 곳으로 가서 너무나 소중한 마지막 몇 시간을 함께할 수 있었다. "로이는 겨우 스물여섯 살에 세상을 뜬 거예요." 질리언은 회상한다. "평생의 선교 사역이 눈앞에 놓여 있었

로이 오핀과 질리언 오핀, 1962년

지만 그것은 그를 향한 하나님의 뜻이 아니었어요. 나는 하나님의 모든 자녀의 삶이 그분의 손 안에 있다는 것을 알아요. 얼마나 길건 얼마나 짧건 상관없죠. 우리에게 가장 중요한 것은 우리의 삶을 전적으로 그분을 위해 살아드리는 거예요. 그리스도의 복음이라는 좋은 소식을 사탄의 영토에 가지고 들어갔을 때 우리는 영적인 전투에 휘말리게 됩니다. 그리고 그곳에는 사상자가 있게 마련이죠."

태국 북부의 부족 지역은 종종 무법 지대가 되었고, 로이 이전에도, 또한 이후로도 복음을 위해 목숨을 내놓은 사람들이 많았다. 하지만 오늘날 그 지역의 많은 사람들 중에는 교회들이 세워져 있다. 하나님께서는 희생과 눈물로 심은 씨앗을 사용하셨고, 그가 말씀 속에서 약속하신 대로, 수확을 거두셨다. 로이는 그것을 살아서 보지는 못했지만 그의 짧은 생애와 그의 죽음은 분명 그것에 이바지했다.

225

로이가 죽고 질리언은 마노롬으로 돌아왔다. 그로부터 약 3주 후 그녀는 아들 머레이를 낳았다. 많은 사람들은 질리언이 아들을 데리고 영국으로 돌아가거나, 그녀가 지난 몇 년 동안 간호사로서 일했던 뉴질랜드로 갈 것이라고 생각했다.

로이는 뉴질랜드 사람이었는데 오클랜드의 성경 공부 학교에서 질리언을 처음 만났다. 둘은 각자 이미 하나님께서 OMF를 통한 사역으로 부르심을 느끼고 있었다. 머지않아 이 부르심은 로이와 질리언을 태국 북부의 몽족 사이에서 사역하는 임무를 맡도록 인도하셨다. 로이는 죽었지만 질리언은 이 부르심이 여전히 변함없다고 믿었다. 그리고 자신이 아들과 함께 사역지로 돌아가야 한다고 생각했다. 다시 한 번, 질리언이 말씀을 읽는 중에 주님께서 그녀에게 말씀하셨다. 그는 그녀에게 몽족에게로 돌아가는 것은 옳은 결정이라는 확신을 주셨다.

따라서 질리언은 아기 머레이와 함께 용감하게 산으로 돌아갔다. 그곳에서 그녀는 야자수 잎으로 만든 몽족 마을에서 두 명의 독신 여성, 두 존스와 도리스 화이트록과 함께 살았다. 다음 몇 년 내내, 휴가차 영국과 뉴질랜드에 다녀온 것을 제외하고는, 질리언은 계속해서 성경을 번역하고 글자를 가르치며 지도자를 양성하고 주변 마을에 복음을 전하는 개척 선교사의 전형적인 일들을 해나갔다. 가끔 이 여성들은 주변 사람들에게 의료적인 도움을 주기도 했다. 그 세월 동안 종종 질리언은 자신의 소중한 어린 아들을 질병과 사고로부터 보호해주시는 하나님의 사랑과 미쁘심을 경험했다. 머레이는 그 지역의 몽족 아이들과 함께 놀았고 몽족의 언어를 영어만큼 편안하게 구사했다. 동틀 무렵부터 아이들은 집안일을 하기 전에 그 집으로 와서 수업을 들었다. 낮 동

질리언 오핀과 몽족 아이들

안에는 아기를 돌보는 여자들이 주로 왔다. 저녁이 되면 밭 일을 끝낸 나이가 많은 아이들과 성인들이 함께 왔다. 이렇게 그들이 사는 작은 집에는 하루 종일 몽족 사람들이 발걸음이 끊이지 않았다.

머레이가 말레이시아에 OMF 선교사들의 자녀를 위해 설립한 초등학교인 치푸 학교에 갈 수 있을 만큼 성장하자 질리언과 도리스는 라오스로 이주했다. 당시 많은 몽족 젊은이들이 라오스의 수도 비엔티안에서 공부하고 있었다. 도리스는 꾸준히 신약 성경을 몽족 언어로 번역했다. 하지만 비엔티안은 머레이가 학교 방학 기간 동안 가 있기에 적합한 장소가 아니었다. 그래서 몇 년 후 질리언은 방콕에서 새로운 사역을 시작했다. 스터디 하우스(Study House)에서 신임 선교사들을 돌보는 일이었다. 이렇게 되자 머레이는 학교 방학 동안 함께 놀 친구들이 생겼고 질리언은 치푸 가까운 곳에 살 수 있게 되었다.

머레이는 열 살이 되자 영국에 있는 기숙 학교에 다니기 시작했다. 당시는 선교사의 자녀들이 학교 방학 동안 비행기를 타고 아시아에 있는 부모님을 만나러 온다는 것은 불가능한 때였다. 떨어져 사는 것이 장기화될 수 있었고, 한번에 몇 년씩이나 떨어져 있는 것은 중국에 있는 부모 세대에게는 겪어보지 못한 일이었다. OMF에는 하우스 부모(house parents)라는 시스템이 자리를 잡고 있었는데, 학기 사이에는 선교사의 자녀들을 돌봐주고 학기 중에는 그들의 학교를 방문해주는 분들이 바로 하우스 부모님이었다. 그렇다고 해도 질리언은 머레이를 영국에 있는 학교에 떼놓고 오는 것이 그녀가 해야 했던 일 중에 가장 어려운 일 중 하나였다고 말했다.

방콕으로 돌아와 1년을 더 보내고 나니, 질리언이 본국 사역을 할 때가 되었다. 영국에서 그녀가 보낼 수 있는 시간이 다 되어가고 있을 때, 그녀는 주님께서 자신에게 다음에 무엇을 하기를 원하시는지 궁금해졌다. 라오스로 돌아가 도리스에게 다시 합류해야 할까? 특히 그 나라의 정치적 변화가 시사하는 바에 따르면, 머지않아 그곳에서 더 이상 일할 수 없게 될 것이지 않은가? 태국 북부로 돌아가서 몽족 사이에서 일해야 할까? 태국의 다른 지역으로 가야 할까? "그때 나는 한 번도 해보지 않은 일을 했어요. 하나님께 표식을 요구한 것이죠." 질리언은 이렇게 회상한다. "나는 내가 옳은 결정을 내렸다는 데 대해 전적으로 확신하게 되길 원했어요. 그래서 나는 기도하고 표식을 보여달라고 간구했어요. 제가 머레이에게 라오스로 돌아가서 일하기를 기대한다고 말했을 때 그의 반응이 하나님의 인도하심이 되게 해달라는 거였죠. 나는 솔직히 그의 반응이 이도 저도 아닐 거라고 생각했어요. 아니면 최소한 사실을 담담히 받아들이는 것이겠죠." 하지만 머레이를 만났을 때 그녀는 깜짝 놀랐다. 그는 언젠가는 자신들의 집을 가지고 강아지도 키우며 살고 싶다고 말했다. 그는 또한 그녀가 라오스에 돌아가면 죽임을 당할 것 같고 태국의 한센병 진료소를 돕기 위해 간다면 한센병에 걸릴까 봐 두렵다고도 말했다.

이제는 질리언이 영국에 보금자리를 만들 시기임이 명백해졌다. "하지만 런던을 떠나 본국 대표를 만나러 가는 동안 내 마음은 혼란스러웠어요." 질리언은 이렇게 말한다. "내 기도에 대한 하나님의 응답은 기대만큼 확실했어요. 하지만 나는 어떻게 하나님께서 그것을 가능하게 하실지는 전혀 모르겠더라고요. 우리 부모님께서는 저 멀리 스코틀랜드에 살고 계셨고, 나는 세 번 휴가를 온 것을 제외하고는 20년 동안 이 나라를 떠나 있었어요. 제가 여기서 직장을 구하고 방학 동안 머레이와 함께 지낼 집을 마련하는 것이 어떻게 가능할 수 있겠어요? 나는 돈도 없었고 전망도 없었어요. 하지만 내게는 하나님의 분명한 신호가 있었죠. 그는 제가 여기 머물기를 원하셨고, 제가 할 수 있는 건 그분이 당신의 방식으로 일하시길 신뢰하는 것뿐이었어요. 다음 날 아침 예배 시간에 강연하셨던 분이 시편을 가지고 말씀하셨어요. 나는 눈으로 페이지를 훑었어요. 제 성경 책에 있는 밑줄 그어진 구절이었죠. 로이가 죽은 뒤로 거듭해서 읽었고 거듭해서 그 참되심을 확신했던 구절이었어요. 바로 시편 68편 5절 말씀이었어요. '그의 거룩한 처소에 계신 하나님은 고아의 아버지시며 과부의 재판장이시라.' 하지만 이번에 나는 다음 구절에 눈이 갔어요. 마치 그 구절을 처음 읽는 것처럼 느껴졌죠. '하나님이 고독한 자들은 가족과 함께 살게 하시며'. 나는 이 말씀이 나와 머레이를 위한 개인적인 약속임을 알았어요. 그때도 여전히 어떻게 하실지는 몰랐지만, 나는 하나님을 신뢰했죠."

이로부터 얼마 되지 않은 어느 날 질리언에게는 깜짝 놀랄 일이 생겼다. 세 군데의 서로 다른 공립(사립 기숙) 학교에서 사감으로 일해달라는 제의를 받은 것이었다. 자그마치 세 군데였다. 하는 일은 학기 동안 기숙사에서 소년들을 돌보는 것이었다. 교목 모임에서 한 친구가 질리언에게 집과 일자리가 필요하다는 말을 했던 것이다. 그 결과 질리언은 학기 중에도 방학 동안에도 모두 살 수 있는 집과 자신을 위한 일자리를 찾게 되었다. 하나님께서는 아주 세심하게 약속을 지키셨고 과부와 고아에게 공급해주셨다. 곧 머레이는 근처 학교에서 장학금을 받게 되었다. 그는 심지어 오랫동안 바라왔던 강아지도 키울 수 있게 되었다.

이 축복에 더해 질리언은 근처에서 교회를 찾을 수 있었고, 그녀는 곧 그곳에서 편안함을 느꼈다. 곧 그녀는 가끔 그곳에서 초청을 받아 말씀을 전하게 되었고, 교회를 통해 다른 사역을 도울 수 있었다. 학교 일을 시작한 지 4년 후 질리언은 이 교회의 초빙을 받아 정식 교구 직원이 되었다. 그녀에게 부목사의 월급과 임대 사택이 주어졌다. 그녀와 머레이를 위한 기쁨에 찬 가정이 만들어졌다. 8년 후 영국 국교회가 여성들을 권사로 임명하는 데 찬성했을 때, 질리언은 최초로 권사에 임명된 여성들 중 한 명이었다.

1932년이 되었다. 로이와 결혼한 지 31년, 방콕을 떠난 지 19년이 흘렀다. 질리언은 안식년을 받아서 몇 개월간 태국에 돌아갈 수 있었다. 그녀는 도리스 화이트록과 함께했다. 도리스는 여전히 성실하게 성경을 번역하고 자료를 연구하고 있는데, 질리언은 집에 온 것처럼 편안함을 느꼈다. 매일매일 도리스가 그날 집필한 작업을 그녀가 타이핑하는 작업을 했다. 그들은 좋은 팀을 이루었다. 영국의 교회를 조기 은퇴하고 태국으로 돌아와 도리스와 함께 작업해야 하는 것일까? 그들은 함께하니 일처리도 매우 빨랐다. 그 지역의 난민 수용소에는 라오스에서 탈출한 몽족이 많이 있었다. 그들은 복음을 잘 받아들이는 경우가 많았다. 주님께서 그녀를 몽족에게로 다시 부르고 계신 것일까? 로이가 자신의 생명을 바쳤고 그녀 또한 수십 년 전 부르심을 받았던 그들에게로?

아니었다. 기도했을 때 그녀는 주님께서 자신을 동요하게 하시는 것은 물론 맞지만 태국으로 돌아가라는 말씀이 아니라 북쪽 스코틀랜드로 가서 이제는 미망인이자 거의 앞을 못 보시게 된 자신의 어머니를 돌보라는 말씀인 것을 깨달았다. 그것은 이 이야기에서 또 하나의 갑작스러운 전환이었지만 하나님의 말씀인 것은 분명했다. 머레이는 이제 자신의 집이 있었고 더 이상 엄마와 함께 하지 않아도 되었다. 곧 질리언은 런던 인근 딘스행어에 있는 교회의 많은 소중한 친구들을 떠나 스코틀랜드 서해안의 오반으로 갔다.

그곳에서 그녀는 곧 오반 성당의 명예 목사가 되어달라는 초청을 받았다. 스코틀랜드 성공회에서 1994년 여성을 목사로 임명하는 데 찬성했을 때, 질리언은 최초로 임명된 여성 목사였다. 그녀의 어머니께서 돌아가신 후 하나님께서는 질리언을 다시 남쪽으로 인도하셨다. 이번에는 런던 근처의 크리스천 회의와 훈련 센터에서 목사로 일했다.

마노롬 병원에서 기쁨으로 아이의 출산을 기다리고 있던, 사랑하는 남편이 곧 올 거라는 기대로 가득 차 있었던 그 젊은 여성은 주님께서 자신의 길을 어떻게 인도해 가실지 전혀 상상도 못 했다. 그녀는 고통 속에서 연단을 받았다. 하지만 50년이 지난 지금 그녀는 온 마음을 다해 이렇게 말할 수 있었다.

"하나님께서는 나를 경이로운 방법으로 인도하셨습니다. 나의 사랑하는 하늘에 계신 아버지로서의 당신을 보여주신 적도 있으시고, 내 친구이자 구세주이신 예수님으로서의 당신을 보여주신 적도 있습니다. 나의 모든 실패에도 불구하고 그분은 은혜로 나를 선택하셔서 사용하셨으며, 아시아와 영국에서 그를 섬기는 이루 헤아릴 수 없는 특권을 주셨습니다. 나는 또한 그를 찬양합니다. 머레이가 자라는 동안 그를 지켜주시고 주님이자 구세주이신 예수 안에서 확고한 신앙을 주셨으며 사랑스러운 크리스천 아내 제니와 아들 샘을 주셨습니다. '여호와여 영광을 우리에게 돌리지 마옵소서 우리에게 돌리지 마옵소서 오직 주는 인자하시고 진실하시므로 주의 이름에만 영광을 돌리소서.'(시편 115:1)"

30. 킬링 필드에서 하나님의 사랑으로

솔리나 치는 이 감동적인 간증에서 그 악명 높은 폴 포트 치하의 잔혹한 크메르 루주 통치 기간 동안 자신과 가족, 그리고 대다수의 캄보디아 인들이 함께 겪은 끔찍한 고난에 대해 이야기해준다. 4년 후 그녀는 태국의 난민 수용소로 도피했고 종국적으로 1981년 캐나다로 이민을 갔다. 그녀는 캐나다 시민으로서 2002년 캄보디아를 섬기기 위해 OMF에 합류했다. 다음은 그녀가 직접 해준 이야기이다.

우리는 매일 전 세계의 전쟁과 테러에 관한 소식을 듣는다. 당신은 어떻게 반응하는가? 그곳 사람들의 고통을 이해하는가? 당신은 이렇게 말하는가? "너무 안된 일이군. 하지만 설마 나에게 그런 일은 생기지 않겠지?"

나는 캄보디아에서 두 번째로 큰 도시인 바탐방의 중산층 가정에서 태어나 안전하고 화려한 삶을 누리며 자랐기 때문에 나의 반응도 이와 비슷했다. 하지만, 이제 알게 된 것처럼, 우리는 내일 무슨 일이 벌어질지 모른다.

그 모든 일은 1975년 4월에 일어났다. 더운 계절이었다. 크메르 루주로 알려진 공산당 군대가 캄보디아를 장악하고 캄푸치아 공화국(Republic of Kampuchea)은 5년 만에 막을 내렸다. 처음에 우리는 크메르 루주가 평화를 가져오기를 바랐다. 하지만 그 결과는 대혼돈이었다. 크메르 루주는 우리에게 즉시 도시를 떠나 3년간 시골로 가서 지내라고 명령했다. 집을 떠나기 전 나는 3층에 있는 내 방에 올라가 사진 앨범과 같은 나에게 소중한 물건들을 가지고 1층으로 내려와서는 안전할 거라고 생각되는 곳에 두었다. 미군이 이 도시를 폭격할 것이라는 소문이 돌았다. 남자, 여자, 아이들 할 것 없이, 심지어 병원에 있던 환자들까지 총구를 들이대며 떠나라는 명령을 받았다. 무릎수술을 받아 병원에 계셨던 우리 엄마도 우리와 함께 가셨다. 사흘이 지났지만 우리는 집으로 돌아가도 좋다는 허락을 받지 못했다. 그 대신 비극적인 학살 소식이 우리를 위협하기 시작했다. 한 달 후 우리 엄마는 길에서 돌아가셨다. 오른쪽 무릎이 감염된 결과였다. 우리는 간소한 화장을 치른 후 계속 이동해야 했다. 하나씩 하나씩 단계적으로 새로운 정권은 우리의 재산을 압수했다. 자동차, 옷가지, 담요, 보석, 의약품까지 모든 것을 빼앗아 갔다.

다음으로 나는 아버지와 언니에게서 분리되었고 들판에 나가 힘든 노동을 해야 했다. 나는 하루 종일 땅을 파고 작물을 심으며 일했지만 먹을 것이 하나도 없었다. 우리는 끝없는 감시를 당했다. 많은 사람들이 죽었다. 지난 정부시절에 관료였거나 군인, 상인이었던 사람들, 그리고 교육받은 사람들 모두가 재판 없이 죽임을 당했다.

어느 날 아침 나는 나무에 물을 주기 위해 산 아래를 걸어가고 있었는데, 나 자신에게 질문을 던지기 시작했다. "나는 어디서 왔지?" 나는 할머니께서 엄마에게 말씀해주셨고, 또 엄마가 나에게 말해주었던 그 대답에 대해 생각해보았다. 이제 나는 들판을 바라보면서 물었다. "이 곡식은 어디서 왔지?" "씨앗과 풀에서 왔지. 하지만 분명 맨 처음에 곡식을 만드신 분이 있을 거야!" 이제 나는 분명 한 분의 신이 계시다는 것을 믿기 시작했다. 나는 그분의 이름을 모르지만 그분이 세상을 만드신 것이 분명했다. 그분이 첫 번째 존재이기 때문에 아무도 그분에게 이름을 붙일 필요가 없었던 것이다.

그때부터 나는 매일 밤 기도하기 시작했다. 나는 불교 국가에서 자랐지만 내가 종교에 관심이 있다는 것을 친구에게도 알리지 않았다. 나는 우리 엄마에게도 기도했고, 부처님, 귀신들, 그리고 예수님에게도 기도했다. 나는 그분이 백인들의 신 중의 한 명이라고 생각했다. 그리고 마지막으로 내가 이름은 모르지만 이 세상에 단 한 분뿐이신 그 신께 기도했다.

1977년 중반 나는 발에 차꼬가 채워진 상태로 감옥에 수감되었다. 크메르 루주는 내가 결혼하고 싶지 않은 사람과 결혼하라고 강요했다. 감옥에서 나는 이와 모기에게 물렸고, 먹지도 못하고 고문을 당했다. 그들은 나에게 전기 고문을 가했고 내가 기절할 때까지 얼굴에 비닐봉지를 씌웠으며 머리에 총을 겨누기도 했다. 그들은 내가 CIA 요원이라며 나의 온몸을 때렸다. 나는 바닥에 누워 있었는데 온몸이 멍들고 부어올라서 움직일 수가 없었다. 눈물이 흐르기 시작했다. 내 마음은 상처와 증오, 괴로움과 자기 연민, 분노와 복수심으로 어지러웠다. 나는 우리 가족에 대해 생각했다. 아무도 나에게 무슨 일이 생겼는지, 내가 어디에 있는지조차 모를 것이었다. 나는 점점 더 유일하신 신에 대해 생각했다. 살아 계시고 나를 지켜보시며 나의 눈물을 보시는 그분 말이다. 그들이 나를 "죽음의 장소"라고 알려진 불교 사원에 집어넣었을 때 나는 부처에게 나를 도와줄 수 있는지 물었다. 그런데 그는 자기 자신도 구하지 못했다. 모든 신상이 파괴되었던 것이다. 나는 살기를 포기했다. 이 감옥에서 살아 나간 사람은 거의 없었다. 그런데 2년이 지나고 세 개의 감옥을 전전한 후에도, 심지어 사형 통보도 받았지만 나는 여전히 살아 있었다.

1979년 말 베트남이 캄보디아에 자유를 가져왔다. 베트남 군대가 캄보디아를 침공하여 크메르 루주가 고원 지대로 도망을 간 것이다. 새로운 상황이 되자 나라 안에서는 좀 더 자유롭게 이주할 수 있었다. 나는 몇 달 후 크메르 루주를 겨우 탈출했고, 가족들 중 몇 명과 재회할 수 있었다.

우리 가족은 조국의 극심한 가난과 불안정한 상태를 벗어나기로 결정하고 태국으로 탈출했다. 우리의 모든 재산을 다 빼앗긴 지 오래여서 삶은 극도로 어려웠다. 우리에게는 입고 있었던 옷이 다였다. 침대가 아닌 딱딱한 바닥과 지붕이 아닌 푸른 하늘이 내가 가진 모두였고, 담요로 쓸 수 있었던 건 건초 더미뿐이었다. 그렇다 해도 정신적이고 감정적인 고통에 비하면 육체적인 고통은 아무것도 아니었다. 내 나라와 그 백성들을 향한 깊은 증오가 내 마음속에 뿌리박혀 있었다. 태국에 도착했을 때 나는 다시는 결코 캄보디아로 돌아가지 않겠노라고 맹세했다. 또한 내가 제3국에 가게 되면 같은 나라 사람과는 절대로 말도 섞지 않겠다고 결심했다.

가는 길에 고생을 좀 더 하긴 했지만, 마침내 우리는 태국으로 안전하게 탈출했다. 하지만 우리의 고통을 거기서 끝나지 않았다. 우리는 난민 수용소에 배치되었는데, 음식과 물, 사생활이 엄격하게 제한되었다. 삶의 조건은 지독했다. 게다가 캄보디아로 되돌려 보내질 것이라는 소문이 매일 돌았다. 우리는 일곱 개의 서로 다른 수용소를 하나씩 순회하며 생활했다. 마침내 우리가 랑싯 임시 수용소(Rangsit Transit Center Camp)에 갔을 때 자유를 향한 나의 꿈이 이루어질 것처럼 보였다. 하지만 그때 우리 아버지의 건강에 대한 오해가 있었고, 우리가 떠나는 것이 허락되지 않았다. 나는 자기 연민에 빠져 허우적거렸고, 다른 사람들이 제3국으로 이주할 수 있게 되었을 때마다 계속해서 울었다.

1980년 10월 어느 날 오후 나는 친구 집에 갔는데, 거기서도 울다 지쳐 잠이 들었다. 그런데 친구가 나를 흔들어 깨웠고 백인 여성이 작별 인사를 하러 왔는데 통역을 좀 해달라고 했다. 그 여자분은 예수전도단(YWAM)이었고 다른 수용소로 전근하게 된 것이었다. 그녀는 친구의 가족에게 영어를 가르쳤다고 했다. 그녀는 나의 이야기를 듣고는 자신이 떠나게 되어 도와주지 못해 너무 미안하다고 말했다.

한 주 후 다른 예수전도단 일꾼인 이본 도스 산토스가 랑싯에 와서 나를 찾았다. 그녀는 나에게 복음에 대해 얘기해주었는데, 천지창조 이야기("태초에 하나님이 천지를 창조하시니라." 창세기 1:1)부터 시작해서 십자가 위에서 예수님께서 죽으신 이야기까지 계속되었다. 예수님께서는 이렇게 말씀하셨다. "아버지 저들을 사하여 주옵소서 자기들이 하는 것을 알지 못함이니이다."(누가복음 23:34) 예수님의 이 말씀은 내 영혼을 울렸고, 나는 회심했다. 내가 찾아 헤매던 신이 바로 여기에 계셨다. 그의 아들은 이 땅에 오셔서 우리에게 그 신이 어떤 분인지를 보여주었다. 그는 십자가에서 죽으셨고 자신을 못 박았던 모든 이를 용서하셨다. 자신은 아무것도 잘못한 것이 없으신데 말이다. 그는 죽음에서 다시 살아나셨다. 예수님께서는 적들을 용서하셨다. 그의 권능으로 나도 크메르 루주를 용서할 수 있을 것이다. 기적이 일어났고 하나님께서는 내 마음을 변화시키셨다. 이윽고 나는 내 속에 있던 괴로움과 증오가 내 나라 내 민족을 향한 깊은 사랑으로 바뀌는 것을 깨달았다.

하나님께서는 나에게 예수님에 대해 더 가르쳐줄 수 있는 사람들을 공급해 주셨다. 나는 주님께서 내가 당신을 난민 수용소에서 맨 처음 알도록 허락해 주신 것을 감사드린다. 그렇지 않았다면 나는 고난과 궁핍의 끔찍한 세월을 보낸 후 물질적인 부를 향한 욕망에 쉽게 매몰되었을 것이다. 1981년 3월 나는 캐나다 오타와로 보내졌다. 모든 것이 어리둥절했지만 하나님께서는 나를 지켜주셨다. 나는 좋은 교회를 찾을 수 있도록 기도했는데 두 번째 일요일에 메트로폴리탄 성경 교회(Metropolitan Bible Church)에 가게 되었다. 나는 여기에 캄보디아 신자들의 소규모 모임이 있다는 것을 알게 되었고, 태국에서 OMF와 함께 섬겼던 에블린 암스트롱도 만났다. 그들은 내가 새로운 나라에 정착할 수 있도록 도와주었고, 또한 내가 기독교 신앙 안에서 성장할 수 있도록 도와주었다.

캐나다에 온 지 1년 후 나는 6개월간 YWAM 제자 훈련 캠프에 갈 수 있게 되었다. 그리고 과테말라로 단기 선교 여행도 떠났다. 1984년 나는 앨버타에 있는 프레이리 성경 학교(Prairie Bible Institute)에 가게 되었다. 졸업 후 나는 태국에서 OMF와 함께 단기 실습을 수행했다. 그곳에서 나는 앨리스 컴페인과 함께 일했는데, 그녀는 크메르 난민들 사이에서 아름다운 사역을 하고 있었다. 그해 나는 크메르 루주의 일원을 직접 대면하게 되었는데, 방콕에서 열린 제3회 캄푸치아 국제 회의(the Third International Conference on

솔리나 치

Kampuchea)에서였다. 나는
오직 주님께서 나를 새로운 피
조물로 만드셨기에 옛것은 모
두 지나가고 나와 우리 가족에
게 그 엄청난 고통을 당하게
했던 사람들을 용서하는 은혜
를 받은 것임을 알았다.

캐나다의 한 회사에서 5년 동안 근무한 후인 1993년, 나는 필리핀 마닐라
로 가서 극동방송국(FEBC)을 통해 캄보디아로 방송을 내보내는 것을 준비했
다. 나는 또한 청취자들의 편지에 응대하는 것을 도울 수가 있었다.

나는 캄보디아 사람들이 주 예수님을 믿는 것을 방해하는 장애물이 무엇인
지 이해할 수 있었고, 또한 캄보디아의 신자들이 힘들어하는 문제가 무엇인지
알고 있었다. 나는 또한 라디오 사역이 가진 큰 가능성을 보게 되었다. 우리
는 주님께서 복음을 위해 라디오 방송을 사용하시는 것을 보았다.

1996년 극동방송국은 나를 캄보디아로 보냈다. 그곳에서 라디오 방송국을
개국한 것이다. 나는 또한 북방 선교 방송(Trans World Radio)에도 3년간 파
견을 나갔다. 희망의 여성들(Women of Hope)이라는 프로그램을 런칭하기 위
해서였다. 하나님께서 나를 나의 민족에게로 다시 데려다주신 것이었다.

2002년 FEBC에서의 나의 근무가 끝났다. 캐나다로 돌아온 나는 OMF에
지원하라는 초청을 받았고, 처음에는 준회원이, 그리고 나중에 2005년에는
정회원이 되었다. 나는 지역 기독교 라디오 방송국에서 라디오 사역을 계속했
고, 세 명의 직원에게 대본을 편집하고 프로그램을 녹음하는 일을 가르쳤다.

그리고 나는 유용한 도서들을 번역하고 크메르 루주 시절에 깊은 상처를 입은 많은 이들을 포함하여 여성들과 함께 일했다. 한 개척 교회는 건물을 짓기까지 기다리는 동안 우리 집에서 모임을 가졌다.

하나님께서는 나의 삶을 사역을 위해 알맞은 모습으로 빚으셨다. 나의 짐이자 나의 비전은 바로 그리스도를 위해 캄보디아에 이르는 것이다. 내가 배운 교훈은 "하나님의 뜻은 결코 너를 하나님의 은혜가 너를 지킬 수 없는 곳으로 인도하지 않으신다."라는 것이다.

31. 고난으로 문을 여시다

아이를 잃는 것은 다른 어떤 것과도 비교할 수 없는 고통을 가져온다. 아일랜드 사람인 윌슨 맥마흔과 아이린 맥마흔 부부는 셋째 아이의 출산을 기쁨으로 기다리고 있었다. 그런데 일이 예상한 대로 되지 않았다. 아이린은 슬펐지만 이 경험으로 인해 주위 사람들과 한층 깊은 동질감을 가질 수 있었으며, 아마도 이런 동질감은 다른 방법으로는 얻을 수 없으리라는 것을 깨달았다.

단어(words). 사전에는 "단어(words)"가 "의미를 나타내거나 전달하는 하나의 소리 혹은 여러 소리의 결합"으로 정의되어 있다. 새로운 언어를 배울 때는 단어 말고도 많은 것을 배우는 게 사실이다. 우리가 필리핀의 다바오에서 민다나오 산 속으로 이사했을 때 나는 세부아노어를 거의 하지 못했다. 하지만 그 지역의 마노보 사투리를 배우기 위해서는 그 얼마 안 되게 아는 것도 모두 사용해야 했다. 그래서 나는 자존심 따위는 바람에 날려버리고 이웃 사람들과 인사라도 하려고 밖으로 나갔다.

맥마흔 가족

"좋은 아침입니다!" 내가 자신 있게 할 수 있는 유일한 말이었다.

"이름이 무엇입니까?" 나는 살짝 더듬거리면서 물었다.

돌아온 답은 키득거리는 소리와 검게 변한 이를 부끄러워하며 입을 가린 손뿐이었다. 나는 어떤 이름도 대답을 듣지 못했다.

내가 정확한 단어를 사용했다는 것을 확신했기에 아무런 악의도 없고 해도 없는 이런 질문에 왜 답을 주지 않으려 하는지 이해가 되지 않았다. 나는 다시 시도해보았다. "자녀가 몇 명이에요?" 돌아온 대답은 그날의 언어 연습을 좀 더 해보려 했던 나의 의지를 급속히 꺾어버렸다.

어쩌면 언어 연습은 이제 끝이다. "일곱 있었는데 다섯이 죽었어요." 늙은 여인이 주름진 얼굴로 말했다. "여섯 있었는데 셋이 죽었죠." 다른 이가 거들었다. "나는 다섯이었는데 둘이 죽었어요." 아주 젊어 보이는 아기 엄마가 말했다.

우리 이웃의 모든 여성이 최소한 한 명씩은 자신의 자녀를 매장한 경험을 가지고 있었다. 대부분은 그보다 더 많은 수의 자녀를 매장했다.

나는 그때 셋째 아이를 임신하고 있었다. 나는 그 아이가 작고 귀여운 여자 아이일 것이라고 확신했(고 그래서 기뻤)다. 나는 벌써 레베카-조이라고 이름도 정해놓았다. 나는 그 아이를 빨리 보고 싶었다.

임신 5개월 차에 접어든 나는 지루했던 입덧이 끝났고 지난 3개월간 무거웠던 몸이 조금 나아졌다. 지난 두 번의 임신이 안전했고 앞서 두 아이도 안전하게 낳았기에 나는 뭔가 잘못될 거라는 생각은 전혀 하지 않았다. 그런데 그런 일이 벌어지고야 말았다. 나는 유산의 위험에 직면했다. 두 달 동안 침대에서 꼼짝없이 쉬면서 병원을 반복해서 들락거린 후 나는 조그만 여자 아이를 조산했다. 몸무게가 정상아에 훨씬 미치지 못했고 선천적으로 발이 굽어 있었으며 칠흑 같은 까만 머리가 푸석푸석하게 나 있었다.

나는 지금도 기억한다. 그 작은 아이를 안고 있었지만 내 배 위에 누워 있는 그 아이가 생존할 가능성이 얼마 되지 않는다는 걸 알고 있는 상황이 얼마나 두려웠는지. 하지만 나는 그 아이가 살 수 있을 것이란 희망을 버리지 않았다. 그런데 그렇지가 못했다. 인큐베이터에 들어간 지 겨우 열 시간 후 레베카-조이는 세상을 떠났다. 그리고 나는 마노보의 모든 이웃들에게 너무나도 익숙한 그 세계, 바로 슬픔과 고통의 세계로 내동댕이쳐졌다.

아이가 죽은 뒤 몇 주 동안 우리에게는 가족과 필리핀 친구들, OMF 동료들의 사랑과 연민의 정이 쏟아졌다. 우리는 장례식을 치렀고 두 달간 특별 휴가를 받아서 상실을 "극복하기 위해" 할 수 있는 모든 일을 했다. 그런 후 짐을 싸서 산속으로 돌아가야 하는 시간이 되었다.

나는 화가 나서 참을 수가 없었다. 특정 인물에게 화가 난 것은 아니었다. 하나님도 아니었다. 나는 부당한 죽음 자체에 화가 났다. 나는 정원에서 한참 동안 땅을 파서 뒤집어엎으며 일을 했다. 우리의 평온했던 삶을 침범하려고 위협하는 끔찍한 세력을 나에게서 떨쳐내 버리기 위해서였다. 그리고 나의 분노를 누군가에게 폭발시키는 것을 피하기 위해서였다.

이웃 사람들이 찾아왔다. 그들은 슬픔에 대처하는 데 능숙했고 아주 사적인 부분까지도 터놓고 이야기했다. 내 옆에 앉은 이노이 니 토팅(Inoy ni Toting(토팅 엄마))과 아사와 니 칼로스(Asawa ni Karlos(칼로스의 부인))는 나에게 질문을 하기 시작했다.

"출산할 때 아팠나요?" 그들은 매우 심각하게 물었다.

"그럼요! 당신들은 아프지 않았나요?"

나는 여전히 그들은 믿지 못하며 쏘아붙였다.

"네…."

그러자 그들은 출산의 고통을 눈에 그리듯 생생하게 묘사하기 시작했다.

"처음 임신했을 때 아팠나요?" 이노니 니 토팅이 물었다.

"끔찍했죠. 아침만 되면 입덧 때문에 일어날 수가 없었어요."

나는 아침에 구역이 올라오는 그 느낌을 생생하게 떠올리며 대답했다.

"병원에서 의사들도 옆에 다 있는데 왜 아이가 죽었나요? 돈이 충분하지 않았나요?" 아사와 니 칼로스가 물었다.

"아, 병원에서도 사람은 죽어요. 돈이 많은 사람들도 죽죠." 나는 대답했다.

"하지만 당신은 선교사잖아요. 당신에게 나쁜 일이 생기면 안 되죠. 하나님께서 당신을 도우시잖아요." 아사와 니 칼로스가 혼란스러워하면 말했다.

그렇다. 이제 정말 중요한 순간인 것이다. "우리가 이 세상에서 사는 동안 그 누구도 고통과 고난을 피할 수 없어요." 나는 말했다. 나는 말을 하면서도 내가 하고 있는 말의 깊은 진리를 다시 한번 경험하고 있었다. "하지만 하나님께서는 여전히 우리와 함께 계세요."

하나님께서는 우리가 겪는 고난의 이유와 삶 속에서의 그 의미를 언제나 우리가 알 수 있도록 하시지는 않는다. 하지만 그 대화를 나눈 후 내가 깨달은 것은 레베카-조이가 태어나고 또 죽기 전에는 이 여인들이 나를 외계인과 같은 존재로 보았다는 것이다. 고통이나 고난이 없는, 상처를 입지 않는, 인간미라곤 거의 찾아볼 수 없는 존재였던 것이다. 이 일이 있고 나서야(그리고 언어 공부를 좀 더 하고 나서야) 이 여인들은 나에게 마음을 열기 시작했고, 나는 자신들과 같은 존재로 대했으며, 자신들의 삶을 친밀하게 공유했다.

하나님은 이 땅에 몸으로 오신 하나님이시다. 유진 피터슨은 자신의 저서 『목회의 기초(Five Smooth Stones for Pastoral Work)』에서 다음과 같이 말한다.

"하나님께서는 고통받는 인간의 삶으로 들어오셔서 고통을 받으시고 나누셨다. 고통은 언제나 존재하며 고통이 있는 곳에 하나님이 계신다. … 고통의 의미를 알 수 있는 가장 좋은 방법은 고통은 진지하게 받아들이는 단호하고 침착한 신실함이며 아침을 기다리는 동안 끝까지 보여주는 우정이다."

하나님께서 우리는 부르신 것은 성육신의 삶을 살도록, 우리 주변의 사람들이 겪는 고통에 동참하도록, 그들의 슬픔을 하찮게 생각하거나 그들의 고통을 시시하게 생각하지 않도록, 그리고 인간의 삶은 고뇌로 가득하다는 것을 알게 하려 하심이다.

슬픔의 책인 예레미야 애가의 가장 어두운 장 가운데에서 우리는 고통에 잠긴 자의 입에서 나오는 아름다운 말을 듣는다.

"이것을 내가 내 마음에 담아 두었더니 그것이 오히려 나의 소망이 되었사옴은 여호와의 인자와 긍휼이 무궁하시므로 우리가 진멸되지 아니함이니이다 이것들이 아침마다 새로우니 주의 성실하심이 크시도소이다."(예레미야 애가 3:21-23) 이것은 단어들의 나열 이상의 것이다. 이것은 온전한 희망의 언어이다.

32. 인생을 바꾼 병

누구나 어디서나 병에 걸릴 수 있다. 하지만 자기 나라를 떠나 아주 먼 타국에 산다면 심각한 병에 걸리기 쉽다. 오스트리아 출신인 스티브와 세라는 인도네시아에서 3년째 섬기고 있던 중 스티브가 심각한 병에 걸리게 되었다.

버스가 제멋대로 뻗은 오염된 도시를 떠나 서늘한 언덕으로 한참을 올라가기 시작했다. 스티브는 급격하게 열이 오르는 것을 느꼈다. 더운 거야 원래 인도네시아에서 삶의 일부이지만 이번은 달랐다. 곧 스티브의 머리에서는 고동치는 소리가 들렸고 몸은 불덩이처럼 뜨거워졌다. 수련원에 도착했지만 그는 자신이 아름다운 정원과 넓게 펼쳐진 풍경을 감상할 수 있는 상황이 아님을 알았다. 그는 아내 세라와 어린 아들 대니얼을 데리고 동료들과 함께 회의도 하고 교제도 나누기 위해 여기에 왔고, 다들 이 시간에 거는 기대가 컸다. 그런데 스티브와 세라에게 이것은 기나긴 악몽의 시작이었다.

수련원에 도착하고 얼마 지나지 않아 스티브의 체온은 급격히 올랐다. 그는 몸도 제대로 가눌 수 없었고 말도 제대로 하지 못했다. 하나님의 공급하심으로 두 명의 의사가 그곳에 와 있었다. 그들은 스티브의 치솟는 체온을 낮추고 무엇이 문제인지 진단하기 위해 고군분투했다. 스티브는 뇌가 과열되고 있다고 느꼈다. 그의 머릿속에는 여러 생각이 동시에 떠올랐지만 모두 섞여버려서 그중 어느 것도 제대로 된 말로 내뱉을 수가 없었다. "나는 곧 확신하게 되었어요. 내가 죽어가고 있다는 것과 그곳에서 예수님을 만날 거라는 생각이었죠." 스티브는 회상한다. "내가 죽을 준비가 되었는가? 예수님께서 그날 밤 돌아오실 거라는 생각을 하자 곧바로 든 생각이었어요. 그 생각은 점점 더 강력해졌어요. 나는 곧 예수님께서 오늘이라도 돌아오실 것을 완전히 확신하게 되었죠."

의사들이 잠시 책을 가지러 가면서 그를 혼자 내버려두자 그는 혼자 있는 것이 두려워졌다. 그리고 예수님께서 곧 다시 오신다는 것을 모든 친구들에게 알려주어야 한다는 확신이 들었다. 스티브는 겨우 일어나 개회식이 열리고 있는 곳으로 비틀거리며 걸어갔다. 그는 끝까지 마이크를 붙들고 이야기하려 했고, 이것으로 스티브의 상태가 매우 좋지 않다는 것이 확실해졌다. 그는 침상으로 다시 보내졌고 계속해서 경호를 받았다.

상황이 이보다 더 악화될 수 있을까 생각하던 차에 어린 대니얼에게 고열이 났다. 세라는 대니얼의 열을 내리기 위해 애썼다. 그날 밤 그녀는 스티브와 대니얼이 둘 다 죽는 게 아닐까 걱정하는 상황이 되었다. 혈액 검사 결과 둘 다 뎅기열에 걸린 것이 판명되었다. 뎅기열은 모기가 옮기는 질병으로, 일부 열대 지방 국가의 풍토병이다. 극도의 고열로 인해 심각한 합병증을 유발할 수 있는 질병이다. 이 병을 앓는 사람들은 몸 속의 모든 뼈가 부서지는 느낌이 든다고 한다. 예방 접종도 없고 모기가 없는 곳은 없어서 심각한 질병이다.

수련회에 온 스티브와 세라의 동료들은 이 힘든 가족을 위해 기도로 응원했다. 곧 많은 다른 나라에서 온 친구들이 기도에 동참했다. 하나님의 은혜로 대니얼은 빠르게 회복했고, 약 10일 후에는 정상적인 상태로 돌아왔다. 하지만 스티브는 달랐다. 의사들은 그도 뎅기열에 걸렸다는 것을 확신했지만 뭔가 다른 나쁜 요인도 있다고 생각했다.

수련회가 끝나고 스티브는 수도에 있는 진료소로 옮겨져 몇 가지 검사를 받았다. "그 진료소에는 사람들이 가득했는데 그중 몇 명은 확실히 상태가 안 좋아 보였어요." 스티브는 회상한다. "그럼에도 불구하고 그곳에는 뭔가 축제와 같은 분위기가 있었어요. 대체 무슨 일이 벌어지고 있었던 걸까요? '오늘 뭔가 분주한 것 같네요.'라고 나는 근처에 있는 여자분에게 말을 건넸어요. '아 네.' 그녀가 대답했죠. '오늘은 할인 행사가 있는 날이에요. 매주 할인 행사가 있죠.'" 스티브는 이 말이 너무 재미있었다. "세라, 여기 할인 행사를 한대!" 그는 소리쳤다. "두 가지 검사를 하나 가격에! 우리 여기 있는 동안 다른 검사도 해볼까?"

세라는 이 말에 웃을 수가 없었다. 그때는 어린 아들도 완치되지 않은 상태였고, 남편은 어떻게 될지 모르는 상태였다. 스티브는 강박적으로 떠들어댔고 횡설수설하기도 했으며, 밤에는 잠을 자지 못하고 계속되는 망상에 시달렸다.

10일 후 가족은 다른 도시에 있는 집으로 돌아가도 좋다는 결정이 내려졌다. 하지만 이것은 잘못된 결정이었다.

"돌아온 첫날 밤 나는 잠을 이루지 못했어요." 스티브는 이렇게 기억한다. "또다시 생각들이 꼬리에 꼬리를 물고 달려나갔고, 나는 흥분 상태에 빠졌어요. 나는 기도하기 시작했어요. 나는 하나님께서 나에게 말씀하고 계신 것인지 아닌지 확신할 수 없었어요. 하지만 질주하는 나의 생각들 때문에 나는 곧 이상 행동을 하기 시작했어요. 숫자들에는 새롭고 놀라운 의미가 실렸고 단어들은 서로 이상한 연상을 하게 했어요. 다시 한 번 나는 영혼에 대해 과민해졌어요. 결국 세라가 그런 나를 발견했고 도움이 필요한 심각한 사태임을 깨달았죠. 아침이 되어도 나는 나아지지 않았어요. 친구들을 도움으로 차에 태워져서 병원에 실려 갔죠."

"가는 길에 내가 어떤 남자의 다리를 계산기로 사용해서 내 머릿속의 숫자를 계산하기 시작했어요. 그는 호주에서 온 방문객이었는데, 거의 처음 만난 사람이었죠. (최근에 나는 그를 다시 만났는데 그가 묘사하길 그때 차 안에서 있었던 일은 우스꽝스러운 동시에 무서웠다고 하더군요.) 하나님께서는 사람들과 함께 성실하게 내 주위에 계셨고 나에게 필요한 것을 알고 계셨어요. 내가 실려 간 병원의 원장이 제 친구였어요. 최근 회의에서 만난 의사인데 우연히 이동 중에 내 상태를 보러 온 것이었죠. (그리고는 싱가포르에서 온 다른 의사를 호출했어요.) 동료들이 24시간 내내 나를 지켜보았어요. 의사들과 간호사들도 나를 잘 돌봐주었죠."

스티브가 회복하려면 오랜 시간이 걸릴 것임이 확실해졌다. 회의에서 스티브를 치료했던 두 명의 의사 중 하나인 OMF의 국제 의료 자문은 그가 어느 정도 회복되고 나면 가족과 함께 영구적으로 호주로 돌아가야 한다고 조언했다.

스티브와 세라의 꿈은 스티브의 병세에 따라 산산이 깨졌다. 그들은 나흘 안에 떠나야 한다는 통보를 받았다. 스티브가 처음으로 병원에 들어온 지 며칠 안 되어서 일어난 일이었다. 시간이 촉박하자 고통도 심해졌다. 팀 동료들은 놀라운 지원을 아끼지 않았다. 매일 밤마다 그들 곁을 지키면서 그들이 떠날 준비를 하는 걸 도왔다. 세라에게는 이 결정이 특히 힘들었다. 그녀와 스티브는 인도네시아에서 사역하기 위해 몇 년간 준비했었다. 그들은 주님께서 자신을 그곳으로 부르셨다고 믿었다. 첫 3년이 지나고 나서야 그들은 겨우 자리를 잡기 시작했다. 언어도 점차 편해졌고 지역 사람들과 우정도 쌓아나갔다. 그런 곳을 떠난다는 건 생이별과도 같았다. 동시에 스티브의 병 또한 그녀의 슬픔을 더했다. 때로 그는 그녀를 못 알아보기도 했고 묻는 말에 대답하지 않을 때도 있었다. 완전히 의식이 없이 두서 없는 얘기를 하기도 했고, 예측할 수 없는 행동을 하기도 했다. 그녀는 사명과 남편을 동시에 상실하는 것 같았다. 그녀와 스티브가 공유했던 모든 꿈이 산산이 부서지는 듯 보였던 것이다.

뎅기열은 스티브에게 심각한 정신 질환을 야기했다. 당시를 떠올릴 때면 그는 자신의 정신 상태를 "내가 가본 중 가장 무서운 곳"이었다고 묘사했다. 그는 상태가 악화되면서 하나님에 대한 생각조차 왜곡되는 상태에 이르렀다. 하나님과 천국, 지옥과 마귀에 대한 생각들이 혼란스러워졌다. 무서운 어둠의 시간이었던 것이다.

나중에 그는 이렇게 회상했다. "나는 온전한 정신이 아무 대가 없이 당연히 주어지는 것이 결코 아니라는 것을 배웠어요. 온전하지 않은 상태가 되는 건 금방이었고, 그건 상상했던 것보다 훨씬 무서운 일이었죠. 극도의 고립을 느꼈어요. 멀쩡한 사람들과의 의사소통에는 건널 수 없는 엄청난 격차가 있었죠. 방문객을 맞은 죄수처럼 하고 싶은 말을 모두 표현할 수 없는 상황을 아시겠어요? 당신을 찾아온 방문객의 말을 듣고 얼굴을 볼 수 있지만 그 사이에는 분명 차가운 칸막이가 있어서 모든 대화를 뒤섞어버리는 것이죠. 여러분이 그 칸막이의 다른 쪽으로 가보기 전에는 절대로 그 단절감에 대해 알 수 없어요."

스티브가 비행기를 탈 수 있는 상태가 되자마자 스티브와 그의 가족들은 싱가포르로 갔다. 그는 힘을 합쳐서 그를 도와준 친구들과 동료들에게 감사했지만 그를 치료하시는 분은 하나님밖에 없다는 것을 알고 있었다. "하나님께서는 우리의 모든 짐을 그분께 맡기라고 우리를 부르셨습니다."

그는 말한다. "그분은 절대 우리가 겪는 고통의 무게로 무너지실 분이 아니십니다. 그분은 이야기 전체를 기꺼이 들으려 하십니다." 싱가포르에서 스티브는 체력을 회복하기 시작했다. 치료와 회복에는 긴 시간이 걸렸지만 그 시간이 모두 지난 후 그는 집으로 돌아왔다. 세라의 아버지는 의사셨는데 싱가포르에 있는 이 가족을 찾아와 호주로 안전하게 돌아올 수 있도록 도와주었다. 2005년 크리스마스를 코앞에 둔 때였다.

스티브와 세라, 대니얼은 작은 농장에 있는 세라의 부모님 댁에서 몇 개월을 함께 지냈다. 시골의 조용한 아름다움과 가족의 사랑은 이 가족이 지내기에 최고의 환경을 만들어주었다. 스티브는 육체적인 치유와 정신적인 치유를 위한 긴 여정을 시작했다.

하지만 세라의 시련이 끝나려면 아직 멀었다. 그녀는 여전히 인도네시아를 위해 슬퍼했고 동시에 악몽과도 같았던 지난 몇 달 동안 생겨버린 그녀 자신의 트라우마를 치유해야 했다. 남편을 잃어버린 대신 보살피기 너무 어려운 둘째 아이가 생긴 것 같았다. 이제 한 살이 된 대니얼과 함께 돌보아야 하는 것이다. 스티브는 끊임없는 보살핌이 필요했다. 그의 회복 속도는 느렸고 그 결과는 예측할 수 없었다. 며칠 좋아지면 다시 며칠 안 좋아지는 일이 반복되었다. 그는 텔레비전 프로그램 혹은 책을 보면 옛날로 돌아갔고 영적인 문제에 대한 왜곡된 생각이 다시 시작되었다.

점진적으로 그리고 아주 고통스럽게 스티브는 회복되었다. OMF 호주 지부의 지도부는 그들이 도울 수 있는 모든 것을 다 했다. 장기간에 걸친 특별 휴가도 주었다. 재정 지원도 모두 이루어졌다. 그들은 스티브가 가능한 한 최고의 전문의들의 도움을 받을 수 있도록 배려했다. 휴식과 좋은 식습관, 약물 치료와 정신과 의사의 도움 모두가 제 역할을 했다. 가족들과 친지들은 믿음으로 기도했다.

중요한 전환점이 되는 시간이 왔다. 스티브가 마침내 혼자 친구들과 저녁을 먹고 이야기를 나눌 수 있을 정도로 좋아진 것이다. "나는 차를 일찍 내려 달라고 해서 시내를 따라 산책을 했어요. 그곳은 몇 년 전 내가 잡초도 뽑고 토착 식물이 자랄 수 있도록 하면서 많은 시간을 행복하게 보냈던 곳이었죠." 스티브는 말했다. "걷고 있는데 약 때문에 조금 졸려왔어요. 인도네시아로 떠나기 전 우리가 누렸던 소박해 보이는 삶이 기억났어요. 내가 좋아하는 아내와 강아지, 내가 사랑한 일, 그리고 토착 식물과 환경을 돌보는 열정이 있었던 삶이었죠." "이젠 몇 년 전에 느꼈던 것과는 아주 다른 느낌이 들어요. 친지들 덕분에 나의 영이 들어 올려졌고 운동 덕분에 나의 상태는 좋아졌어요. 곧 친구네 집 앞에서 현관문을 두드리고 있는 나를 발견했어요. 마치 첫 데이트 같았죠. 나는 파티의 주인장에게 좋은 첫 인상을 남겨야 한다는 것을 알고 있었어요. 분명 세라에게 보고가 들어갈 것이기 때문이죠. 이번에 잘해내지 못하면 두 번째 데이트는 없을 거예요. 혼자는 더더욱 안 되겠죠. 감사하게도 모든 일이 잘 풀렸고 나는 주님께서 내가 앞으로 한 걸음 전진할 수 있도록 능력을 주셨다는 것을 알게 되었어요."

스티브는 나중에 이렇게 말했다. "지금이야 고약하고 괴상했던 나의 행동에 대해 웃으며 말할 수 있지만 그 상처는 매일매일 나에게 생생하게 다가와요. 때로 나는 상처가 얼마나 나았는지 보고 싶다는 생각이 들어요. 상처를 들여다보고 찔러보면 아프긴 하겠지만 상처가 감염되지 않았다는 것을 확실히 해두고 싶은 거죠. 내가 본 것을 아무도 본 사람이 없고, 내가 나 자신에게 감정적으로 거리를 두고 객관적인 판단을 내릴 수 없다는 점이 참 힘들어요."

"과거를 묻어두고 뭔가 가치 있는 것을 찾기 위해 잔해를 뒤지는 것을 그만두어야 할 시점이 도대체 언제일까요? 정신적 상처가 크면 위험이 따르는 법이죠. 경험이 자신을 정의하게 되고 당신은 그것의 희생자가 되는 것입니다. 반복되는 자기 분석은 그것을 회피하는 것만큼이나 건강에 좋지 않습니다. 새로운 현재를 즐길 여유를 빼앗아버리거든요. 트라우마에서 벗어나 현실로 향하는 여정은 삶이 분명 좋아질 것이고 여전히 희망이 있다는 인식에서 시작됩니다. 진행 과정에 초점을 맞추어야지 여정이 얼마나 먼지에 초점을 맞추면 안 됩니다. 나는 나의 질병이 가져온 트라우마를 결코 잊지 못할 것이지만 여기까지 온 것에 대해 하나님께 정말로 감사드립니다."

스티브와 세라는 인도네시아를 향한 애정을 버리지 않았다. 하지만 최소한 가까운 미래에는 돌아갈 수 없음이 확실했다. 대신 아주 조금씩 그들은 주님께서 호주에서의 사역을 위한 새로운 가능성을 열어주심을 깨달았다. 그들은 여전히 인도네시아를 위해 기도하는 사람들을 동원하면서 이 나라에 복음을 전한다는 목표를 위해 노력하고 있다. 그들은 새로운 꿈을 함께 꿀 수 있다. 성령님께서 주신 좋은 꿈이다. 힘들었던 여정 끝에 그들은 시편의 저자와 같은 간증을 할 수 있었다. "네 짐을 여호와께 맡기라 그가 너를 붙드시고 의인의 요동함을 영원히 허락하지 아니하시리로다."(시편 55:22) 그들은 불 속을 건너 왔지만 하나님의 사랑과 미쁘심을 체험했던 것이다.

가르치고 인도하시는
하나님의 미쁘심

하나님께서 그의 백성을 사랑으로 돌보심에 있어 그 핵심은 그들을 가르치고 인도하시는 것으로 표현된다. 이것이 바로 성경을 관통하고 있는 대주제이며 처음과 끝을 잇는 황금실이다. 태초에 인류를 창조하신 때부터 하나님께서 원하신 것은 우리와 소통하고 그의 완벽한 길을 걸어가는 방법을 우리에게 보여주는 것이었다. 히브리서의 저자는 이렇게 생생하게 기록하고 있다. "옛적에 선지자들을 통하여 여러 부분과 여러 모양으로 우리 조상들에게 말씀하신 하나님이 이 모든 날 마지막에는 아들을 통하여 우리에게 말씀하셨으니 이 아들을 만유의 상속자로 세우시고 또 그로 말미암아 모든 세계를 지으셨느니라."(히브리서 1:1-2)

성경이 우리에게 보여주는 것은 하나님의 진심과 하나님의 인격, 그리고 하나님의 명령이다. 하나님께서 태초부터 그의 백성을 어떻게 대해오셨는지 기록하고 있다. 성경 말씀은 우리에게 그리스도의 형상을 제시하고 육으로 오신 하나님을 보여준다. 성경 말씀은 우리에게 노래를 주어 부르게 하고 지혜를 주어 그것으로 살게 하신다. 성경 말씀은 우리에게 교회가 어떠해야 할 것과 무엇을 해야 할 것인지 가르치신다. 모든 세대와 모든 장소에서 성령님은 우리의 삶에 하나님의 말씀을 기쁘게 적용하며 겸손하게 기도하는 마음으로, 그리고 순종하겠다는 마음으로 성경을 읽고 듣는 모든 이에게 그 의미를 보여주신다. 우리에게 주시는 하나님의 약속은 잠언 3장 5-6절에 잘 나타나 있다. "너는 마음을 다하여 여호와를 신뢰하고 네 명철을 의지하지 말라 너는 범사에 그를 인정하라 그리하면 네 길을 지도하시리라."

물론 하나님께서 하시는 일을 정확히 이해하지 못해 혼란에 빠지는 때도 있다. 하나님께서 우리를 이끄시는 것으로 생각되는 길에 걸림돌이 되는 어떤 환경이나 사건이 놓여 있는 것처럼 보일 때도 있다. 어쩌면 우리는 하나님께서 우리에게 원하시는 일이 무엇인지 명확하게 모르고 있을 수도 있다. 말하자면 명확한 지침이 내려지지 않은 것처럼 보이는 것이다. 열심히 기도하지만 응답이 미루어지거나 우리가 기대하거나 원하는 것과는 다른 응답이 주어질 수도 있다. 우리가 가장 확신하지 못할 때가 바로 우리가 가장 하나님의 신실하심에 매달려야 할 때이다. 아무것도 보이지 않을 때 주님을 신뢰해야 하는 것이다.

다음 이야기들은 우리에게 하나님의 사랑과 인도하심에 관해 이야기해준다. 때로는 어떤 특정한 순간일 수도 있고 때로는 장기간에 걸친 시간일 수도 있지만 우리가 그를 신뢰할 때 그가 우리를 다정하게 가르치시고 훈련하신다는 사실은 분명하다. 신앙의 길은 거대한 모험인 것이다!

33. 카친족의 기쁨, 고통, 그리고 깨달음*

중국의 리수족 신자들의 기쁨을 목격한 노년의 카친족 남성이 프랜시스 피츠윌리엄과 제니 피츠윌리엄 부부에게 자기네 부족 사람들에게도 복음을 전해달라고 요청했다. 거기에는 어려움과 질병, 죽음이 따랐지만 카친족 또한 주님이 주시는 기쁨을 누리게 되었다.

프랜시스 J. 피츠윌리엄과 제니 킹스턴은 1926년 10월에 중국에 도착했다. 당시는 중국이 들썩거리던 시기였다. 몇 달 전 중국 국민당과 공산 세력의 제1차 국공 합작으로 북벌이 시작되었다. 북벌은 지역 군벌 세력을 타도하고 중국을 통일하기 위해 시도한 군사 작전이다. 혼란의 한가운데서 선교사들과 그밖의 외국인들이 이 분쟁의 피해자가 되기도 했다.

폭발 직전의 상황에 대응하여 1927년 CIM 선교 기지의 3분의 2 이상이 임시로 문을 닫았다. 대부분의 일꾼들은 해안 도시로 피난을 갔다.* 프랜시스 피츠윌리엄을 포함한 신입 남자 선교사들은 안칭의 CIM 어학원에서 공부하고 있다가 상하이로 철수했다. 그곳에서 그는 킹스턴 양과 재회했는데, 그녀는 무디 신학교를 함께 다닌 친구이자 그의 약혼녀였다. 둘은 중국을 떠나기 직전 약혼을 했지만 당시 CIM의 방침에 따르면 신입 미혼 일꾼은 결혼하기 전 현지에서 2년간 섬겨야 했다. 그러한 상황이긴 했지만 CIM은 그 시간

* 이 이야기는 Sik Pui Wong, *Sheming de Ai: Zhongguo Neidihui Xuanjiaoshi Xiaozhuan*(≪희생적 사랑: CIM 선교사들의 초상≫, CCM Publishers, 2006. Greta Y. Wong이 영어로 번역)의 한 장에서 가져와 부분적으로 각색한 것이다.

* 이러한 불확실한 시기에 CIM이 그 유명한 새 일꾼 "200명을 부르심" 캠페인을 공표했다는 것에 주목해야 한다. 4년 후 이 부르심은 203명의 새로운 일꾼이 중국에 오는 응답을 받았다.

을 줄여주었고 피츠윌리엄 군과 킹스턴 양은 1년 후인 1927년 10월 18일 결혼할 수 있었다.

다음 해 봄, 제임스 O. 프레이저가 피츠윌리엄 부부를 윈난 성으로 안내했다. 그는 윈난 성 CIM 감독관이자 리수족 사이에서 사역을 펼친 개척 선교사였다. 지난 10년간 이 지역의 800가정이 예수님을 영접했고 거의 2,000명(대부분 리수족)이 세례를 받았다. 하지만 아직도 많은 미전도 종족 사람들이 산악 지역에 흩어져 살고 있었다.

"왜 우리는 복음을 가질 수 없습니까?"

리수족 가운데 사역하는 동안 해마다 벌어지는 가장 중요한 행사 중 하나가 바로 크리스마스 즈음에 열리는 연중 추수 축제였다. 이 축제가 다가오면 교회 일에 일조하기를 원하는 마을의 각 가정은 마을 지도자에게 자신들이 무엇을 내놓을 것인지 미리 보고했다. 그들의 기증품은 옥수수, 쌀, 메밀, 돼지, 소와 현금 등 다양한 형태로 왔다. 리수족은 극도로 가난했지만 그들이 내놓는 기증품으로 두세명의 선교사와 학교 교사를 지원하고 예배당과 학교를 지을 수 있을 정도였다.

축제 하루 전날이면 이틀이나 사흘쯤 걸리는 곳에서 온 리수족 신자들이 도착했다. 그들이 도착할 때면 무리를 지어 난초로 꾸며진 대나무 아치 길을 지나 마을로 들어섰다. 이 아치 길은 "환영의 언덕" 위에 임시로 만든 것이었다. 환영하는 무리가 "환영의 노래"를 부르는 동안 손님들은 문 밖에서 기다렸다. 노래는 이 행사를 기념하기 위한 축포로 끝이 났다.

축제 전날 저녁은 오롯이 기도와 찬양에 전념했다. 축제 첫날에는 세 번의 예배를 드렸다. 아침 식사 전에 한 번, 낮 동안에 한 번(거의 세 시간 정도), 그리고 저녁에 한 번이었다. 크리스마스 날에는 해가 뜨기 한참 전부터 축포를 쏘고 마을을 돌며 캐럴을 부르기 시작했다.

크리스마스 날의 정오 예배는 좀 짧았다. 바로 이어서 세례 예배를 드리기 때문이다. 이후 시간은 운동 경기와 게임을 하는 데 보냈다. 지도자들은 다양한 종류의 대회를 준비하여 상을 주었다. 저녁에는 예배당에서 짧은 예배를 드린 후 신도들이 캠프파이어를 둘러싸고 찬양하는 시간을 가졌다. 각 마을은 돌아가면서 크리스마스 찬송가를 부르거나 그 밖에 자신들이 좋아하는 곡을 불렀다.

한번은 축제가 진행되는 중에 어떤 노인이 호기심으로 가족들과 함께 축제에 왔다. 그는 카친족 사람이었다. 카친족은 미얀마와 인도 및 중국 윈난 성에 사는 종족이다. 그는 자신이 본 것에 깊은 인상을 받았다. 리수족 사람들은 너무나 행복해했고, 그가 한 번도 보지 못한 기쁨을 가진 듯 보였다. 그는 프랜시스 피츠윌리엄에게 가서 물었다. "왜 우리 카친족 사람들에게는 선생님들을 보내주지 않는 겁니까? 리수족 사람들을 저렇게 행복하게 해준 복음이라는 것을 왜 우리는 가질 수 없나요?"

피츠윌리엄 부부는 즉각적으로 카친족에게 복음을 가지고 가라는 부르심을 느꼈다. 하지만 선배 선교사인 칼 G. 고먼의 죽음으로 인해 그들은 당분간 리수족과 함께 있어야 했다. 하지만 첫 번째 본국 사역을 하러 가기 전인 1934년 프랜시스는 카친족을 방문하여 앞으로 그들과 함께 일할 가능성을 타진해 보아야 한다는 당위성을 느꼈다. 그는 사흘간의 여정을 떠났다. 카친족의 고

약한 평판으로 인해 "카친 야만국"으로 알려진 곳으로 간 것이다. 프랜시스가 카친족 첫 마을에 다다랐을 때 그의 눈에 들어온 것은 지붕에 십자가를 세워둔 집이었다. 그 지역의 족장이 사는 집을 표시해둔 것이었다. 그 집에서 한 젊은 남자가 나오더니 프랜시스에게 달려와서 이렇게 말했다. "하나님 감사합니다! 하나님께 당신을 보내달라고 했는데 여기 이렇게 오셨군요!"

그 족장은 어렸을 때 아버지의 위협을 받아 집을 떠나 미얀마로 도망쳤다고 한다. 그는 그곳에서 침례교 선교사를 만났고, 기독교 학교에 다녔으며, 예수님의 제자가 되었다. 아버지가 돌아가신 후 그의 어머니는 그에게 집으로 오라고 요청하는 전갈을 보냈다. 고인이 된 족장의 아들인 그가 이제 그 지역의 족장이 되었기 때문이다. 그는 가슴에 예수님을 품고 중국으로 돌아왔고, 자기 부족 사람들에게 복음을 가르치기를 희망했다. 마을에 도착한 후 그는 사람들에게 그가 미얀마에서 본 것을 모두 이야기해주었고, 이제는 자신이 더 이상 악령을 숭배하지 않고 살아 계신 하나님을 예배한다고 말했다. 처음에는 마을 사람들이 이를 받아들였고 자기들도 똑같이 해보려고 했다. 그런데 그들은 새로운 족장이 술도 마시지 않고 담배도 피지 않으며, 원정 도둑질도 함께 가지 않고 싸움에도 끼지 않는다는 것을 발견했다. 그가 마을 사람들에게 말하고자 했던 것은 자신은 그리스도인으로서 그런 행동을 하지 않겠다는 것이었다. 하지만 마을 사람들은 그의 메시지를 거부했다. 그들은 그에게 "그건 카친족의 방식이 아니야."라고 말했다.

족장은 생각했다. 자신이 선교사를 오게 할 수 있다면, 그래서 자신의 언어를 배워서 문자 체계를 고안해낼 수 있다면, 자신의 부족 사람들도 듣고 믿게 할 수 있을 텐데. 문제는 어디서 선교사를 어디서 만날 수 있을지 알 수 없다는 것이었다. 그래서 그는 하나님께 선교사를 한 명 보내달라고 기도했다고 한다. 그래서 이렇게 프랜시스가 카친족을 향해 나아간 첫 여행에서 그를 만나게 된 것이었다. 그가 들렀던 첫 마을에서 이야기를 나눈 첫 사람이 바로 하나님께 선교사를 보내달라고 기도했던 이 족장인 것이다.

여행 내내 프랜시스는 방문한 마을마다 복음을 전했는데, 어떤 때는 큰 무리가 모인 적도 있었다. 그중에는 그리스도를 따르겠다고 결심하고 우상을 불태웠지만 그다음 날 두려워져서는 계속해서 예수님을 따를지 말지 확신하지 못하는 이들도 있었다. 프랜시스는 그가 만났던 마을 족장과 같은 생각을 갖게 되었다. 선교사가 이곳에 영구적인 본거지를 마련하게 된다면 많은 이들이 그리스도에게도 돌아올 것이란 생각이었다. 또한 선교사가 그들과 오랜 시간 함께하면서 새 신자들을 제자로 만들면 두려움에 포기하거나 흔들리는 일이 적도록 할 수 있을 것이다.

1936년 피츠윌리엄 부부는 영국에서 1년간의 본국 사역을 마치고 중국에 돌아왔다. 프랜시스가 방문한 첫 마을에서 만났던 족장은 프랜시스와 제니가 떠나 있는 동안 마을 사람들에게 살해를 당해 세상을 뜬 뒤였다. 그래서 피츠윌리엄 부부는 윈난 성 서부의 중국과 미얀마의 국경에 인근한 마을로 옮겨서 카친족 사람들과 접촉을 시도했다. 카친족 사람들은 어떤 면에서는 리수족과 비슷하지만 다른 점도 상당히 많았다. 카친족에는 여러 다른 지류가 있지만 주로 두 가지 지류로 나누어졌다. 미얀마의 징포족과 중국의 앗치-카친족이 그것이다. 미국 침례교 선교사들은 성경을 징포어로 번역했는데, 앗치-카친족은 당시 문자 언어가 없었다. 따라서 피츠윌리엄 부부는 기독교의 기본 원리를 가르치기 위해 교리 문답서를 준비하는 작업에 곧 착수했다. 그리고 카친어와 이수어로 제작된 찬송가도 몇 편 만들었다.

　하나님의 통치하심 속에서 가장 먼저 회심하게 된 가정들 중에는 피츠윌리엄 부부가 살았던 지역의 족장이 있었다. 그의 아내는 징포족이자 그리스도인이었는데, 그녀는 미얀마에 있는 미국 침례교 선교 학교에 다니는 동안 회심한 사람이었다. 그녀의 영향을 받은 족장이 하나님께로 돌아온 것이었다. 사실 족장인 그는 그 지역의 모든 토지를 소유하고 있었다. 그의 허가 없이는 피츠윌리엄 부부는 그곳에 살 수 없었던 것이다.

　카친족 가운데 사역의 문이 열려 있는 동안 선교사들은 또한 복음의 전진을 막고 있는 사탄의 세력과 영향력을 느꼈다. 카친족 사람이 기독교인이 되면 언제나 질병이 따라오는 양상이었다. 프레이저 또한 피츠윌리엄 부부에게 자신이 리수족 가운데에서 사역했던 초기에 비슷한 경험이 있었다는 이야기를 해주었다. 그는 부부가 낙담하지 않도록 격려했다.

카친족의 깨달음

1937년 프랜시스가 근처의 카친족 마을을 방문했을 때 세 가정이 신당을 불태우고 예수님을 따르게 되었다. 이보다 몇 주 앞서 다른 가족도 같은 일을 했었다. 거의 같은 시기 카친족 족장 한 명이 리수족의 추수 축제를 찾아와서 그리스도인들이 예배하는 모습을 보았다. 그는 여기에서 변화를 받아 다른 가족들이 아무도 믿지 않더라도 자신은 그리스도인이 되겠다고 말했다. 그 지역 전체에 걸쳐 이렇게 복음에 대한 관심이 커졌다.*

* 《차이나스 밀리언즈(China's Millions)》 북미판, 1937, p. 59.

1937년 가을 프랜시스는 앗치-카친어를 할 줄 아는 리수족 기독교인과 함께 4주간에 걸쳐 앗치-카친족 사람들을 향한 여행을 시작했다. 그들은 룽촨 지역의 서쪽을 오가며 24개의 마을을 방문했고, 사방 300여 km의 드넓은 지역을 두루 다녔다. 저녁 식사 후부터 자정까지 설교가 이어졌다. 프랜시스는 축음기를 틀어서 사람들을 모았다. 그들은 시각적인 장치의 도움을 받아 모두 합쳐 500명가량의 사람들에게 복음을 전했다. 많은 복음의 씨앗이 파종되었고, 주님께서 그 씨앗에 물을 주실 것으로 믿고 의지했다. 사람들은 친절했고 프랜시스에게 다음 건기에 다시 오라고 요청했다. 앗치-카친 마을에 선교사가 온 것은 이번이 처음이었다. 족히 100개가 넘는 마을이 복음을 전하는 자의 방문을 받지 못한 상태로 남아 있었다.

1938년 초, 피츠윌리엄 부부는 카친족에게 첫 성경 학교 훈련을 시작했다. 그들이 새로이 준비한 카친어로 된 기독교 교리 문답서가 큰 도움이 되었다. 많은 카친족 사람들이 책을 받았고, 정기적으로 공부하러 왔다. 2월은 건기라서(여행하기에 알맞으므로) 프랜시스는 더 많은 앗치-카친 마을을 돌아보기로 했다. 하지만 여름 장마가 시작되자 많은 사람들이 밭에 일하러 돌아가버렸다. 앗치-카친 사람들이 복음을 들을 수 있도록 모으는 일은 힘들었다.

이렇게 진전이 있었음에도 불구하고 프랜시스가 보기에는 대부분의 카친족 사람들은 달라질 의향이 그다지 없는 것 같았다. 그들은 죄도 우상도 버리지 않았다. 카친족 열한 가정이 최근에 주님을 알게 되었음을 고백했지만 동시에 그들의 신앙을 약하며 여전히 조금은 미신에 경도되거나 악령에 대한 두려움이 남아 있다고 말했다. 프랜시스는 때로 스스로 물어보았다. "이게 다 우리의 기도가 모자라서인가?"

징포족 가운데 첫 열매

1938년 크리스마스 날 오후였다. 선교사들과 많은 카친족, 리수족 그리스도인들이 함께 모여서 크게 굽어진 대나무 길을 따라 깨끗한 산속 개울가로 내려가고 있었다. 이 지역의 카친족 가운데 첫 세례식을 거행하러 가는 길이었다. 네 명의 카친족 남성이 세례를 받았다. 더 많은 사람들이 세례 문답을 받으러 왔었지만 구원과 기독교 신앙의 원칙에 관해 명확한 이해가 있어 보이지 않아서 다음 해까지 기다리라고 요청을 해둔 상태였다.

여전히 복음은 계속 전진했다. 새로운 카친족 신자들은 성경의 가르침을 사모했다. 어떤 카친족 그리스도인은 피츠윌리엄 부부에게 말하길 자신이 근처 지역에서 성경을 가르치고 있을 때 사람들이 그를 밤에 잠도 재우지 않았다고 했다. 그가 너무 피곤해서 더 이상 가르칠 수 없다고 말했지만 그들은 계속해서 이야기해달라고 애걸복걸했다는 것이다. 피츠윌리엄 부부와 그 밖의 다른 선교사들은 그 지역의 부족민 그리스도인들(특히 리수족과 카친족)과 함께 다수의 성경 협의회를 조직하고 많은 초신자들을 위한 훈련 시간을 준비하기 시작했다. 동시에 지역을 찾아가려는 노력 또한 확대되었는데 워낙 성의 많은 카친족 마을들은 여전히 그리스도인의 증거를 접하지 못한 상태였기 때문이다.

끝까지 미쁘심

1939년 말, 피츠윌리엄 부부는 이듬해 성경 훈련 여행 일정에 대한 준비를 시작했다. 프랜시스는 2월 2일에 리수족을 위한 성경 학교를 개최할 계획이었다. 다음으로는 징포 카친족을 위한 몇 개의 모임이 뒤따를 예정이었다. 그 전에 그는 사람들이 집에서 새해를 축하하는 동안 복음을 전하기 위해 마을들

피츠윌리엄 가족

을 방문했다. 그때 홍콩에 사는 두 명의 젊은 중국인 전도자들이 프랜시스와 함께하라는 하나님의 부르심을 들었다. 1940년 2월 중순, 네 개의 마을이 피츠윌리엄 부부를 초대하여 와서 성경 공부를 인도해줄 것을 요청했다. 프랜시스와 제니, 두 명의 젊은 전도자는 각자 하나의 마을을 맡아서 일정을 진행하고 1주일 뒤에 다시 만나기로 했다. 약속한 날짜에 제니와 두 명의 중국인 일꾼을 돌아왔지만 프랜시스의 흔적이 없었다.

마침내 다음 날 아침 몇 명의 리수족 사람들이 프랜시스를 옮겨 왔는데, 장티푸스에 걸려 의식을 잃은 상태였다. 그는 너무나 쇠약해져 있었지만 오두막 안에 누워서도 설교를 했다고 했다. 그를 옮겨 온 리수족 사람들은 그가 정신을 잃는 그 순간까지도 계속해서 복음을 전했다고 했다.

며칠 후인 1940년 2월 25일 프랜시스는 38세의 나이로 세상을 떠났다. 유가족은 제니와 열한 살 된 아들이었다. 제니를 위로하러 온 사람들 중에는 피츠윌리엄 부부에게 와서 자신의 부족 사람들에게 복음을 전해달라고 청했던 카친족 노인도 있었다. 그는 이렇게 말했다. "걱정 말아요. 우리가 당신을 보살펴줄게요. 여기 있으면서 우리를 가르쳐주세요. 우리가 당신을 돌봐드릴게요." 그녀는 결국 중국을 침공한 일제 세력에 의해 투옥되었다가 1943년 9월 미국으로 송환되었다. 그녀는 1949년 중국으로 돌아오려 했지만 그럴 수가 없었다. 공산당이 중국을 차지하고 외국인 선교사들을 모두 추방한 후였기 때문이었다.

이후의 이야기

프랜시스 J. 피츠윌리엄의 죽음은 1940년 윈난 성에서 그와 함께 했던 두 명의 중국인 전도자 중 한 명에게 큰 영향을 미쳤다. 2001년 시카고 복음 회의에서 폴 센 목사님은 프랜시스의 삶과 죽음, 그리고 그의 삶이 젊은 중국인 신도였던 자신에게 미친 영향에 관한 이야기를 나누었다.

폴 센 목사님

"피츠윌리엄은 상당 기간 동안 만성 설사병을 앓았습니다. 서구 의사들과 중국의 의사들 모두 그를 고칠 방법을 찾지 못했죠. 사실 1940년 2월 우리와 헤어진 후 그의 설사병이 다시 도졌습니다. 하지만 그는 일을 멈추지 않았습니다. 마침내 그는 졸도하여 쓰러졌죠. 다음 날 리수족 사람들이 그를 집으로 옮겨 왔습니다.

그의 얼굴은 매우 창백했고 몸 전체는 매우 작고 왜소해져 있었습니다. 그는 혼수 상태였습니다. 그때 우리는 의사 선생님을 찾을 수 없었습니다. 의사가 있다고 해도 우리가 있는 곳으로 오려면 2주 정도가 걸리는 상황이었죠. 나는 그의 병세가 심각하다는 것을 알 수 있었습니다. 나는 내 방에 와서 무릎을 꿇고 그를 위해 진정으로 기도를 드렸습니다. 하지만 하나님께서는 한밤중에 그를 집으로 불러 데려가셨습니다.

그 산 속 마을에서는 관도 찾을 수 없었기에 우리는 그의 몸을 담요로 감쌌습니다. 나의 동료와 내가 땅에 구덩이를 파고 그를 매장했죠. 흙을 덮은 후 무덤 위에 조약돌을 쌓고… 나무가지를 찾아서 십자가를 만들어 올려두었습니다. 거기에다 그의 이름과 생년월일, 사망일을 써달라고 부인께 부탁했죠.

저녁 노을이 서쪽으로 지는데 그 빛이 키 큰 나무들 사이로 비쳤습니다. 나무 위에 밝은 빛이 쏟아지자 천국에서 영광스럽게 빛나는 불기둥 같더군요.

저는 그의 무덤 옆에 서서 머리를 들고 내가 천국에서 하나님 앞에 서 있다는 생각을 했습니다. 나는 이렇게 말했습니다. '아버지 하나님, 바다를 건너고 높은 산을 넘어서 중국으로 수천 마일을 여행해 온 저 백인 형제님께서 우리 동포를 위해 일하다 방금 돌아가셨습니다. 사랑하는 주님, 그의 아내는 너무나 젊고 그는 이렇게 일찍 죽으면 안 됩니다. 아버지, 저는 중국인입니다. 제가 전에 제 삶을 주님께 바쳐드리긴 했지만 나는 이제 나의 삶을 다시 한 번 주님께 바치려 합니다. 제발 저를 받아주시고 사용해주시옵소서. 당신께서 가라고 하시는 곳은 어디든, 사나 죽으나, 따를 것입니다. 나는 감히 당신의 명령을 내버려두거나 무시할 수 없습니다. 제발 나의 두 번째 헌신을 받아주시고 당신의 목적을 위해 선교사로서 나를 인도하여 주시옵소서!'

친애하는 형제자매님 여러분, [프랜시스] 피츠윌리엄의 죽음은 나의 영적인 전환점이 되었습니다. 그의 무덤가에서 나는 내 삶을 주님께 다시 한 번 바쳐드렸습니다. 그리고 그때로부터 지금까지 돌아오는 길은 없었습니다. 오늘까지도 말입니다. 여러분이 성령님의 만지심을 입었다면, 그리고 선교사가 되기를 원하신다면 지금 일어서십시오. 여든 살의 목사가 여러분을 위해 기도해드리도록 하겠습니다."*

프랜시스 피츠윌리엄의 죽음에 영감을 받은 센 목사님의 주님을 향한 신실함은 변함이 없었다. 프랜시스가 죽은 후 2년 동안 센 목사님은 윈난 성에서

*센 바울로(폴). "윈난 성에서 리수족 가운데 섬김", 『계간 크리스천 라이프(Christian Life Quarterly)』, 6권, 1호, 2002년 3월, pp. 10~11.

카친족 소녀들

리수족을 섬겼다. 이후 그는 궤양 증세가 심해져서 산악 지역을 떠나 한족 화교를 위한 사역을 시작했다. 이어지는 세월에도 하나님께서는 그를 사용하셔서 대만과 홍콩, 북미에 교회를 세우시고 이끄셨다.

　프랜시스와 제니가 섬겼던 카친족 사람들은 현재 기독교 부족으로 분류된다. 중국과 미얀마에 살고 있는 카친족 중 거의 3분의 2가 그리스도를 믿는 신앙을 고백한다. 추수 축제에서 프랜시스 피츠윌리엄에게 처음 다가갔던 카친족 노인에게 그렇게도 매력적이었던 리수족의 기쁨이 이제 수백 수천 명 카친족의 기쁨이 되었다.

34. 60년, 신앙 속에서 한 걸음 또 한 걸음

1951년 CIM이 중국을 떠나야 한다는 것이 확실해졌을 때 사랑하는 나라와 사람들을 떠나는 것에 대한 깊은 슬픔이 있었다. 또한 전 세계의 CIM 선교사들과 후원자들은 다음에 벌어질 일에 대한 주님의 인도하심을 구하는 다급한 기도를 했다. 이미 일부에서는 중국으로 돌아올 수 없는 선교사들이 인근 국가들에서 활동을 시작한 상태였고 앞으로의 사역의 기회와 필요에 관한 설문조사를 시행하고 있었다. 먼저 그 선교사들은 동아시아에 흩어져 있는 중국인 디아스포라들에게 사역을 시작할 수 있을 것으로 기대했다. 곧 그들은 복음에 대해 전혀 들어보지 못한 수많은 종족들에게 사역을 해야 한다는 커다란 필요를 인식했다. 이 종족들 중 하나가 바로 필리핀 민도로 섬에 사는 이들이었다.

A. J. 브룸홀박사

짐 브룸홀 박사와 그의 아내 재닛은 민도로 섬이 시야에 들어오는 경이로운 광경을 가만히 응시했다. 그들은 필리핀의 주요 섬인 루손에서 배를 타고 오는 길이었는데, 그들이 탄 배가 목적지에 가까워지자 그것은 마치 빛나는 푸른 바다에 세워진 열대 낙원 같은 모습이었다. 해안을 따라 죽 늘어선 어촌들과 그 뒤로 펼쳐진 풍성한 녹음의 섬, 그리고 위로 높이 솟은 동시에 넓디 넓은 폭의 열대 수목으로 뒤덮인 산맥이 있었다. 그 산 중에 살고 있다고 알려진 신비의 부족 그룹이 바로 브룸홀 가족을 그곳에 오게 한 이들이었다. 하나님께서는 그들을 이끄셔서 망얀족 사람들 가운데 개척하게 하셨다. 그들은 복음에 대해 들어본 적이 없는 것으로 알려져 있었다.

브룸홀 가족은 모험과 개척이 전혀 낯설지 않은 사람들이었다. 그 부부는 둘 다 CIM이 시작되었던 1865년부터 CIM에 깊이 관여해온 가족 출신이었다. 짐은 허드슨 테일러가 사랑해 마지않았던 누이 아멜리아의 후손이었다. 짐 자신도 중국에서 태어나 성장했으며 이후 재닛을 만나 함께 CIM 소속으로 그곳을 섬겼다. 중국에서 CIM 활동가들의 탈출이 있기 전, 짐과 재닛은 마침내 이전에 미전도 종족이었던 그룹에 들어가 그들과 함께 살 수 있게 되었다. 바로 노수족(이족으로도 알려져 있다.)이었는데, 그곳에서 의사인 짐은 소박한 진료소를 세웠다. 짧은 몇 년이 지나고 1951년이 되자 브룸홀 가족은 두 명의 동료와 함께 또다시 그곳을 강제로 떠나게 되었다.

짧은 기간 영국에 돌아와 힘들었던 지난 시간으로부터 회복을 한 후, 그들은 필리핀에 도착하여 또 하나의 알려지지 않은 부족 집단과 접촉을 시도했다. 민도로 산맥에 개별 종족 그룹들이 얼마나 많이 있는지 아무도 알지 못했다. 그 섬은 멀리서 보면 열대의 낙원 같아 보였지만 현실은 사뭇 달랐다. 저지에 사는 사람들은 목재를 수확하는 데 열을 올렸는데, 그래서 그곳에는 이윤이 많이 남는 목재 시장이 있었다. 이들은 망얀족을 무시했고, 전통적으로 부족의 땅이었던 토지를 점점 더 많이 가로챘다. 그 결과 망얀족은 자기 부족이 아닌 사람은 아무도 믿지 못하게 되었고 다른 이들이 자신들을 쳐다보는 것도 허락하지 않는 상태가 되었다.

정글은 너무나 무성하고, 그래서 그들의 흔적을 찾아내기가 너무나 힘들었다. 그래서 오직 주님만이 이 사람들을 발견할 수 있는 기회를 주시고 그들의 신뢰를 얻어낼 수 있도록 해주실 수 있었다. 그들과 그저 간단한 대화를 나누는 사이가 되는 것조차 엄청나게 높은 벽처럼 보였다. 자기 부족 그룹 사람들만이 아는, 외부인은 아무도 알지 못하는 언어로 이야기하는 사람들에게 어떻게 말을 걸 수 있단 말인가? 가르쳐줄 선생님이 아무도 없는 언어를 어떻게 배울 수 있단 말인가? 이 개척은 매우 어려운 일일 것이었다. 저 멀리 내지에서, 저 높은 산중에서, 사람의 등에 질 수 있는 만큼의 짐만 들고 그곳에 살면서 무슨 일이 일어나는지를 살펴보는 일은 믿음의 발로인가 아니면 우둔함의 발로인가?

주님께서 인도하신다는 확신을 가지고 브룸홀 부부는 첫 번째 임무를 시작했다. 대부분의 시간에 그들이 할 수 있는 것은 기도하면 기다리는 일이 다였다. 다양한 동료들이 그들과 함께 하기 위해 왔고, 두 명씩 짝을 지어 섬의 여기저기에 난 길을 용감하게 탐험했다. 그들에게도 역시 대부분의 시간에 할 수 있는 일은 기도로 기다리는 것이었다. "주님, 간구합니다." 그들은 기도했다. "우리가 이 사람들을 만나서 그들에게 당신의 사랑을 전할 수 있도록 우리를 인도해 주시옵소서."

지속적으로, 점점 더 많은 수의 국제 팀이 왔고, 여러 가지를 알아내었다. 망얀족 안에는 여섯 개의 구별된 종족이 있고, 그중에는 하위 그룹이 있는 경우도 있으며, 각 종족은 독자적인 문화와 언어를 가지고 있고, 이것이 살짝 겹치는 경우도 있다는 것을 알아냈다. 민도로 섬의 최북단에는 이라야족이 살고 있었다. 그보다 남쪽에 알랑안족, 다음에는 타드야완족, 다음에는 타우부이드족이 살았고, 부히드족이 그다음이었으며, 마지막으로 가장 남쪽에는 하누누족이 살았다. 팀의 규모가 커지자 여섯 개의 작은 팀으로 나누었다. 각 팀은 부족 하나씩을 맡아서 집중적인 탐색을 펼쳤고, 그들을 찾는 방법을 찾아 헤매며, 문자화되지 않은 그들의 언어를 배우고, 그 언어로 성경을 번역하는 길고 긴 작업을 시작했다. 한편 브룸홀 부부는 이 모든 일을 현명하게 이끌었고, 격려했으며, 기도로 도왔다.

하나님께서는 특별한 방법으로 기도에 응답하셨다. 브룸홀 부부와 이 팀들이 도착하기 오래전, 압라키라는 이름의 타드야완족의 지도자가 환상을 보았는데, 하나님께서 보내신 영과 만난 것이다. 망얀족은 모두 영의 세계를 잘 알고 있었는데 악령과 귀신에 대한 끝없는 두려움 속에서 살고 있었다. 그런데 이 조우는 사뭇 달랐다고 압라키는 나중에 자신의 부족 사람들에게 말했다. 그는 어떤 빛나는 존재와 마주쳤다. 그도, 그가 아는 누구도 한 번도 본 적이 없는 선한 영이었다. 그 빛나는 존재는 그에게 언젠가 먼 나라에서 사람들이 올 텐데, 좋은 가르침을 가지고 와서 이 부족을 두려움으로부터 자유케 할 것이라고 말했다. 하지만 이 사람들이 도착하기까지는 긴 시간이 걸리겠지만 압라키는 부족 사람들에게 언젠가 올 선생님들에 대해 이야기해야만 했다. 그는 그들에게 낯선 이들이 주는 가르침을 무조건 듣고 순종해야 한다고 말했다. 그의 부족 사람들 또한 자신의 아이들에게 앞으로 무슨 일이 벌어질지 알려주고 이를 꼭 기억하도록 했다.

여러 해가 지나고 1955년, 두 명의 OMF 여성 활동가가 드디어 망얀 사람들을 만나게 되었다. 캐나다 사람 헤이즐 페이지와 미국 사람 캐롤라인 스티클리는 산에서 사흘을 헤매며 이들을 만나려 애썼지만 아무 성과가 없었다. 낙담하고 실망한 이 여성들은 제재소 앞에 앉아 지나가는 트럭이 태워주지 않을까 하는 바람으로 기다리고 있었다. 그렇게 9마일만 나가면 큰 도로가 나오고 칼라판에 있는 팀 본부로 돌아갈 수 있을 것이었다. 그들의 불행에 더해 트럭이 나타날 가능성은 점점 더 희박해 보였고, 그들은 이제 물도 없고 음식도 없이 또 하룻밤을 야외에서 캠핑해야 하는 운명을 체념하고 받아들이기로 한 상황이었다. 그런데 저 정글 끝에서 네 명의 부족민이 소리 없이 나타났고, 두 여성은 깜짝 놀랐다. 이들은 충격에 휩싸여 부족민들을 바라보았다. 그런데 그들이 받은 충격은 그 부족민들이 받은 충격에 비하면 그 일부에 불과했다. 그들은 백인 여성을 한 번도 본 적이 없었던 것이다.

저지대 사람들이 쓰는 언어인 타갈로그어를 더듬거리며, 이 여성들은 남자들에게 "하늘에 계신 우리 아버지"에 대해 들어본 적이 있냐고 물었다. 그들을 사랑하시고 그들의 친구가 되기를 원하시는 좋으신 하나님 말이다. 그들은 온 세상을 지으신 하나님에 대해 들어본 적이 있을까? 어떤 악령보다도 더 강대하신 하나님을?

캐롤라인과 헤이즐은 이 남자들이 자신들의 말을 일부라도 알아들었을지 여부를 전혀 알지 못했다. 그들은 곧 정글 속으로 사라져버릴 것 같았다. 이 여성들은 압라키의 환상과 세대를 거쳐 내려온 그 이야기에 대해서도 전혀 알지 못했다. 그렇지만 그들은 이 만남이 주님께서 준비해주신 것이라는 것을 분명히 알고 있었고 언젠가는 이 숨어 있는 사람들 가운데 믿음의 공동체가 세워질 것이라는 것을 믿었다. 실제로 이때로부터 5년이 지난 시점 캐롤라인은 캐나다인 선교사 도드 팩과 함께 마침내 부족민 가족들과 함께 살면서 주님께서 그들을 믿음 가운데로 움직이시는 것을 보게 된다.

한편 브룸홀 부부는 여섯 부족에게 가야 한다는 사실을 잊지 않았다. 독일에서 온 베르너 디맨트와 도리스 디맨트 부부는 이라야 부족에 배정되었는데 이들도 끊임없는 악령의 공포 속에 사는 부족이었다. 어떻게 된 건지는 모르지만 선교사들을 직접 만난 적도 없는 이 작은 망얀족 그룹은 서구인들이 병을 고칠 수 있는 약을 싣고 왔다는 이야기를 들었다. 1961년 디맨트 부부는 나딩이라는 남자에 대한 소식을 들었다. "우리 지도자 나딩이 상처를 입었어요. 도와주실 수 있을까요?" 부족 사람 몇 명이 와서 물었다. 도리스는 이 간청하는 남자들에게 약을 좀 들려서 보냈는데 겨우 2주 후 그들은 다시 왔다. "나딩이 더 아파요." 그들은 말했다. "그의 상처가 아주 심해요. 그는 자신이 죽는다고 생각해요. 제발 와서 봐주세요!"

베르너와 도리스는 논 사이로 난 작은 제방을 따라 한 시간쯤 걸어 나딩이 있는 곳으로 갔다. 그 사람들은 마나나오에서부터 산을 가로질러 네댓 시간이 걸려 나딩을 옮겨 오는 길이었다. 디맨트 부부는 나딩의 상태를 보았고, 그들은 간호사 도리스의 실력에 감사했다. 그녀는 나딩이 패혈증에 걸린 것으로 진단하고 페니실린을 주었다. 며칠 후 디맨트 부부는 그곳에 다시 가서 그에게 두 번째 주사를 주었다. "나딩에게 마태복음을 주고 왔어요." 베르너는 이렇게 회상한다. "그가 그 부족민 중에 유일하게 글을 읽을 수 있는 사람이라는 걸 그때는 몰랐죠. 그는 2년간 저지대에 있는 학교를 다녔다고 하더군요."

몇 달 후 팔루안에 있는 디맨트 부부의 집에 나딩이 친구를 데리고 왔다. 나딩은 작은 성경 소책자를 가져갔고 밤마다 침상에 누워 그의 친구에게 그것을 읽어주었다고 했다. "그는 자신이 읽었던 것이 무엇인지 설명하려고 했어요. 그것을 들은 우리는 깜짝 놀랐죠." 베르너는 자세히 말했다. "우리는 그가 이미 신자임에 틀림없다고 생각했어요. 그가 우리에게 말하길 맨 처음에는 성경을 갈대로 엮은 지붕 아래에 숨겨두었지만 그가 다시 아프게 되었을 때 아내에게 그것을 찾아서 가져와달라고 했대요. 그것이 말하자면 마나나오 사역의 시작이 된 것이죠."

시간이 흘러 베르너와 도리스는 초대를 받았다. "우리는 예배당을 지었어요. 이제 꼭 오셔서 우리를 가르쳐주세요!" 디맨트 부부는 마나나오에서 걸어서 다섯 시간 걸리는 곳에 살았지만 나딩의 마을 근처에 대나무로 만든 작은 집을 지었다. 많은 시간을 가까이서 보내기 위해서였다. 디맨트 부부가 대나무 집으로 이사하고 나서 몇 년 간 마나나오에서 80-90번의 세례식이 있었다.

필리핀의 이 지역에 있는 모든 팀은 몇 시간씩 산을 오르는 어려움을 견뎌야 했다. 그들은 또한 전적으로 단순한 삶을 기꺼이 받아들여야 했다. 편의 시설도 하나 없고 먹을 것도 매우 제한적인 생활이었다. 게다가 악령의 본거지에 침투하게 된 그들은 격렬한 영적 전쟁을 경험했다. 그들에게는 불굴의 인내가 필요했다. 미국에서 온 러스 리드와 바버라 리드 부부의 경우, 10년이라는 힘든 시간을 보내고서야 비로소 타우부이드족 사람들의 반응을 이끌어낼 수 있었고, 그들 사이에 들어가 사는 기회를 얻었다. 이 미전도 종족들 가운데에서 개척 사역을 펼치는 것은 비용이 엄청날 뿐 아니라 신앙을 시험받는 일이기도 했다. 하나님께서 자신들을 이곳으로 데려오신 데는 이 사람들을 위한 영원한 목적이 있기 때문이라는 확신이 있었지만 그만큼 많은 눈물을 흘리기도 했다.

복음이 점차 강력해지게 되면서 망얀족은 (예전 관습처럼) 누가 죽고 나면 악령에 대한 두려움으로 떠나

러셀 리드

야 하는 일을 이제는 더 이상 하지 않아도 되었다. 이제 공포의 속박에서 벗어나 한 곳에 정착하여 살게 되었던 것이다. 그들 속에 들어가서 사는 일이 더욱 쉬워졌다. OMF 선교사 중에서 스위스 사람 안드리야스 파르니와 루스 파르니 부부와 같이 농사 경험이 있는 이들은 부족 사람들에게 농업 지식을 나누어주었다. 망얀족은 새로운 밭을 만들기 위해 점점 더 많은 나무를 베지 않고도 성공적으로 먹을 것을 기르는 방법을 배웠다. 수확물은 더욱 다양하고 영양도 많아졌다.

각 OMF 팀은 문자로 표기된 적이 없는 언어를 배우는 데 열심이었다. 언어를 습득하고 나면 성경 번역이라는 긴 여정을 시작했다. 각 부족이 하나님의 말씀을 자기들의 언어로 들을 수 있도록 하기 위해서였다. 번역 작업과 더불어 신도들에게 글을 읽는 방법을 가르쳤다. 성경 말씀과 가르침의 내용, 그리고 찬송을 적는 일뿐 아니라 그것을 수많은 필사본으로 만드는 일은 고통스러운 과정이었다.(당시는 복사기나 컴퓨터가 없던 시절이었다.) 하지만 여섯 부족 모두에 믿는 자들이 생겨났고 하나님의 말씀에 대한 갈망이 커진 것을 보면, 이

타우부이드 부족

렇게 손으로 쓴 자료들의 가치는 매우 높다.

1971년까지 망얀족 여섯 부족 가운데 120개의 교회가 산재해 있는 상황이 만들어졌다. 망얀족 가운데 복음의 존재가 미친 효과는 다른 부족을 향

한 태도의 변화에서도 찾아볼 수 있었다. 역사적으로 그 부족들은 자신들의 영역을 지켰고 다른 부족에 대해서는 뿌리 깊은 의심을 가지고 있었다. 이제 그리스도를 믿게 된 그들은 서로 연대하기를 원했다. 이러한 연합의 영에 의해 망얀 부족 교회 연합(Mangyan Tribal Church Association)이 탄생했고, 모든 종족 그룹을 하나로 연결했다. 여러 해 전 단기간 진행된 회의가 있었는데, 그 회의 이후 성경 학교가 설립되었고, 여기서 여섯 부족의 신생 교회 지도자들에게 집중 훈련을 제공한 결과였다.

이 훈련에 참석하려면 최소한 읽기 능력과 쓰기 능력이 있어야 했고, 타갈로그어로 배울 수 있는 능력이 있는 사람이어야 했다. 모두가 이해할 수 있는 단일 부족어는 없었기 때문에 타갈로그어는 그들에게 산속 고향 너머의 세계와 연결될 수 있는 통로였다. 부족 사람들에게 이 모든 조건을 갖추는 것은 큰 용기와 헌신이 필요한 일이었다. 하지만 학생들이 우리에게 되풀이해서 들려준 간증은 주님의 은혜로 자신의 믿음이 자랄 수 있었으며, 또한 주님께서 이 모든 것을 배울 수 있는 능력을 공급해주셨다는 것이다.

소규모 신도들의 모임 중 많은 수는, 거의 믿음을 갖게 되자마자, 언덕 너머에 흩어져 살고 있는 대가족들과 작은 공동체들에게 복음을 전해야 한다는 주님의 명령을 받았다고 느꼈다. 어떻게 해서든 다른 사람들도 예수 그리스도가 그들을 악령의 구속에서 구하실 수 있다는 것을 알아야 하기 때문이었다. 그러한 선교사와 같은 마음가짐으로 인해 엄청난 소산이 있었다.

1975년 OMF는 민다나오 섬의 남쪽, 그중에서도 마노보족 사람들에게 사역을 시작해달라는 요청을 받았다. 캐나다 사람 데이브 풀러가 안드리야스 파르니와 함께 조사에 나섰다. 당시 데이브와 그의 아내 베브는 망얀 성경 학교

(Mangyan Bible School)를 이끌고 있었는데, 그 사역에서 엄청나게 충만함을 느끼고 있었다. 그런데 조사 여행에서 돌아온 데이브가 보여준 몇 장의 사진 속의 마노보 마을에는 그들에게 복음을 가르칠 사람이 아무도 없었다. 마노보 마을의 지도자가 보낸 초청장의 내용은 이러했다.

"우리는 아버지 하나님에 대해 알고 있습니다. 하지만 우리는 그를 어떻게 찾아야 하는지 모릅니다. 오셔서 우리에게 가르침을 주시지 않겠습니까?"

이 초청장의 내용을 들은 망얀족의 지도자들은 즉각 여기에 대한 응답을 내어놓았다. "우리가 가서 그들에게 예수님을 찾는 길을 알려주어야 합니다!" 이 지도자들은 선교사들을 부르면서 "쿠야(Kuya; 큰 형) 데이브와 아떼(Ate; 큰 언니) 베브, 여러분들이 먼저 가주셔야 합니다. 우리는 여기 교회에서 당신들에게 보낼 돈을 모으겠습니다." 주님께서는 하나님에 대해 가르쳐줄 교사를 청했던 마노보 지도자에 대한 응답으로 마침내 외국인 선교사와 망얀족 일꾼 모두를 공급해주셨다. 1975년에 시작되었던 이 일을 지금은 마노보 교회 연합(Manobo Church Association)이 계속해서 수행하고 있다. 하나님께서 부르실 때는 또한 인도하시며 공급하신다. 망얀 교회들이 모은 돈으로는 최초의 세부아노어로 된 성경을 만들 수 있었고, 이 성경을 사용해 마노보 사람들을 가르칠 수 있었다.

1978년 또 하나의 필리핀 섬인 까마리네스 수르에 사는 네그리토 부족에게서 연락이 왔다. 망얀족 선교사들이 그곳에도 간 것이었다. 나중에 다른 망얀족 사람이 민도로와 가까운 섬에 사는 팔라와노 부족에게 갔다. 하나님께서는 그 짧은 시간에 망얀족 중에서, 그리고 그들을 통해서 너무나 많은 일을 행하셨다. 무수한 세대에 걸쳐 자신들의 숨겨진 산속 고향 바깥에서는 한 번도

필리핀 망얀 성경 학교

살아보지 않은 사람들이 이제 자신들의 안전 지대 밖으로 걸음을 내딛고 있었다. 그들은 용감하게 바다에 맞서고 문화 충격과 향수병에 직면했으며 다른 언어를 배웠다. 이 모든 것은 더 많은 미전도 종족에게 귀중한 복음을 전하기 위해 필요한 일이었다.

스위스 사람 테오 헤런은 이제는 고인이 된 아내 마리아와 함께 망얀족에게 수 년간 사역을 펼쳤는데, 2011년 망얀 부족 교회 연합(MTCA)의 40주년 기념일을 함께 축하하기 위해 돌아왔다. 섬 곳곳에서 1,800명의 망얀족 신자들이 와서 나흘간 함께 모인 것은 감동적인 경험이었다.

테오는 강렬했던 광경을 이렇게 반추한다.

"나는 대나무 장대를 엮어 만든 의자에 앉아 있었어요. 내 주위에는 엄청난 수의 망얀족 신도들이 어깨를 맞대고 앉아 있었죠. 우리는 네 가정의 망얀족 선교사들이 하는 보고를 주의 깊게 들었어요. 그들은 MTCA가 임명한 선교사들로 팔라완 섬에 사는 부족 그룹 가운데 사역하고 있었어요. 망얀족 선교사 중에는 두 가정이 더 있었는데 이들은 루손의 주도의 외딴곳에 사는 산악 부족 가운데 일하고 있었죠.

나는 그 장대 위에 앉아서 지난 날을 회상했어요. 40년 전 나는 거의 같은 장소에 앉아 있었는데, 내 앞에는 여섯 명의 상당히 낯을 가리는 망얀족 남성들이 있었어요. 이들은 당시 만들어진 MTCA 위원회의 각 부족 대표였어요. 여섯 부족의 교회에서 각각 뽑혀 온 사람들이었죠. 그때 그런 연합이라는 개념은 자기 부족의 경계선 너머를 보는 것에 익숙하지 않았던 사람들에게는 완전히 새롭고 사실 조금은 이상한 것이었어요. 이제 미래에 대해 생각하게 된 그들은 성경 학교를 맡아서 운영하고 선교사를 파송하며 교회를 비롯해 당시 개발 중이었던 다양한 프로젝트를 감독할 단일 기구를 설립하는 것이 중요하다는 걸 깨달은 것이죠. 그 연합체 덕분에 망얀 교회들은 필리핀의 전체 교회들 속에서 자리를 잡을 수 있었어요.

40년이 지나 돌아온 나는 그저 놀라움을 금치 못할 뿐이었습니다. 그 작고 보잘 것 없는 시작으로부터 출발하여 성장해온 이 모든 것이 놀랍습니다. 그 교회들이 뽑았던 여섯 명의 남자들은 사실상 정규 교육도 받지 못한 사람들로, 성인이 되어 읽고 쓰기를 배운 것이 다입니다. 하지만 그들은 주님을 사랑했습니다. 이제 그들의 아들들이 있습니다. 능력이 있고 교육을 잘 받았으며 신실한 사람들이지요. 이제 그들이 교회 연합을 책임지고 잘 보살필 것입니다.

우리는 2세대 신자들이 그들의 부모님 세대가 했던 것과 똑같은 방식으로 하나님을 믿고 신뢰할 수 있다는 사실을 결코 당연하게 받아들이면 안 됩니다. 그곳에서 나는 하나님과 동료들에 대한 사랑으로 가득한 마음을 가진 성숙하고 능력 있는 사람을 보았습니다. 그들은 은혜와 겸손의 정신으로 교회 연합을 섬기고 있었습니다. 내가 하나님의 선하심과 신실하심, 그 은혜에 감사를 드리려고 잠시 쉬고 있을 때 내 마음은 노래합니다. 나는 앞으로도 하나님을 신뢰할 것임을 확신합니다.”

어느 평화로운 날에 민도로로 배를 타고 간다면 그 광경은 여전히 놀라울 것이다. 60여 년 전 브룸홀 부부가 믿음으로 그곳에 도착했을 때처럼 놀랍도록 아름다울 것임이 분명하다. 하지만 영적으로는 모든 것이 달라졌다. 망얀 족 사람들은 여전히 수줍어하며 그들의 산속 고향에서 가장 편안함을 느낀다. 달라진 것은 그들이 사는 언덕이 악령에게 바치는 주문 대신 살아 계신 하나

278

님께 드리는 찬양 소리로 메아리친다는 것이다. 현재 수많은 망얀족 사람들이 자신을 주 예수의 제자로 선언한다. 많은 OMF 남녀 선교사들이 이전에 미전도 종족이었던 사람들에게 복음을 전하는 데 자신의 삶의 많은 세월을 바쳤다. 망얀족 교회는 하나님의 미쁘시고 인도하시는 손길에 대한 간증 위에 서 있다.

35. 복음 책자를 만들어내다

하나님의 말씀을 동남아시아의 미전도 종족의 손에 건네주기 위해 분투하며 보낸 수십 년의 시간은 결코 헛되지 않았다. 그런데 그 길은 예기치 못한 진로 변경과 좌절, 그리고 수많은 기다림으로 가득했다.

1952년 짐(가명)이 동아시아에 처음 왔을 때 그는 스물세 살의 나이였다. 그는 다음 몇 년간 동남아시아를 종횡 질주하며 여러 언어로 성경 이야기를 기록했는데, 그중 많은 수가 아직 문자 형태를 갖추지 않은 언어였다. 그가 평생을 두고 열망한 일 중 하나가 바로 각 민족의 모국어로 된 성경을 펴내는 것이었다.

어느 날 짐은 그가 이제까지 본 것과는 다른 축하 행사에 참석했다. 그는 그것이 무엇인지 물었고, 그 지역의 어떤 소수 민족 그룹의 결혼식이라는 것을 알게 되었다. 이 부족에 대한 그의 사랑은 이렇게 시작되었는데, 이들은 하나님의 은혜의 복음을 거의 접해보지 못한 사람들이었다. 수백만 명에 달하는 이 부족의 대부분은 외부의 영향으로부터 격리되어 있었다.

1952년부터 1957년까지 다른 지역에서 일하는 동안 짐은 그들의 언어로 성경을 녹음하는 작업을 도와줄 수 있는 부족민을 찾으려 애썼지만 성공하지 못했다. 두 번 정도 그런 사람을 찾았다고 생각했지만 아무도 모임에 나타나지 않았다. 그가 이렇게 실패한 원인에 대해 생각하고 있을 때, 주님께서는 이사야서 49장을 통해 그에게 말씀하셨다.

"내가 또 너를 이방의 빛으로 삼아 나의 구원을 베풀어서 땅 끝까지 이르게 하리라. … 여호와가 이같이 말하노라 '용사의 포로도 **빼앗을** 것이요 두려운 자의 **빼앗은** 것도 건져낼 것이니.'"

하나님께서는 그 긴 세월 동안 복음을 접하지 못했던 이 사람들을 구원하실 수 있을까? 짐은 다음 5년을 남미에서 보내면서 이제까지 주목을 받지 못했던 부족들을 찾아 그들의 언어로 성경 이야기를 녹음했다. 하지만 그는 한 번도 동남아시아의 미전도 종족에 대한 생각을 멈추지 않았다. 어떻게 해야 그들이 예수님에 대해 듣게 될까?

남미에서 임기를 마친 후 짐은 그들에게 다가갈 방법을 찾기 시작했다. 1960년대 동남아시아의 일부 지역에서는 정치적인 소용돌이가 있었기에 그는 "둘러가는 길"을 택해서 버클리의 캘리포니아 대학(University of California at Berkeley)의 대학원에 들어가 언어학을 공부했다. 그곳에 있는 동안 그는 국제 학생들을 보살폈고, 그러다 미래의 아내가 될 베티를 만났다. 그들이 처음으로 데이트를 한 날, 짐은 지구본을 들고 여기저기 돌려보다가 그 부족 그룹의 고향이 있는 곳을 가리키며 이렇게 말했다. "여기가 내가 갈 곳이야."

선교의 마음을 가진 가정에서 성장한 베티 또한 선교로 부르심을 느끼고 있었지만 그때까지 어떤 특정한 사람들이나 사역으로 인도하실지는 몰랐던 상황이었다. 짐과 베티는 이듬해인 1967년 결혼했다.

1969년 짐은 언어학 박사 학위를 위한 요건 중 논문을 제외한 모든 것을 갖추었다.(나중에 그는 논문도 완성했다.) 공부를 하는 동안에도 그가 계속해서 선교 단체에 요청한 것이 있었는데, 하나님께서 그의 마음속에 주신 그 사람들에게 사역할 수 있는 가능성에 대해서였다. 요청할 때마다 메아리처럼 돌아오는 대답은 "안 됩니다."였다. 그가 OMF에 처음 물어보았을 때도 그 대답은 마찬가지였다.

하지만 하나님의 방식은 우리의 방식과는 다르다. OMF와 접촉한 지 5년이 넘어서야 우편함에 편지가 한 통 왔는데, 그 그룹이 살고 있는 그 섬의 인근 지역에 있는 지역 교회 중 하나의 지원을 받을 수 있다는 소식이었다. 하나님의 도우심으로, 그 지역 교회의 지도자가 초교파 회의(ecumenical conference)에서 OMF 현지 감독 중 한 명의 옆자리에 앉게 되었고, 대화를 나누던 중 그 지역 교회 지도자는 짐이 관심을 가지고 있었던 그 부족 출신의 한 젊은 남자가 세례를 받았다고 말했다. "OMF가 선교사를 보내서 목회자와 동역하여 이 부족 언어로 성경을 번역하는 작업을 시작할 수 있도록 해주실 수 있을까요?" 그 지도자는 이렇게 물었고, 짐의 요청을 기억하고 있던 그 지역 감독은 자기가 그 일에 꼭 맞는 사람을 알고 있다고 말했다.

번역 작업의 시작

짐이 처음으로 그 부족을 만난 지 18년이 지난 1970년, 그와 베티, 그리고 그들의 어린 아들은 언어와 문화 훈련을 위해 동남아시아로 가는 배에 올랐다. 1971년 3월 이 가족은 미전도 종족이 살고 있는 지역의 남쪽에 있는 작은 도시에 정착했다. 짐은 최근에 개종한 존과 함께 신약 성경의 일부를 번역하는 작업을 시작했다. 존은 이 부족 최초의 그리스도인들 중 한 명이었는데,

다른 지역에서 공부하면서 그리스도인들을 만나 복음을 전해 들은 후 그리스도께로 왔다. 도움을 준 사람 중에는 현지인 폴도 있었다. 그는 그 부족 사람은 아니었지만 아버지가 정부 관료이셔서 그 지역에서 자랐다. 이렇게 세 명으로 이루어진 팀은 이 부족 그룹의 문자 언어에 대한 조사에 착수했다. 어려운 작업이었다. 글자는 거의 찾아내지 못했고 사투리의 차이점만 조금 찾았을 뿐이었다. 그들은 주로 구어를 사용했지만 3년하고도 6개월이 지날 즈음 마침내 누가복음이 준비되었다. 200부를 인쇄했다. 문제는 배포 방법이었다.

복음을 이 부족 사람들의 손에 전해주는 방법으로 ("복음 비행선"을 날려 보내서 그 지역에 복음이 뚝 떨어지도록 하자는 의견과 책을 유리병에 넣어서 해안으로 흘러 들어가게 하자는 의견을 포함한) 여러 가지 창의적인 아이디어와 다소 정통이 아닌 아이디어들이 검토되었다. 하지만 어느 것도 잘 되지 않았다. 배포의 문제는 그 지역의 종족 갈등에 그 원인이 있었다. 이 부족 사람들에 의해 여러 교회들이 불타 없어졌다. 이 지역에 사는 지역 그리스도인 중 감히 (미전도 종족의 언어로 된) 누가복음을 그들의 가정에 둘 사람을 아무도 없었으며 다른 사람에게 건네주는 것은 더더욱 안 될 말이었다. 또한 베티에 의하면 이 미전도 종족은 "호기심이 많고 사교적인" 것으로 알려져 있는데, 외부인이 너무 가까이 다가오는 것은 허락하지 않을 것이라고 했다. 번역본은 다음 시기까지 일단 두어야 했다.

기도와 지역 동원

1970년대 중반 짐과 베티는 본국 사역을 위해 미국에 갔다. 그들은 고향에서 보내는 이 시간을 통해 이 미전도 종족을 위해 기도로 후원해줄 많은 사람들을 모을 수 있었다. 베티에 의하면 그들은 이 부족을 위해 집중적으로 기도하는 첫 번째 서구인들이었을 것이라고 말했다.

이 부부는 이 사역에 기도가 얼마나 중요한지 알고 있었다. 그들의 기도의 동역자 중 많은 이들은 그들이 OMF에 가입하기 전부터 그들을 위해 기도해 오던 사람들이었다. 짐과 베티가 모은 기도의 동역자들은 중심 지역뿐 아니라 나라 전체, 여러 교회와 가정 구성원들을 위해서 집중하여 기도하고 있었다. "[기도의] 책무에 있어서 그 핵심은요," 베티가 말했다. "그저 쉬지 말고 기도하라는 말씀에 순종하는 것이 아니라 기도할 때 명확한 목적을 가지는 것입니다." 거의 매달 기도 편지를 보냈다. 하나님께서는 헌신적인 기도의 동역자들을 부르셨고 이 무리에게 이 일을 맡기셨다. 영적 전쟁은 종종 강력했으며 신실한 기도는 이를 극복하는 데 필요한 무기가 되었다. 특히 상당한 시간 동안 묵혀 두었던 문자로 된 하나님의 말씀을 배포하기 위해 기다리는 동안에는 더욱 그러했다.

짐과 베티는 이 부족을 위한 기도의 동역자를 미국에서만 모은 것이 아니었다. 1980년대와 1990년대 짐과 베티는 동남아시아의 지역 기독교인 학생들과 교사들로 이루어진 기도 팀을 결성했는데, 이들 또한 이 부족을 위한 기도와 사역에 집중했다. 이 팀은 매주 짐과 베티의 집에서 만나서 기도했다. 그들은 또한 정부가 이 지역에 이주시킨 다른 부족 그룹의 그리스도인들을 지원하는 일도 했다.* 이들 중 많은 수는 그저 명목상의 그리스도인들로 이러한

---

* 정부는 교사와 정부 관료, 경찰관, 군인의 직업을 가진 사람들을 출신 부족에 상관없이 나라 전역에 배치했다. 따라서 이 부족의 일원이 아닌 그리스도인들이 이 지역에서 일할 수 있었다.

"적대적인" 지역에 배치되는 것을 두려워했다. 살아 있는 신앙으로 이 사람들을 위한 "부르심"을 이해하고 있는 이들도 있었다. 짐과 베티의 기도 팀은 이 지역을 돌면서 이러한 기독교인들을 지원하고 격려하였다.

이 기도 팀은 소리가 들릴까 신경 쓰지 않고 함께 찬양하고 기도할 수 있도록 충분히 먼 곳에서도 모였다. 신도들을 향한 전반적인 분위기는 여전히 적대적이었고, 당분간은 그런 상태로 유지되었지만 이 지역의 소도시 중 많은 곳에서 이 기독교인들은 믿는 자들이란 친절하고 예의가 있는 사람들임을 처음으로 증명해 보여주었다.

1980년대 중반 비자 규제가 심해지면서 짐은 언어학을 가르치기 위해 지역 대학에 지원했다. 베티 또한 대학에서 일했는데, 해외 유학을 준비하는 교직원들에게 영어 회화와 서구 문화를 가르쳤다. 이 가족은 캠퍼스에서 1km 정도 떨어진 곳에 살았으며 대학생들을 위한 기독 협의회 모임과 지속적인 만남을 가졌다. 그들의 집은 비공식적인 "성경 학교"였으며, 짐과 함께 성경을 공부하려는 열정적인 학생 핵심 그룹이 여기에 참여했다. 이들은 미전도 종족에게 가서 그들을 전도해야 한다는 교회의 사명에 대한 그의 가르침과 멘토링에 집중했다. 짐의 가족은 이 학생들이 자신들의 미전도 이웃들에 대한 비전을 가질 수 있도록 기도했다.

"얇은 성경"

1989년 짐이 전도하려고 애쓰던 부족의 원주민인 마크가 주 예수 그리스도를 믿는 신자가 되었다. 그는 말라카 해협(Straits of Malacca)에서 배를 타고 일하던 중 극동방송국(FEBC)의 라디오 프로그램을 들었다. 그는 또한 말세에 관한 책을 읽었고 예수님에 관한 영화를 보았다. 이 모든 것이 그를 예수님께 이끌었다. 마크가 믿게 된 후 그의 온 가족-아내와 여덟 자녀-이 그를 따라 그리스도에게로 왔다.

당시 이 지역에는 세 개의 교회가 있었다. 다른 섬과 부족 그룹에서 온 그리스도인들을 위한 것이었다. 그런데 마크는 이 교회들에게 환영받지 못했다. 사실 그들은 그에게 자신들의 교회에 오지 말아달라고 간청했다. 예배당이 파괴될까 봐 두려워서였다. 마크는 결국 다른 지역으로 갔고, 짐과 함께 번역 작업을 했었던 존에게 세례를 받았다.(그리고 그 이후 신학교에 가서 안수를 받았다.) 그다음 주 존은 군경에 체포되어 1년간 투옥되었다. 아무런 범죄도 저지르지 않았는데 말이다.

한편 짐은 계속해서 번역 작업에 임했고, 1996년 네 권의 소책자를 완성했다. 네 권을 한데 모아 "얇은 성경책"이라고 불렀다. 여기에는 다양한 성경 각 권에서 발췌한 내용이 포함되었다. 모세 오경, 시편과 선지서들, 4복음서의 일부와 사도행전, 바울의 서신들과 요한계시록, 그리고 누가복음 수정본이었다. 짐은 이를 출판해줄 사람을 찾았지만 아무도 위험을 무릅쓰고 이 부족 그룹의 언어로 된 기독교 문서를 출판하려 하지 않았다. 마침내 다른 선교사가 짐을 소규모 기독 출판사로 안내했는데, 그곳의 소유주가 이 출판 요청을 받아들였다. 얇은 성경책은 수년간 기도 속에서 만들어진 것이었다. 모든 과정이 힘든 도전이었다. 그리고 다시 한 번, 그들은 배포 문제에 직면했다. 어떻게 하면 지역 부족민들에게 이 책을 전해줄 수 있을 것인가? 대부분의 책은 (다시 한 번) 창고에 들어갔다. 짐은 이후에도 그가 사랑하는 사람들의 손에 성경 말씀을 전달해주는 문제에 있어서 이 계속되는 장애물에 대해 종종 생각해

보았다. 집중적인 기도가 계속되었다.

짐과 베티가 은퇴하고 이 나라를 떠난 뒤인 최근, 이 미전도 종족 그룹의 자치구 근처에서 자연재해가 일어나 이 지역이 외부의 도움에 노출되는 일이 있었다. 짐과 그가 이끈 팀이 번역한 얇은 성경책을 기억한 어떤 목회자가 이 책을 창고에서 꺼내서 이 지역으로 가는 기독교인 구호 자원봉사자들을 비롯한 다른 이들에게도 보내주었다. 각 책자는 잘게 쪼개져 있어서 사람들이 받아들이기 쉬운 형태로 제공되었다. 재해 이후 난민들을 수용했던 인근 지역의 대형 교회도 이 책자를 배포했다.

기독교인들이 위기에 즉각적으로 대처한 덕분에 사람들이 기독교인을 향해 오랫동안 견지해온 편견과 미신이 사라지기 시작했다. 구호의 노력을 통해 지역의 기독교인들이 사랑을 보여줄 수 있는 기회가 있었고, 사람들은 그 사랑을 받을 수 있게 되었다. 이렇게 해서 양측의 고정관념이 깨어지게 되었다.

마크와 그의 가족에게는 1990년대와 2000년대 초반에 걸쳐 그와 그의 가족의 삶에 복음의 영향이 지속되었다. 그의 장남인 앨런은 다른 섬에 있는 신학교에 다녔고, 아내와 아이들과 함께 고향에 돌아와서 일하고 있다. 그 가족은 여전히 적대적인 환경에서 예수를 따르는 자로 살아가기 위해 고군분투했다. 그런데 그 재해로 마크와 앨런의 부인, 자녀들, 그리고 다른 형제들이 죽었다. 앨런은 당연히 가족을 잃은 슬픔에 가슴이 무너졌다. 그는 나중에 신학교에서 만난 친구와 재혼했는데 지금은 새 부인과 아이들과 함께 살며 사역하고 있다. 하나님께서는 많은 신실한 사람을 통해 계속해서 일하신다. 믿을 만한 소식통에 의하면 이전에 미전도 영역이었던 지역의 곳곳에 신자들의 작은 모임이 있다고 한다.

"우리의 연약함과 실패에도 불구하고 하나님께서는 당신의 길에서 당신의 기적을 행하십니다." 베티는 회상한다. "파송하는 자들과 파송되는 자들 모두에게 비전과 끈기가 중요합니다. 그 결과는 매우 느릴 수도 있고 지속적이지 않을 수도 있지만, 그렇다고 해서 사명이 변하는 것은 아닙니다."

36. 첫해의 도전

대부분의 사람들은 익숙하고 편안한 고향을 떠나 다른 언어와 다른 문화를 가진 다른 나라에 사는 것을 힘들어한다. 다른 문화권에서 살아가는 것은 당혹스럽거나 고통스러운 경험일 수 있다. 주님께서 자신을 그곳으로 부르셨다고 믿는 사람에게도 마찬가지이다. 아일랜드에서 온 OMF 선교사 일리쉬 애그뉴는 선교사로서의 첫해를 보내는 동안 하나님께서 자신의 삶 속에 행하신, 힘들었지만 생산적이었던 연단 과정에 대해 굉장히 솔직하게 이야기해준다.

1974년 아시아로 떠나기 몇 달 전 나는 윌리엄 A. 스몰리가 저술한 『문화 충격, 언어 충격, 그리고 자기 발견의 충격(Culture Shock, Language Shock, and the Shock of Self-Discovery)』이라는 제목의 다문화 사역에 관한 논문을 우연히 발견했다. 실제 본문의 내용에 대해서는 많이 기억나지 않지만 그 제목은 나에게 강한 인상을 남겼다. 내가 필리핀에서 보낸 처음 몇 해에 겪은 나의 경험을 아주 정확하게 요약한 말이 되었기 때문이다.

먼저, 언어 충격이 있었다. 선교사의 삶에 대해 내가 예상했던 것 중에서 나는 하나님께서 나에게 사랑하라고 하신 사람들과 소통하는 능력이 없다는 것 때문에 야기된 절망감을 어떻게도 설명할 수가 없었다. 10대 때 아일랜드에 있는 부모님의 집에서 좋은 소식 모임(Good News Club)을 운영하던 시절, 내가 정말로 부르기 좋아했던 찬송 중 하나는 이렇게 시작했다. "듣지 못한 수백만은 여전히 듣지 못하네." 그 말은 나의 젊은 심장을 선교의 열정으로 가득 채웠다. 그런데 복잡한 타갈로그어(필리핀의 언어)를 붙들고 씨름하는 사이 그 열정은 사라지기 시작했다. "좋은 아침입니다! 좋은 오후 보내세요! 어떻게 지내시나요?"와 같은 간단한 타갈로그어 문장을 말하는 것도 내게는 너무 힘들었다. 나는 지금 이런 속도로 나의 타갈로그어가 는다면 듣지 못한 수백만은 아마도 아주 오랜 시간 기다려야 할 것이라는 생각이 들기 시작했다. 나는 그들에게 성숙한 영적인 지혜가 주는 혜택을 나눠 줄 수 있을 것이라고 너무나 태평스럽게 생각했었지만,(언젠가는 그런 일이 이루어질 수만 있다면 좋겠지만) 그렇게 되기까지는 요원했다.

내가 첫해 주일 학교 수업에서 예닐곱 살 아이들을 가르쳐본 바에 의하면 가장 단순한 진리를 전하는 것에도 여기저기 함정이 있었다. 야자 나무 아래에 앉아 눈이 휘둥그레져서는 무슨 말이든 귀 기울여 듣는 갈색 피부의 아이들에게 둘러싸여 있는 나의 어린 시절의 꿈은 이루어졌지만 내가 예상했던 것과는 상당히 다른 방식이었다. 나는 그림이 없는 책(The Wordless Book)을 사용했다. 그것은 책장 한 장 한 장에 색을 입혀서 간단한 복음의 진리를 나타낸 책이었다. 검은색은 죄, 빨간색은 그리스도의 보혈, 하얀색은 죄사함과 같은 식이었다. 뭐 이 정도라면 나의 제한된 언어로도 잘못될 것이 별로 없을 것으로 생각할 수 있다. 그런데 안타깝게도 나는 "심장"을 뜻하는 타갈로그어 단어 푸소(puso)와 "고양이"를 뜻하는 단어 푸사(pusa)를 혼돈하고야 말았다. 그 결과 눈을 휘둥그레하게 뜨고 있는 이 청중에게 나는 우리 구주 예수님께서

까만 고양이를 하얗게 만들 수 있다는 소식을 전했다. (물론 이 말도 사실이라고 확신하지만 내가 말하고자 하는 핵심은 아니었다.) 수업이 끝나고 아이들이 집에 갈 때까지 나는 나의 실수를 깨닫지 못했다. 아이들이 집에 가서 부모님께 뭐라고 말했을지 궁금하다.

어학교의 1년 과정 중 반 정도가 지났을 때 나는 수도 마닐라로 가서 현지 감독의 비서로 일해달라는 현지 본부의 요청을 받았다. 그때 그 요청은 잠시나마 언어 학습의 고통에서 벗어날 수 있게 해주는 정말 반가운 소식처럼 느껴졌다. 이후 나의 활동은 현지 사무소에서나 주말의 교회에서나 모두 영어로 이루어졌다. 타갈로그어로 가벼운 대화를 나누는 것 정도는 할 때도 있었지만 그때도 나는 깊은 절망감을 계속 느꼈다.

다음은 문화 충격이었다. 나는 정작 문화 충격을 겪고 있을 때는 그것을 깨닫지 못하고 있다가 나중에 되돌아보면서 알게 되었다. 나는 그저 나에게 익숙한 것들을 지독히도 그리워하고 있다고 생각했다. 집과 가족, 좋아하는 음식, 아일랜드의 풍광, 뚜렷한 사계절, 얼스터 크레익(Ulster craic; 아일랜드식의 표현으로 좋은 친구, 재치 넘치고 즐거운 대화를 뜻한다.) 같은 것들 말이다. 놀랍게도 필리핀에 그에 상응하는 개념인 파키키사마(pakikisama)가 있다는 것을 그때는 미처 몰랐었다.

아마도 내 생애에서 처음으로, 단란한 대가족 출신인 나는 극도의 외로움을 느꼈다. 물론 내 주변에는 친절하고 배려심 많고 나에게 잘 해주는 많은 사람들이 있었다. 동료 선교사들, 국내의 동교들, 필리핀 이웃들과 같은 교회 사람들 등. 하지만 나는 진정한 소속감을 느끼지 못했다. 나는 항상 나 자신이 안을 들여다보고 있는 외부인이라고 느꼈다. 말하자면 다른 사람들이 가진 우정이

나 가족 관계가 훨씬 더 좋아 보였고, 그런 것을 끊임없이 바라고 있었다.

그런 깊이 있는 관계를 향한 갈망은 한 명 이상의 동료 선교사들에게 비이성적이고 감정적인 요구를 하는 것으로 전환되었다. 그 정도가 너무 심한 나머지 나와 집을 함께 사용하던 동료 선교사가 마침내 현지 지도부에게 나를 다른 곳으로 옮겨달라고 요구하게 되었다. 이 일로 인해 그렇잖아도 이미 산산조각 나 있던 나의 정체성에 대한 인식은 큰 타격을 입었고, 우울의 나락으로 급강하가 시작되었으며, 급기야 붕괴에 가까운 지경에 이르렀다.

다음으로 말할 것은 자기 발견의 충격이다. 칼뱅의 그 유명한 『기독교 강요(Calvin's Institutes)』는 다음과 같은 말로 시작한다. "우리가 가지고 있는 거의 모든 지혜, 다시 말해 진실되고 건전한 지혜는 하나님을 아는 지식과 우리 자신을 아는 지식이라는 두 부분으로 이루어진다."(따옴표는 내가 강조하느라고 넣은 것이다.) 내가 설명하려고 노력했던 경험에 앞서 내가 얼마나 나 자신을 몰랐는지 돌아보면 너무나 잘 보인다. 몇 년에 걸쳐 나는 그리스도인, 그중에서도 특히 선교사에 대한 다른 이들의 기대치와 나 자신의 기대치에 꼭 맞는 가면을 개발했다. 이제 이 시련과 섬김의 장에서 나는 나의 진정한 자아가 내가 만들어내고 부합하려 노력했던 이상향과 상당히 다르다는 것을 알게 되었다. 나는 사람들이 정체성의 혼란이라고 말하는 증상을 겪고 있었다고 생각된다.

하지만 내가 나 자신의 깊은 부족과 필요를 알기 시작하자, 칼뱅이 믿은 바와 같이, 하나님과 우리 자신을 아는 지식이 본질적으로 연결되어 있다는 것을 알게 되었다. 나에게 아무것도 남지 않았을 때 나는 예전에 해본 적 없는 형태로 하나님을 의지했다. 그리고 그 과정 속에서 미쁘신 하나님을 발견했다. 그는 자비와 은혜, 약속의 사랑을 공급하시는 분이시며, 무한하시다.

다음으로 나는 하나님의 사랑의 응답을 발견했다. 이 고통스러운 자기 발견의 과정 중에 나에게 보여주신 하나님의 신실하심은 여러 경로를 통해 묵상한 적이 있었다. 태초에 그는 말씀을 통해 사랑과 긍휼한 마음을 전하셨다. 수 개월 동안 나는 매일의 개인적인 헌신의 시간을 일정하고 반듯하게 가지는 것이 불가능함을 깨달았다. 수많은 불면의 밤을 지나며 내 마음은 어릴 적 배웠던 성경 구절로 넘쳐났다. 가장 좋아하는 구절은 시편과 이사야서에 있었는데 나에게 큰 평안을 주었고 이 어둠이 지나면 새로운 시작이 있을 것이라는 희망을 주었다.

많은 OMF 동료들 또한 나에게 도움과 힘의 원천이었다. 그중에는 모니카 호그벤 박사님도 계셨는데 당시 선교회의 의료 담당자셨다. 하나님이 주신 지혜로 그녀는 고향 아일랜드로 돌려보내 달라는 나의 청을 받아들이기를 거부하시고 당시 내가 겪고 있었던 이 감정적이고 영적인 혼란을 통과해야 한다고 주장하셨다. 나중에 나는 그녀가 매일매일 나를 위해 기도했다는 것을 알게 되었다. 테오 헤런은 다정하고 독실한 현지 감독이었는데, 그 또한 나에게 기도와 실제적인 지원을 통해 엄청난 격려를 해주었다. 그는 현지 사무소에서 일하는 압박에서 나를 풀어주었다. 내가 얼마간 마닐라의 소음과 오염을 떠나 몇 마일 떨어진 아름다운 시골 지역에서 기쁨이 가득한 메노나이트 가족과 함께 지내며 휴식의 기회를 갖는 것이 최선의 방법임을 알고 있었던 것이다.

이 어두운 기간 동안 나에게 특별한 도움을 주었던 동료 선교사들 중에는 북아일랜드에서 온 동료 에드나 애쉬튼이 있었다. 그녀는 남편 앨런과 함께 나에게 와서 자기네 가족과 함께 살자고 초청해주었다. 에드나와 인도네시아인 동료 하나 한도조는 많은 시간 나와 함께 기도하고, 내 말을 들어주고, 나에게 조언을 해주었다. 나는 내 곁을 지켜주는 이 친구들이 정말로 감사했다. 어쩌면 그때 그들은 나의 감정적이고 영적인 분노 때문에 분명 나보다 더 당황스러웠을 것이다.

깊은 절망 속에서 하나님이 나에게 주신 약속 중 하나는 이사야서 43장 18-19절에 있었다. "너희는 이전 일을 기억하지 말며 옛날 일을 생각하지 말라 보라 내가 새 일을 행하리니 이제 나타낼 것이라 너희가 그것을 알지 못하겠느냐?" 그때는 그러한 약속이 이루어지는 것은 불가능해 보였다. 본문의 문맥으로 알 수 있듯 이스라엘 사람들에게도 그러했을 것이다. 하나님이 주신 다른 약속은 호세아 2장 15절의 "아골 골짜기로 소망의 문을 삼아 주리니"였다. 나는 이 구절을 보고 또 보았다.

이윽고, 내가 앞서 말한 그 경로를 통해 하나님께서는 분명 무언가 새로운 일을 하셨다. 그 일은 나의 내면의 삶에도, 사역의 측면에서도 새로운 기회를 열어주셨다. 거기에는 완전한 방향 전환이 포함되어 있었는데, 사무실 업무에서 교회 개척으로의 전환이었다. 나는 대도시 마닐라의 커다란 교외 지역에서 개척하는 새로운 일을 맡은 팀에 합류했다. 바로 탄당 소라(Tandang Sora) 팀이었는데, 알려진 대로 케손 시티 안에 머릿돌 성경 그리스도 교회(Cornerstone Bible Christian Church)를 세우는 일을 전적으로 책임지고 있었다. 그 팀과 교회와 함께 보낸 세월은 지금까지도 풍성하게 이어졌는데, 내가 필리핀에서 보낸 16년의 기간 중 가장 행복하고 보람 있었던 때였다.

때로는 부서졌다가도 하나님의 사랑의 손길로 다시 세워지는 일이 사람에게 일어날 수 있다는 것은 가장 좋은 일이다. C. S. 루이스는 우리의 삶을 건물에 비유한 적이 있다. 건물주가 볼 때 단순히 수리하는 것이 아니라 완전히 무너뜨려야만 할 때가 분명 있는 것이다. 그 유일한 목적은 더 나은 것을 세우시려는 계획이다. 나는 필리핀에서 보낸 초기의 시간 동안 하나님께서 내 삶에 하신 일의 일부가 바로 이것이라고 굳게 믿는다. 그 이후에 하신 일이 별로 없었다는 말이 아니다. 사도 바울이 우리에게 권면한 것처럼, 우리는 우리 속에서 착한 일을 시작하신 이가 그리스도 예수의 날까지 이루실 줄을 확신하기 때문이다. 우리를 부르시는 이는 미쁘시니 그가 또한 이루실 것이다.(빌립보서 1장 6절과 데살로니가전서 5장 24절 참조)

37. 일본에서 사랑을 가지고

1965년은 허드슨 테일러가 "기꺼이 헌신하려는 유능한 일꾼 24명"을 하나님께서 보내주실 것으로 믿고 중국 내지 선교회를 시작한 지 100년이 되는 해였다. 이후 OMF 지도자들은 앞으로 전진하는 새로운 한 걸음을 내딛었다. 처음으로 아시아인들이 국내 동료로서가 아니라 선교회의 회원으로 영입되었다. 이 결정은 아시아 교회의 신생 선교사 운동이 시작되었을 초기에 이루어진 것으로 하나님께서 이전에 없었던 세계 교회를 만드시려고 하신다는 것을 보여주었다. 오늘날 어떤 현지 팀들에서는 아시아에서 온 OMF 회원들이 다수인 곳도 있다. 최초의 일본인 회원 중에는 마키노와 그의 아내 이주가 있었다.

일본은 제2차 세계 대전 이후의 세월 동안 성장이 힘든 곳이었다. 대부분의 일본인들은 굶주렸고 살아남기 위해 고군분투했다. 전쟁 패배와 원자

폭탄에 대한 공포의 결과로 일본인들은 깊은 혼란과 정신적 상처 속에서 고통을 받았다. 상처가 없는 가족이 없었다. 무너진 기간 시설을 재건하는 것이 중요했지만 가족을 회복하고 국가 정신과 정체성을 다시 세우는 일도 중요했다.

일본의 교회는-지금도 그렇지만-수적으로 적었다. 많은 일본인들은 복음을 들어볼 기회를 갖지 못했다. 그들은 기독교가 그들이 원망하는 서구 세계의 종교라고 생각했다. 전통 일본 종교의 신앙을 잃으면 도대체 어디로 가겠는가?

마키노의 아버지에게 그것은 공산주의였다. 이주의 할아버지는 신도(神道) 사제였다. 사실 이주는 그가 일을 보고 있던 신사에서 태어났지만 그녀의 아버지가 무신론으로 돌아서면서 그녀의 어머니는 불교에서 희망을 찾았다.

이러한 배경에도 불구하고 하나님께서는 마키노와 이주에게 손길을 내미셨다. 중학교 때 마키노는 호기심에서 작은 기독교 동아리에서 주최한 전도 모임에 갔었다. 마키노는 그곳에서 처음으로 복음에 대해 들었다. 복음에 매료된 그는 성경 공부 모임에 참석하기 시작했다. 몇 달 후 그는 예수님을 주님이자 구원자로 영접했다. 그 작은 신자들의 모임이 그에게 일생에 걸쳐 걸어갈 제자의 길을 열어주었고, 젊은이들과 학생들과 함께 일하는 것의 중요성에 대해 그에게 확신을 주었다.

한편, 마키노보다 여섯 살이 적은 이주는 가족들과 함께 고향에서 멀리 이사를 갔다. 그녀의 할아버지가 돌아가시고 나자 가족들이 더 이상 신사에 살 수 없게 된 것이었다. 그들이 살 새집은 미국에서 온 여성 선교사가 시작한 교회 근처에 있었다. 기묘하게도 돌아가신 신도 사제의 아내인 이주의 할머니께서는 네 살배기 이주가 교회의 주일 학교에 가야 한다고 생각하셨다. "거기가면 좋은 도덕적인 가르침을 받을 거야!" 이주의 할머니께서 말씀하셨다. 이렇게 이주의 신앙의 여정이 시작되었다. 몇 년 후 고등학생이 된 이주는 더 이상 그 길을 가지 않고 있던 중에 성경을 읽다가 고린도전서 1장 18절 말씀과 조우했다. "십자가의 도가 멸망하는 자들에게는 미련한 것이요 구원을 받는 우리에게는 하나님의 능력이라."

"하나님께서 내 마음을 여시고 십자가의 의미를 이해하도록 하셨어요." 이주는 말했다. "그리고 나는 주 예수님을 전적으로 믿고 신뢰했죠."

마키노와 이주에게 신앙을 주셨던 그 동일한 주님께서 그들을 인도하시고 미래에 대한 생각을 나누게 하셨다. 대학을 졸업한 후 마키노는 고등학생들 가운데 일했다. 그 시기 동안 그는 당시 대학생이었던 이주를 만났다. 이주는 일본 기독 학생 운동인 그리스도 학생회(Kirisutosha Gakusei Kai (KGK))의 직원이 되었다. 한편 마키노는 싱가포르로 가서 제자 훈련 센터(Discipleship Training Center(DTC))에 참석했다. 일본 기독교 문화에서는 알맞은 그리스도인과의 결혼이 매우 중요하며, 사려 깊은 기독교 지도자들이 일이 잘 되도록 도움을 주는 경우도 왕왕 있었다. 마키노는 DTC에 있었을 때 콘도 목사님께 연락을 드려서 그에게 이주가 그의 좋은 배필일지 물어보았다. 그때부터 바이노 교수님과 콘도 목사님은 마키노와 이주를 눈여겨보았고, 그 둘이 비슷한 사역의 소망을 품고 있으며 서로에게 딱 맞는 배필임을 알게 되었다. "우리 생각에는 너희가 이것을 두고 기도하면 좋겠구나." 교수님과 목사님께서 이주에게 말씀하셨다. 마키노와 이주는 하나님께서 그들을 결혼으로 한 걸음 한 걸음 이끄신다는 것을 알았다.

한편 마키노는 DTC에서 큰 모험을 하고 있었다. 그는 열정적인 전도자였고, 단시간에 언어와 문화의 장벽을 뛰어넘어 복음을 전하는 데 탁월하다는 명성을 얻었다. "그는 얼마 안 되는 단어밖에 알지 못하지만 열정적으로 예수님을 가리키며 기독교 책자를 전해주기도 했어요!" 한 친구는 이렇게 말했다. 터키로 다녀온 단기 선교 여행에서 기독교의 원리를 담은 소책자를 나눠 주는 것이 심하게 제지되었는데, 마키노와 네 명의 친구들은 한밤중에 집집마다 다니며 복음을 담은 팜플렛을 건네주었다. 지도부가 젊은 전도자들에게 누누이 말한 것이 있었는데, 소책자를 배포했던 길로는 절대로 다시 가지 말라는 것이었다. 이런 특수한 상황에서 마키노와 그의 친구들은 그 명령에 따랐지만 결국은 출구가 없는 길에서 길을 잃었다. 그들은 앞에 있는 벽을 쳐다보았다. 어떻게 해야 할까? 마키노는 높은 벽을 넘어가보기로 했다. 그의 두 발이 내려선 곳은 경찰서 구내였고 그는 공포에 빠졌다. "주님, 여기서 어떻게 나가야 할까요?" 그는 기도했다. 응답이 왔다. "너의 일본어를 사용하라." 터키 사람들은 일본인과 일본어에 대해 호감을 갖고 있었다. 마키노는 터키인 경찰관에게 여권을 건네주면서 일본어로 계속 얘기했다. 때로 터키어와 일본어를 섞어서 아주 길게 끊이지 않고 얘기를 풀어놓았다. 마키노의 일본 국적을 알게 된 경찰관은 경계를 늦추고 그와 친구들을 풀어주었다. 마키노는 이 상황이 너무도 다르게 끝날 수도 있었지만 주님께서 그들을 위험에서 구하신 것을 알고 있었다.

이 사건 이후에도 주저하기는커녕 더욱 의욕을 갖게 된 마키노는 노방 전도를 열정적으로 계속했다. 그는 DTC에 있는 동안 계속해서 기도했다. "주님, 제가 어디로 가기를 원하십니까? 나를 위해 어떤 사역을 계획하고 계십니까?" 경륜 있는 OMF 선교사인 데이비드 애드니와 루스 애드니 부부에 의해 설립된 DTC는 OMF와 긴밀하게 결속되어 있었는데, 싱가포르에 있는 선교회 국제 본부에서 열리는 주간 기도 모임에 학생들이 정기적으로 참석했다. OMF 또한 아시아인이 현지 선교사가 될 수 있는 기회를 이제 막 열어둔 참이었다. 마키노는 기도하고, 듣고, 조언을 구하면서 주님께서 "내 아들아, 나와 함께 태국으로 가자!"라고 말씀하시는 것을 알았다. 이주 또한 주님이 이끄시는 곳이면 어디든 가겠다는 열린 마음을 갖고 있었다. DTC 훈련을 마친 마키노와 이주는 결혼을 했고, OMF 일본 사무소의 승인을 받아 1974년 9월 방콕에 도착했다.

당시는 태국에 있는 팀에게 어려운 시기였다. 어느 날 아침, 남태국의 한센병 진료소를 열기 위해 도착한 두 명의 간호사 민카 한스캠프와 마거릿 모건이 납치된 것이었다. OMF는 어마어마한 금액의 몸값을 요구받았다. 조직의 방침에 따라 몸값은 지불되지 않았다. 한 번 지불하고 나면 다른 활동가들 모두를 몸값을 노린 납치의 위험에 빠뜨릴 수 있기 때문이었다. "미소의 나라(The Land of Smiles)"도 위험한 곳이 될 수 있다. 이것이 마키노와 이주에게 주어진 선교 사역에 대한 정신이 번쩍 드는 첫인사였다. 결국 두 명의 여인은 처형되었다. 1975년에는 인근 국가 베트남과 라오스, 캄보디아 모두가 공산당에 넘어갔다. 그다음은 태국이 될 것인가? 이런 불확실한 세월에도 선교사들은 언어를 공부하는 데 시간을 보내야 할 것인가? 아니면 심도 있는 신자 교육? 그것이 아니라 해도 긴급하고 광범위하며 개적인 전도가 아닌 어떤 것?

마키노는 열정적인 전도자였지만 또한 복음이 넓은 만큼 깊게 전해져야 한다고 굳게 믿었다. 불교의 영향 아래에서 그 문화에 깊이 스며들어 자란 사람에게 예수님을 믿는 믿음으로 오는 과정에는 상당한 시간과 신실한 기도, 참을성 있는 가르침이 필요한 경우가 많았다. 일단 그리스도 안에서 신앙을 가지고 나면, 그다음에는 자신의 신앙 속에서 굳게 설 수 있도록 세심한 보살핌이 필요했다. 마키노와 이주는 복음의 씨앗을 넓은 지역에 뿌려놓은 동료들에게 감사하는 마음을 가지는 만큼 자신들이 이제 집중적인 제자 훈련을 맡아서 할 수 있기를 원했다. 하나님께서 그들을 이끄셔서 태국 기독 학생회(Thai Christian Students (TCS))의 간사로 합류하게 하셨을 때 그들은 전율을 느꼈다. 일본에서 활동했었던 고등학교와 대학교 학생 사역과 아주 밀접한 관련이 있는 분야였기 때문이다.

TCS는 여전히 비교적 젊었지만 좋은 태국인 직원들이 있었고, 여러 대학에서 기독 학생 모임의 수도 늘어나고 있었다. 이 젊은이들 중 일부는 1세대 신자들의 자녀들이었다. 가족 중에서 자신들이 처음으로 믿게 된 이들도 있었다. 마키노와 이주는 물 만난 고기처럼 열정적으로 이 젊은이들을 양육했고, 그들 중 많은 수는 성경을 공부할 수 있는 모든 기회를 잡고 싶어 했다. 반대로 이 젊은 태국 사람들은 마키노와 이주에게 엄청난 양의 태국 문화를 가르쳐주었고 그들이 태국어를 점점 더 유창하게 구사할 수 있도록 도와주었다. 몇 년 후 마키노는 이렇게 말할 수 있었다. "우리는 통라우 윙캄차이의 지도력 아래 일했습니다. 그를 비롯한 다른 태국인 동료들은 우리에게 많은 것을 가르쳐주었습니다. 우리에게는 엄청난 영적 축복이었죠."

사람들은 때로 모든 선교의 노력이 교회 개척에 집중되어야 한다고 부르짖으며 학생 사역에 참여하는 등의 일은 제한된 자원을 편향시키는 것이라고 말하기도 한다. 하지만 TCS 학생들은 교회 청년회의 활동적인 회원이었으며 많은 수가 각 교
회에서 지도부에서 일하고
있었다. 몇 몇은 목회자나
신학자가 되기도 했다. 다
양한 직업 속에서 신앙을 전
한 사람들도 있었다. 다른
사람들은 성서 공회(Bible

나오유키 목사님과 이주 마키노 여사

Society), 월드 비전(World Vision), 성서 유니온 선교회(Scripture Union)
를 비롯한 여러 기독교 단체에서 귀한 직원이 되었다.

마키노와 이주가 TCS를 섬기는 동안 교회 개척은 주로 시골 지역과 소
도시 혹은 부족 집단에 집중되었다. TCS 사역은 성장하고 있는 대학 공
동체와 교육받은 전문적인 사람들을 전도하여 중요한 균형을 제공했다.
마키노와 이주가 2013년 TCS 동창회에 초대되어 왔을 때 그들을 많은
직원들의 기쁨의 환영만 받은 것이 아니라 예전 학생들도 많이 만났다. 그
들은 이제 교회와 사회에서 중요한 역할을 하고 있었다. "우리는 따뜻한
환영과 그들의 간증에 큰 감동을 받았어요. 놀랍게도 그들이 이제 45세에
서 62세이더군요! 우리는 그들의 자녀들도 대부분 지역 교회에서 활발하
게 활동하고 있다는 것을 보고 너무나 행복했어요. 그들이 실천해온 성경
적 신앙이 이제 다음 세대에게 전해진 것이죠. 그것이 우리가 기도해왔던
것이에요. 우리는 방콕뿐 아니라 치앙마이에서도 이와 비슷한 동창회 모
임을 가졌어요. 우리는 마음을 다해 '우리가 전심으로 예배 드리는 하나님
은 얼마나 좋으신 분인가! 찬송을 불렀어요."

1988년 마키노와 이주는 신입 활동가들이 싱가포르에 도착해서 받는 OMF 오리엔테이션 과정을 맡아달라는 요청을 받았다. 그 과정은 OMF 조직과 현장 선교사들, 지도부를 신입 활동가들에게 소개하는 중요한 단계였다. 그 업무는 큰 책임이기도 했지만 마키노와 이주에게 가장 적합한 일이기도 했다.

1994년 마키노는 OMF 일본 사무소에서 국내 감독관으로 섬겨달라는 요청을 받았다. 다음 10년 동안 마키노와 이주는 일본 교회들이 세계 선교에 대한 더욱 깊은 비전을 갖도록, 현장에서 고국으로 돌아온 일본인 활동가들을 돌보도록, 그리고 하나님께서 해외 사역으로 부르심을 느끼고 있는 이들이 OMF와 함께이건 아니면 다른 곳에서건 자신의 역할을 찾을 수 있도록 도움을 주기를 격려했다. 마침내 60세가 된 마키노는 젊은 동료들이 그 역할에 신선한 에너지를 불어넣을 수 있도록 이제 내려놓아야겠다고 생각했다.

마키노와 이주는 결코 할 일 없이 멍하게 앉아 있을 수가 없었다. 하나님의 인도하심을 기다리며 몇 달을 보낸 후 그들은 도쿄에 있는 작은 규모로 고생하고 있는 교회를 목회하는 일을 시작했다. 이곳을 방문한 친구는 마키노와 이주가 복음을 위해 얼마나 소박하게 기도로써 살고 있는지 언급했다. 이렇게 다시 10년을 보내고 주님께서 말씀하셨다. "이제는 넘겨줄 때가 왔다." 기도의 사역과 복음을 전하는 일은 계속되었다.

자신의 삶을 돌아보며 마키노는 이렇게 말한다. "제가 전일제 그리스도의 일꾼이 되라는 하나님의 부르심을 확신하게 되었을 때, 나는 주님께서 나를 돌보실 것임을 믿었습니다. 내가 무엇을 하든 내가 어디를 가든 말입니다. 그는 신실하셔서 우리의 모든 필요를 공급해주셨고, 영적인 부요함도 주셨습니다. 태국에서 그는 우리가 위험한 마을로 전도하러 갔을 때에도 우리를 안전하게 지키셨습니다. 종종 우리는 그가 얼마나 우리를 보호하시는지를 그때그 때 바로바로 알게 되었습니다. 그는 우리가 아프게 되었을 때 우리는 치유하 셨습니다. 그는 우리에게 많은 친구를 주셨고 그들을 통해 우리는 많은 소중 한 교훈을 얻게 되었습니다. 작은 교회에서 목회하는 동안 기도에 대한 응답 으로, 그리고 교회 식구들에게도 공개적으로 호소하지 않아도 되도록, 하나 님은 우리에게 공급하셨으며 교회의 부채 50만 달러도 갚을 수 있었습니다."

마키노와 이주의 친구들은 그들의 기뻐하며 기도하는 신앙과 복음 전파와 제자 양육에 대한 식지 않는 열정이 영감을 주었다고 말했다. 마키노와 이주 는 그저 이렇게 말할 뿐이다. "하나님은 신실하시며 찬양은 그분에게 속한 것 입니다."

38. 열린 문을 찾아서

비자를 받는 일은 시간도 오래 걸리고 복잡한 과정일 수 있다. 정치적인 이유나 종교적인 이유로 외국인이 교회에 연관된 일을 하는 것을 허가하지 않는 나라의 경우에는 특히 더 그렇다. 여기 한 선교사가 자신과 아내의 경험에 대해 이야기 한다. 하나님께서 그들이 원한 지역에서 사역할 수 있도록 길을 열어주신 이야 기이다.

콘크리트로 된 보도 위로 성난 물길이 굽이치며 밀려왔다. 우리는 물길을 가 르려고 안간힘을 쓰며 겨우 걸어가고 있었는데, 태풍으로 휘몰아치는 비가 우 리를 내리눌렀다. 물에 폭삭 젖어서 비자 사무소에 도착했을 때 우리는 비자 가 발급되었기를 바라는 마음뿐이었다. 물을 뚝뚝 흘리면서 건물 입구로 들어가자 우리의 한 살배기 딸은 배가 고픈지 찡찡거리기 시작했지만 너무나 열정적인 보안 요원이 우리 딸 먹거리까지 압수해버렸기 때문에 어쩔 수가 없었다. 비에 젖은 데다 찡찡거리는 아이까지 부여잡은 우리는 드디어 비자 카운터에 도착했고 우리의 서류를 제출했다. 그런데 우리가 다음에 들은 말은 모든 타 문화 선교사의 가슴에 꽂히는 비수와도 같은 말이었다. "우리는 당신의 비자 신청을 받아들일 수 없습니다." 그날은 분명 좋은 날은 아니었다.

비자는 일부의 동아시아 국가에서 활동하는 이들에게 끝나지 않는 골칫거리이다. 이들 나라는 전통적인 교회 개척이나 교회 관련 업무를 위한 선교사 비자를 주지 않기 때문에 이곳에 거주하기를 원하는 외국인 기독교인은 합법적이고 용인 가능한 다른 방법을 찾아야 한다. 우리 모두는 비자를 주는 일자리(때로는 "연장 수단"이라고 부르기도 한다.)를 찾아서 고용 상태를 유지해야 한다. 가장 일반적인 것은 학생이나 교사, 혹은 사업가이다.

OMF는 이러한 비자 연장 수단을 심각하게 받아들이며 진정성을 가지고 수행할 방법을 모색한다. 우리는 하는 말과 하는 일이 다른 "첩보원 선교사들"이 아니다. 우리가 학생 비자를 가지고 있다면 우리는 수업을 듣고 열심히 공부를 한다. 우리가 가르친다면 최선을 다해 최고의 선생님이 되어야 한다. 우리의 사업체가 비누를 만든다면 분명 세척력이 좋은 비누를 만들 수 있어야 한다. 우리의 사역 임무는 우리의 직업적인 일에 더해서 수행되어야 하며, 우리의 전문적인 직업과 맞물려 같은 흐름으로 갈 수 있다면 이상적이다.

우리 아내와 나는 2007년 초 목적지인 국가에 처음 도착했다. 우리는 3년짜리 학생 비자를 받았다. 3년이라는 기간이 이 나라의 아름답지만 어려운 언어라도 완전히 습득할 수 있을 만큼 긴 기간이라면 좋을 텐데! 그래도 우리는 축복받은 것이었다. 우리가 정착했던 지역은 현재 한 번에 1년 이상의 비자를 주는 경우가 극히 드문 곳이기 때문이다. 비자를 갱신하는 길고 복잡한 과정에 그들이 비자를 줄지 말지 전혀 모르는 불확실성이 더해지면 스트레스 수치가 급등하게 된다. 현재 가지고 있는 비자가 만료되는 날이 다가올 때도 스트레스가 커진다. 이 압박으로 인해 저항력이 저하되는 결과를 낳고, 급기야 항복하기로 결정한 활동가는 고국으로 돌아가게 된다.

우리의 정규 언어 연수 기간이 끝나감에 따라 우리는 하나님께서 우리가 다음에 정확히 어디로 가기를 원하시는지를 물어보기 위해 이야기도 많이 하고 기도도 많이 했다. 우리는 한 특정 민족 집단과 특정 장소에 끌림을 느꼈지만 하나님께서 어디로 인도하시는지를 알아내는 것은 애매모호한 일일 수 있다. 긴 시간 동안 우리는 어떤 확답도 받지 못한 것처럼 보였다. 최소한 우리가 인식하기로는 그랬다. 그런데 뜻밖에, 어학교의 마지막 학기에 새로 온 선생님이 있었는데, 우리가 생각하고 있던 지역에서 오신 분이었다. 우리는 그곳에 살았던 사람들의 문화와 필요에 대해 더욱 많은 것을 배울 수 있었다. 우리는 그곳에 가려고 생각하고 있는 다른 이들도 있다는 얘기를 들었다. 우리 친구들은 우리를 격려했다. 우리는 마음에 평화를 경험했다. 당신을 향한 하나님의 목적을 통찰하는 순간이 온다. 그 순간에 당신은 그저 당신이 옳다고 생각하는 방향에 전념해야 하고, 하나님께서 그 목적에 합당하게 문을 여시거나 닫으실 것임을 신뢰해야 한다.

새로운 장소로 옮기고 나서 처음에는 모든 것이 잘될 것 같았고 우리는 신속하게 정착했다. 하지만 그곳에는 비자 문제가 남아 있었다. 무엇이 우리의 비자 연장 수단이 되어야 할 것인가? 최근에 우리는 첫아이를 가졌고 직업적인 일의 부담은 우리 중 한 명에게만 부과되어야 한다는 것을 알고 있었다. 우리는 나가서 일자리를 구할 사람이 내가 되어야 한다고 결정했다.

가르치는 일은 좀 더 안정적으로 비자를 받을 수 있는 방법 중 하나이다. 하지만 나는 정말이지 영어 가르치는 일을 하고 싶지 않았다. 우리 친구 중에는 멋진 영어 선생님들이 몇 명 있지만 나는 그 일이 나에게는 아침에 눈을 떠서 즐거이 침대에서 나오고 싶게 만드는 종류의 일이 아니라는 것을 꼭 말해야겠다. 게다가 나는 스코틀랜드 사람이라 어차피 좀 미심쩍은 영어를 구사하는 것이 사실이다. 나는 일자리를 구하는 데 있어 두 가지 원칙이 있었다. 첫 번째는 나의 전문적인 배경으로부터 나온 지식을 가르칠 수 있어야 한다는 것이었다. 한 가지 전공을 두고 여러 해 동안 공부하고 그 분야에서 일해왔는데 그 지식을 써먹지 않는다는 것은 진정 소모적인 일로 보였다. 두 번째 원칙은 내가 힘들게 배우려고 애쓰고 있는 언어로 가르치는 일을 할 수 있기를 원했다. 열심히 외운 것을 까먹고 싶지 않은 이유였다.

안타깝게도 우리가 있던 곳에서는 외국인이 가르치는 일은 하는 것 자체가 상당히 희귀한 것 같았다. 내가 찾고 있던 그런 성격의 일은 차치하더라도 말이다. 하지만 우리는 계속해서 신뢰했다. 하나님께서 진정으로 우리를 이곳으로 인도하셨다면 분명 그분은 우리에게 필요한 일자리와 비자를 공급하실 것이다.

오래 지나지 않아 나는 지역 대학에 알맞은 일자리가 비어 있음을 알게 되었다. 나는 비공식 면접이라고 표현된 어떤 과정에 들어가게 되었는데, 회의실 책상에 둘러앉은 12명의 교사들이 나에게 질문을 던지는 것뿐이었다. 나는 내가 할 수 있는 최선을 보여주었지만 그들의 언어를 구사하는 데 실수가 있었던 나는 정말로 다행히도 내가 기도했던 딱 그런 일자리를 제의받았다. 신학자들은 기적의 존재를 입증하기 위한 증거를 더 이상 찾아 헤맬 필요가 없다. 일하시는 하나님이 바로 그 증거이다.

여기까지는 좋았다. 다음에 시작된 것이 바로 비자 서류 작업을 위한 기나긴 기다림이었다. 노동 비자를 신청하기 위해서 나는 국외 지역으로 나가야 했다. 강의 학기가 시작되는 시점이 점점 가까이 다가오고 있었다. 당시 들고 있었던 학생 비자가 만료되는 날도 마찬가지였다. 하지만 여전히 서류 작업은 요원했다. 나중에 알고 보니 대학 본부가 나를 모든 외국인 강사를 감독하는 중앙 조직의 허가 없이 그냥 고용하기로 했다는 것이었다. 더 나쁜 것은 해당 연도의 외국인 강사를 위한 중앙 예산이 이미 모두 소진되어 나는 어떤 종류의 학문적 중간 지대에 묶여 오도 가도 못하게 된 것이었다.

일자리와 비자가 한꺼번에 해결될 것인가? 하나님께서 우리에게 말씀하신 것을 우리가 잘못 들은 걸까? 이것은 영적인 저항의 결과인 걸까? 우리는 이 상황을 버텨야 할 것인가? 나는 다른 일자리를 찾아보아야 하나? 우리는 짐을 싸서 집에 가야 하는 걸까?

이 상황에서 학기는 이미 시작되었고 우리는 갱신이 불가능한 30일짜리 비자 연장을 받아 그 기간 동안 이 나라에 머무를 수 있게 되었다. 올 것인지 갈 것인지 모르는 불확실성이 우리를 갉아먹고 있었다. 그 일자리는 취소될 것 같은 징후가 점점 커지고 있었다.

지치고 혼란스러워진 나는 대학 캠퍼스와 주위 지역을 걸으면서 기도했다. 하나님께서는 여기까지 우리를 인도하셨다. 다음에 무엇을 어떻게 해야 할지 보여주시지 않을 것인가? 걸으면서 느낀 것은 하나님께서 나를 안심시키셨다는 것이다. 어둑어둑하고 컴컴한 한낮이었는데, 대학의 문이 밝은 햇빛으로 빛나고 있었고 하나님께서 "그래, 여기가 맞는 길이야."라고 말씀하시는 것 같았다. 나는 오가면서 학생들을 만났는데, 인생의 그 시기에 있는 사람들과 이야기를 나누는 것을 내가 얼마나 좋아하는지 다시 한 번 상기했고, 하나님께서 나에게 아직은 학생들과 일을 하면서 할 역할이 있다고 말씀하시는 것을 느꼈다. 나는 캠퍼스의 한가운데에 있는 호수 주위를 걸었는데, 머리 위로 흐드러진 버드나무 가지를 헤치면서 길을 만들어야 했다. 힘들었지만 불가능한 일은 아니었다. 이것은 하나님께서 나에게 이것보다 훨씬 더 힘든 문제도 해결해주실 것이며 길을 만들어주시리라고 말씀하시는 것처럼 느껴졌다.

이 모든 격려 덕분에 나는 믿음으로 견딜 수 있었고 약속된 서류를 인내하며 기다릴 수 있었다는 말을 하게 되어서 매우 기쁘다. 안타깝게도, 우리가 너무나 자주 그러는 것처럼, 나는 하나님께서 나에게 행동할 시간을 이미 충분히 주셨다고 느꼈고 그래서 나의 두 번째 계획을 실행에 옮겼다. 나는 어학원에 다시 등록했고 다음 학기를 위한 등록금을 지불하고는 그들이 나에게 학생 비자를 한 번 더 줄 것을 알게 되어 안전함을 느꼈다. 이것은 우리의 코앞에 닥친 문제를 해결했지만 장기적인 해결책은 되지 못했다.

바로 다음 날 나는 대학으로부터 전화를 받았다. 그들은 나의 일자리를 승인하는 문제가 드디어 해결이 되었다고 말했다. 중앙 예산이 아닌 학과 예산으로 나의 첫해 월급을 감당하기로 했다는 것이었다. 비자 서류도 준비되었으니 가져가면 된다고 했다! 이 새로운 돌파구와 놀랍도록 비슷하게도, 나는 대학 캠퍼스의 호수 주변에 늘어뜨려져 있던 버드나무 가지가 이제 모두 잘려 나간 것을 발견했다. 나는 하나님의 신실하심은 길이 어려워 보이는 곳에서 길을 만드신다는 것을 다시 한 번 깨닫게 되었다. 사실 조금 더 인내하고 신뢰하면서 하나님께서 우리를 인도하신다고 생각되었던 방향을 바라보지 않은 것에 대해 조금 야단맞는다는 느낌도 들었다.

우리의 비자를 둘러싼 고군분투는 이제 끝난 것처럼 보였다. 우리는 가장 가까운 센터에 비자 수속을 위한 서류를 준비해주기를 요청했다. 그런데 우리의 바람과는 달리 본국에서 서류가 준비되었었다는 것을 알게 되었을 때 내가 얼마나 실망했을지 상상이 되시는지! 비싸고 불편할 거라는 걸 뻔히 알면서도 우리 어린아이를 데리고 지구 반 바퀴를 돌아가야 한다면 나의 첫 강의는 더 뒤로 연기될 것이었다. 우리는 어찌 됐든 가까운 센터에 가서 무슨 일이 벌어진 건지 알아보기로 했다.

이 시점에서 우리는 한 바퀴 돌아서 맨 처음의 극적인 장면으로 돌아간다. 피곤하고 젖었고 지친 우리는 신청서가 거부되었다는 말에 완전히 낙담했다. 서류는 영국에서 처리되어야 했다.

그런데 감사하게도 그것이 이 이야기의 끝은 아니었다. 동아시아에서는 서구 국가들과는 달리 규칙과 규정이 때로는 좀 더 유동적일 수 있다는 것을 알았기에 우리는 공손하게 혹시 관리자가 계시냐고 물었다. 우리는 관리자에게 호소해볼 생각이었다. 강력하게 주장도 하고 훨씬 참을성 있게 기다리기도 한 후 우리는 우리에게 꼭 필요한 그분을 마침내 찾을 수 있었다. 그는 맥 빠진 눈으로 이 문제를 만들고 있는 외국인들을 의심의 눈초리로 쳐다보았다. 우락부락한 외모의 그는 꿈쩍도 하지 않을 것 같았다. 우리의 앞날은 희망이 보이지 않았다. 바로 이때 그는 우리의 비밀 병기를 바라보았다. 배가 고파 짜증이 난 우리의 한 살배기였다. 힘들어하는 아기를 데리고 국제선 항공기를 타야 할 수도 있는 가능성이 그의 동정심에 호소했다. 아버지의 입장을 생각해 준 것인지, 우리에게 그런 고통을 당하게 할 경우 언젠가 벌을 받을 수 있다는 공포의 발로인지는 모르겠지만, 그는 우리에게 자비를 베풀었다.

그는 대학에 전화를 걸어 우리 상황을 확인한 후, 먼저 아내가 지역에서 실시하는 신체 검사를 통과하는 대로 비자를 처리해줄 수 있다고 말했다. 아내는 검사를 통과했고, 그들의 말대로, 노동 비자를 손에 넣었다. 주님을 찬양하라!

나는 지금 동아시아의 대학에서 내 전공을 가지고 이중 언어로 강의를 하고 있으며 주변 사람들 가운데 예수님을 위해 살고 있다. 우리의 여정은 우리에게 특별하지 않다. 스트레스가 큰 일자리 찾기 과정이나 비자와 같은 장애물은 우리가 주 예수 그리스도를 모르는 사람들에게 그의 사랑과 은혜를 전하는 일을 하지 못하도록 하는 영적인 저항의 일부이다. 하지만 하나님께서는 신실하셔서 우리를 인도하시고 우리가 그의 백성을 섬기고 그들 가운데 사역할 수 있도록 우리에게 일자리와 비자를 허락하신다. 하나님께서 장애물을 치워버리시는 것을 우리가 볼 때 우리의 신앙이 자란다. 그는 사랑으로 우리는 초대하시며, 그를 더욱 신뢰하도록 하신다. 요컨대, 그는 미쁘신 분이시다.

39. 하나님이 주선하신 약속 : 아프리카

최근 몇십 년간 거대한 이민의 움직임이 있었는데, 동아시아와 동남아시아에서도 그러했다. 이러한 움직임은 많은 복합적인 요인에 의한 것인데, 학업이나 직업을 위한 일시적인 이주, 전쟁이나 탄압의 결과로서의 장기간 이주, 다른 곳에서 더 나은 삶을 찾으려는 모색 등이 포함된다. OMF는 많은 나라들에서 아시아인 디아스포라에 응답해왔다. 교회나 다른 선교 단체와 제휴를 맺고 어려움에 처한 이들을 지원하고 그들에게 하나님의 사랑을 나누었다. 한스 발터와 자비너 리터는 건강 문제로 그들이 처음에 가기를 희망했던 곳으로 갈 수 없게 되자 실망했지만 하나님을 신뢰하고 그가 하시는 일을 신뢰했다. 그들은 대신에 OMF 독일 지부에서 국내 직원으로 섬겼다. 그곳에서 한스 발터는 국내 감독이었다. 2012년 그들은 아프리카에서 새로운 시작을 이끌어달라는 요청을 받게 되었다.

한스 발터와 자비너 리터는 싱가포르에 있는 OMF 국제 지도부의 초청장을 살펴보면서 점점 더 들떴다. 그들은 둘 다 아프리카와 특별한 유대 관계가 있었다. 한스 발터는 가나에서 태어났으며, 그들은 둘 다 일정 기간 아프리카에 살았고, 자비너의 가족들 중에는 여전히 남아프리카에 사는 사람도 많았다. 이제는 200만 명에 이르는 중국인들이 아프리카에서 일하고 있으며, 아프리카의 교회들이 OMF에 이 엄청난 디아스포라를 전도하는 일을 도와달라는 요청을 했었다.

아프리카 교회들이 원했던 것은 많은 외국인들이 몰려와서 중국인들을 전도하는 것이 아니었다. 아프리카의 교회들은 그 자체로 전도의 열정으로 가득 차 있으며 사하라 사막 이남 지역에는 많은 수의 기독교인들이 있었다. 그들이 필요로 하는 것은 훈련 체계 확립을 위한 지원이었다. 어떻게 중국 문화를 이해하고 중국어를 배울 것인가 하는 것이 그 목적이었다. OMF는 동역자로서 그들과 함께 다문화 선교에 참여하는 이 훌륭한 기회에 응할 것인가? OMF는 재생산이 가능한 언어 훈련과 문화 훈련을 위한 시스템을 확립할 수 있을 것인가? 그것이 가능하다면 이후에는 그 수가 증대되어 아프리카의 교회들과 중국인들 모두에게 축복이 될 것이었다.

자비너 리터의 마음은 그 초청장을 받고 나서 기쁨으로 가득했다. 그들은 또한 자녀들이 소중해 마지않는 대륙에서 시간을 보낼 수 있는 기회를 제공하게 되어 기뻤다. 그들은 아마도 2년 반 정도 가 있을 예정이었다. 그리고 그 동안 아프리카의 교회들이 요청했던 기초를 놓는 일을 할 수 있으리라 믿었다. 주님께서는 그들이 의료적인 문제를 무사히 통과할 수 있도록 도우셨고, 이 가족은 아프리카로 떠날 채비를 했다. 2012년 말 그들은 케냐 나이로비에 정착했다. 그들은 주님께서 그들을 위해 다른 사람들을 미리 준비해주셨다는 것을 알게 되었다. 아프리카 사람들과 대만인과 중국인 각각 한 명씩이었다. 그들은 모두 같은 비전을 가지고 있었다. 팀이 결성되었다.

이주한 지 몇 주가 지난 2013년 1월, 리터 부부는 편지를 썼다.

"하나님의 종합 계획이 실행되는 것을 보니 참 설렙니다. 며칠 전 미국의 남침례교인 가족이 아프리카의 중국인들을 축복하라는 같은 부르심을 받고 나이로비에 도착했습니다. 그들 또한 우리와 비슷한 비전을 가지고 있는 것으로 보이고 우리와 함께 일하고 싶어 합니다. 우리는 내일 아침 중국인 예배 전에 만나기를 희망합니다.

우리가 정착하는 일 때문에 바쁘지 않을 때는 어떻게 해서든 스와힐리어 공부에 매진합니다. 스와힐리어는 지역 사람들에게 다가갈 수 있는 많은 문을 열어줍니다. 우리가 더듬거리며 완벽하지 않은 문장을 구사하면 그들의 눈은 빛나기 시작합니다. 케냐 사람들은 따뜻하고 배려가 있는 사람들입니다. 우리가 그들의 문화와 언어를 이해하고 배우게 되면서 그들을 더욱 많이 사랑할 수 있게 되어 좋습니다. 스와힐리어를 두세 달 정도 더 하고 나면 우리는 중국어와 중국 문화에 집중하고 싶습니다."

리터 가족은 하나님께서 그들을 같은 비전을 공유하는 다른 이들의 네트워크로 인도해주시기를 기도했고, 이 기도는 꾸준히 응답되었다. 3월에 그들은 이런 편지를 썼다. "1월 초 교회 예배에서 우리는 화교 가족을 만났습니다. 그들에게 다가가 이야기를 해보니 그들은 겨우 이틀 전에 도착했다는 것이었습니다. 생각해보세요. 그들은 중국인들과 함께 일하기 위해 온 것입니다! 몇 주 후 그들이 우리 집에 있었는데, 전화가 울렸습니다. '우리가 뵈러 가도 될까요?' 전화를 건 사람이 물었습니다. '당연하죠.' 우리가 말했습니다. 30분 후 젊은 케냐인 부부가 우리 집 초인종을 눌렀습니다. 그들은 둘 다 이제 막 엔지니어링 자격증 과정을 마쳤는데, 하나님께서 그들을 부르셔서 중국인 전도에 집중하도록 하셨다는 것이었습니다. 그래서, 우리는 혼자가 아니었습니다. 생각해보세요. 하나님께서는 우리와 함께 이 길을 걸을 사람들을 준비해주셨습니다."

중국과 아프리카의 관계는 새로운 것이 아니지만 꾸준히 더욱 가까워지고 있다. 경제적인 관점에서 중국은 아프리카와 친하게 지낼 이유가 많이 있다. 급속히 발전하는 중국 경제는 많은 천연자원을 요구하고, 그 자원은 아프리카에 풍부하다. 중국은 여러 아프리카 국가에 투자를 많이 했고 어디에나 중국에서 온 노동자들이 많이 있다. 아프리카의 기독교인들이 그들 가운데 커지고 있는 이 새로운 문화에 대해 배우기를 열망하는 데는 일리가 있다. OMF는

세 대륙에서 온 세 커플. 이들은 각자 아프리카의 중국인들을 전도하라는 부르심을 받았다.

어떻게 하면 그들을 가장 잘 도울 수 있을 것인가?

아프리카의 많은 도시들에는 벌써 중국 어학원이 생겨나고 있다. 이들 중 많은 수는 심지어 중국 정부의 지원을 받고 있다. 하지만 어학원에서 주로 강조하는 것은 엄청난 수의 한자를 배우는 것이다. 한자가 중요한 것을 알지만 의사소통이 가능한 말하기 능력과 문화에 대한 이해에 초점을 맞춘 교과 과정이 시급히 필요했다. OMF는 이미 이러한 접근법에 대해 경험이 있었고, 곧 실용적인 프로그램이 개발되었다. "우리는 이것이 중국인들과 아프리카인들 사이에 소통이 잘 될 수 있도록 도움이 되기를, 그래서 아프리카인들이 중국인들에게 하나님의 사랑에 손과 발이 있음을 보여주게 되기를 바랍니다." 리터 가족은 이렇게 썼다.

프로그램은 시작에 불과했다. "그다음 단계는요," 한스 발터는 이렇게 썼다. "중국인 교사들이 이 특별하게 고안된 교과 과정을 교회 및 다른 중심 장소에서 가르칠 수 있도록 훈련하는 것입니다. 우리는 아프리카인을 몇 명 만났는데, 이미 중국어를 잘 구사하는 사람들이었어요. 그들이 핵심적인 도움이 될 수 있을 것입니다. 우리가 기독교 대학과 연계하는 것도 가능한가요?"

대학과 협력하게 되면 프로그램이 뻗어나갈 수 있는 지경이 확장될 것이었다. 작은 팀이 성취할 수 있는 정도를 훨씬 넘어서는 것이다. 또한 그 프로그램이 확고하게 아프리카 기독교인들의 수중에 있도록 할 것이었다.

하지만 첫 번째 단계는 지역 교회 지도자들과 함께 훈련을 시도해보는 것이었다. 이 기회는 나이로비의 가장 큰 빈민가에서 25명의 목회자들이 모여 하루를 함께 보내는 것으로 실현되었다. 주제는 기본적이고 매우 실용적인 것이었다. "중국인들과 어떻게 친구가 될 것인가?" 여기에 대한 반응은 따뜻했다. 많은 목회자들이 이미 중국 사람들과 개인적인 연결 고리를 가지고 있었던 것이다.

어느 수요일이었다. 자비너는 작은 중국인 교회에서 새롭게 시작하는 모자 모임(Moms and Tots group)에 참석했다. 그녀가 하나님의 사랑에 대한 이야기를 나누었을 때, 한 중국인 여성이 울기 시작했다. 자비너는 그녀가 의사이며 자신의 분야에서 전문가인데 진정한 사랑을 경험해본 적이 없다는 것을 알게 되었다. 그 중국인 여성은 오랜 시간 울었고, 자신을 사랑하시는 하나님의 존재에 놀라워했다.

하나님께서는 계속해서 천상의 약속을 잡아주셨다. 인도에서 일본인 OMF 선교사가 공항에 가는 길에 아프리카 사람과 택시를 합승하게 되었다. 그 남자는 알고 보니 나이로비에 근거를 둔 대규모 종파의 주교였다. 그가 말하길 자신이 사는 도시에 오는 많은 중국인들을 따뜻하게 맞이하고 그들에게 하나님의 사랑으로 축복하고 싶은 열망으로 가득하다고 했다. 그 결과 리터 가족은 그를 소개받았고, 몇 주 후 그 주교의 교회들에서 사람들을 위한 집중 훈련 과정을 소개할 수 있게 되었다.

10월이 되자 리터 가족은 데이스타 대학(Daystar University)과 협력 관계를 구축하고 3개월짜리 중국어, 중국 문화, 중국인 사역 집중 과정을 통해 교사들을 훈련하게 되었다. "우리는 언젠가 아프리카 전역에서 이 프로그램을 쓰게 되기를 기도합니다." 한스 발터는 말했다. "그 대학은 아프리카 전역의 부족 출신의 교사들에게 훈련을 제공할 것입니다. 그래서 이 과정을 어떻게 가르치는지 많은 이들이 알 수 있도록 하기 위해서입니다." 리터 가족은 그들의 기도에 대한 또 하나의 응답–대학과의 협력 관계 구축–을 두고 주님을 찬양한다.

2014년 4월 하나님께서는 리터 가족의 기도에 다시 한 번 응답하셨다. 중국어를 구사하는 두 가족이 새롭게 나이로비로 이주해 올 것이라는 소식이었다. 그중 한 가족은 2015년 리터 가족이 독일로 돌아갔을 때 프로젝트를 이어받아 지도할 것으로 예정되어 있다. "떠난다는 건 힘들 일일 거예요." 한스 발터와 자비너는 말한다. "하지만 앞으로 무슨 일이 생기든 우리는 하나님을 신뢰해요."

주님께서 아프리카 교회들을 통해 중국에 축복하시는 모습을 보는 것은 흥분되는 일일 것이다. 아프리카에서의 중국 교회의 성장은 아시아인들이 전 세계로 이주하면서 벌어지는 하나님의 주권과 하나님의 은혜에 관한 놀라운 이야기를 만들고 있다. 이는 또한 OMF의 디아스포라 사역에 관한 또 하나의 이야기가 될 것이다.

모든 세대를 위한 하나님의 미쁘심

다음 이야기들 중 일부는 한 가족을 통해 세대를 거쳐 흐르는 폭포수와도 같은 하나님의 은혜를 이야기해준다. 개인의 직장과 교회에서 보여진 하나님의 은혜에 대한 이야기도 있다. 어떤 이야기는 여러 해에 걸쳐 펼쳐지며, 그 세월은 수십 년이 되기도 한다. 어떤 나라 전체의 교회를 향한 하나님의 본원적이고 거부할 수 없는 선하심과 긍휼하심을 되짚어보는 이야기도 있다. 이 이야기들 모두가 우리에게 상기시키는 것은 하나님께서는 스스로 모든 세대를 관통하시며 모든 시대의 모든 인간사를 주재하시는 주권자이시라는 것이다.

CIM과 OMF의 150년의 세월을 따라가 본 우리는 자신이 살던 공동체에서 예수님의 "손과 발"이 되라는 하나님의 부르심에 응답했던 선교사들에 관해 알게 되었다. 그들의 유산은 많은 다양한 방식으로 계속되고 있다. 지금도 활발하게 운영되고 있는 그들이 세운 의료 시설과 그들이 세운 학교들, 그들이 개척했고 발전할 수 있도록 도왔던 교회들을 통해서 말이다. 그들은 여러 방식으로 자신이 속한 공동체를 축복했다. 자연재해를 당한 때에는 구호의 손길을 준비했고 가난하고 소외된 자들을 위해서는 보호 시설과 훈련 센터를 만들었다. 하나님께서 각 사람을 보내신 것은 "그들의 세대"를 섬기기 위함과, 이어지는 세대에게도 영향을 미치기 위함이다.

40. 신앙의 상속

히브리서 11장은 하나님을 신뢰하는 남녀를 부르시는 놀라운 호명의 장이다. 이
장은 이렇게 시작한다. "믿음은 바라는 것들의 실상이요 보이지 않는 것들의 증
거니"(히브리서 11:1) 교회의 역사는 오순절부터 현재에 이르기까지 주 예수를
믿는 믿음을 대대로 대물림해온 전승의 역사이다. 가족들로 이어지는 세대가 주
님을 따르는 모습을 바라보는 기쁨을 누리기도 했다. 이 이야기에서 우리는 한
가족의 자취를 더듬어 볼 것이다. 그들의 믿음의 여정은 1890년대 중국에서
CIM의 활동을 통해 시작되었다. 4대에 걸쳐 OMF의 일부로 활동해온 가족도
있다. 이와 비슷한 이야기는 많으며 여기에 모두 옮길 수도 있다. 허드슨 테일러
자신의 가족사도 포함되는데, 그의 직계 후손인 제이미 테일러에게까지 내려오
는 이야기이다. 제이미 테일러는 지금도 기쁨으로 중국인들을 섬기고 있다.

1890년대의 어느 날 중국의 어느 할머니는 맏손자의 병세가 점점 깊어지는
것을 걱정스럽게 바라보았다. 그 아이는 그녀의 손주들 중 가장 큰 아이였는
데 당시 문화에서 그 아이는 가족 안에서 특별한 위치에 있었다. 할머니는 자
신의 가족은 물론 그 마을에서도 수령 격의 권위를 가지고 존경을 받는 위치
에 있었는데, 그래서 소중한 손주의 상태가 위독해지는 것을 보았을 때 그녀
는 그녀를 수 마일 떨어진 CIM 병원에 데려가야겠다고 결정했다. 그녀는 거
기에 있는 의사들이 대단한 일을 할 수 있다는 것을 들었지만 그녀의 가족이
나 마을 사람들 중에 거기에 가본 사람은 아무도 없었다. 의사들이 그 아이를
돌보는 동안 할머니와도 대화를 나누었는데, 살아 계신 하나님에 대한 이야기
와 그들 자신도 그분께 치유를 구한다는 내용들이었다. "우리는 여기에 주 예

수 그리스도의 이름으로 있는 것입니다." 그들은 그녀에게 이야기했다. "그리고 그렇기 때문에 우리는 약을 사용할 뿐 아니라 그분께서 당신의 손주를 치유해주시기를 기도합니다." 그 할머니는 이 하나님에 대해 한 번도 들어본 적이 없었지만 이렇게 생각했다. "아무도 우리 손주를 구할 수가 없었는데 그분이 우리 손주를 고칠 수 있다면 나는 그분을 믿어야겠다." 소년은 완쾌되었고 할머니는 약속을 지켰다. 그녀는 자기 마을과 가족에게로 돌아와 이렇게 말했다. 하나님께서 손주를 고쳐주셨기 때문에 자신은 그를 따를 것이라고.

그녀는 아마도 하나님을 따르는 것에 대해 많은 것을 이해하지는 못했을 것이고, 마을 사람들 중에서는 그녀가 이야기하는 이 요상하고 새로운 종교에 반발한 이도 있었을 것이다. 하지만 조금씩 조금씩 마을에서의 그녀의 위치로 인해 한 명 또 한 명이 처음에는 호기심을, 나중에는 확신을 갖게 되었다. 그 마을에서 점점 많은 사람들이 병원 근처의 교회에 가기 시작했다. 엄청난 거리를 걸어가거나 덜컹거리는 수레를 타고 가야 하는 길이었다. 게다가 그 가족 중에 3대에 걸친 여성들이 병원 근처에 CIM이 세운 학교에 다녔다. 그들은 각자 스스로 신앙을 받아들였다.

시간이 흘러 그 할머니의 아들 중 한 명이 목회자가 되었고, 그의 아들이 자라서(제2차 세계 대전 이후) 홍콩에 본부를 둔 항공사에 근무했다. 나중에 그가 자란 지역 출신의 다른 이들도 홍콩으로 이주했다. 그곳에서는 광둥어와는 다른 방언을 사용했기에 그들은 자신들이 사용하는 언어로 예배를 드리는 교회 네트워크를 구축했다. 두 세대가 지나 안나가 홍콩에서 태어났다.

안나는 스무 살이었을 때 스물네 살이었던 조이를 만났다. 그가 근무했던 회사가 연수를 위해 그를 홍콩으로 보냈던 것이다. 조이 자신은 싱가포르에서 태어나고 자랐지만 그의 할머니는 안나의 조상들이 중국에서 살았던 곳과 같은 지역에서 잘 알려진 의사였다.

홍콩에서의 첫 만남 이후 조이와 안나는 계속해서 연락을 했다. 하지만 당시에는 안나가 결혼에 관심이 없었다. 조이와 안나가 결혼하기까지는 7년이 더 흘렀다. 그동안 안나의 가족은 미국으로 이민을 했고 조이는 공부를 더 하기 위해 뉴질랜드로 갔다. 그곳에서 조이는 자신의 삶을 그리스도께 바쳤다.

결혼 직후 조이와 안나는 싱가포르에 정착했다. 그들은 자신들의 사명이 사업과 연관되어 있다고 느꼈고, 그 사업을 통해 일자리를 제공하고 공동체를 섬기며 어디든 할 수 있는 곳에서 복음을 전하겠다고 생각했다. 그들은 2011년까지 싱가포르에서 자신들이 생각한 대로 그렇게 했다. 캄보디아의 고아들을 돌보는 민간 단체의 사업에 마음을 뺏기기 전까지는.

포스퀘어 교회 약속의 자녀(The Foursquare Church Children of Promise)는 3,000명의 아이들을 위한 100개의 가정을 운영한다. 그들의 사업 수완을 이용해 조이와 안나는 이 사업에 중요한 기여를 할 수 있었다. 그들은 고아들이 먹을 쌀을 생산하기 위해 반테이민체이 주에 있는 쌀 생산 시설을 돕는다. 안나는 시엠립(Siem Reap; 캄보디아 북서부)에서 바느질 프로젝트를 시작하여 캄보디아 여성들에게 옷과 수공예품을 만드는 방법을 가르쳤다. 이 제품들은 다른 곳에서 판매되고 일자리를 제공하며 공동체를 섬기고 복음을 전할 수 있는 많은 기회를 만들어낸다. 조이와 안나가 생각한 대로 말이다.

조이와 안나는 OMF의 회원은 아니지만 오랜 세월을 거쳐 이어져온 복음의 열매 중 일부이다. CIM 병원의 유산과 오래전 중국인 할머니의 신앙은 오늘날에도 계속되고 있는 것이다.

1902년 1월 24일 호주 태즈메이니아에서 온 젊은이 하나가 중국에 도착했다. 그의 이름은 더글러스 파이크였고, 그는 1929년 강도들의 손에 죽기까지 27년의 격동의 세월을 거쳐 중국을 섬겼다.

더글러스가 중국에 처음 왔을 때 CIM은 물론 중국 전체가 여전히 1900년의 의화단 사건의 트라우마에서 회복하고 있는 중이었다. 의화단 사건 이후 많은 선교사들이 현장으로 돌아왔지만 CIM 선교사 중에는 그해 그 사건으로 발생한 건강 문제로 돌아오지 못한 이들도 있었다. 당시 CIM 인사들을 파견했던 다른 나라들과 마찬가지로 호주에서도 의화단 사건의 순교자와 사상자의 자리를 메우기 위해 많은 남녀들이 부르심에 응답했다. "지금은 후퇴할 때가 아닙니다."라고 지도부는 말했다. 할 일이 너무나 많았다.

중국에 도착한 지 몇 달 후 더글러스는 그가 죽을 때까지 섬겼던 그 지역에

더글러스 파이크와 루이자 파이크 부부

배정되었다. 그는 섬기는 동안 단 두 번 휴가를 다녀왔고, 그가 CIM 상하이 본부의 수송부를 이끌고 있을 때인 1926년에 단기 휴가가 있었다. 수송부의 업무는 복잡한 일이었다. 대략 1,000명의 CIM 선교사들과 그 자녀들의 잦은 이동을 돌보았는데, 그중에는 몇 주씩 걸리는 경우도 있었다. 게다가 상하이에 도착하는 많은 물품들을 다시 나라 전역으로 배송해야 했다. 이 업무는

다양한 지역의 환경을 잘 이해하고 있으며 세부적인 부분까지 정확하게 신경을 쓸 수 있는 사람이 수행해야 했다. 더글러스는 이 자리에 꼭 맞는 사람이었다. 그래도 그는 하루 빨리 교회 업무로 복귀하고 싶어 했다.

더글러스가 가장 좋아한 일은 복음을 들어본 적이 없는 이들에게 복음을 전하고 그들이 믿을 때까지 참을성 있게 가르치는 일이었다. 그는 중국에서 보낸 거의 모든 시간을 이 사역에 바쳤다. 1906년 그는 메리 루이자 보울터와 결혼했고, 그들은 영향력 있는 한 팀이 되었다. 루이자는 주로 여성들과 어린이들 가운데 일했다. 그들은 다섯 자녀를 두었는데 첫째 앨리슨과 셋째 월터가 그들을 따라 CIM 사역에 함께했다. 당시 CIM 치푸 학교에 다니고 있었던 그들의 넷째 아이 페이스는 열 살 때 수술을 받은 후 세상을 떠났다. 고통과 슬픔 속에서 더글러스와 루이자를 위로한 것은 이 어린 소녀가 주님을 사랑했고 아픈 중에도, 나중에 알게 된 바에 따르면, 그녀의 밝은 간증의 결과로 세 명이 주님을 믿게 되었다는 것이었다.

세월이 흘러 더글러스와 루이자는 점점 더 많은 사람들이 복음에 반응하는 것을 보았다. 종종 그들은 살던 지역을 돌아보는 여행을 했는데 특정 장소에서 1주일 정도 모임을 하면서 복음을 전했다. 점차로 중심이 되는 연설자가 중국인 전도자나 목회자가 되었지만 더글러스와 루이자도 종종 강의를 했다. 그들은 많은 시간을 세례를 받을 후보가 복음을 잘 이해하고 있는지, 그리스도를 따를 헌신의 마음이 있는지 검증하는 데 보냈다. 1922년 그들은 어느 주말에 116명의 여성과 145명의 남성이 세례를 받았다고 기록했다. 1923년 그들은 한 모임에 1,100명의 남녀가 참석했으며 그곳에서 261명이 세례를 받았다고 기록했다. 그들은 그곳에 주님께서 주신 영적 각성이 있었으며 그들은 그 속에서 기뻐했다고 말했다.

더글러스, 루이자, 그리고 많은 다른 이들은 중국 사역의 어려운 점에 대해 수년간 기록했는데, 여기에는 강도들도 있었고, 여행객들을 공격하는 산적들의 무리도 있었다. 문제는 부분적으로 가난의 결과이기도 했고, 부분적으로는 무법 상태, 그리고 지역 군벌들의 각축 때문이기도 했다. 많은 도로는 공격에 취약한 고립된 지역을 지났는데, 마을과 가까운 지역이라 해도 언제나 안전한 것은 아니었다. 1929년 9월 더글러스는 14명의 무장 강도의 공격을 받았다. 그들은 그의 외투와 가진 것을 모두 빼앗고 더글러스를 감금했다. 중국인 동료들이 더글러스를 도와주려고 했지만 그들 또한 외투를 빼앗기고 위협을 받았다. 강도들은 높은 몸값을 요구했지만 돈은 지불될 수 없었다. 얼마 지나지 않아 그들은 그를 살해했다. 그가 마지막으로 목격된 모습은 두려움 없이 강도들에게 하나님의 사랑을 전하는 모습이었다. 그는 죽기 전에 겨우 루이자에게 엽서를 쓸 수가 있었다. "여호와는 내 편이시라 내가 두려워하지 아니하리니 사람이 내게 어찌할까."(시편 118편 6절) 그는 곧 루이자에게 돌아가기를 희망했지만 이미 그를 만드신 분께로 갈 준비가 되어 있는 상태였다.

10년 전 루이자는 치푸 학교에 있는 아이의 자필 책에 다음 구절을 쓴 적이 있었다.

"하나님께서는 비가 없는 해를 약속하신 적이 없고, 슬픔 없는 기쁨이나 고통 없는 평화도 마찬가지이다. 하지만 하나님께서는 위로부터 주시는 강함과, 다함 없는 긍휼함과, 영원한 사랑을 약속하셨다."

그리고 서명을 하기 직전 그녀는 "빌립보서 4장 13절" 말씀을 썼다. "내게 능력 주시는 자 안에서 내가 모든 것을 할 수 있느니라." 더글러스가 죽은 후 그녀는 분명 성경에 써 있는 그 진리의 말씀을 몇 번이고 다시 보았을 것이다.

더글러스가 죽기 6개월 전 CIM 총재 D. E. 호스트는 200명의 새로운 일꾼들을 모으는 호소문을 발표했다. 불가능한 목표인 것 같았지만 그 숫자는 당시 얼마나 선교사가 많이 필요했는지를 보여주었다. 3년이 지나기 전에 200명이 왔다. 그중에는 앨리슨과 월터도 있었다. 바로 더글러스와 루이자의 아이들이었다.

앨리슨은 이제 숙련된 간호사가 되어 있었다. 그녀는 아버지가 돌아가신 지 13개월 후에 도착했다. 2년 후인 1932년 월터가 도착했다. 그는 실력 있는 약사였다. 그들은 둘 다 부모님께서 오랜 기간 섬겼던 지역에 배정되었다. 그곳에는 루이자가 아직 용감하게 살아가고 있었다. 사실 앨리슨은 그녀의 어머니와 함께 살 수 있었다. 그리고 그들은 함께 어린이들과 젊은 여성들을 위한 특별한 사역을 수행했다. 1주일에 여러 번 80명 이상의 아이들이 와서 성경 수업을 들었다. 이 수업은 아이들의 가족들이 사는 집을 방문할 수 있는 기회도 제공했다. 분주하고 충실한 삶이었다.

당시 롤런드 버틀러라는 이름의 젊은이가 같은 지역에서 일하고 있었다. 얼마 안 있어 그와 앨리슨은 결혼했다. 그들은 1971년 롤런드가 백혈병으로 죽을 때까지 계속해서 CIM을(그리고 나중에는 OMF를) 섬겼다. 1933년 롤런드도 강도를 당하는 고비가 있었다. 20명이나 되는 무리가 그를 끌어가서는 옷

앨리슨 버틀러와 롤런드 버틀러 부부, 1954년

을 벗겼지만 그는 그들을 겨우 설득할 수 있었다. 그가 지금 가지고 있는 돈이 모두이며, 더 이상의 몸값은 지불되지 않을 것이라는 설명이었다. 그를 데리고 가서 죽이는 것이 과연 그만큼 가치가 있는 일일까? 그렇다 해도 더 이상 얻는 건 없었다. 혹시 잡히기라도 한다면 벌을 받을 것이었다. 그들은 그를 놓아주었다. 하지만 풀려나기 전에 롤런드는 그들에게 당신들은 구세주가 필요하다고 말했다.

몇 년 후 롤런드는 CIM 지도자 중의 한 사람으로서 CIM이 중국을 떠남에 있어 그다음의 행보에 대한 주님의 인도하심을 알기 위해 노력했다. 그는 나중에 싱가포르에 근거를 둔 국제 감독들 중 한 명이 되었는데, 그곳에서 앨리슨 또한 따뜻한 이해와 경청, 현명한 조언을 해주는 사람으로 명성이 높았다.

그녀는 휴가 기간에 말레이시아에 갔다가 말벌 떼에게 갑작스런 공격을 받아 그 결과로 허리 아래로 마비 증상을 얻게 되었는데, 그 이후에도 전일제 사역을 활발하게 펼쳤다. 아마도 그녀는 어머니 루이자에게서 뚝심 있는 결단력을 물려받은 듯했다. 그녀는 결코 중국에 대한 사랑을 잃지 않았다. 사고를 입은 후에는 롤런드가 현지를 방문할 때 더 이상 그와 함께 여행할 수 없었는데 그녀는 밝게 말했다. 주님께서 자신에게 소중한 기도 사역을 주셨으니 자신은 어디에나 갈 수 있다고 말이다.

앨리슨이 기도해준 이들 중에는 그녀의 가족이 있었고, 거기에는 그녀의 훌륭한 조카 안나(그녀의 오빠 월터의 자녀)가 있었다. 현재 싱가포르 OMF 본부에 가보면 스티브 그리피스와 안나 그리피스 부부가 살고 있는 아파트를 볼 수 있는데, 그 아파트는 안나의 훌륭한 고모부 롤런드가 1950년대에 설계한 것이다. 사실 그들이 앉아 있는 가구도 롤런드와 앨리슨이 몇십 년 전 새로운 집을 꾸미기 위해 구매했던 것이라고 안나는 말한다.

스티브와 안나는 아프리카에서 만났다. 스티브는 그곳에서 자랐고 안나는 그곳을 방문하는 중이었다. 몇 년 후 그곳에서 한센병 선교를 위해 일하던 그들은 2000년 OMF에 가입했고 캄보디아에서 섬겼다. 폴 포트 치하의 대량학살과 같은 끔찍한 세월이 지나고 폴 포트도 크메르 루주도 달아나고 나자 나라를 재건하는 일이 엄청났다. OMF는 재건 과정에서 작지만 중요한 역할을 할 수 있었다. 스티브의 의사로서의 경험과 안나의 성경 교사로서의 경험이 매우 귀하게 쓰였다. 그들은 둘 다 사람들과 복음을 나누는 일을 사랑했고 많은 이들이 가지고 있는 말할 수 없이 깊은 상처를 치유하실 수 있는 구세주를 나타내었다.

나중에 그들은 싱가포르의 국제 지도부 역할에 임명되었고, 그곳에서도 여전히 중요한 임무를 수행했다. 그들은 자신이 가진 가족의 유산에 감사한다. 스티브도 안나도 마찬가지로 세대를 거쳐 전승된 신앙에 감사드린다.

안나 그리피스,
그녀의 딸 에이미,
그리고 캄보디아인 친구

41. 개척자 외과 의사

어머니의 기도와 모범은 어린 딸의 삶의 항로를 정하는 데 도움이 되었다. 그 딸
이 바로 제시 맥도널드이다. 그녀는 1913년 중국에 왔고, 중국 내지 선교회 최
초의 여성 외과 의사가 되었다.

어린 소녀는 중국에서 휴가차 방문한 선교사의 이야기를 넋을 잃고 듣고 있었
다. 의료 혜택을 거의 혹은 전혀 받을 수 없는 많은 중국 여성들의 슬픈 운명
에 관한 이야기였다. "주 예수님, 제가 크면 이 여성들을 돕고 싶습니다." 그
녀는 이렇게 기도했다.

그 아이는 바로 제시 맥도널드였고, 그녀의 기도는 그녀가 상상했던 것을
훨씬 뛰어넘는 수준으로 응답되었다. 1888년 캐나다 밴쿠버에서 태어난 제
시는 기독교 가정에서 성장했는데, 그녀의 어머니는 복음이 중국에 뿌리를 내
릴 수 있기를 진정으로 기도했다. 제시의 어머니는 중국에 직접 가보진 못했
지만 당시 밴쿠버에는 중국인들이―당시에는 대부분이 남성들이었지만―많이
유입되고 있었다. 그녀는 최소한 그들에게는 전도할 수 있었다.

그녀는 이제 막 도착한 사람들을 위해 영어를 가르치는 일을 시작했다. 그
들이 새롭고 낯선 환경에서 길을 찾기 위해 애쓸 때 그들을 축복하고 그들에
게 자신의 구원자에게 대해 말할 수 있었으면 하는 바람이었다. 당시 일곱 살
이었던 제시도 엄마를 도왔다. 그녀에게는 중국인 학급 친구가 있었고 그 아
이에게 영어를 가르쳐줄 수 있었다. 그런데 그 아이는 그녀에게 예수님의 이
름 같은 건 한 번도 들어본 적이 없다고 말했다. 제시는 낙담하여 언젠가 중국
에 직접 가겠다고 맹세했다. 몇 시간 후 그녀는 선교사의 강연을 들었고, 이

제는 그곳에 어떻게 갈지 알게 되었다. 의사로서 가는 것이다.

여의사로서 중국에 가는 계획 자체가 믿음의 약속이었다. 그때 서구 사회에는 여의사가 몇 명 되지 않았다. 의료계가 여성을 받아들이는 허용 범위에 대한 편견이 있었고, 그것은 일반적이었다. 제시가 의료 교육을 위해 1905년 토론토 대학(University of Toronto)에 입학했을 때 전체 학생 350명 중 고작 다섯 명의 여학생 중의 한 명이 그녀였다. 내과 의사 자격을 받은 것으로는 만족하지 못한 그녀는 유럽으로 갔고, 빈에서는 열대 의학을, 런던에서는 외과 의학을 공부했다. 마지막으로 자신에게 신학 공부도 필요하다고 생각한 제시는 스코틀랜드 글래스고에서 1년을 지내며 성경연수원(Bible Training Institute)에서 공부했다. 그녀는 중국 내지 선교회에 지원했고 1913년 9월 중국으로 가는 배에 올랐다. 그녀의 나이 26세였다.

CIM은 제시를 카이펑으로 보내서 노장 의사 화이트필드 기네스와 합류하도록 했다. 그녀는 그곳에서 26년을 머물렀다. CIM 병원은 인근에 있는 유일한 의료 시설이었고 환자들은 며칠씩 걸려서 어렵게 그곳에 왔다.

카이펑의 CIM 병원

때로 환자들이 도착할 무렵이면 상태가 너무 안 좋아서 아무것도 해주지 못할 때가 있었다. 특히, 그 지역의 응급 처치를 시도해보고 그것이 실패하고 난 후에야 환자를 병원으로 데려오는 경우가 많았고, 그래서 병원까지 올 수 있는 사람이 얼마 되지 않았다. 하지만 살아남은 환자도 많았다. 그리고 그들과 그들의 가족들은 매우 감사해했다. 복음을 기쁘게 듣는 이도 있었지만 그렇지 않은 이도 있었다. 대부분의 환자들은 남자였다. 지역의 관습에 의하면 여성이 남성 의사의 치료를 받거나 남성을 위한 병원에서 치료를 받는 것은 승인되지 않았다. 그래서 당시 문화로서는 어찌 되었든 여성은 남성에 비해 희생시켜도 되는 존재로 치부되었다.

제시는 즉각 그 지역의 여성이 처한 이런 상황을 바꾸기 위해 노력했다. 그녀는 남성 환자들만 치료한 것이 아니라, 여성이 의료 혜택을 받는 데 장애물이 있다면 그것을 할 수 있는 최대한 없앨 것이라고 공언했다. 여성 환자들을 위한 병동 건물을 설계하고 건축 과정을 감독하기 전에 그녀는 카이펑에 거의 정착하지 못했다. 여성 병동 건물은 미국의 통 큰 선물이었는데, 바로 그 특수한 목적을 위해 재정적인 지원을 한 것이었다. 소문은 빠르게 퍼졌다. 1915년 그녀는 299명의 여성을 치료했고 그중 많은 수는 입원 환자였다. 1917년 환자 수는 698명으로 늘었다. 그녀는 여전히 남성 환자들도 치료했다. 그들 중 많은 수가 디프테리아나 성홍열, 결핵과 같은 전염병을 앓고 있었다. 칼에 찔리거나 총을 맞아서 병원을 찾은 이들도 있었다. 혹은 방치되어 있던 종양을 제거하는 수술을 받으러 오는 경우도 있었다.

제시가 내과 의학뿐 아니라 외과 의학을 공부한 것이 지혜로운 일이었음이 곧 밝혀졌다. 그녀는 또한 눈병을 앓고 있는 엄청난 수의 환자들도 치료했다.

밭에서 걸어다니거나 일을 하면서 바람에 날려온 먼지에 계속적으로 노출된 모든 사람이 감염되었다. 먼지와 모래는 보호 장치가 없는 눈에 금세 해를 입혔고 특히 그렇잖아도 귀한 물을 얼굴 따위를 씻는 데 허비하는 사람은 거의 없었기 때문에 상황은 더 심각했다.

카이펑 병원에서는 아편 중독도 치료했다. 중독자들이 습관을 끊는 데 도움이 된다는 좋은 평판을 얻었다. 중독은 환자가 장기간에 걸쳐 치료에 협조할 때 완치될 수 있는 것이었지만 일반적인 문제는 환자들이 치료가 끝나기 전에 병원을 나가버리고 옛 습관으로 돌아간다는 것이었다. 치료를 받으러 온 여성들 중에는 자살 기도가 미수에 그쳐 상처를 입은 사람이 많았다. 남편과 시댁 식구들에게서 부당한 대우를 받았거나 자신의 의지에 반하는 결혼을 강요받는 젊은 여성인 경우가 많았다. 한번은 제시가 젊은 여성의 복부 위장에서 최소 50개 이상의 바늘을 제거한 적이 있었는데, 절망에 빠져서 바늘을 모두 삼켜버린 경우였다.

내과 의사이자 외과 의사로서 그녀의 실력은 시설을 발전시키는 그녀의 능력과 함께 남녀 모두의 존경을 받았다. 동료 외국인 선교사들과 지역의 중국인 사회 모두 그녀에 대한 칭송이 자자했다. 후자 그룹에는 환자들, 환자의 친지들이 포함되

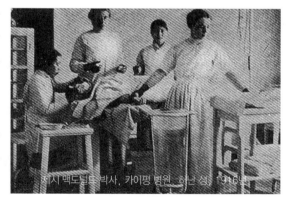

제시 맥도널드 박사, 카이펑 병원, 허난 성, 1916년.

었고 그녀가 치료했던 상당한 수의 지역 관료들도 있었다. 여기에 포함된 중국인 중 기독교인의 수는 매우 적었다. 그녀의 포용력이 더욱 돋보이는 지점이다. 하지만 제시는 언제나 단호했다. 그녀는 사회적인 지위나 종교적인 입장을 막론하고 모든 환자를 동등하게 대해야 한다는 신념이 있었다. 하지만 자신의 의료 행위는 몸과 마음을 치료할 뿐 아니라 영혼의 치유자를 드러내야 한다는 원칙이 있었다. 그녀는 환자 혹은 자신이 만난 누군가가 주 예수를 믿는 믿음을 갖게 되었을 때 가장 기뻐했다.

병원 직원들의 실력을 향상하고 그 수를 늘리기 위해 제시는 지역 중국인 간호사 교육을 시작했다. 당시 중국 사회에서 여성의 역할은 점점 변화하고 있었다. 수 년에 걸쳐 많은 수의 여성이 제시의 교육을 받아 실력 있는 간호사가 되었고, 다른 병원에서도 그들을 고용하려고 탐내는 상황이 펼쳐졌다.

하지만 중국은 그때도 종종 혼란 속에 빠졌다. 1927년 대부분의 CIM 인사들이 해안가로 후퇴해야 하는 상황이 되었다. 이때는 제시가 카이펑으로 돌아오기 3년 전이었는데, 그녀는 병원 건물과 집기가 크게 해를 입은 것을 보고 낙담했다. 이러한 좌절에도 불구하고 제시는—이제는 병원의 수석 의사가 되어 전체 업무를 책임지고 있었는데—주변의 사람들을 모아 건물을 재건하고 실력 있는 직원들을 수소문하는 한편 새 집기를 사들였다. 병원은 다시 한 번 카이펑 사람들을 섬기게 되었다.

1938년 제시는 또 하나의 위기를 맞았다. 일본이 중국 일부 지역을 침공한 것이었다. 진주만 공습으로 일본이 미국과 영국과의 전쟁에 공식적으로 참전하기 전이었지만, 일본은 자신이 통제하는 지역에서 일하는 대부분의 외국인들에게 매우 가혹했다. 캐나다 사람인 제시도 환영받지 못했다. 일본은 얼마 동안은 그녀를 봐주었다. 그녀가 국적에 상관없이 아픈 사람은 누구가 성실하게 치료해주었기 때문이다. (때로 그녀는 중국인 환자 바로 옆에서 일본인 병사의 상처를 치료해 목숨을 구해주기도 했다.) 하지만 1940년 말이 되자 그녀가 더 이상 그곳에 머무를 수 없다는 것이 확실해졌다. 그녀가 그곳에 계속 있으면 그녀의 중국인 친구들에게 해가 될 수도 있는 상황이었다. 슬프게도 제시는 이렇게 영원히 카이펑을 떠났다.

CIM은 중국 남동부에 새로운 병원을 열어야겠다고 결정했다. 그곳은 일본의 통제를 받는 곳이 아니었다. CIM은 제시에게 병원 설립 과정을 감독해달라고 요청했다. 그녀는 이 일을 받아들였고 1941년 새로운 지역으로 이주했다. 이곳에서 그녀는 병원을 세우고 설비를 갖추고 직원을 배치하는 중한 책임을 맡아 모든 것을 처음부터 다시 시작했다. 그녀는 이제 53세였다. 그녀는 꾸준히 좋은 의사와 간호사들을 데려왔고 병원은 곧 실력 있고 사랑이 넘치는 치료를 해주는 좋은 장소라는 명성을 얻었다. 특히 치료비를 내지 못하는 가난한 이들과 병원이 없었다면 헛되이 고통을 당하거나 죽을 수밖에 없었던 사람들은 감동을 받았다. 이 병원은 자신들을 부유한 사람들과 똑같이 환영해주었던 것이다. 병원은 또한 아편 중독이 만연한 지역에 있었는데 카이펑보다 아편으로 인한 재앙이 더욱 많은 지역이었다.

이제는 실력 있는 의사들로 구성된 강력한 팀이 자기 자리를 지키고 있었고, 제시는 더 이상 자신이 이 새 병원에 항상 머물러 있을 필요가 없다고 느꼈다. 도움을 받기에는 너무 멀리 떨어져 있는 이들도 있을 것이었다. 1948년 그녀는 200여 km 떨어진 곳에 병원의 출장 진료소를 열었다. 나머지 의료진과 아주 멀리 떨어진 곳이었다. 하지만 얼마 지나지 않아 제시는 다시 또 다른 마을에서도 내과 의사이자 외과 의사로 일하게 되었다. 사람은 많은데 의료 설비가 없는 곳이었다. 그녀는 시간을 쪼개어 병원과 진료소를 오갔다. 매달 수백 km를 여행하는 과정이었다.

제시는 나이가 들어서 외과용 메스를 들 수 없고 정확한 진단을 내릴 수 없을 때까지 중국에 머무를 수 있는 것이 기뻤다. 1951-1952년 중국을 나와야 했을 때 그녀는 동료들과 함께 마지못해 중국을 떠나 북미로 돌아갔다. 그때 그녀는 평화로운 은퇴 생활을 시작할 수 있을 정도의 나이였다. 하지만 그녀는 캘리포니아에 있는 바이올라 의료 선교 학교(Biola School of Missionary Medicine)의 교수로 합류했다. 비록 중국에 있지는 못했지만 그녀는 최소한 다른 많은 나라에게 의료 활동을 하려는 다음 세대를 훈련할 수가 있었다. 그녀는 학생들에게 두 가지를 얻기 위해 노력해야 한다고 강조했다. 하나는 어떤 시설에서는 매우 기본적인 자원만 주어질 수도 있지만 어떤 상황에서도 최선의 의술을 베풀어야 한다는 것이었다. 또 하나는 진정한 치유자가 되시는 하나님을 기도로 의지해야 한다는 것이었다.

제시가 사는 동안 크게 변한 것은 중국만이 아니었다. 서구의 의술도 그러했다. 물론 세계 대부분의 지역에서 거대한 정치 · 사회적 변화를 볼 수 있었다. 하지만 복음은 언제나 변함이 없었다. 그리고 사람들이 구세주에 대해 들어야 한다는 어린 제시의 마음에 새겨진 희망 또한 그녀의 생애 내내 변함이 없었다. 그녀는 좋은 시절이건 나쁜 시절이건 일하시는 하나님을 보았다. 그녀는 92세의 나이로 세상을 떠날 때까지 계속해서 사람들에게 영감을 주었다. 영감의 원천은 그녀 자신의 모험이 아니라 하나님의 미쁘심이었다.

42. 내가 내 교회를 세우리라

1950년대 초 CIM이 중국을 떠날 때 다른 어느 곳에서 하나님의 목적을 더욱 효과적으로 섬길 수 있을 것인가를 두고 많은 기도와 논의가 있었다. 당시 한국은 내전에 휘말렸고 그것은 곧 국제전이 되었다. CIM은 한국에서는 사역하지 않기로 결정했다. 전쟁이 끝난 후 1954년 조사서에 따르면 한국만큼 많은 선교 자원을 요구했지만 적게 복음화된 곳은 없었다. 그곳에서의 사역은 다시 한 번 보류되었다. 하지만 10년 조금 더 지난 시점, 상황이 변했다.

때로는 하나님께서 "안 돼!"라고 말씀하시는 것 같던 상황이 "아직 아니야."가 되는 경우가 있다. 신생 OMF가 한국에 사람들을 보낼지 여부를 결정할 때가 바로 그러했다. 1951년(과 1954년)에는 한국을 OMF의 선교 반경 안에 두지 않을 만한 충분한 이유가 있었다. 특히 당시에는 동남아시아의 많은 지역이 미전도 영역이기도 했다. 게다가 남한에서는 다른 선교 단체들이 이미 활동하고 있었다. 똑같이 하거나 경쟁하는 것은 OMF가 원하는 바가 아니었다.

1965년 OMF의 국제 회의가 이제는 아시아 지원자들이 회원으로서 섬길 수 있도록 받아들일 때가 되었다고 결정했을 때 첫 번째로 지원한 사람이 한국인 부부, 존 김과 수전 김이었다. 그들은 당시 미국에서 공부를 하는 중이었는데, 그곳에서 회원으로 받아들여졌다. 당시 한국에는 그들을 인터뷰할 기구가 없었다. 하지만 그들이 현지로 떠나기 전에 한국에 있는 그들 교회의 뿌리를 찾는 것이 중요했고, 그래서 그들은 한국에 돌아가서 준비하며 일본에서 사역하기를 희망했다. 하지만 그들이 일본 비자를 받을 수 없는 상황이 발생했다. 한국에서 몇 년을 보낸 후 이 부부는 마침내 미국으로 돌아와 그곳에 있는 한인 교회에서 목회했다. 하지만 이 모든 일련의 사건들에는 중요한 연결 고리가 있었다.

이 부부가 지원을 하게 되면서 OMF와 한국의 관계에 대한 질문이 다시 한 번 제기되었다. 짧은 시기지만 총재를 역임했던 마이클 그리피스와 당시 해외 감독이었던 아널드 레아가 조사에 나섰다. 한국의 장로 교파 중 가장 큰 규모의 두 교파가 OMF 활동가들을 받아들이기를 열망한다고 선언했다. 특히 그들의 청년부와 문서 사역에 도움을 달라는 요청도 있었다. OMF 지도부는 주님께서 한국 교회의 필요를 충족할 수 있는 적합한 인물을 보내주실 것임을 믿기로 했다.

거의 즉각적으로 영국 국내 사무소에서 한국에 인력을 보낼 수 있을지 그 가능성을 타진했다. 두 부부와 한 미혼 여성이 문의해 왔다. 피터 패티슨과 오드리 패티슨 부부는 이미 한국에서 2년 동안 지낸 적이 있으며 아동 구호기금(Save the Children Fund)과 함께 병원의 직원으로 결핵 환자들을 돌보았다고 했다. 그들은 주님께서 자신들이 한국으로 돌아가기를 원하신다고 믿었지만 OMF의 후원 아래 팀의 일원으로 가기를 희망한다고 했다. 문의했던 다른 부부, 존 월리스와 캐서린 월리스, 그리고 미혼 여성 마거릿 로버트슨과도 그들은 이미 아는 사이였다. 이렇게 다섯 명 모두는 주님께서 자신들을 한국으로 부르고 계시며 OMF와 함께하기를 원하신다고 확신했다. 분명 이것은 하나님께서 승인해주신 일이었다.

1969년 다섯 명의 선교사가 한국에 함께 도착했고, 그곳에서 그들은 존 김을 만났다. 그는 일본에 가지 못하게 되어 크게 실망했지만 그래서 이 새로운 팀에게 귀한 도움을 줄 수 있게 되었다. 그는 이들이 언어 공부를 시작하고 사역을 위한 특별한 적소를 찾는 일을 도왔다. 존이 OMF와 관계를 맺은 것과 그가 예기치 않게 한국에 있게 된 것은 하나님께서 사랑으로 통치하심을 보여주는 증거였다. 새로운 팀이 한국에 도착할 즈음 존은 서울의 한 신학교에서 강의를 하고 있었다. 그는 곧바로 이들을 자신의 학생들에게 소개했다.

OMF 팀이 개별적으로 한국 교회에 이바지할 수 있도록 안내를 도운 것이 바로 이 학생들이다. 몇 년 후 피터 패티슨은 이렇게 기록했다. "우리는 이 신학생들 가운데 진정한 친구를 만났어요. 그들은 대단한 온정과 열정, 그리고 상당한 신학적 지식을 가지고 있었어요. 다른 모든 곳의 학생들(특히 신학생들)과 마찬가지로 교리에 대한 강렬한 관심이 있었죠. 하지만 대체로 하나님의 말씀을 중심으로 한 개인적인 헌신의 삶이 부족하다는 점은 좀 놀라웠어요. 이것은 우리가 도처에서 반복적으로 발견하게 될 상황에 대한 실마리이기도 했어요."

당시 많은 한국 교회들은 새벽 기도 모임을 가졌다. 이 모임에는 여러 목적이 있었다.

1. 하루의 시작을 주님께 드리는 것.
2. 나라와 교회, 목사님을 위해 간구하는 것.
3. 단체로 경건의 시간을 갖는 것. 어떤 이들에게는 성경을 이해하는 것이 쉽지 않았다. 기독교인이 되기 전에는 문맹이었던 사람도 있었다.
4. 날마다 헌물을 드리기. 때로는 농산물의 십일조를 드렸다.

이 모임에는 여전히 많은 수의 노년 신자들이 참석했지만 대부분의 젊은 그리스도인들은 거의 가지 않았다.

작은 OMF 팀의 다섯 회원 모두는 개인적으로 성서 유니온 선교회

(Scripture Union(SU)) 사역 경험을 가지고 있었다. 어린이 사역과 청소년 사역, 그리고 문서 사역 모두에 경험이 있었다. 특히 그들은 성서 유니온 선교회의 성경 읽기 체계 덕분에 자신의 개인적인 성경 공부와 기도 생활이 육성되었다고 느꼈다. 몇 년 전 호주에서 온 어떤 부부가 한국에서 SU 사역을 시작하기를 희망했지만 건강 문제로 인해 곧 고국으로 돌아가야 했던 일이 있었다. 그럼에도 불구하고 그들은 한국의 학생 사역 지도자들과 자신들의 비전을 공유해왔다. 그 지도자 중 한 명은 이미 학생들 가운데 사용하기 위해 성경 공부 노트를 작성해둔 상태였다. 새로 온 OMF 활동가들과의 모임에서 그는 이 팀이 한국에서 SU 사역을 세우도록 한다면, 그리고 그 사역을 교회들과 젊은 이들 사이에 가지고 온다면 정말로 도움이 될 것이라고 말했다.

다음 몇 해에 걸쳐 패티슨은 결핵 병원 사역을 계속해서 병행했지만 역시 OMF가 한국 활동에 대해 가진 주요 관심사는 말씀을 읽는 개인적인 시간을 장려하는 것이자 신자들이 교회 모임에서 배운 것을 내면화하고 채워나갈 수 있도록 하는 제자도였다. 점차 많은 한국 학생들과 교인들이 개인적인 성경 공부와 기도 시간을 통해 하늘에 계신 아버지와 직접 교통하는 것이 의미하는 바를 더욱 깊이 알게 되었고, 그들이 공부하고 기도할 때 하나님께서 그들에게 말씀하실 것을 기대하게 되었다. 이 팀은 성장했고 더 많은 도시의 교회들과 학생 모임에서 함께 사역할 수 있게 되었다.

그들이 교회 지도자들의 신뢰를 얻자 목사님들이 자신들의 설교를 향상시킬 수 있도록 도움을 요청해왔다. 교인들의 일상생활에 더욱 밀접하게 연관된 설교를 할 수 있도록 말이다. 이 사역을 도운 사람 중에는 스코틀랜드에서 온 윌리 블랙과 케이티 블랙 부부도 있었다. 안수 받은 장로교 목사인 윌리는 한국 목사님들의 따뜻한 환영을 받았다. 그는 매주 한 번에 100명의 목사님들을 만나서 그들의 설교 준비를 도왔다. 호주 사람 세실리 모어와 같은 다른 활동가들은 학생 운동과 함께 일했다.

OMF 역사의 많은 부분은 개척 전도와 교회 개척에 초점을 맞춰왔다. 하지만 한국의 경우는 달랐다. 불안한 분열 경향이 있기는 했지만 교회는 이미 잘 세워져 있었다. 한국에서 OMF 사역은 두드러지지 않았고 보이지 않는 곳에서 섬기기를 추구했다. 목표는 항상 이미 그곳에 있는 교회들을 통해서 섬기는 것이었고, 이제부터 앞으로 세워지는 사역이나 단체를 한국인들이 이끌 수 있도록 하는 것이었다.

성서 유니온 선교회가 한국에 공식 설립되었던 시점부터 한국인 윤종하 씨가 주도했다. 초교파적인 사역을 세우는 일도 쉽지 않았다. 한국 대부분의 교파는 개별적으로 운영하는 것을 선호했지만 점차 SU와 학생 사역이 교파 간 경계를 넘어서는 협력의 중요성과 축복의 원형을 보여주었다. 교회 지도자들은 SU가 다른 교회들과 경쟁하는 것이 아니라 다른 교회들을 돕고 있다는 것을 알게 되었다.

1980년대를 지나는 동안 한국 교회들은 세계 선교를 진지하게 받아들이기 시작했다. 오늘날 한국은 세계에서 가장 큰 선교 운동 본산지 중 하나이다. 많은 한국 선교사들이 전 세계의 가장 열악한 지역에 가서 소박한 삶을 살기를 열망하고 있다. 한국 교회 지도자들의 요청에 의해 OMF는 1980년 한국 국내 이사회를 설립했고, 이는 곧 전일제 국내 사무소가 되었다. OMF에 참여하기를 원하는 이들을 돕기 위해 몇몇 영어 원어민들은 한국의 선교사 후보들이 영어를 배우는 것을 도왔다. 영어는 OMF와 사역 팀의 공통 언어였다. 그리고 그들은 한국 선교사들이 험난한 타 문화 생활에 적응할 수 있도록 준비 과정을 도왔다. 타 문화 생활은 한국인들에게 특히 힘든 일일 수 있었는데, 언어와 문화의 측면에서 한국은 여전히 강력한 단일 민족 국가이기 때문이다. 호주나 북미, 유럽 출신의 한국인들(가족들이 그 나라로 이민을 갔던 사람들)도 있었는데, 이들은 좀 더 다양성을 가져왔다. 외국에 있는 한인 교회들도 전 세계에 그리스도를 알리는 한국 교회들의 열망에 동참했다.

1980년 이후 OMF를 통해서 많은 한국 선교사들이 파송되었다. 그들 중 많은 수는 사역이 힘든 환경에서 생활하고 있다. 그들은 서구인들이 더 이상 환영받지 못하는 곳에도 갈 수 있는 경우가 많다. 우리는 많은 한국인 동료들을 통해 한국 성서 유니온 선교회가 사역하는 방식을 알 수 있고, 그들이 펼치는 다른 사역들을 통해 하나님께서 OMF 회원들을 이끄셔서 하나님과 그의 말씀에 대한 그들의 사랑을 풍부하게 했음을 볼 수 있다. 하나님께서 최초의 팀을 통해 하신 일이 계속해서 열매를 맺고 있는 것이다.

2004년 OMF 한국 필드에서 사역하던 외국인의 기여는 완료된 것으로 보인다. 물론 한국 출신 선교사들의 기여는 단연코 끝나지 않았다. 주님의 "안돼"는 "아직은 아니야"가 되었고, 다음으로는 "지금", 그리고 마침내 "너의 역할은 끝났어"가 되었다. 하지만 이것으로 이야기가 끝난 것은 아니다. 전 세계 곳곳의 다른 많은 네트워크와 함께 OMF는 한반도 전체를 위해 헌신적으로 기도하고 있다. 우리가 더 이상 갈 수 없는 곳에서, 혹은 우리의 일이 끝난 곳에서도 기도의 사역은 남아 있다. 하나님에게 경계선이란 없다. 시간은 변하고 세대는 오고 가지만 하나님께서는 당신의 영원한 목적을 위해 계속해서 미쁘시다.

43. 가난한 이들을 위한 정의

> 1960년대 후반과 1970년대 초반, 많은 나라들에서 학생 시위와 급진적인 정치
> 운동이 일어났다. 이러한 소요의 직접적인 원인은 각기 다른 곳에서 각기 달랐
> 지만, 많은 이들이 가난한 이들과 소외된 자들을 위한 더 큰 정의를 추구해야 한
> 다고 주장했다. 대부분은 이상주의적인 정치 이념에서 영감을 받은 이들이었다.
> 필리핀의 대학 캠퍼스도 예외는 아니었다.

필리핀의 수도 마닐라는 1960년대 후반과 1970년대 초반 불안정한 도시였
다. 집을 나선 후 분주하지만 평화로운 거리를 따라 걷다가 한 모퉁이 혹은 두
모퉁이를 도는 순간 돌연 전장의 한가운데에 서 있는 자신을 발견할 정도였으
니 말이다. 화염병이 들어 있는 커다란 궤짝과 다이너마이트와 유산탄을 채운
탁구공으로 무장한 학생들은 총과 수류탄으로 무장한 군경과 대치했다. 곧 한
쪽이 발포를 시작하면 유혈 사태가 뒤따랐다.

신인민군(New People's Army)은 자신들이 학생들의 마음을 살 수 있다면,
특히 마닐라에 있는 필리핀 명문대 학생들의 마음을 살 수 있다면, 대통령을
내쫓고 나라를 접수할 수 있을 것이라는 계산이었다. 학생들의 공감대를 얻
기란 항상 어려운 일은 아니었다. 지독한 가난과 허기로 고통받는 필리핀 사
람의 수가 엄청나게 불어났고 절망으로 가득 찬 빈민가는 점점 오싹한 환경이
되어갔지만 대통령과 영부인은 역겨울 만큼 부유했다. 뇌물로 줄 돈이 없으면
"법과 질서"의 세력은 같은 편이 되어주지 않았다. 죄가 있고 없고는 문제가
되지 않았다. 현재의 상황에 대해 감히 질문을 던지던 많은 사람들이 어느 날
갑자기 수수께끼같이 사라졌고, 두 번 다시 볼 수 없었다.

권위 있는 로마 가톨릭 교회는 그들의 부를 즐기는 듯했고, (일부의 예외를 제외하고는) 아무도 예언자적인 목소리를 내지 않았다. 전통적인 기독교에도 답은 없는 것처럼 보였다. 이상주의적인 젊은 사람들이 어째서 혁명을 유일한 해결책이라고 생각하는지 쉽게 알 수 있는 상황이었다.

기독학생회(InterVarsity Christian Fellowship (IVCF)) 그룹은 교내에서 대안적인 비전을 내놓기 시작했다. IVCF 활동가들은 성경에 해답이 있다고 믿었다. 이 해답은 인간의 마음이 변화되기 위해 필요한 것이며 사회 정의를 구현하는 방법이기도 했다. 그들은 작업에 착수했다. 긴급한 전도 활동뿐 아니라 성경 말씀을 샅샅이 뒤져서 어렵지만 절박한 질문에 대한 해답을 찾기로 했다. 그들은 복음이 개인적인 신심이나 천국행 티켓 이상의 무언가임을 알고 있었다. 진정한 제자의 길은 개인적인 삶이나 집단적인 삶의 모든 차원에 영향을 미쳐야 하는 것이다.

혁명 이념에 대해 정연한 논리를 갖춘 다른 대안을 주장한 그들의 용기 있는 행동에는 많은 희생이 따랐다. 어떤 기독 학생 지도자들은 공격의 대상이 되기도 했고, 실제로 공격을 받거나 위협을 당하기도 했다. 가족이 협박을 받은 경우도 있었다. 이러한 어려움으로 인해 어떤 고난이 있어도 그리스도를 따르기로 헌신하는 젊은 지지자들이 결성되었다.

말론 롤던이라는 이름의 필리핀 청년이 있었다. 그 또한 필리핀의 대학에 입학한 이후 이러한 극렬한 상황에 처하게 되었다. 그의 부모님은 교회에서 헌신적인 교인이셨고 그에게 기도를 가르치셨지만 말론은 당시 적극적인 교인이 아니었다. 예수님을 인격적으로 만나는 신앙이 없었던 것이다. 하지만 그는 조국의 사회적 불평등으로 인해 괴로워했고, 이 상황을 변화시킬 수 있는 방법을 모색했으며, 공동체의 발전에 초점을 맞추는 길을 가겠다고 결심했다. 그는 자신의 충성심과 대척되긴 했지만 시위 집단의 이념을 잘 알고 있었다. 하지만 그 이념이 정의와 평화를 가져다줄 수 없다는 점을 어렴풋이 느끼고 있었다.

하나님께서 말론에게 손을 내미셨다. 그는 삶과 죽음에 의미와 가치를 부여해줄 인생의 목적과 이상을 찾고 있었다. 말론은 소규모 IVCF 모임에 초대되었는데, 성경의 내용을 논의하는 동시에 당시 그에게 너무나 중요했던 문제들에 대해 성경이 가르치시는 내용이 무엇인지 토론하는 모임이었다. "혼란한 가운데 예수님의 말씀이 제게로 왔습니다. '나는 길이요, 진리요, 생명이니라.'" 말론은 이렇게 말했다. "나는 그분께 말했어요. '그것을 원합니다. 제발 저에게 살아갈 길을 보여주세요. 나의 모든 문제와 어려움을 넘어서는 진리를 가르쳐주세요. 나는 의미 있는 삶을 살기를 원합니다. 제발 제 삶에 들어와 주세요. 나의 모든 것을 내어 드립니다. 나는 온전히 당신의 것입니다.'"

말론은 그 당시 신앙을 갖게 된 학생들 중 핵심 그룹 중의 한 명이었다. 그중 많은 이들이 말론과 같이 자국민의 안녕에 대해 깊이 근심하고 있었다. 그들은 수많은 질문을 가지고 있었고, 그에 대한 하나님의 응답을 구했다. 그중에는 나중에 OMF의 회원이 되어 다양한 국가에서 섬긴 이들도 여럿이었다. 고향의 교회와 자기가 하는 일에서 중요한 지도자가 된 이들도 있었다. OMF의 후원을 받아 학생들과 함께 일하고 있던 외국인 선교사 부부는 이 그룹이 굉장히 노력하고 있으며 매우 격려가 된다는 것을 알게 되었다. 학생들이 하나님의 말씀을 함께 탐색하고 있을 때 그들도 학생들 옆에서 자유롭게 그 배움에 함께했다. 또한 그들은 신실한 멘토가 되기 위해 애썼다. 많은 학생들은 인생

말론과 요이트

을 함께하는 친구가 되었다. 많은 눈물과 많은 기쁨을 함께 나누었다.

말론은 대학 4학년이었을 때 민도로의 망얀족 마을에 배치되어 선교 훈련을 받았다. 망얀족은 여섯 개의 소수 부족으로 이루어진 집단이었는데, 1950년대 초부터 OMF 선교사들이 그들 가운데에서 일해오고 있었다. 성경을 가르치고 여섯 개의 언어로 성경을 번역하는 일 외에도 OMF 사람들은 촉매제의 역할도 하고 있었다. 일단의 기독교인 변호사들과 협력하여 광범위한 개발 계획을 수립하고 있었던 것이다. 그 계획의 목적은 소수 민족과 특히 부족 집단에게 부정적인 영향을 미쳤던 물리적이고 사회적인, 그리고 경제적인 문제를 처리하는 것이었다.

졸업 후 6년 동안 말론과 그의 아내 요이트는 망얀족과 함께 일하며 공동체 개발 프로젝트를 이끌었다.

그 프로젝트는 성인 문맹인과 1차 의료 시설, 법률적인 도움을 위한 프로그램을 포함했고, 상업과 농업, 협동 조합을 세웠다. 여기에는 여전히 소수 부족을 섬기고 있었던 OMF 선교사들과 긴밀한 협력 체계 속에서 함께 일하는 것도 포함되었다. 말론과 요이트는 또한 초등학교에 다니기 위해 저지대로 온 많은 망얀족 아이들을 위해 기숙사 사감으로도 일했다. 그들의 삶은 충만했지만 그들은 점점 더 망얀족 사람들을 사랑하게 되었고 그들의 사랑도 받게 되었다. 6년이 끝날 때쯤 말론은 망얀족 교회의 지도자를 훈련하여 교회를 넘겨받도록 했다. 이것은 심지어 그가 신앙을 갖기도 전에 꿈꾸었던 사회의 변화였다.

말론, 요이트 롤던, 가족

1980년대 중반 말론은 하나님께서 자신을 목회 사역으로 부르심을 깨달았다. 그는 필리핀과 런던 두 곳 모두에서 공부할 수 있었고 두 교회에서 여러 해 동안 목회했다. 이 시간 동안 요이트는 대학 강의 속에서 그녀 자신의 사역을 발전시켰다.

하지만 말론은 공동체 발전에 대한 깊은 책임감을 떨쳐버릴 수 없었다. 특히 그는 소외된 이들을 위한 책무와 주 예수의 이름으로 사회 변혁에 헌신하는 교회 개척에 대한 책무를 통감했다. 그래서 1996년부터 1999년까지 그는 아시아 복음 협회(Asia Evangelistic Fellowship)와 함께 일했고, 그곳에서의 역할을 다하기 위해 나라 전역을 돌며 여행했다.

한번은 여정 중에 필리핀의 서부에 있는 팔라완 섬을 방문하게 되었는데, 그곳에 사는 소수 부족의 무관심에 그는 슬펐다. 1년 후 말론은 팔라완에서 온 목사님 무리를 인솔하여 민도로로 가서 망얀족 가운데 완성되고 있는 일을 보여주게 되었다. 여섯 부족 집단 모두를 대표해서 일하는 망얀 부족 교회 연합(Mangyan Tribal Churches Association)과 협력하여 이루어낸 성과였다. 당시 그 일은 망얀족 스스로의 손 안에서 이루어지고 있었다. "저," 말론이 말했다. "팔라완에 사는 소수 부족이 이와 같은 일을 개발할 수 있도록 이제는 당신이 도울 수 있다고 생각하지 않으시나요?" 동시에 그는 망얀족 교회 지도자에게 물었다. 그는 이미 루손 섬 남부의 네그리토 부족에게 독자적으로 선교사를 보내고 있었다. "팔라완에도 사람들 보낼 수 있도록 기도해주시겠습니까? 복음을 받아들임으로 해서 당신의 삶이 어떻게 달라지게 되었는지 당신은 잘 알고 있을 것입니다. 이제는 당신이 이 사람들을 도울 수 있을 것입니다!"

말론은 민도로를 방문했을 때도 망얀족 사람들에게 반복해서 도전 과제를 제시했다. 그는 망얀족 교회의 지도자 중 한 명인 피터 마유트를 만났는데 그는 팔에 삼각건을 매고 있었다. "무슨 일입니까?" 말론은 물었다.

"망얀 신학교 교장 선생님과 함께 있었습니다. 우리 부족 사람 중 일부를 다른 곳에 있는 소수 부족에게 보낼 수 있을지 알아보려고 했거든요." 피터는 대답했다. "우리는 오토바이를 타고 있었고 OMF 회원 부부가 다른 오토바이를 타고 있었어요. 그때 공격을 받은 것이죠. OMF 부부와 운전사 모두 상처를 입었어요. 나는 빨갛고 뜨거운 숯 같은 것이 두 손가락 사이를 지나가는 것을 느꼈어요. 총알이었죠. 제 앞에서 운전사가 죽는 것도 봤어요. 그건 끔찍한 경험이었어요."

말론은 부드럽게 말했다. "팔라완에 가서 그곳에서 무엇을 할 수 있는지 직접 보지 않겠습니까? 아무도 그곳에서 당신을 공격하지 않을 것이라고 약속해요!" 곧 신학교 교장 선생님과 학생 몇 명이 직접 보기 위해 물을 건너 출발했다. 그들은 팔라완 교회 지도자들과 이야기를 나누었고 저지대의 목회자들에게 연대기적인 성경 이야기를 하는 방법을 보여주기도 했다. 이 방법은 특히 말로 배우는 교인들이 많은 그들에게 큰 도움이 되었다. 그 결과로 이듬해 말론은 망얀족 네 가정과 함께 팔라완 마을로 가는 배에 올랐다. 그곳에서 그들은 저지대 목회자들과 협력하여 일하기로 되어 있었다.

2001년 말론은 OMF의 "필리핀을 섬기는(서브 필리핀; Serve Philippines)" 팀에서 공동체 개발 고문이 되었다. 필리핀은 수백 개의 흩어진 섬으로 이루어져 있는데, 수많은 개별 소수 부족들과 언어가 있는 나라이다. 서브 필리핀 프로그램은 자국 내의 필리핀 사람들이 타 문화적으로 섬길 수 있도록 한다. 종종 활동가들은 예수님의 이름으로 조용한 시작에 동참하게 된다. 가난한 이들과 소외받는 이들의 삶을 향상시키고 지진이나 태풍, 쓰나미 등 빈번하게 나라를 괴롭히는 자연재해의 후유증으로 고통받는 이들을 돕는 일이다. 말론의 개발 사업 경험은 많은 프로젝트에 귀한 도움을 주었다.

말론 롤던과 앤드리아 롤던

말론과 요이트는 또한 그들의 딸 앤드리아가 OMF와 함께하게 되어 매우 기쁘다. 그녀는 다른 나라의 소수 부족과 함께 일한 후 필리핀에 돌아와 OMF 필리핀 사무소의 첫 번째 단기 선교 팀을 조직했다. 나중에 그녀는 OMF의 모든 단기 공석을 책임지는 국제 조력자가 되었다. OMF는 언어를 배우고 문화를 이해하기 시작하는 데 드는 시간을 감안하여 주로 장기간 사역을 약속하는 사람들도 구하지만, 단기간의 섬김을 위한 기회들도 상당히 많다.

말론과 요이트를 부모님으로 둔 앤드리아는 단기 사역이 지속적인 장기 사역과 협력하여 이루어질 때 최선의 결과를 낳는다는 점을 잘 알고 있다. 그녀는 또한 사람들이 스스로 주님을 알게 되는 과정을 통해 사람이 변하는 것을 목격하는 일이 정말 즐겁지만, 주변 사람의 삶을 변화시키는 사역을 통해 그들의 삶이 바뀌는 것을 보는 일 또한 매우 사랑한다.

청년 시절 말론은 인생의 큰 질문에 대한 해답을 찾아 헤맸고 필리핀의 가난하고 소외받은 이들의 삶을 개선시키기 위한 방법을 모색했다. 그리스도 안에서 말론은 자신이 찾던 답을 찾았고 하나님께서는 그를 사용하셔서 그의 나라 안팎의 많은 이들을 축복하셨다.

44. 선교의 촉매제

1973년 구니미쓰 오가와와 히로코 오가와 부부는 일본 최초의 OMF 선교사로 인도네시아에 갔다. 일본에 있는 교회는 매우 작은 규모이지만 인도네시아에는 상당히 큰 교회들이 많다. 그렇다면 왜 주님께서는 그들을 고국에서 데려와 인도네시아로 인도하신 것일까?1984년 오가와 부부는 싱가포르로 가서 타 문화 사역을 위해 (아시아인들과 서양인들) 신자들을 준비시키는 훈련 센터를 이끌어 달라는 요청을 받았다. 인도네시아에서의 그들의 경험은 이 사역에 깊은 통찰과 지혜를 가져왔다.

"1969년 해외 선교 사역에 부르심을 받은 이후로 계속해서 나는 하나님께서 주신 희망과 질문을 마음에 품었습니다. 일본의 기독교인의 수는 전체 인구의 1%도 되지 않고, 어쩌면 다른 어느 나라보다도 복음이 필요한 나라가 일본인데 어째서 우리 아내와 나는 해외로 가야 했을까요? 나는 하나님의 계획에 실수가 있다고 생각하지 않습니다만 하나님께서는 이 질문에 어떤 대답을 주실까요? 우리는 하나님께서 반드시 응답하실 것임을 확신하면서 계속해서 진정으로 선교사의 길을 걸었습니다."

구니미쓰 오가와는 인도네시아에 간 지 몇 년 후 이렇게 기록했다. 그와 그의 아내 히로코가 깨달은 것은 다음과 같다. 하나님께서 우리를 부르셔서 믿음 안에서 순종하게 하실 때는 우리의 지각을 훨씬 넘어서는 목적을 가지고 계신다.

오가와 부부는 성경을 읽으면서 모든 그리스도인들은 마음에 세계를 품어야 하며 어떻게든 타 문화 선교에 참여하도록 부르심을 받았음을 확신하게 되었다. 인도네시아의 자바인들 가운데 들어가 섬기라는 부르심을 강력하게 느끼게 된 그들은 연구와 학문 분야의 성공적인 직업을 내버려두고 일본의 OMF에 지원했고, 받아들여졌다. 그들은 어린 딸을 데리고 인도네시아로 향했다. 일본의 복음 자유 교회(Evangelical Free Church)가 오가와 가족을 파송했는데, 당시 그 교회의 신도 수는 전국적으로 약 800명이었다. 오가와 부부뿐 아니라 교회로서도 믿음의 모험이었던 것이다.

인도네시아어를 좀 공부하고 나서 오가와 부부는 자바 중부의 뮤리아 교회(Muria Church)와 함께 사역을 시작했다. 그들의 셋째 아이가 태어난 지 몇 시간 후 죽은 일을 포함해서 초반에는 결코 쉽지 않았다. 나중에 구니미쓰는 이렇게 기록했다. "아내와 나는 종종 하나님의 말씀에 대해 생각해 보았어요. '우리가 알거니와 하나님을 사랑하는 자 곧 그의 뜻대로 부르심을 입은 자들에게는 모든 것이 합력하여 선을 이루느니라.'(로마서 8:28) 이제 우리가 이 모든 일을 돌아보면서 깨닫게 되는 것은 이 경험을 겪으면서 함께 어울려 살아가고 있는 사람들의 따스한 마음을 알 수 있었다는 것입니다. 우리를 향한 하나님의 사랑과 그 뜻을 계속해서 믿는다는 일이 우리에게는 새로운 도전이었어요.

그리고 우리가 받은 보내심의 목적이 되는 사람들을 향한 우리의 사랑이 충분하지 않다는 경고이기도 했고요. 저는 살라티가 교회(Salatiga Church)에 연이어 축복을 주시는 주된 이유 중 하나가 이것이라고 말할 수 있다고 생각해요." 그들의 아이는 인도네시아 목사님의 아들 옆에 묻혔다. 여기에 깊은 동질감이 있었다.

오가와 부부는 인도네시아어뿐 아니라 자바어를 배워야 했다. 하지만 동시에 그들은 다양한 사역에도 참여했다. 전도 활동, 성경 학교에서의 강의, 대학생 양육까지. 1979년 두 번째 사역 임기가 시작되었을 때쯤, 그들은 지역 목회자와 함께 한 팀을 이루어 일했다. 주된 교인들에 더해 세 개의 작은 마을 교회들에 가서 강의하고 격려해야 했다. 하지만 인도네시아에서의 초창기부터 오가와 부부는 인도네시아의 기독교인들이 타 문화 선교에 참여하도록 하여, 언젠가는 그 일이 이루어지는 것을 하는 것을 꼭 봐야 한다는 부담감을 느꼈다. "인도네시아어를 공부하고 있는 중에도 나는 주변 교회들에서 설교를 하기 시작했어요. 그리고 거의 모든 설교에서 나는 선교라는 주제를 소개했죠." 구니미쓰는 말했다. "하지만 한 번도 긍정적인 반응이 없었어요. 반대로, 반감이 있었죠. 우리는 이런 말을 들었어요. '일본은 일본, 인도네시아는 인도네시아이다. 외국에 선교사를 보낸다는 생각은 시기상조이다. 인도네시아 안에도 하나님의 은혜와 활동가들이 필요한 많은 지역이 있다.' 내가 뭐라고 하든 그것에 대한 현실적인 검토는 이루어지지 않는 것을 보고 나는 희망을 잃었어요."

오가와 부부가 할 수 있었던 한 가지는 기도였다. 그들은 집에서 소규모 기도 모임을 시작했고, 세계를 위해 기도했다. 본국 사역이 끝났을 때 그들은 살라티가에 있는 교회와 함께 일을 하러 갔는데, 그곳에서 다시 기도 모임을 시작했다. 이번에는 전 세계가 예수 그리스도의 복음을 들어야 한다는 필요성을 볼 수 있도록 하는 것에 집중했다. 먼저 교회의 권사님들이 반대를 했지만 점차 그들은 인도네시아 내 다른 지역에 대한 선교를 자신들이 후원할 수 있는 어떤 것으로 받아들였다. 그것은 중요한 첫 발걸음이었다.

나중에 오가와 부부는 한나 한도조의 방문을 받았다. 한나는 OMF와 함께 외국으로 나간 최초의 인도네시아 출신 선교사였다.(그녀는 1978년에 필리핀으로 갔다.) 인도네시아에 있는 오가와의 교회에서 열린 선교 기도 모임에서 한나가 연설을 한 이후, 그 교회는 자국 선교와 해외 선교 모두에 대한 재정적인 후원을 시작하기로 결의했다. 선교를 위한 기도가 선교사들의 기도 모임뿐 아니라 정규 예배에 포함되었다. 선교에 관련된 비전이 꾸준히 커나갔고, 교회 신자들의 삶에서 일상적인 부분이 되었다. 1년에 두 번 있는 성도 훈련 과정에 세계 선교에 관한 강의가 포함되었다. 선교는 이제 더 이상 사람들이 그들에게로 가져오는 어떤 것이 아니라 온 교회가 헌신하는 어떤 것이 되었다.

오늘날 더욱더 많은 수의 인도네시아인들이 국내외를 막론하여 타 문화적으로 예수 그리스도를 섬기고 있다. 인도네시아 출신으로 OMF와 함께 일해 온 이들 중에는 앤더시우스 남시와 라트나 남시가 있었다. 그들은 1999년부터 2008년까지 태국에서 섬겼다.

1992년 남시 부부는 인도네시아 국내 이사회를 통해 OMF에 지원했다. 그들은 해외로 가기를 원했지만 당시에는 그럴 수가 없었다. 필요한 재정을 모으지 못했기 때문이다. 대신 그들은 국내의 교회에서 다문화 봉사 팀을 섬겼다. 그들은 인도네시아에서 즐겁게 섬겼고 해외에 가는 것에 대해 많은 생각을 하지 않았다. 재정적인 문제는 높은 장벽인 듯했고, 극복할 수 없어 보였기 때문이다.

1998년 인도네시아를 비롯해 대부분의 동남아시아 국가들은 금융 위기로 휘청였다. 하지만 바로 그때 주님께서는 남시 부부에게 태국으로 가야 한다는 확신을 한 번 더 주셨다. 1999년 그들은 주님께 순종하여 태국으로 떠났다. 재정 상태는 그곳에서 6개월 정도 머무를 수 있는 정도에 불과했다.

뜻밖에 주님께서는 그들에게 태국에 장기간 체류할 수 있는 돈을 공급해주셨고 남시 부부가 OMF의 정회원이 될 수 있도록 해주셨다. "하나님께서 우리와 우리의 사역을 위해 해주신 일은 기적과 같은 놀라운 일이었습니다. 인도네시아의 엄청난 경제 위기를 생각해보면 더욱 그렇습니다." 앤더시우스는 말했다. "불가능한 것을 가능하게 만들어주신 분은 바로 주님이셨습니다."

앤더시우스와 라트나는 아시아의 다른 나라에 있는 어떤 교회가 2년 동안 인도네시아의 선교를 후원하기 위해 기도해왔다는 사실을 알게 되었다. 앤더시우스가 태국에 온 직후 그 그룹의 누군가가 앤더시우스의 간증을 듣게 되었던 것이었다. 이후 또 다른 교회가 이 부부를 후원하기로 결정했다. 하나님께서 공급하신 것이다.

오가와 부부는 왜 주님께서 자신들을 일본의 작은 교회에서 데려와서 인도네시아로 인도하셨는지 궁금했다. 아마도 그 대답이 여기에 있을 것이다. 그들은 이 이야기의 일부가 되어야 했던 것이다. 인도네시아인들이 세계 선교 속에서 자신들의 위치를 찾을 수 있도록 격려하는 중요한 촉매제로서 말이다. 그들의 이야기는 하나님께서 자기 백성을 위해 세우신 은혜의 목적이라는 크고 원대한 이야기의 일부가 되었다.

몇 년 전 오가와 부부가 은퇴하고 나서 주님께서는 그들을 불러 도쿄에 새로운 교회를 개척하게 하셨다. 그때쯤 오가와 부부는 자카르타에서 수년간 섬겼던 교회를 방문하여 도쿄에 교회를 개척하는 비전을 공유하기 위해 인도네시아로 다시 갔다. 그 교회는 그들을 위해 특별한 임관 예배를 드렸다. 이전에 학생이었던 이들 중 하나가 이제는 성공적인 사업가가 되었는데, 도쿄의 사역을 돕기 위해 크게 재정적인 기여를 했다. 인도네시아의 신자들 가운데 다른 민족들을 위한 마음을 육성하려 했던 그들의 노력은 헛되지 않았다. 구니미쓰가 이야기했던 "선교의 길"은 이제 한 바퀴를 돌아왔다. 일본에서 예수 그리스도를 아는 인구 수는 전체의 1% 미만이다. 오가와 부부는 이제 인도네시아의 형제자매들의 기도와 후원으로 일본에 새 교회를 개척한다.

후기

이제 여러분은 이 이야기들을 다 읽었다. 어떻게 응답하겠는가? 우리는 여러분이 우리가 함께 하나님을 찬양하기를 바란다. 동아시아의 여러 민족에게 희망과 진리, 평화를 가져오신 주님의 긍휼하심으로, 주님의 그 능력으로, 그리고 주님의 그 신실하심으로 인해 우리는 하나님을 찬양한다. 우리는 보통 사람들을 통해 일하신 하나님의 놀라우신 능력을 보며 여러분의 마음이 움직이기를, 그래서 여러분이 하나님을 예배하기를 기도한다.

하나님께서 여러분이 우리와 다른 방식으로 함께 하도록 격려하시는가? 여전히 복음으로 향하는 길에는 (인간적으로 말하면) 도저히 넘을 수 없는 장애물을 만난 사람들과 장소들이 있다. 동아시아의 모든 부족 그룹에서 하나님의 교회가 시작되고 성장하는 것을 보기까지 어떤 대가가 필요할 것인가?

하나님께서 여러분을 '기도'하도록 부르시는가? 여러분은 선교 기도 편지와 뉴스, 혹은 오퍼레이션 월드(Operation World)와 같은 매체에 응하여 기도할 수 있다. 공동체와 함께할 때 가장 기도를 잘하기에 친구들을 모아서 함께 기도하는 것을 좋아하는 사람도 있다. 기도 안내서나 최신 기도 제목을 정기적으로 찾아보면 특정 지역에 여러분의 기도를 집중하는 데 도움이 될 것이다.

하나님께서 여러분을 '가도록' 인도하시는가? 여러분은 2주 동안, 2달 동안, 2년 동안, 혹은 20년 동안 섬길 수도 있다. 우리는 단기 선교와 중기 선교가 장기 선교의 필요를 돕는 한 방법인 동시에 타 문화 사역을 탐색해볼 수 있는 훌륭한 기회라고 생각한다.

하나님께서 여러분에게 어떻게 '환영'할지 보여주시는가? 여러분은 여러분의 도시에 살고 있는 국제 학생들과 이민자들, 외국에서 온 방문객들과 얼마나 많은 시간을 보내었는가? 동아시아 국가의 정부들은 자국의 미래를 이끌 지도자가 될 많은 이들이 외국에서 공부할 수 있도록 내보낸다. 여러분의 나라에 와 있는 이 손님들과 친구가 되어주고 여러분의 삶을 공유하며 사랑을 나누어 주는 사역에 동참하거나 그러한 사역을 시작하지 않겠는가?

하나님께서 여러분에게 '동원'하라고 하시는가? 여러분이 이미 단기 선교 여행을 다녀온 적이 있다면 다음 여행을 이끌 수 있을 것이다. 세 명의 친구만 있으면 내년에 갈 팀을 꾸릴 수 있다. 여러분은 OMF 동원 팀에서 자원봉사자로 섬길 수도 있다. 하나님께서 여러분에게 주신 비전을 다른 이들도 볼 수 있도록 돕기 위해 무엇을 할 수 있겠는가?

하나님께서 당신에게 '배우라고' 하시는가? 가능한 모든 자원을 이용하여 하나님께서 여러분을 위해 준비하신 다음 단계를 위해 스스로 준비하고 성장하라. 하나님께서 당신의 마음에 정해주신 곳에 대한 소식과 선교 전기를 읽어보라. 퍼스펙티브스(Perspectives)나 카이로스(Kairos)와 같은 과정을 수강하라. 언제든 할 수만 있다면 타 문화 활동가들과 교류하면서 그들의 경험에 대해 가능한 한 많이 물어보라.

하나님께서 당신에게 '보내'라고 요구하시는가? 선교사들은 사역의 모든 단계에서 실질적인 후원과 격려가 많이 필요하다. 지금 있는 곳에서 선교사 후원 팀을 시작하거나 가입하여 그들이 하는 일의 일부가 되라. 사역이 앞으로 나아 갈 수 있도록 여러분의 시간과 돈, 창의력과 격려를 희생적으로 기부하라.

우리는 여러분이 이런 기회들을 탐색해볼 수 있도록 돕기를 원한다. 여러분이 동아시아에 발을 들여본 적이 없다고 해도 하나님께서는 개척자들의 발자취를 따라갈 수 있는 기회를 주신다. 그들의 발자취는 앞에서 다루어졌다. 우리 중 많은 이들은 하나님께서 주시는 이러한 단순한 질문들과 기회들을 통해 이 여정을 시작했다. 오늘 우리에게 연락하여 우리가 어떻게 하면 여러분을 위해 기도할 수 있고, 여러분이 스스로의 여정을 시작하도록 격려할 수 있을지 알려주길 바란다.

국제 OMF
www.omf.org

참고 문헌

🔖 150년의 역사를 거쳐

- Broomhall, A. J. *Hudson Taylor and China's Open Century*. Hodder & Stoughton and OMF, 1981—1987, 7 vols.
- Huntley, David Alan. *From Shanghai to Nanyang — and back.* 미출판 간행물, 2013.
- Huntley, D. A. "The Withdrawal of the China Inland Mission from China and the Redeployment to New Fields in East Asia: An Understanding of the Methodology and Decision —Making Processes." Ph.D. Diss., Trinity Theological Seminary, 2002.
- Steer, Roger. *J. Hudson Taylor: A Man in Christ.* Singapore: OMF, 1990

CIM과 OMF의 여러 간행물들(제목은 150년의 역사 속에서 여러 번 바뀌었다.)

China's Millions, 1875—1952년 5월

The Millions, 1952—1964

East Asia Millions, 1965—1996

East Asia's Millions, 1997—2011

East Asia's Billions, 2000—2011

Millions, 2012—

Billions, 2012—

🐚 약한 자를 강하게 하시는 하나님의 미쁘심

5. 순례자의 삶

- Huntley, D. A. "The Withdrawal of the China Inland Mission from China and the Redeployment to New Fields in East Asia: An Understanding of the Methodology and Decision —Making Processes." Ph.D. Diss., Trinity Theological Seminary, 2002, p. 72.
- *China's Millions* 1946−1952, *The Millions* 1952−1964, *East Asia Millions* 1965−1968
- Mary Welander의 미출판 기록물
- OMF 말라야/말레이시아 선교사들의 회고
- Welander, Mary. *I Was a Rebel* London: OMF International U. K., 1962.

6. 어린아이들을 용납하여 나에게 오게 하라

Grace Harris 자료들:

- Harris, Grace. "Round the Camp Fire," *East Asia Millions*, 1977. 12.
- *China's Millions* 1946−1952; *The Millions* 1952−1954; *East Asia Millions*, 1952−1980의 발췌글
- 태국 OMF 선교사들의 회상
- Grace Harris의 메모글

Erwin Groebli 자료들:

- Erwin Groebli의 이야기
- *East Asia Millions*, 1965−1996; *East Asia's Millions*, 1997−1999; *East Asia's Billions*, 2000, 2008.

7. 보르네오 교회의 성장

- Brian and Esther Newton이 해준 이야기들

8. 느닷없는 담대함

- Robert Erion의 기사

9. 참새 한 마리도 그분의 허락 없이는

- Beth McFarland의 기사

10. 신뢰를 배우다: 캄보디아의 소외된 여성들

- Elisabeth Hirschi의 이야기
- Hirschi, Elisabeth. *Gottes sanfte Beruhrungen (God's Gentle Touch)*. OMF books, 2013.

11. 우리의 힘을 넘어서

- 창의적 접근 지역 선교사와의 인터뷰

📖 어둠에서 빛으로 옮기시는 하나님의 미쁘심

12. 비옥한 땅

- 보안상 이름을 거론할 수 없는 OMF 선교사들과의 인터뷰와 이메일들

13. 만지시는 능력

- Bell, Roland. "Flood fighting at Manorom," *East Asia's Millions*, 1976. 2.

Anne Townsend의 글:

- "Teach Us at Dawn," *East Asia's Millions,* (이하 *EAM*) 1966. 9
- "Of Such is the Church," *EAM,* 1967. 11.
- "That's not missionary work, is it?" *EAM,* 1968. 6.
- "Metamorphosis of Paddy Field Hospital," *EAM,* 1968. 10.
- "Cultural Comprehension," *EAM,* 1968. 12.
- "Moving-Where?" *EAM,* 1969. 9.
- "In medicine," *EAM,* 1970. 10.
- "Impossible," *EAM,* 1976. 4.
- "A need to be met," *EAM,* 1976. 6.

John Townsend의 글:

- "speaking of Medical Work," *EAM,* 1971. 6.
- "I wish you could come," *EAM,* 1972. 3.
- "Why Mission Hospitals?" *EAM,* 1976. 2.
- "Why Medical Work?" *EAM,* 1979. 8.
- "Many Members-One Body," *EAM,* 1979. 8.
- 미출판 자서전(허가 받고 사용)

14. 몽골에 빛이 비치다

- OMF 선교사 Kirk Matthews의 글
- Cable, Mildred and Francesca French. *The Making of a Pioneer.* New York; Frederick A. Stokes Co., 1935.

15. 비극에서 믿음으로

- OMF 선교사 Matthias Holighaus의 글
- OMF 태국 필드 기도 편지들, 2004

- 당시 OMF 선교사들의 이메일

16. 실사구시

- 창의적 접근 지역의 선교사가 써준 글

17. 진주 가족 정원

- Twillert, Tera van. "Serving those on the street," *East Asia's Billions,* 2009. 10.
- Twillert, Tera van. "Promised Land: The birth of a new ministry," *Billions,* 2014. 1.
- Tera van Twillert의 이메일들

📖 공급하시는 하나님의 미쁘심

18. 우리가 구하거나 생각하는 모든 것 이상

- Frame, Raymond, "CIM story of the Year 1948," *Friend, I do thee no wrong.* 1948.
- *China's Millions* (1948)의 다른 글들 참조

19. 북부 태국을 위한 신학교

- John Davis의 미출간 회고담
- David Pickard(전 태국 필드 대표, 전 OMF 총재)와의 인터뷰와 주고받은 서신들
- *EAM* (1975-1995)의 다른 글들 참조

20. 인쇄물의 지속적인 힘

- "OMF Book Boom in Indonesia," *EAM,* 1972. 6.

- Dainton, Martin. "Coffee into Books," *EAM,* 1968. 4.
- Dainton, Martin. "Milk for Babes," *EAM,* 1969. 6.
- Dainton, Martin. "Through Communication," *EAM,* 1970. 10.
- Merle Grigg. "Tracts for the Times," *EAM,* 1966. 10.
- Russell Grigg. "Indonesia Flash," *EAM,* 1965. 11.
- Leatha Humes. "Textbooks for a Nation," *EAM,* 1967. 12.
- Longley, Guy. "Christian Literature in a Muslim Land," *The Millions,* 1961. 11.
- Ruck, Anne. *God Made It Grow: OMF Indonesia, the First 50 Years.* 2003.
- Steed, George. "Proceed to Indonesia," *The Millions,* 1960. 4.
- Leatha Humes와 Jack Largent가 주고받은 서신들
- 다른 OMF 은퇴 선교사들의 회상

21. 여우도 굴이 있고 공중의 새도 거처가 있다

- Averil Bennett의 글들
- Bennett, Averil. "The Church along the Mekong," *EAM,* 1991. 8.
- Bennett, Averil. "There's Power in Praise," *EAM,* 1992. 12.
- *EAM*(1983−1993)의 다른 글들 참조

22. 오해−하나님의 응답

- 손창남의 글

23. 일본에서 받은 큰 선물

- OMF 일본 필드 기록물과 서신
- 존 테일러(전 일본 필드 대표), 나오유키 마키노(전 일본 국내 대표)

24. 사랑으로 그의 나라에 들어가며

- Sin Ei Teo의 글, 대만과 싱가포르 OMF 선교사들의 글

25. 태풍의 축복

- Wendy Marshall의 글

📖 연단을 통한 하나님의 미쁘심

26. 1900년 의화단 사건

- "북부 중국에서 의화단 사건의 발단," *China's Millions,* 1900. 9, 10, 11; 1901년까지.
- Broomhall, A. J. "의화단의 광란, 1898−1900," *Hudson Taylor and China's Open Century* Vol. 7, It Is Not Death to Die, 291−434. Sevenoaks, Kent: Hodder & Stoughton, 1989
- Broomhall, Marshall. *Martyred Missionaries of the China Inland Mission, With a Record of the Perils and Sufferings of Some Who Escaped.*London: Morgan & Scott, 1901.

27. 아이들을 사랑하기 위하여

- *China's Millions,* 1887 ~ 1918의 여러 글들
- Mary Searles(생존한 친척)과 주고받은 서신
- Thompson, Phyllis. *A London Sparrow,* London: Word Books, 1971

28. 휠체어를 탄 전도자

Jean Anderson의 글들

- "Booked to Sail for Southeast Asia," *The Millions,* 1953. 1.
- "A First Glimpse of Thailand," *The Millions,* 1954. 3.
- "A Spirit at Work in Central Thailand," *The Millions,* 1954. 4.
- "Opportunities Through Leprosy," *The Millions,* 1956. 4.
- "Missionary on Wheels," *The Millions,* 1964. 3.
- "Hope for the Hopeless," *East Asia Millions,* 1965. 10.
- "Beauty for Ashes," *East Asia Millions,* 1966. 11.
- "Wheels within Wheels," *East Asia Millions,* 1968. 10.
- "Manorom Convert," *East Asia Millions,* 1977. 12.

다른 작가들

- "Miss Jean Anderson," *The Millions,* 1960. 4, 1961. 1.
- "He Maketh My Way Perfect," *The Millions,* 1961. 6.
- Wibberly, Gerald. "Bible Study and Rubber Shoes," *East Asia Millions* ,1976. 6.
- 태국 OMF 선교사들의 회상

29. 하나님께서 준비해 주신 마음

- Gillian Orpin의 미출판 원고
- *East Asia Million, East Asia's Millions* 그리고 *East Asia's Billions*에서
- Leatha Humes와 jack Largent의 서신
- OMF 은퇴 선교사의 개인적인 회상
- Bottom of Form
- "Tragedy in Tribesland," *The Millions,* 1962. 7.
- "Laos," *EAM,* 1968. 9
- "Abroad," *EAM,* 1970. 1
- Orpin, Gillian. "The Leading of Love," *The Millions,* 1963. 3.
- Whitelock, Doris. "What Makes a Translator," *EAM,* 1970. 11

30. 킬링 필드에서 하나님의 사랑으로

- Solina Chy의 글

31. 고난으로 문을 여시다

- Irene McMahon의 글

32. 인생을 바꾼 병

- Steve Paterson의 글

📖 가르치시고 인도하시는 하나님의 미쁘심

33. 카친족의 기쁨, 고통, 그리고 깨달음

- Sik Pui Wong. *Sheming de Ai*: *Zhongguo Neidihui Xuanjiaoshi Xiaozhuan*(Sacrificial Love: Portraits of CIM Missionaries), CCM Publishers, 2006.
- "Papers of Jennie Kingston Fitzwilliam – Collection 272," Billy Graham Center Archives.
http://www2.wheaton. Edu/bgc/archives/GUIDES/272.htm.
- Shen Baoluo (Paul). "Working in Yunnan Province among the Lisu Tribe," *Christian Life Quarterly,* Vol. 6, No. 1, 2002. 3.

34. 60년, 신앙 속에서 한 걸음 또 한 걸음

- Barham, Marie. "The Mangyans of Mindoro," *China's Millions,* 1952. 4.
- Brown, Morven Cree. "Responsive Tribespeople," *The Millions,* 1955. 12.

- Page, Hazel. "In Search of Words," *The Millions,* 1953. 11.
- Reed, Barbara Flory. *Beyond the Great Darkness: Modern Missionary Pioneering in the Jungles of the Philippines.* Singapore: OMF, 1987.
- Stickley, Caroline. *Broken Snare.* London: OMF, 1975.
- Williamson, Francis and Marie Barham. "Reaching Mangyan Tribespeople," *The Millions,* 1952. 11.
- Williamson, Francis. "Into the Philippine Islands, Mindoro," *The Millions,* 1952. 6.
- Williamson, Francis. "The Tribes Wait to Hear," *The Millions,* 1952. 6.
- Williamson, Francis. "Seeking the Mangyan," *The Millions,* 1955. 7.
- Theo Herren이 제공한 정보
- OMF 망얀 선교사들의 개인 편지(1968-2014)

35. 복음 책자를 만들어내다

- OMF 은퇴 선교사들의 개인 편지

36. 첫해의 도전

- Eilish Agnew의 글
- Smalley, William A. "Culture Shock, Language Shock, and the Shock of Self-Discovery," *Practical Anthropology* 10 (1963) pp. 49-56.

37. 일본에서 사랑을 가지고

- 나오유키 마키노와 이주 마키노의 서신들
- 일본 OMF 필드의 기도 편지들
- EAM의 여러 글들 참조(1974-2002)
- 여러 OMF 선교사들의 회상

38. 열린 문을 찾아서

- 창의적 접근 지역 선교사의 글

39. 하나님이 주선하신 약속: 아프리카

- Hans-Walter와 Sabina Ritter의 기도 편지

📖 모든 세대를 위한 하나님의 미쁘심

40. 신앙의 상속

- *China's Millions* 1902-1952; *The Millions*, 1952-1964; *EAM*, 1964-1971
- Douglas Pike의 가족 서고에서 제공한 이야기
- 캄보디아와 싱가포르의 OMF 선교사들과 개인적으로 한 인터뷰

41. 개척자 외과 의사

- *China' s Millions*, 1913-1951
- Kelman, Georgina. "Jessie Mac, A missionary Doctor in China," Works on Paper. 2012.6.11. http://georginakelman.blogspot.com/2012/06/jessie-mac-missionary-doctor-in-china.html.
- McDonald, Anne. "A Missionary in China; Dr. Jessie McDonald," Lecture, *Proceedings of the 16th Annual History of Medicine Days*, Calgary, Alverta, 2007. 3.

42. 내가 교회를 세우리라

- Pattisson, Peter. *Crisis Unawares*. London; OMF UK, 1981.
- *EAM*, (1965-2004)

• Peter and Audrey Pattison과 John and Kathleen Wallis의 서신들, 1968-2014

43. 가난한 이들을 위한 정의

- Marlon Roldan의 서신
- OMF 필리핀 필드의 기도 편지
- Dick and Rose Dowsett의 미출판 개인 기록들

44. 선교의 촉매제

- Ogawa, Joshua K. *Unlimited Purpose: An Asian Missionary Tells His Story*. Singapore: OMF, 1986.
- Andersius and Ratna Namsi의 편지
- 인도네시아와 일본의 OMF 선교사들의 회상
- *EAM,* 1973-1997; *East Asia's Billions,* 1997-2012; *Billions,* 2012-2014 🐾

CIM/OMF 여정 속 역사적 이정표

🔖 635-1839 중국의 복음화를 위한 초기의 시도

635년 네스토리우스 교파 기독교인들에 의한 첫 시도 후 중국의 복음화를 위한 초기의 시도는 박해에 부딪히는 경우가 많았다. 1839년 아편 전쟁이 터지고 나서야 개신교 선교사들이 19세기의 중국에 들어가게 되었는데, 그곳에서 그들은 복음화의 노력이 규제를 받고 있었거나 아주 느리게 진행되고 있었음을 알게 되었다. 1853년 중국 선교회(Chinese Evangelisation Society(CES))가 허드슨 테일러를 중국으로 보냈다.

🔖 1865 중국 내지 선교회(China Inland Mission (CIM)) 설립

허드슨 테일러는 중국에서 6년간 섬기던 중 중국에 와 있던 다른 선교사인 마리아 다이어와 결혼했다. 이 시기를 통해 하나님께서는 그에게 수백만 명의 중국인들을

위한 마음을 주셨고, 내지 복음화에 대한 비전을 주셨다. 이러한 방향 설정은 CES에서 승인되지 않았고, 허드슨 테일러는 사임하기로 결심한다. 그와 그의 가족은 건강의 이유로 잠시 영국에 돌아온다. 1865년 6월 25일 그는 브라이튼 해변을 걸

으며 중국과 그 나라의 영적 필요를 위해 기도했다. 하나님께서는 그가 중국의 새로운 외국인 선교회를 이끌 사람이 될 것임을 보여주셨다. 허드슨 테일러는 24명의 유능하고 헌신된 일꾼들을 위해 기도했다. 중국의 11개 내륙 지방과 몽골에 각 두 명씩 보내기 위해서였다. 그는 은행에 10파운드를 예금했다. 이것이 '중국 내지 선교회(CIM)'의 시작이었다.

⚑ 1866 CIM 초창기

허드슨 테일러는 영국을 떠나 중국으로 향했다. 그의 가족들과 16명의 일꾼들이 그와 함께 래머뮤어(Lammermuir) 호에 올랐다. CIM 선교사들은 중국식 의복을 입고 중국의 내륙 지방을 방문했고, 교회 개척에 대한 열망을 가지고 복음을 전했다. 1866년 말, 중국 내지 전역의 네 개의 본부에서 24명의 선교사들이 활동했다.

⚑ 1870-1875 고초에도 불구하고 이루어진 초기의 전진

1870년 이후의 시간은 CIM 역사에 있어 가장 어두운 순간들 중 하나였다. 재정은 바닥이 났고 정치적으로 불안정한 시기였으며 선교사들의 건강은 악화되었다. 18명의 선교사들이 더 필요했다. 이 새로운 18명의 선교사들이 두 명씩 짝을 지어 9곳의 새로운 지역에 거주하기 시작하면서 확장기가 시작되었다.

⚑ 1881-1886 전진을 위한 두 번의 요청

당시 전체 선교사의 수가 100명이 채 되지 않았지만 70명의 새로운 선교사들을 위한 기도 요청이 발표되었다. 하나님께서는 3년이 채 되기 전에 73명의 새로운 선교사들을 보내주셨다. 캠브리지 세븐(Cambridge Seven)이 탄생한 것도 이 시기이다. 1886년 100명을 위한 요청이 발표된 지 1년 후 102명의 선교사가 중국으로

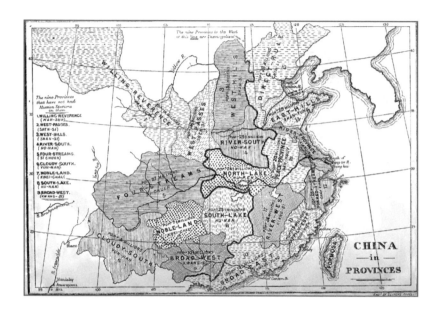

가는 배에 올랐다.

⚓ 1900   의화단 사건, 공포의 시대

공포 정치의 시대에 의화단은 중국에서 모든 외국인을 몰살하려고 시도했다. 수백 명의 선교사들과 수천 명의 중국인 기독교인들이 순교했다. CIM 단독으로만 58명의 선교사와 21명의 자녀를 잃었다. 그러나 이 시기 동안 CIM의 선교사 수는 933명으로 늘었다.

⚓ 1905   허드슨 테일러 서거

허드슨 테일러는 중국에서 50년 넘게 활동적으로 사역한 후 1905년 6월 3일 창사에서 숨을 거두었고, 전장에 있는 첫 부인 마리아의 곁에 묻혔다.

🐾 1915-1934   CIM 성장의 시기

CIM의 초기 사역은 교회를 개척하고 문서 사역을 지원하며 전도 활동에 나서고 병원과 학교를 운영하는 것 등이었다. 1915년 중국 전역 227곳의 사역 본부에는 1,063명의 선교사들이 배치되어 있었다. 1934년에는 이 수가 늘어 364개의 본부에서 1,368명의 선교사들이 섬기고 있었다.

🐾 1927   어둠의 지배, 하지만 CIM은 200명을 요청하다

불안정한 정치적 상황으로 인해 중국 전역의 기독교인들이 박해를 받았고, 고문을 당했으며, 죽음에 이르기도 했다. 전체 선교사들 중 절반이 영구적으로 중국을 떠났다. 어둠의 한가운데에서도 CIM은 2년에 걸쳐 200명의 새로운 선교사를 요청하는 새로운 요청문을 발표했다. 1931년 203명의 새로운 선교사들이 중국에 도착해 있었다.

🐾 1939   많은 이들이 세례를 받고 성장이 지속되다

1939년 당시 세례를 받은 사람은 중국인과 소수 민족을 합해 거의 200,000명이었다. 제2차 세계 대전 발발 당시와 그 이후 시기에 걸쳐 선교사들은 대학교 학생들과 교수들, 정부 지도자들에게 복음을 전했다.

🐾 1949-1954   "내키지 않던 중국 탈출"

1949년 마오쩌둥과 그가 이끄는 공산당이 중국을 장악했다. 많은 선교 단체는 중국에서 철수했지만 CIM은 중국에 체류할 선교사 요청을 발표했고, 1948년과 1949년에는 49명의 신임 선교사들이 들어왔다. 1950년 CIM 총재는 중국에서의 사역은 더 이상 불가능하다고 판단했고, 모든 선교사에게 떠날 것을 지시했다.

♩ 1951 CIM의 미래를 결정하다

CIM은 해산하지 않고 태국, 말레이시아, 일본, 필리핀, 인도네시아, 대만 등 새로운 영역으로 계속해서 확장하기로 결정했다. 싱가포르에 새로운 본부가 세워졌다. 이 시기 명칭 변경이 결정되었다. "중국 내지 선교회의 해외 선교회(Overseas Missionary Fellowship of the China Inland Mission)", 바로 CIM-OMF였다.

♩ 1964 선교회 회원 허입의 확장

1964년 CIM-OMF는 그 이름을 해외 선교회(Overseas Missionary Fellowship(OMF))로 바꾸었고, 1993년 OMF International로 바꾸었다. 이때부터 아시아인들을 회원으로 받기 시작했고, 동아시아의 여덟 지역에 본부를 설립했다.

♩ 1964-2006 동아시아 전역에서의 성장과 확장

이 시기 동안 OMF는 중국을 둘러싼 국가들에서 순수 미전도 종족들을 포함하여 큰 요구가 있다는 것을 알게 되었다. 하나님께서는 그들이 믿음을 가지고 앞으로 나아가기를 원하신다는 것을 그들은 알고 있었다. 일본, 한국, 싱가포르, 홍콩, 말레이시아, 필리핀, 대만, 인도네시아에 국내 이사회가 창설되었다.

　1980년대 초부터 기독교인 전문가들이 중국에 파견되었고, 1990년대에는 창의적 접근 지역에 있는 6개국에 복음을 전하기 시작했다. 동시에 다수의 서구 국가들과 아시아 국가들에 있는 아시아 디아스포라들 가운데 선교 팀이 배치되었다. 이제 명칭은 국제 OMF(OMF International)가 되었다.

♱ 2006   계속되는 유산

패트릭 펑 박사가 총재가 되었다. 그는 총재의 위치에서 국제 OMF를 이끄는 최초의 아시아인 지도자이다. 국제 OMF의 지도부는 하나님께 간구한 후 900명의 새로운 선교사를 모집하는 요청문을 발표했다. 2006년과 2010년 사이에 499명의 새로운 선교사들이 추가로 모집되었다.

♱ 2015   국제 OMF의 현재

국제 OMF는 현재 40여 개국에 1,400명의 회원을 두고 있다. 동아시아 100여 개의 부족 그룹 사이에서 섬기고 있으며, 미국과 캐나다, 유럽, 아프리카, 호주, 뉴질랜드에 흩어져 사는 아시아인 디아스포라 가운데서도 사역이 계속되고 있다.🐾

래머뮤어(Lammermuir) 호 (1865.10.3~1866.2.6)

China Inland Mission.

A Group of Missionary Physicians, West China.

Rev. J. Hudson Taylor & Wife, with Group of Christians.

China Inland Mission.

The Schools. ChungKing.

순교한 선교사들의
마지막 편지

마셜 브룸홀·황시페이 편집
허영자·조봉기 옮김

하나님을 따르던 수많은 사람들이 잔혹한 박해에서 구해달라고 기도했을 때, 하나님은 그들을 죽음에서 구해주시는 대신에 죽음으로 구해주셨다.

"하나님의 길은 완전하시다." 우리는 이런 믿음 안에 거해야 한다. 잠시 후면 우리는 그들의 고난의 열매를 볼 것이고 고난의 이유를 더 온전히 알게 될 것이다. 그들이 죽음을 불사하고 따랐던 주님과 함께 빛나는 모습으로 있는 것을 우리는 보게 될 것이다.

… 우리 주인께서 당신의 충성스러운 일군들을 환영하며 약속하신 생명의 면류관을 씌워주셨으니 우리도 그런 주님의 기쁨에 동참할 수 있지 않겠는가? 지상의 사역을 하늘의 승리로 바꾸는 영광스러운 자리에서 슬퍼하겠는가?

"주여, 내 주님보다 더 귀한 것은 아무것도 없습니다."라고 고백하며 우리의 옥합을 주님 발아래 쏟아 부어드릴 수 있는 은혜를 주소서!

J. 허드슨 테일러의 서문 중에서

(1901년 10월, 제네바에서)

omf 1865년 **허드슨 테일러**가 창설한 **중국내지선교회**(**CIM**: China Inland Mission)는 1951년 중국 공산화로 인해 철수하면서 동아시아로 선교지를 확장하고 1964년 명칭을 **OMF**(Overseas Missionary Fellowship) INTERNATIONAL로 바꿨다. **OMF**는 초교파 국제선교 단체로 불교, 이슬람, 애니미즘, 샤머니즘 등이 가득한 동아시아에서 각 지역 교회, 복음적인 기독 단체와 연합하여 모든 문화와 종족을 대상으로 예수 그리스도가 구세주이심을 선포하고 있다. 세계 30개국에서 파송된 1,300여 명의 **OMF** 선교사들이 동아시아 18개국의 신속한 복음화를 위해 사역 중이다.

OMF 사명 l 동아시아의 신속한 복음화를 통해 하나님을 영화롭게 하는 것이다.

OMF 목표 l 하나님의 은혜를 통하여 동아시아의 모든 종족 가운데 성경적 토착 교회를 설립하고, 자기 종족을 전도하며 타 종족의 복음화를 위해 파송되는 것을 목표로 한다.

OMF 사역중점 l
우리는 미전도 종족을 찾아간다.
우리는 소외된 사람들에게 관심을 갖는다.
우리는 복음을 전하는 일에 주력한다.
우리는 현지 지역교회와 더불어 일한다.
우리는 국제적인 팀을 이루어 사역한다.

OMF INTERNATIONAL-KOREA
한국본부 • 137-828 서울시 서초구 방배본동 763-32 호언빌딩 2층
전화 • 02-455-0261,0271/ 팩스 • 02-455-0278
홈페이지 • www.omf.or.kr 이메일 • omfkr@omfmail.com

이제도 일하시는 하나님

1판 1쇄 2015년 5월 20일

엮은이 I 로즈 도셋과 채드 베리 (Rose Dowsett & Chad Berry)
옮긴이 I 임재원
발행인 I 최태희

편집 • 디자인 I 권승린
교정 • 교열 I 신현경

발행처 I 로뎀북스
등록 I 2012년 6월 13일 (제331-2012-000007호)
주소 I 부산광역시 남구 황령대로 319번가길 190-6, 101-2102
전화 • 팩스 I 051-467-8983
이메일 I rodembooks@naver.com

ISBN I 978-89-98012-20-5 03230

이 도서의 국립중앙도서관 출판예정도서목록(CIP)은 서지정보유통지원시스템 홈페이지
(http://seoji.nl.go.kr)와 국가자료공동목록시스템(http://www.nl.go.kr/kolisnet)에서 이용하
실 수 있습니다.(CIP제어번호: CIP2015012862)